权威·前沿·原创

皮书系列为
"十二五""十三五""十四五"时期国家重点出版物出版专项规划项目

BLUE BOOK

智库成果出版与传播平台

长三角蓝皮书

BLUE BOOK OF YANGTZE RIVER DELTA

长三角践行中国式现代化
研究报告（2024）

REPORT ON PRACTICING OF CHINESE MODERNIZATION
IN THE YANGTZE RIVER DELTA (2024)

主　　编　王四清
执行主编　徐剑锋
副 主 编　杜文俊　陈　朋　吴海升

社会科学文献出版社
SOCIAL SCIENCES ACADEMIC PRESS (CHINA)

图书在版编目（CIP）数据

长三角践行中国式现代化研究报告 . 2024／王四清
主编；徐剑锋执行主编 . --北京：社会科学文献出版
社，2025.5. --（长三角蓝皮书）. --ISBN 978-7
-5228-5180-8

Ⅰ. F127.5

中国国家版本馆 CIP 数据核字第 20253GL550 号

长三角蓝皮书
长三角践行中国式现代化研究报告（2024）

主　　编／王四清
执行主编／徐剑锋
副 主 编／杜文俊　陈　朋　吴海升

出 版 人／冀祥德
组稿编辑／任文武
责任编辑／丁　凡　王玉霞
文稿编辑／杨晓琰
责任印制／岳　阳

出　　版／社会科学文献出版社·生态文明分社（010）59367143
　　　　　地址：北京市北三环中路甲 29 号院华龙大厦　邮编：100029
　　　　　网址：www.ssap.com.cn
发　　行／社会科学文献出版社（010）59367028
印　　装／天津千鹤文化传播有限公司

规　　格／开本：787mm×1092mm　1/16
　　　　　印张：30.75　字数：465 千字
版　　次／2025 年 5 月第 1 版　2025 年 5 月第 1 次印刷
书　　号／ISBN 978-7-5228-5180-8
定　　价／128.00 元

读者服务电话：4008918866

长三角蓝皮书编委会（2024）

主要编撰者简介

徐剑锋 现任浙江省社会科学院经济研究所所长，二级研究员。兼任浙江省经济学会副会长、浙江省商会发展研究院副理事长等职。入选浙江省新世纪"151"高层次人才、浙江省宣传文化系统（理论界）"五个一批"人才。长期从事区域经济、产业经济、世界经济的研究。承担省部级及以上课题20多项、其他课题80多项。出版《富民之路——温州上园村发展研究》《浙江开放四十年》《中国加入WTO与浙江经济发展》等专著，主编《加快转型升级建设富强浙江》《中国梦与浙江发展（经济卷）》等著作，参著数十部。在经济类核心期刊发表论文近百篇。多项成果获省政府优秀成果奖励。十多项成果被转化为国家政协与省政协提案，20多项成果获省主要领导批示。

杜文俊 法学博士，日本广岛大学访问学者，研究员，博士生导师。现任上海社会科学院人事处处长、科研处处长。曾任上海社会科学院法学研究所副所长，兼任上海市法学会司法研究会副秘书长。2011~2013年挂职上海市闸北区人民检察院检察长。长期从事经济刑法、职务犯罪、财产犯罪、金融犯罪研究以及教学和决策咨询工作。发表论文60多篇，其中在法学类核心期刊发表论文20多篇，出版专著及编著6部。近五年主持国家社会科学基金项目2项，主持或参与国家和省部级项目10项。曾获上海社会科学院优秀教学奖、上海社会科学院张仲礼学术奖、上海市法学会第三届"上海市法学优秀成果奖"论文类二等奖等奖项。

陈　朋　现任江苏省社会科学院科研处处长，研究员，国家社会科学基金重大项目首席专家。先后获得中宣部文化名家暨宣传思想文化青年英才、江苏省有突出贡献的中青年专家、江苏省青年社会科学英才、江苏省"五个一批"人才等国家及省部级人才称号，入选江苏省"333高层次人才工程"。先后主持国家社会科学基金重大项目和重点项目及一般项目、教育部人文社会科学基金青年项目、江苏省社会科学基金重大项目及重点项目等20余项国家及省部级课题。出版专著2部，参编著作多部。在《中国社会科学》《求是》《人民日报》《光明日报》《政治学研究》等报刊发表论文多篇。其中，多篇文章被《新华文摘》《中国社会科学文摘》、人大复印报刊资料等转载。获全国高校科研优秀成果奖二等奖，上海市哲学社会科学优秀成果奖一等奖，江苏省哲学社会科学优秀成果奖二、三等奖，民政部优秀成果奖等多项优秀成果奖。60余篇研究报告获副国级领导及省部级领导肯定性批示。

吴海升　现任安徽省社会科学院科研组织处处长，副研究员。主要从事基础教育、职业教育研究，发表文章20余篇，著有《安徽教育》，参与著作撰写7部，主持或参与国家和省部级项目4项。

摘　要

　　"长三角蓝皮书"是由沪苏浙皖三省一市社会科学院共同组织撰写的反映三省一市年度经济和社会发展情况的书著，至今已是第18部，是三省一市社会科学研究合作高质量一体化的突出象征。2024年，"长三角蓝皮书"的主题是"长三角践行中国式现代化"。

　　党的十八大后，中国特色社会主义进入新时代。2020年习近平总书记在中共十九届五中全会上首次阐述了"中国式现代化"的五个特征，并明确指出，中国式现代化道路是中国全面建成社会主义现代化强国、实现中华民族伟大复兴的必由之路。长三角地区是中国经济最活跃、开放程度最高、创新能力最强的区域之一。2023年，习近平总书记在上海主持召开深入推进长三角一体化发展座谈会并发表重要讲话，强调要"推动长三角一体化发展取得新的重大突破，在中国式现代化中走在前列，更好发挥先行探路、引领示范、辐射带动作用"。因而，长三角地区被赋予率先形成新发展格局、勇当中国科技和产业创新的开路先锋、加快打造改革开放新高地三项重要使命，在社会主义现代化建设全局中具有举足轻重的战略地位，有实力也有责任先行探索中国式现代化实现路径。

　　近年来，长三角三省一市大胆探索、艰苦奋斗，不断突破、成果丰硕，充分体现出中国特色社会主义区域经济发展的特殊模式和先进理论，不断推动"蓝图规划"变为"现实画卷"，在经济高质量发展、科技和制度创新、项目推进、民生改善等方面都取得了不俗成绩。虽然在中国式现代化的探索过程中，长三角三省一市也因为外部环境变化和内在体制机制束缚，仍面临

经济高质量发展水平需要进一步提高、协同创新机制不完善、资源要素自由流动不畅及人与自然和谐共生、现代化仍需持续探索推进等亟待解决的困难和挑战。

本年度蓝皮书以"长三角践行中国式现代化"为主题，深入探讨和分析长三角地区率先探索和推进中国式现代化的实践与理论。全书分为总报告、分报告和专题报告三部分。总报告立足中国式现代化的发展历程和理论体系，指出除了具有中国式现代化特征，长三角现代化还具有跨行政区域现代化、民营经济为主体现代化的特征；进而提出了长三角地区大力推进中国式现代化的总体思路和关键着力点，构思了加快民营经济高质量发展、科技产业深度融合、高水平开放合作、人与自然和谐共生的生态文明建设、全民共享的共同富裕五方面先行的重要路径。分报告基于三省一市推进中国式现代化的发展目标，分别聚焦构建科技创新共同体、高水平的开放型经济、率先推进中国式现代化的浙江担当和安徽角色等，提出相应对策建议。专题报告则主要从协同构建现代产业体系、人口和公共服务一体化、数字经济赋能"专精特新"企业发展、金融支持战略性新兴产业、农业高质量发展和农业农村现代化、开放经济与出口高质量发展、城市现代化和城市群空间演化、人与自然和谐共生、多元文化创新等方面进行具体分析。

本书对政府决策部门全面认识和正确把握长三角探索和推进中国式现代化的最新情况和发展趋势，科学制定长三角加快推进中国式现代化建设的相关政策具有一定的参考价值。

关键词： 长三角　中国式现代化　区域一体化　高质量发展

Abstract

"Blue Book of Yangtze River Delta" is a collaborative research achievement organized and written by the Social Sciences Academies of Shanghai, Jiangsu, Zhejiang, and Anhui. It reflects the annual economic and social development of the three provinces and Shanghai. The "Blue Book of Yangtze River Delta" has reached its 18th edition and has become a prominent symbol of high-quality integrated research cooperation among these regions. In 2024, the theme of The "Blue Book of Yangtze River Delta" is "Practicing of Chinese Modernization in Yangtze River Delta".

The socialism with Chinese characteristics has entered a new era after the 18th National Congress of the Communist Party of China. General Secretary Xi Jinping first elaborated on the five characteristics of "Chinese Path to Modernization" at the Fifth Plenary Session of the 19th Central Committee of the Communist Party of China in 2020; and he clearly pointed out that the Chinese modernization is the only way to build China into a great modern socialist country in all respects and realize the great rejuvenation of the Chinese nation. The Yangtze River Delta is one of the regions with the most active economy, the highest degree of openness and the strongest innovation capacity in China. In 2023, General Secretary Xi Jinping presided over a symposium on deepening the integrated development of the Yangtze River Delta and delivered an important speech in Shanghai. He stressed that it is necessary to make new major breakthroughs in promoting the development of the Yangtze River Delta integration, take the lead in the Chinese modernization and better play the role of pioneering, leading, demonstrating, radiating and driving. Therefore, the Yangtze River Delta has been entrusted with the three important missions of taking the lead in forming a new development

pattern, being the pioneer of China's technological and industrial innovation and accelerating the creation of a new highland of reform and opening-up; and has an important strategic position in the overall construction of the socialist modernization and has the strength and responsibility to explore Chinese path to modernization.

In recent years, there have been bold explorations and strenuous efforts, resulting in continuous breakthroughs and fruitful outcomes, fully reflecting a unique model and advanced theory of regional economic development under Chinese socialism with distinctive characteristics. And the three provinces and one city in the Yangtze River Delta have continuously promoted the "blueprint planning" into a "realistic picture", and have made good achievements in high-quality economic development, scientific technological and institutional innovation, project promotion, people's livelihood and so on . However, in the process of exploring the Chinese modernization, the Yangtze River Delta still faces numerous difficulties and challenges that need to be solved urgently due to changes in the external environment and internal systemic constraints, such as the need to further improve the high-quality level of economy, enhance synergies in technological innovation, facilitate the free flow of resource elements and the need to continue exploring and promoting the modernization of harmony between humanity and nature.

This year's Blue Book focuses on the theme of "Practicing of Chinese Modernization in the Yangtze River Delta", and deeply discusses and analyzes the practice and theory of the Yangtze River Delta which takes the lead in exploring and promoting the Chinese modernization. The book is divided into three parts: General Report, Sub-reports and Special Reports. Based on the development and theoretical system of the Chinese modernization. General Report points that in addition to the characteristics of the Chinese Modernization, the modernization of the Yangtze River Delta also has the characteristics of cross-administrative regional modernization and the modernization of the private economy as the main body. Furthermore, it also proposes the overall idea and key focus of striving for Chinese Modernization in the Yangtze River Delta region; then conceives an important path in five aspects, including accelerating the high-quality development of the private economy, deep integration of science and technology industries, high-level open and cooperation, ecological civilization construction of harmony between humanity and nature, and common prosperity shared by all people takes priority. Based on the development goals of the three provinces and Shanghai to promote the Chinese Modernization, Sub-reports respectively focus on the construction of a scientific and technological innovation community, a high-level open economy, and the role of Zhejiang and Anhui which take the lead in promoting the Chinese Modernization, and put forward corresponding countermeasures and suggestions. Special Reports mainly analyze the collaborative construction of a modern industrial system, the integration of population and public service, the development of "specialized and new" enterprises empowered by the digital economy, financial support for strategic emerging industries, high-quality agricultural development and agricultural and rural modernization, high-quality development of open economy and exports, urban modernization and spatial optimization of urban agglomerations, harmony between humanity and nature, and multicultural innovation, and so on.

This book has certain reference value for government decision-making departments to comprehensively understand and correctly grasp the latest situation and development trend of exploring and promoting the Chinese modernization in the Yangtze River Delta; and then scientifically formulate relevant policies for accelerating the Chinese modernization in the Yangtze River Delta.

Keywords: Yangtze River Delta; Chinese Modernization; Regional Integration; High-quality Development

目　录 ⤷

皮书数据库阅读**使用指南**

CONTENTS ↘

I General Report

II Sub-reports

Ⅲ　Special Reports

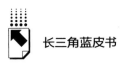

总 报 告

B.1
长三角践行中国式现代化研究报告

徐剑锋 张 薇 苏斯彬*

摘 要： 本报告立足中国式现代化的发展历程和理论体系，指出除具有中国式现代化的共同特征，长三角现代化还具有跨行政区域的现代化、民营经济为主体的现代化的特征。基于长三角现代化的实践，本报告提出了长三角地区奋进中国式现代化的总体思路和关键着力点，构思了加快民营经济高质量发展、科技产业深度融合、高水平开放合作、人与自然和谐共生的生态文明建设、全民共享的共同富裕五方面先行的重要路径。

关键词： 长三角 中国式现代化 区域一体化

改革开放以来，中国围绕现代化进行了卓有成效的探索。中共十八大以来，中国式现代化在理论和实践上得到不断创新与突破。长三角地区作为我

* 徐剑锋，浙江省社会科学院经济研究所所长、研究员，研究方向为区域经济；张薇，浙江省发展规划研究院工程师，研究方向为区域经济；苏斯彬，浙江省发展规划研究院正高级经济师、首席专家，研究方向为区域经济。

国经济发展最活跃、开放程度最高、创新能力最强的区域之一，在社会主义现代化建设全局中具有举足轻重的战略地位。长三角更高质量一体化发展是中国式现代化的重要组成部分，长三角应在探索具有引领实践意义的中国式现代化实现路径中走在前列，为全国现代化建设做出示范、提供动力。

一　中国式现代化的理论探索与实践

现代化起源于英国的工业革命。工业革命后出现的工业化、城市化、商业化和世俗化社会，与之前的传统社会有着本质的区别，Modernization 是工业革命后的专有名词，被翻译为近代化或现代化。工业革命后迅速发展的时代被称为"摩登时代"。鸦片战争后的中国有识之士不断探索着实现现代化的路径。清朝的洋务运动曾开展中国近代化的尝试，孙中山等先驱更是历尽艰辛探寻中国现代化之路。

（一）中国式现代化的提出与理论体系

新中国成立后，"现代化"概念与理论研究不断深化。1954 年周恩来总理提出中国要实现现代化。1964 年 12 月第三届全国人大会议完整阐述，要把我国建设成为一个具有现代农业、现代工业、现代国防和现代科学技术的社会主义强国。1975 年 1 月周恩来总理在第四届全国人大一次会议的《政府工作报告》中再次提出"在本世纪内要实现农业、工业、国防和科学技术的现代化"。

不同历史时期的现代化既一脉相承又与时俱进。改革开放后，邓小平同志提出了"中国式现代化"概念，强调现代化的富民本质。在此基础上，江泽民总书记继续进行实践与探索，对实现现代化的前提条件、战略步骤、基本内涵、发展动力等进行了拓展，强调要把不断解放和发展社会生产力作为我国社会主义现代化建设的前提条件。

党的十七大报告指出，要"把我国建设成富强民主文明和谐的社会主义现代化国家"，把"和谐社会"纳入现代化目标中，明确了我国社会主义现代化建设的鲜明立场是要坚持"以人为本"的理念，提出了统筹城乡、区域、社会经济、人与自然、国内外共同发展的协调发展论。

党的十八大将实现社会主义现代化和中华民族伟大复兴确立为建设中国特色社会主义的总任务，中国特色的社会主义现代化在理论和实践上不断创新突破。党的十八大推动中国特色社会主义事业发生历史性变革、系统性重塑、整体性重构，提出了社会主义现代化建设的一系列新目标、新安排、新部署，明确了中国式现代化的丰富特征、本质内涵、战略安排、根本目标以及重大原则等，形成了系统完整的现代化理论，开辟了现代化发展的新模式、新道路。

在综合分析国际国内形势和我国发展条件后，党的十九大将原定的第二个百年奋斗目标实现时间提前了 15 年。习近平总书记指出"从 2020 年到 2035 年，在全面建成小康社会的基础上，再奋斗十五年，基本实现社会主义现代化"，并且"从 2035 年到本世纪中叶，在基本实现现代化的基础上，再奋斗十五年，把我国建成富强民主文明和谐美丽的社会主义现代化强国"[①]。

党的二十大报告中提出中国共产党的中心任务就是团结带领全国各族人民全面建成社会主义现代化强国、实现第二个百年奋斗目标，以中国式现代化全面推进中华民族伟大复兴。习近平总书记对中国式现代化的中国特色和本质要求、重大意义、重要原则、战略步骤、主要内容、本质特征和实现路径等进行了系统阐述，中国式现代化在理论和实践上实现了创新突破与拓展。中国式现代化既有各国现代化的共同特征，更有基于自己国情的中国特色。

（二）中国式现代化的基本特征

资产阶级革命和工业革命首先在欧洲催生出现代化。但现代化并非只有

---

① 《决胜全面建成小康社会　夺取新时代中国特色社会主义伟大胜利——在中国共产党第十九次全国代表大会上的报告》，新华网，2017 年 10 月 18 日，http：//www. xinhuanet. com/politics/19cpcnc/index. htm。

一种形式，各国都在探索基于本国国情的现代化路径。历经一百多年的求索与奋斗，中国走出了一条全面建设社会主义现代化强国、实现中华民族伟大复兴的新道路，也走出了一条超越西方现代化既定模式的新道路，充分彰显了中国式现代化的独特内涵和基本特征。

1. 中国式现代化是人口规模巨大的现代化

中国14亿多人口整体迈进现代化社会，规模超过现有发达国家人口的总和，艰巨性和复杂性前所未有，将极大地改变现代化的世界版图，在人类历史上是一件有深远影响的大事。超大规模的人口，既能提供充足的人力资源和超大规模市场，也带来一系列难题和挑战。人口规模巨大的现代化，没有现成模式可遵循、没有成熟经验可借鉴、没有外部力量可依赖，将彻底改变现代化的世界版图。

2. 中国式现代化是全体人民共同富裕的现代化

共同富裕是马克思主义的一个基本目标，是中国特色社会主义的本质要求。党的十八大以来，中国共产党把逐步实现全体人民共同富裕摆在更加重要的位置，并采取有力措施保障和改善民生，如期全面建成小康社会；形成超4亿人口的世界最大规模中等收入群体，建成世界上规模最大的教育体系、社会保障体系、医疗卫生体系，为促进共同富裕打下了坚实基础。中国共产党坚持把实现人民对美好生活的向往作为现代化建设的出发点和落脚点，自觉主动地解决地区差距、城乡差距和收入差距问题，坚持在发展中保障和改善民生，补齐民生短板，让现代化建设成果更多更公平惠及全体人民。

3. 中国式现代化是物质文明和精神文明相协调的现代化

党的二十大报告强调，物质富足、精神富有是社会主义现代化的根本要求。以中国式现代化全面推进中华民族伟大复兴，需要物质文明极大发展，也需要精神文明极大发展。多年来我国文化事业日益繁荣，人民文化自信明显增强、精神面貌更加奋发昂扬。中国共产党在推进中国式现代化过程中，坚持不断厚植现代化的物质基础，夯实人民幸福生活的物质条件，同时大力发展社会主义先进文化，繁荣发展文化事业和文化产业，促进物的全面丰富和人的全面发展。

4. 中国式现代化是人与自然和谐共生的现代化

"人与自然是生命共同体",人因自然而生,人与自然是一种共生关系,只有尊重自然规律,才能有效防止在开发利用自然资源上走弯路。推动绿色发展,就是要实现经济社会发展和生态环境保护协调统一、人与自然和谐共生。党的十八大以来,中国共产党坚持"绿水青山就是金山银山"的理念,全方位、全地域、全过程加强生态环境保护,推动生态环境保护发生历史性、转折性、全局性变化。未来中国要坚持发展方式绿色转型,加速推动形成绿色生活和绿色生产方式,深入推进环境污染防治,突破资源环境对现代化建设的制约。

5. 中国式现代化是走和平发展道路的现代化

我国不会通过战争、殖民、掠夺等方式实现现代化。党的十八大以来,以习近平同志为核心的党中央全面推进中国特色大国外交,推动构建人类命运共同体,坚定维护国际公平正义,倡导践行真正的多边主义。当前,世界之变、时代之变、历史之变正以前所未有的方式展开,和平、发展、合作、共赢的历史潮流不可阻挡。未来中国坚持在坚定维护世界和平与发展中谋求自身发展,着力推进高水平对外开放,积极推动经济全球化朝着开放、包容、普惠、平衡、共赢的方向发展。

(三)长三角践行中国式现代化的特征

除了同样拥有中国式现代化的五大基本特征,长三角的现代化还具有自身的特点:跨行政区域的现代化,民营经济为主体的现代化。

一是跨行政区域的现代化。长三角地区由上海、江苏、浙江与安徽组成,相互间是平等的关系。长三角地区的现代化不可能由一个中心制定统一策略与体制来统一推进,而是以市场为主导、由三省一市的相互协调来推进。这也决定了长三角地区的现代化是以市场机制为基础、三省一市在顺应市场机制下的经济社会一体化要求下,通过友好协商、政策协调来推进。这种跨行政区域的现代化将为我国其他区域的现代化提供借鉴与示范。

二是民营经济为主体的现代化。相对全国其他地区(除港澳台与广东、福建等少数地区),长三角地区的民营经济占有重要地位,可以用"五六七

八九"来概括，即民营经济的税收占全部税收的五成以上，创造的生产总值占六成以上，技术创新成果占七成以上，劳动就业规模占八成以上，民营企业数量占九成以上。尤其是浙江、苏南地区，民营经济的主体地位更为凸显。可以说，长三角地区的现代化是以民营经济为主体的现代化，而非公有制为主体的现代化。但与西方市场经济国家相比，长三角地区的公有经济又发挥着重要的作用，尤其在关系重大国计民生与国民经济命脉领域起着主导甚至主体的作用。

二　长三角率先探索中国式现代化路径的实践基础

长三角地区作为我国经济发展最活跃、开放程度最高、创新能力最强的区域之一，被赋予率先形成新发展格局、勇当我国科技和产业创新的开路先锋、加快打造改革开放新高地三项重要使命，在社会主义现代化建设全局中具有举足轻重的战略地位，有实力也有责任为中国式现代化实现路径先行探索。

（一）长三角在全国的实力地位

长三角以 1/26 的土地面积、约 17% 的总人口，产出约 1/4 的地区生产总值、工业增加值，贡献了近三成的地方一般公共预算收入，成为引领促进我国经济高质量发展的"压舱石""顶梁柱"。

1. 经济实力在全国举足轻重

2023 年，长三角地区生产总值突破 30 万亿元，约占全国 GDP 的 24.2%。地区工业增加值占全国的比重超过 1/4。长三角区域中 GDP 过万亿元的城市有 9 个，占全国 26 个 GDP 过万亿元城市的近 35%。社会消费品零售总额占全国比重超过 25%。国际贸易总额占全国比重超过 1/3，实际利用外资占比超过一半。[①]

---

① 数据来源：《中华人民共和国 2023 年国民经济和社会发展统计公报》《2023 年上海市国民经济和社会发展统计公报》《2023 年江苏省国民经济和社会发展统计公报》《2023 年浙江省国民经济和社会发展统计公报》。

2. 长三角一体化不断推进

经过长期的努力，长三角经济社会一体化有了较大进展。三省一市建立起政策协同机制，建立了长三角生态绿色一体化发展示范区，《长三角地区一体化发展三年行动计划（2021—2023）》得以落实；三省一市间的商品与技术交易不断增多、劳动力与人才流动更加畅通、企业直接投资快速增长；长三角科技创新合作不断推进。到 2024 年 6 月，长三角三省一市科技部门围绕集成电路、生物医药、人工智能、新能源汽车、量子通信、高端装备制造、新材料等重点产业领域，以重大科技攻关任务为牵引，联合组建成立了首批 12 个长三角创新联合体，推动企业、高校、科研机构等协同开展产业关键核心技术联合攻关，加强科技创新和产业创新深度融合，共同培育发展新质生产力。长三角社会治理一体化由点到面不断推进，上海与江苏、浙江嘉兴等地区的医疗养老保障互通、公共交通互享已取得重大进展，职称互认、教育合作等逐步落实。

3. 科技创新和新兴产业发展领跑全国

长三角研发投入全国领先，自 2017 年以来研究与试验发展（R&D）经费在全国占比一直超过 30%，2023 年长三角地区 R&D 经费投入强度超过 3.2%，其中上海 R&D 经费占 GDP 比重达 4.4%。[①] 长三角 R&D 研究人员投入量高于粤港澳大湾区及京津冀人员投入量总和。长三角专利转移规模不断攀升，超过 3 万件，十多年间增长幅度约 99 倍。[②] 截至 2023 年初，长三角拥有上海张江、安徽合肥 2 个综合性国家科学中心、6 个国家实验室、27 个国家大科学装置以及超过 100 个国家重点实验室等。企业科技创新能力全国领先，长三角科创板上市企业数量占全国一半，高新技术企业数量占全国比重约为 30%。战略性新兴产业蓬勃发展，数字经济规模占全国数字经济规模总量的三成左右，其中，集成电路产业规模占全国近 60%，人工智能产

业规模占全国约 1/3①，生物医药产业规模同样占全国约 1/3，新能源汽车产量占全国近 40%。②

4. 高水平开放持续推进

近年来，长三角实际利用外资额保持平均超过 53% 的全国占比，高于粤港澳大湾区及京津冀地区之和，是外资企业集聚地。长三角作为全国外向型经济的代表区域，2022 年进出口总值达到 15.1 万亿元，同比增长 7%，占全国进出口总值比重为 35.8%，是全国外贸重要的压舱石。③ 上海 2023 年进出口总额达 4.2 万亿元，占全球的比重约为 3.6%④，浙江外贸贡献率居全国首位。⑤ 同时，长三角对外开放水平的提升还得益于开放平台能级的提升，长三角已经实现自贸试验区全覆盖，并成立长三角自由贸易试验区联盟。2022 年，长三角自贸试验区货物进出口总额 4712.7 亿美元、占全国自由贸易试验区的 41.8%，实际使用外资 147 亿美元、占全国自由贸易试验区的 43.0%⑥；虹桥国际开放枢纽累计吸引集聚各类总部企业和机构 500 余家，以占长三角不到 2% 的区域面积，贡献了近 10% 的经济总量。⑦ 此外，长三角还培育了一批国家级境外合作园，正在成为支撑我国企业、资金、技术等"走出去"的重要平台。

5. 绿色发展成果显著

长三角三省一市正加强跨界水体联防联控，协同推进新一轮太湖流域水

---

① 数据来源：浙江省发展规划研究院编制的《数字长三角发展报告（2023）》。
② 上海市科学学研究所联合江苏省科技情报研究所（江苏省科技发展战略研究院）、浙江省科技信息研究院、安徽省科技情报研究所（安徽省科技档案馆）共同发布的《2022 长三角区域协同创新指数报告》。
③ 数据来源：《中华人民共和国 2022 年国民经济和社会发展统计公报》《2022 年上海市国民经济和社会发展统计公报》《2022 年江苏省国民经济和社会发展统计公报》《2022 年浙江省国民经济和社会发展统计公报》。
④ 《上海口岸进出口连续三年超 10 万亿元》，https：//mp.weixin.qq.com/s/nn_e4nKL9Uu2YHmo7osz1Q。
⑤ 《浙江这次成了"黑马"》，涌金楼，https：//mp.weixin.qq.com/s/m4zrqcod9P6axdagRL42ng。
⑥ 《长三角一体化，龙头如何舞起来——上海推动长三角区域高质量发展的探索实践》，https：//mp.weixin.qq.com/s/JuMiQcZB_5MnPQlKPGo4kw。
⑦ 《虹桥国际开放枢纽建设两周年，"成绩单"如何?》，https：//mp.weixin.qq.com/s/L1vUK4fXsdJMIYERy8igSg。

环境综合治理，浙皖两省共建的新安江-千岛湖生态保护补偿试验区等成为生态价值实现的全国试验田。长三角清洁能源产业规模不断壮大，其中，江苏新能源发电装机容量已突破7000万千瓦[①]，每平方公里新能源发电装机容量超过670千瓦；安徽风电和光伏发电装机3945万千瓦、占安徽省发电装机总量的36.5%，分布式光伏装机1937万千瓦、居全国第6位[②]；浙江清洁能源装机约7117.7万千瓦，约占电力装机总量的52%。[③]

6. 共同富裕建设走在全国前列

长三角城乡居民收入保持在全国前列且差距逐年缩小，其中，上海、浙江、江苏的人均可支配收入水平稳居全国前五，2023年分别位列全国第1、第3、第4；城乡居民收入倍差多年来保持低位，处于全国领先地位，其中，浙江表现尤为突出，城乡收入比仅为1.86，远低于全国平均水平（2.39）。城镇体系完备，大中小城市之间、城乡之间、区域之间的协调发展水平不断提升。公共服务资源共建共享的新模式加快推进。依托名牌高校成立跨区域联合职业教育集团，城市医院协同发展联盟成员覆盖面不断扩大，养老服务协商协作机制持续完善等。

（二）长三角践行中国式现代化面临的挑战

1. 长三角一体化有待全面推进

虽然多年来长三角一体化不断推进，但还存在着诸多不足。囿于行政区域分割，统一大市场还未完全形成。如浙江与上海邻界地区的农产品价格因助农政策差异存在着明显差异；各地政府采购中，大多存在着本地产品与服务优先的潜规则；区域间发展不平衡不充分问题仍然突出等。2023年上海

---

① 《我省新能源装机突破7000万千瓦》，江苏省电力公司、江苏省能源行业协会，https：//mp. weixin. qq. com/s/uKHDP0tVZzg0eczy-od6zQ。

② 《超2900亿元！安徽光伏制造业营收跃居全国第3位》，安徽发布，https：//mp. weixin. qq. com/s/VeLkFLL_ qJ1EmYzK7MwclA。

③ 《浙江的能源结构，变了》，涌金楼，https：//mp. weixin. qq. com/s/voc1ko4stxi3S7BCpk-MaQ。

人均 GDP 达到 19.03 万元，是当年安徽人均 GDP 的 2.48 倍①，即使在较发达的江苏、浙江省内，苏北与苏南地区、浙西南和浙东北地区也存在着明显的收入差距且难以缩小。此外，跨省市的污染治理、长三角整个区域内的经济社会发展规划、科技协同创新、人才流通、职称互认、医疗与养老互通等仍需持续推进。

2. 现代化产业体系有待建立

现代化产业体系是现代化的重要内容与基础。长三角地区的产业结构虽然优于全国整体水平，数字经济全国领先，交通物流体系与基础设施也优于全国整体水平，但从现代化产业体系的要求来看，仍具有较大的差距。一是先进制造业、现代服务业与现代农业的创新仍有较大提升空间，不少地区的传统制造业、传统商贸服务业与传统农业转型不足；二是数字经济和实体经济融合、一二三产业融合的深度不够，影响经济的持续稳定与高效发展；三是金融对经济的支持作用有待提升。一些城市如上海、杭州、南京等金融在GDP 中的比重超过大多数发达经济体水平，但对实体经济发展的促进作用有限，尤其是农村农业的金融作用有待深化，不少资金在金融体系内空转，形成金融泡沫，助推虚拟经济膨胀。

3. 科技研发水平与科技成果产业化水平有待提升

与美国、英国、德国等技术先进国家相比，长三角的基础研究实力偏弱。进入 2024 年 QS 世界大学排名前 100 的长三角高校仅有复旦大学（39）、上海交大（45）与浙江大学（47）；重点产业领域创新策源能力亟待加强，如集成电路、生物医药、人工智能等产业链核心底层技术不足；关键材料国产化程度低，很多产业"缺芯""少核"，尤其随着发达国家"脱钩断链"不断升级，我国面临的"卡脖子"问题日益突出；协同创新壁垒尚未完全破除，仍存在创新资源自由流动和一体化配置的体制机制障碍；创新资源布局分散，关键核心技术攻坚合作不足，重大科研基础设施、重要科研

---

① 数据来源：《2023 年上海市国民经济和社会发展统计公报》《2023 年江苏省国民经济和社会发展统计公报》《2023 年浙江省国民经济和社会发展统计公报》。

器械、科技文献、科学数据等开放共享水平不高；缺乏跨区域产学研协同组织和垂直的产业创新服务平台；科研团队与企业对接不够顺畅，科研成果转化率不足。

4.以制度型为主的开放发展仍需提速

从目前来看，长三角自贸试验区联动发展效应尚未充分发挥，尚未建立起高效统一的贸易投资管理制度，与国际通行规则相衔接的基本制度体系和监管模式有待完善。长三角内河水运不发达，沿海港口同质化竞争仍然存在，辐射全球的海港枢纽能级有待提高，江海联运、海铁联运等多式联运发展还不充分。此外，长三角利用重大开放平台提升全球高端资源配置的能力还有待加强。

5.生态环境负荷仍需减轻

长三角经济密度高，但高强度开发利用引发了局部生态环境问题，突发污染事件的风险隐患依然存在，生物多样性保护存在空白区域。水生态环境承载压力大，虽然近年来通过实施重点流域水环境综合治理、美丽河湖建设等整治行动提升了水环境质量，但长江口、杭州湾等重要海湾水质仍然较差。跨界环境问题联保共治和生态补偿等机制仍待完善，依然存在污染责任难以界定、生态补偿力度不够等问题。同时，长三角区域属于典型的能源输入型地区，2023年长三角区域外省（区、市）调入量是长三角区域一次性能源产量的5倍左右，对外部能源依赖严重。

三 长三角率先践行中国式现代化的着力点

长三角要牢牢把握中国式现代化的本质要求，围绕中国式现代化的深刻内涵，结合长三角发展的特征和优势，找准探路先行、示范担当的着力点，加快建设现代化产业体系，打造全体人民共同富裕、人与自然和谐共生的中国式现代化最佳"试验场"，为全国现代化建设提供样本和动力。

（一）着力推动民营经济健康发展

长三角地区是我国民营经济最为发达地区。在浙江与苏南地区，民营经济在国民经济中的比例超过 2/3，民营经济在全社会就业中的比重更是超过 90%。多年来，上海的国企通过混合所有制改革与上市，逐步实现了民营化，安徽更是通过推进全社会创业创新，推动民营经济大发展，也促进了经济的高速发展。长三角地区在推进中国式现代化建设时，要充分发挥民营经济的优势，着力推进民营企业经营者向"现代企业家"转型升级，让企业家除了善于经营，也要懂得经济、法律，了解科技发展趋势，勇于创新、善于创新；着力推进非公经济组织健康成长，为民营经济发展创造更优的营商环境，使民营企业成为实体经济发展的主体力量、创新发展的主攻手。

（二）着力以科技创新塑造发展新优势

创新是发展新质生产力、建设现代化产业体系的动力与基础。长三角践行中国式现代化要着力以科技创新为核心，全方位推进产品创新、品牌创新、产业组织创新、商业模式创新，把创新驱动发展战略落实到现代化建设的整个进程和各个方面。长三角是全国创新能力最强的区域之一，有基础有优势有能力走在科技前沿。三省一市应联合开展攻关、共建创新平台、携手开放创新、共享科技资源，整合科技创新力量和优势资源，注重解决区域科技创新资源总体不足又相互掣肘的问题，在科技前沿领域加快突破；积极营造没有围墙、共谋创新的高效协同创新生态，联动实施一批具有战略性、全局性、前瞻性的国家重大科技项目，使之成为推动长三角高质量发展的硬核驱动力。

（三）着力推进高水平的开放

长三角地区是国家开放的最前沿，在学习规则、参与规则制定的过程中，以服务全国、放眼全球的视野来谋划高能级开放，稳步推进规则、规制、管理、标准等制度型开放，深度融入全球化、参与国际竞争，积极对接国际标准，促进科技、高端人才的流动，加强国际科技研发创新合作。从全球视野布局产业链供应链建设，持续深入开展产业链补链固链强链行动，不断提升产业链供应链韧性和安全水平，共同打造安全、坚韧、高效的长三角产业链供应链体系。

（四）着力推进人与自然和谐共生

长三角区域是中国经济贡献强度最高的地区之一，面临着资源能源高消耗和污染物高排放的问题。长三角应深入践行绿色发展理念，携手推进生态环境共保联治、加快发展方式绿色化转型，推动能源消费绿色化、清洁化，协力推动碳达峰碳中和，高标准构建长三角新型能源体系，协同推进跨区域水资源保护和重点流域水环境治理合作，共建长三角健康水生态、宜居水环境，推动长三角区域实现可持续、高质量一体化发展。

（五）着力实现区域共同富裕

长三角地区在实现共同富裕方面有着良好的基础，在推动共同富裕方面要先行示范，把缩小城乡差距、地区差距、收入差距作为主攻方向，进一步健全城乡融合发展体制机制，力争率先实现人的全生命周期公共服务优质共享。浙江省更要勇担"高质量发展建设共同富裕先行区"重大使命，率先在长三角共同富裕中绘就发展新蓝图，打破共同富裕的省市边界，以更高站位、更大空间探索长三角共享发展的新路径。

四　长三角率先践行中国式现代化的重要路径

围绕五个着力点，长三角要在探索具有引领实践意义的中国式现代化实现路径中走在前列，加快民营经济的高质量发展先行、科技产业深度融合的创新发展先行、高水平开放合作先行、人与自然和谐共生的生态文明建设先行、全民共享的共同富裕先行。

（一）加快民营经济的高质量发展先行

1. 大力培育现代企业家

企业家是创新的关键。长三角地区拥有众多的经营主体。虽然大多数经营者对市场敏感、善于经营，但不少经营者与现代企业家仍有较大差距。部分经营者更注重眼前效益，缺乏工匠精神，不愿意在研发上长期投入，缺乏主动创新精神。长三角要率先推进现代化，就必须让众多的经营者转化为敢冒风险、善于创新、诚信守法的现代企业家，以现代企业家精神推进民营企业的制度创新、科技创新、模式创新与开放发展。

2. 鼓励民营企业创新发展

鼓励民营企业瞄准战略性新兴产业与未来产业，加大研发投入力度，主动对接国家与长三角的科技攻关计划，承担更多科技攻关项目。加强生产企业与科研院所的科研合作，紧紧围绕所属行业"卡脖子"领域制定技术创新战略，力争取得具有突破性的技术攻关成果。充分发挥民营企业的体制机制优势，促进科研成果产业化，加快形成新质生产力。

3. 促进产业组织优化提升

鼓励中小企业走专业化、精细化、特色化、新颖化的"专精特新"之路，避免主营业务过早分散，集中资源、发挥自身所长，聚焦发展，快速成长为行业龙头企业；鼓励大企业发挥规模化、人才集聚的优势，注重"微笑曲线"的研发与营销两端，突出其在产业链创新链的中心地位，强化大中小企业的专业化分工协作，提高产业竞争力；鼓励企业积极参与国际竞争，增强其在全球产业链供应链中的话语权和竞争力，强化企业的全球资源统筹配置能力。

4. 营造公平高效的市场环境

长三角要对标国际一流营商环境，率先建设公平的市场竞争机制，加快在金融、电力、油气、媒体等领域的经营管理机制改革，突破行业与部门的市场垄断，促进各类企业的公平竞争；加快长三角三省一市的市场一体化建设，强化政策协同与发展规划协同，清除地区间的行政壁垒；建设高效的服务型政府，推进"亲清政商"关系的建设，缩减政府权力，减少对市场与企业的过多干预，为企业减压减负、多干实事多服务，为民营经济发展营造优良的营商环境。

（二）加快科技产业深度融合的创新发展先行

1. 共同提升科技创新策源能力

第一，联动培育国家战略科技力量。推动三省一市联动布局国家实验室，探索开展互设实验室基地；抢抓国家重点实验室重组机遇，共同争取布局国家重点实验室，并探索组建联合实验室或实验室联盟；加快推进长三角国家技术创新中心建设，共同谋划重要领域关键核心技术攻关项目。第二，强化高校院所和新型研发机构创新策源能力。深化"双一流"高校和学科建设，围绕重点技术领域，协同布局若干国家级科技创新基地；支持三省一市协同布局建设一批承担国家战略性科技创新任务的新型研发机构。第三，强化科技金融服务支撑。扶持高校科技成果转化和孵化的早期项目和初创企业；探索共设科技创新基金；推动科技金融产品和服务创新，建成多方联动、"投、担、贷"一体的科技金融服务生态。

2. 聚力打造未来产业发展高地

第一，协同培育打造若干未来产业集群。推动新一代信息技术、新材料、新能源、新装备等与现代工业技术深度融合，重点围绕区块链、细胞与基因、空天技术、脑科学与类脑智能、深地深海、量子信息等领域开展培育，加强对新产品、新技术和新工艺的研发及其产业化和应用推广，尽快形成具有国际竞争力的未来产业集群。第二，强化科技创新前瞻协同布局。加大对基础研究的投入力度，引导企业面向长远发展和竞争力提升开展基础研究布局；鼓励企业、高校、研究机构、医疗卫生机构等跨区域组建创新联合体，共同建设重点实验室、工程研究中心、技术创新中心、临床医学研究中心等，围绕底层软件、关键零部件、重大装备、测试与仪器仪表等前沿领域开展核心技术联合攻关。第三，联合促进科技成果转移转化应用。推动三省一市协同开展未来产业的概念验证中心、中试验证和成果转化基地、临床验

证与应用平台等,共享技术概念验证、商业化开发、中试验证、成果转化等服务资源。

3.共同锻造韧性安全的产业链供应链

第一,协同推进创新链产业链深度融合。强化三省一市产业关键核心技术协同攻关,梳理长三角产业转型升级的共性技术、核心技术、关键零部件、材料及工艺等,建立协同攻关项目库,采用联合招标、揭榜挂帅等方式进行联合攻关;扩大长三角区域技术市场联盟和科技创新券覆盖范围,建立科技企业孵化器合作共建机制;鼓励龙头企业发挥核心引领作用,围绕重点领域,联动建设开放型的产学研合作平台、制造业协同创新平台。第二,强化"链主"企业合作。在"链长制"改革基础上,推动三省一市跨区域的"链主合作"。突破产业链协调的行政边界限制,增加要素投入、政策配套,建立跨区域产业链对接合作的平台载体,鼓励龙头企业跨区域布局,推进企业进行兼并收购重组。第三,促进数字经济和实体经济深度融合,推动制造业企业基于数据、场景、算法和算力进行智能化改造,加快探索构建数据要素基础性制度,共同研究出台若干配套政策,在长三角重点城市率先实现工业大数据等高效流通使用,助力产业链供应链协同;推动平台经济规范健康持续发展,有效赋能制造业升级。第四,开展产业链供应链供需对接、监测预警。建立长三角产业链供应链信息平台,围绕重点产业集群,推动四地企业在技术、生产、市场等方面进行交流与供需对接,并建立起监测预警机制。

(三)加快高水平开放合作先行

1.共同推进外贸高质量发展

第一,联动保障企业高水平"走出去"。支持三省一市外贸企业"抱团"在境外开拓市场,共建生产、营销网络等,共建共享海外仓资源等;联动培育一批金融跨境服务、涉外法律服务、海外知识产权服务、财务咨询服务、跨境物流服务等专业跨境服务机构,为企业"走出去"提供市场化、专业化、国际化服务支撑;推动三省一市共建境外企业公共服务平台,搭建第三方市场合作交流平台，丰富企业投资促进服务渠道；深化自贸试验区联盟建设，围绕新兴产业的特色要求，探索构建高度自由便利的贸易投资管理制度；积极对接国际标准，争取试用开放度更高的外商投资准入负面清单和服务贸易负面清单；在特定产业所得税、境外高端和紧缺人才个人所得税、外贸新业态税收等方面探索实施具有国际竞争力的优惠政策。第二，大力发展数字贸易。支持数字贸易平台型企业发展，积极延伸海外业务，提升国际竞争力，联合培育面向特定行业的垂直型电子商务平台；加快发展软件、通信、大数据、人工智能、云计算、区块链、工业互联网等技术跨境贸易，联动完善数字技术贸易促进体系；协同完善区域数据要素市场，积极探索发展数据贸易。

2. 深化构建长三角世界级港口群

第一，联动优化港口功能布局。以省域为单元统筹岸线、航道、锚地等资源要素集约利用，加快完善深水航道和专业化码头建设，优化战略功能定位；推进港口运营主体有序抱团"走出去"，深化与共建"一带一路"国家（地区）合作和全球化港口布局。第二，协同完善多式联运体系。加快港口集疏运体系建设，加快推进京杭运河、浙北等高等级航道网集装箱运输通道建设；推动三省一市以江海、海铁、海河联运为主的合作；推广多式联运智能新技术、新模式，联动完善信息化多式联运管理系统。第三，联动构建一体化治理体系。持续推进长三角港口港政航政一体化和口岸管理一体化，加强海关监管协作，搭建长三角地区融合贸易流、单证流、信息流等合规通道，实现企业"一次申报、多边通关"。

3. 合力提升全球资源配置能力共建虹桥国际开放枢纽

支持虹桥商务区核心功能强化，大力发展高能级总部经济、高流量贸易经济、高层次会展经济，吸引更多国际经贸组织功能性机构落地。推动在苏浙皖举办中国国际进口博览会招商路演、供需对接等一系列活动，推动各地国际会展和博览中心与国家会展中心（上海）联动发展，高效承接中国国际进口博览会外溢效应。

4.协同构建大宗商品供应链体系

第一，深化长三角期现货一体化油气交易市场建设。进一步夯实期现货合作基础，推进产能预售交易，拓展"稳价订单"业务；充分利用数字化技术，丰富数字化的应用场景，强化服务集成，打造数字化交易平台；积极招引国际会员企业，开展国际化业务，提升舟山价格指数国际化水平，增强油气大宗商品国际话语权。第二，发展铁矿石交易。开展国储矿石的常规轮换、出借、回购等交易，引导期货现货市场价格联动，提升新华·宁波舟山港铁矿石价格指数国际影响力。第三，搭建大宗商品供应链服务平台。建设集交易交割、金融服务、仓储物流等功能于一体的大宗商品供应链服务数字化平台，以大数据打通跨产业信息链条；加快培育大宗商品供应链服务企业，提供原料供应、价格管理、风险控制、物流运输等综合性供应链服务，提升对全球大宗商品供应全链条的影响力。

（四）加快人与自然和谐共生的生态文明建设先行

1.联动构建清洁能源体系

第一，大力发展清洁能源。落实能源消费强度和总量双控政策，统筹推进化石能源清洁化利用和非化石能源发展。第二，全面实施煤炭消费总量控制。推动三省一市海上风电、光伏规模化开发，鼓励发展氢能、生物质天然气、生物质能发电；有序发展核电及关联产业，高质量建设长三角沿海核电基地；共建绿色储能基地，推进电源侧、电网侧、用户侧新型储能建设，探索联动实施多能互补和源网荷储一体化项目；依托海岛、山区等可再生能源资源丰富的区域，结合风电和光伏发电等项目，探索实施"新能源+储能"模式；鼓励省际毗邻区域开展多种储能技术联合应用、复合型储能试点。

2.深化推进跨界环境污染共治

第一，持续推进重点流域水环境共保共治。协同推进新安江-千岛湖、京杭大运河、太浦河、太湖等重点跨界河湖联防联治；协同推进长江口-杭州湾等重点海湾（河口）联防联治，加强总氮排放控制和面源污染治理；推动三省一市探索建立重大水利工程等项目统筹布局和联动实施机制，构建科学有效的区域水利保障体系；创新水环境共同监测、监管执法等政策工具与方法。第二，联动推进大气污染防治。推动 $PM_{2.5}$ 和 O_3 污染协同控制，持续降低 $PM_{2.5}$ 浓度，推动挥发性有机物（VOCs）、氮氧化物等大气主要污染物排放总量持续下降，联动改善区域空气质量；合作提升空气质量预测预报能力，深化大气环境信息共享机制。

3. 协同完善生态环境协作机制

第一，探索建立生态环境数据共享机制。推动三省一市探索建立生态环境数据互通共享机制和数据服务平台，研究制定相关数据回流、开放、共享、使用技术规范和标准，加快实现三省一市各级环境质量、重点污染源、水文气象、生态状况等数据常态化共享。第二，加快健全环境资源交易机制。推动建立区域统一的排污权确权分配体系，探索建立区域排污权交易体系和跨省域排污权交易市场，探索推进排污权指标跨区域交易；积极推进排污权、用能权、碳排放交易信息接入全国公共资源交易平台，拓展水权、林权、用能权等权属交易领域与区域范围。第三，深入推进区域生态环境立法协作。加快建立三省一市地方生态环境保护立法协同工作机制，尽快开展生态环境监测、生态保护红线监管、生态补偿等领域地方立法。

（五）加快全民共享的共同富裕先行

1. 聚力缩小三大差距

第一，加快缩小阶层收入差距。推进稳就业、稳收入，瞄准扩大中等收入群体，分别通过健全就业公共服务体系、增强职业技术教育适用性、改善营商环境等差异化措施，精准推动其有效增加收入；加大对低收入人群的住房改善、教育资源、医疗资源等投入，推动农村劳动力获得更多的财产性收入；健全社会救助制度，提高低保制度的救助水平。第二，加快缩小城乡差距。完善农村承包地"三权分置"制度，保护经营主体依据流转合同取得的土地经营权，促进农业适度规模化经营；推进城乡学校共同体、紧密型县域医疗卫生共同体建设，促进城市优质教育、医疗资源向农村覆盖延伸，构建城乡一体化的公共服务体系；加大对乡村振兴的资金和技术支持力度，推

动农村资源变资产、资金变股金、农民变股东"三变"改革。第三，加快缩小地区差距。统筹推进上海大都市圈和南京、杭州、合肥、苏锡常、宁波五个都市圈建设，深化功能一体化、产业一体化、要素一体化，以都市圈同城化引领长三角一体化发展；推动省际产业合作园区建设，聚焦更小切口深化建设，探索形成有效的利益共享和激励机制；深化"科创飞地""产业飞地"建设，以产业要素、人才要素、资金要素的互通共享有力支撑长三角区域的能级提升。

2. 联动打造高品质消费引擎

第一，联动实施各类消费促进活动。谋划打造"长三角消费季"，统筹三省一市商业、文化、旅游、体育、科技等特色资源，协力打造"协同发展、多元融合、模式创新"的促消费平台，打造一系列具有浓郁地方特色的品牌活动，联动促消费；以体验经济为导向打造消费新场景，加快改造提升传统商业，强化跨界融合，形成多样化、规模化、高端化的新商业模式；加快推动特色街区业态差异化升级，积极应用物联网、人工智能、大数据等技术，布局受年轻人欢迎、带有社交属性的沉浸式业态；推动三省一市重要城市联动策划主题旅游线路。第二，加快扩大体育消费。鼓励长三角联合构建国际高水平赛事矩阵，大力发展职业赛事；改造提升全民健身场地设施，加强体育公园建设，推动智慧体育场馆、智能体育公园等智慧化体育场地设施建设，丰富群众健身活动。

3. 推进优质教育资源共享

第一，加快推进教育资源互通共享。推动长三角"双一流"高校在长三角区域内跨省域办学，实现联合招生、课程互选、学分互认、师资共享、学历学位互通。第二，联动打造产教融合共同体。推动三省一市职业院校深化行业职业教育教学改革，强化专业、课程、师资队伍等建设，探索校企共同招生、共同培养、共同评价新模式；搭建产教融合"育人共同体""研发共同体""服务共同体"等，构建符合产业人才需求的综合性培养及管理体系。第三，积极完善优质基础教育资源共享机制。推动长三角基础教育整体优质均衡发展，实现"共同进步、整体提高"；在统筹基础上合理调适基础教育经费以缩小区域差距；深入推进教育数字化转型、智能升级，尽快实现教育信息和数据互通共享等。

4.加快推动医疗资源互通共享

第一，加快"三个目录"统一。推动长三角药品、医疗服务设施和诊疗项目"三个目录"统一等相关工作的开展，推动医保目录经办服务事项统一，积极探索医保重点领域协同发展。第二，加快构建多种医疗联合体。以大城市高水平医院为依托，鼓励建立以医院整体签约为模式的医疗联合体、以重点专科为核心的专科联盟、以医生集团为代表的医生联合体等。第三，加快发展"互联网+医疗健康"模式。大力支持互联网医疗、远程医疗和医疗电商等业态发展，加快全民健康信息平台建设，推动电子健康档案互通共享。第四，推动联合医学检查检验结果互认。明确三省一市互认机构范围、条件、诊疗项目、数据标准、技术规范等，以试点探索逐步全面推进。

分　报　告

B.2
长三角科技创新共同体的探索实践与展望

王振　杨凡*

摘　要：　长三角科技创新共同体建设是迈向一体化高质量发展的必然要求。科技创新共同体是区域协同创新的高级形态，强调利益、行动的一致性，是一种全新的跨组织、跨区域的多层级网络化创新范式。通过分析长三角共建科技创新共同体的基础条件，本报告选取 G60 科创走廊和企业家联盟两个典型案例，总结分析了长三角科技创新共同体探索实践的基本情况和经验做法，最后从自主创新、创新生态、高质量发展先行区、开放创新方面对长三角科技创新共同体的未来发展进行了展望。

关键词：　科技创新　共同体　G60 科创走廊　企业家联盟　长三角

---

* 王振，长三角与长江经济带研究中心常务副主任、研究员，博士生导师，研究方向为人才政策、产业经济与农村发展；杨凡，理学博士，上海社会科学院信息研究所长江经济带研究室助理研究员，研究方向为科技创新与区域发展。

中国经济发展已进入转型升级的关键期，同时面临着复杂多变的全球地缘政治风险，通过提升科技创新驱动力，促进关键核心技术的自主可控以及产业链、供应链的安全稳定，是应对国内外诸多挑战的必然选择。作为中国推进高水平开放的重要枢纽和科技创新的战略高地，长三角是代表国家参与全球竞合以及引领全国高质量发展的重要地区。科技创新一体化被认为是实施长三角一体化国家战略的核心和突破口。自一体化战略实施以来，长三角科技创新资源要素加速流动，城市之间的合作日益密切，在以上海为代表的中心城市带动下，其他中小城市也紧随其后。在此背景下，长三角科技创新驱动力及协同发展水平是否提升关乎着一体化政策实施效果的好坏。

长三角三省一市拥有丰富的科技创新资源和人才优势。构建科技创新共同体有利于充分利用各地区的优势资源，实现优势互补，提升整体科技创新水平。随着长三角一体化进入全面深化阶段，深化区域科技创新合作、构建长三角科技创新共同体，促进产学研深度融合，有助于推进区域创新链和产业链深度融合、科技和产业联动发展，从而提升产业竞争力和创新能力。长三角地区各城市之间密切相连，构建科技创新共同体有利于建立跨区域的创新生态系统。通过资源共享、协同创新等方式，可以促进创新资源的优化配置和高效利用，推动长三角整体创新生态系统的建设。

一　区域创新共同体的概念内涵与协同机理

在区域内实现创新合作、交流和利益共享，需建立相应的推进机制或运作模式，例如科技创新共同体、创新飞地、区域创新链等。其中，科技创新共同体作为区域协同创新的高阶形式，注重利益和行动的协同一致。

（一）区域创新共同体的概念内涵

在社会学中，共同体是一个重要的学术概念，通常用来描述那些拥有共同的价值观、利益与需求，并通过特定的方式和规则彼此连接的群体或组织。波兰尼借鉴了这一术语，提出了"科学共同体"的概念，而"创新共

同体"则在其基础上进行了扩展,涵盖了更广泛的内容。成员在创新共同体中应当共享一致的创新需求,秉持相同的创新价值观和道德准则,并对创新过程产生强烈的归属感。这个共同体包括高校、研究机构、企业、创新中介、金融机构以及促进创新的平台,构建起一个相互关联、紧密合作的创新组织网络。区域创新共同体是指一定的地理空间内上述各个创新主体之间在科学研究、技术创新、创新服务等领域通过相互作用而形成的推动创新发展的空间形态,是区域一体化从经济一体化向科技创新一体化的纵深拓展。在区域创新共同体内部,通常可以实现多项协同创新功能的整合,从而促进不同地区实现优势互补、合作共赢,包括创新链的区域扩展、创新主体的跨区域联动、创新资源的区域共享共用以及创新文化的区域融会贯通等。

在实务层面,欧盟委员会在 2000 年率先提出"欧洲研究区"以保持欧洲科学研究的领先地位;2008 年,美国大学科技园区协会等机构提出了"美国创新共同体"这一创新协作的新概念与组织形式。近年来,"区域创新共同体"逐渐引起了国内政策制定者的高度重视,《京津冀协同发展规划纲要》和《长江三角洲城市群发展规划》都明确要求建立"协同创新共同体";在 2019 年的《长江三角洲区域一体化发展规划纲要》中,更是对"区域创新共同体"进行了详细部署。2020 年,科技部发布了《长三角科技创新共同体建设发展规划》。因此,区域创新共同体不仅是理论上的构想,更肩负着实际的功能需求,需要通过科学的制度安排来强化创新活动中的正式或非正式联动机制,形成覆盖整个区域的创新网络,确保其成为区域协同创新发展的有效支撑。

(二)区域创新共同体的协同机理

区域创新共同体的建立是基于成员之间一致的目标和价值观,强调共享与合作,追求互惠互利与协同发展。这意味着共同体内的各地区在价值观和目标上相互契合,而非单纯追求个人利益最大化。共同体重视不同地区之间的利益协调,通过实现各自目标来推动整体目标的达成。区域创新共同体通过制定共同目标、合作项目以及运作机制,聚合了多种创新主体,促进它们在合作与学习中共同进步。在这个过程中，创新主体及其资源的社会价值和个体价值得到了充分体现，进而提高了个体和共同体的创新能力，推动了区域和创新主体的共同发展。

区域创新共同体不仅注重短期的创新合作关系，还致力于建立长期的合作网络。通过强化创新联系和建立密集的创新网络，逐步夯实共同体的认知、社会、组织和制度基础，促进各地区的共同发展，最终实现从无机到有机发展的转变，形成良性的上下协同模式。通过深化区域联动，区域创新共同体提升了基础创新能力，加强了对创新的支撑与引导作用，逐步构建了覆盖研发、技术、工业及产业链的完整体系，进而形成具有全球影响力的科技创新高地和区域性产业集群。

区域不仅是创新主体和创新生态多元参与者的空间载体，还可提供资源、政策、制度和规则等软要素支持。构建区域创新共同体的关键在于实现区域内创新主体和要素的自由流动与有机结合，从而推动区域科技创新的机制创新。共同体的建设不仅涉及微观层面的创新主体与要素之间的联动，也需要从宏观层面在不同地区间进行大量的协调工作，这为共同体的管理和运作带来了挑战。因此，区域创新共同体的实质是构建良好的区域创新生态系统。

区域创新共同体开辟了一种新的创新路径，旨在改变原有分散、无序的合作创新模式，转向上下联动、自我约束的创新体系，实现跨越地理和行政界限的协同创新。然而，区域内的行政分割往往会阻碍系统性创新合作和利益共享机制的建立，导致科技资源配置效率偏低，人才、信息、科研设备和技术平台的共享不足。此外，产业链、创新链、服务链之间的融合度不够，使得创新活动呈现出分散、封闭的态势，甚至出现重复交叉的问题，严重制约了多主体之间的协同创新。为此，构建区域创新共同体的关键在于将"协同治理"作为制度保障，以促进资源要素的高效配置，最大化实现公共利益的共享。

区域协同治理是一种跨区域合作的机制，由利益相关者共同参与，目标是提升区域的竞争力。通过平等协商和资源共享，实现多元主体间的互利共

赢。以政府为主导，广泛动员企业、高校、科研机构、社会组织及中介等多方主体，通过共享资源和共同遵循规则，建立跨区域的合作关系，以促进创新主体之间的有效协作。建设区域创新共同体的关键路径在于通过区域间的合作协商，达成共识并形成分工，建立协同发展的制度框架，从而实现创新资源的高效聚集与自由流动，达成跨区域的资源共享、联合攻关与创新链整合。

二　长三角科技创新共同体建设的现实基础

在新发展阶段，我国长三角、京津冀和粤港澳大湾区等重点区域也开始着力建设区域创新圈。无论在发达国家还是国内先进地区，都已进入跨界越域、深度联动，共享资源、融合发展，加快区域创新共同体建设的新阶段。长三角三省一市具有地域相邻、经济相互依存、资源互补的特征，且科技资源丰富，创新要素密集，区域协同创新优势互补明显。2023年，长三角主要领导座谈会在合肥召开，提出携手打造长三角科技创新共同体，构建世界一流的重大科技基础设施集群，促进大科学装置集群共建共享，探索国际科技开放创新生态改革试点，意味着长三角要从过去的产业一体化转向科技创新一体化，实现科技创新和产业发展融合一体化的发展趋势。

（一）基础研究能力

长三角作为我国经济最具活力、开放程度最高、创新能力最突出的区域之一，集聚了丰富的高等教育资源。根据2021年教育部统计数据，全国共有2738所高校，而长三角的上海、江苏、浙江、安徽四地高校总数为459所，占全国高校数量的16.7%。其中，上海有63所，江苏167所，浙江109所，安徽120所。在"双一流"高校建设中，长三角的表现尤为亮眼，共有36所高校上榜，占全国的1/4。上海和江苏两地更是入选了30所，占长三角的83%和全国的20%。此外，三省一市拥有148个国家认定的"一流学科"建设项目，涵盖数学、物理、化学、生物、医学、工程等领域，涉及传统学科和新兴交叉学科，表现出全面的学科优势。尤其是上海交通大学、复旦大学、同济大学、南京大学、东南大学、浙江大学和中国科学技术大学 7 所高校，在这些一流学科中贡献了 106 个，占长三角一流学科总数的 71%。

除了这些顶尖高校，长三角还拥有上海张江和安徽合肥两个国家综合科学中心、多个国家重点实验室和工程研究中心以及 19 个中国科学院研究机构和 350 余位两院院士。作为国内最早探索中外合作办学的区域，长三角还在新型大学的建设方面积累了丰富经验，为建设具有全球影响力的高等教育与科技创新中心奠定了坚实基础。

（二）产业创新能力

长三角地区经济发达，行业门类齐全，是中国最具经济实力和创新活力的区域。根据产业链分类适当归成大类，长三角地区已形成 9 个营业收入达到万亿级的优势产业集群，按照总体规模排序分别为电子信息、装备制造、食品加工、金属冶炼、石化、汽车、纺织服装、非金属制品和橡胶塑料制品。此外，医药制造也是一个营业收入近万亿元的产业集群，约占全国同行业的 30%。

近年来，长三角战略性新兴产业保持快速增长态势，平均增速超过 10%，并高于 GDP 增速。同时，长三角战略性新兴产业发展具有较强的韧性，在 2020 年 GDP 增速下滑时战略性新兴产业产值增速不降反升，在 2021 年 GDP 增长复苏时战略性新兴产业产值实现了更快增长，成为推动经济复苏和增长的重要引擎，并促进新技术、新产业、新业态、新模式不断涌现，新一代信息技术、生物、高端装备、新材料、节能环保、新能源、新能源汽车以及数字创意等重点领域均实现快速发展。

长三角产业创新投入持续增加，助力关键核心技术攻关。2022 年，长三角三省一市的企业研发经费投入约为 7406 亿元，比 2020 年增长超过 20%，占全国企业研发经费投入的 30% 以上。其中，安徽的企业研发投入的年均增速最高，超过 15%，浙江、上海各年份的企业研发经费投

入增速基本高于全国平均值（约 12%），而江苏的企业研发经费投入在基数较大（在全国仅次于广东）的前提下，年均增速仍保持在 10% 以上。

（三）政产学研协同创新能力

当前，长三角的产学合作创新呈现出日益活跃的发展态势。各地政府和高校科研机构积极促进产学合作，建立了一批创新创业基地和科技园区，营造了良好的创新创业环境。同时，众多企业与高校、科研院所展开深度合作，共同开展科技研发、技术转移等活动，推动科技成果向市场转化。在政策支持和资金扶持的推动下，长三角的政产学研合作创新不断深化，为区域经济发展和科技创新注入了新的动力。例如，上海交通大学安徽（淮北）陶铝新材料研究院是安徽省淮北市人民政府和上海交通大学开展政产学研合作的技术创新型研究院，让上海交大的陶铝新材料从实验室走向市场。长三角也涌现出不少通过强强联合兴办的学校，如浙江大学常州工业技术研究院、德清阿尔法创新研究院、同济大学浙江学院等。

随着高校科研能力的提升和产业对创新需求的加大，长三角的产学协同创新实现了快速增长。从产学合作专利数量来看，创新产出规模一直保持高位增长，尤其是在 2016 年《国家创新驱动发展战略纲要》出台后，专利数量呈现倍增之势，标志着长三角产学协同创新的进一步跃升。同时，产学合作中的协同关系日趋复杂，合作主体数量逐步增多，覆盖地域范围不断扩大，合作的组织边界也不断延展，各类"产学融合型组织"逐渐成为协同创新的重要力量，尤其是研究型大学通过设立异地分校或研究生院，推动了"去地化"知识生产的模式。不断创新的校地合作模式，也在促进高校的知识生产与区域产业研发的深层次融合，为区域创新生态注入了新的活力。

三 长三角科技创新共同体的探索实践：
G60科创走廊案例

G60 科创走廊是依托 G60 高速公路和沪苏湖高铁两条交通干线，由上海松江，浙江嘉兴、杭州、金华、湖州，江苏苏州，安徽宣城、芜湖、合肥九城市（区）协同打造的"产业+科创"一体化发展平台，覆盖面积 7.62 万平方公里，常住人口约 4900 万人。G60 科创走廊城市以"一盘棋"理念，着力在区域统筹、集聚创新、平台搭建、开放共享、金融服务等方面强化协同合作，共同建设科技创新共同体，探索成效显著。

（一）G60科创走廊建设基本情况

2021 年 4 月，科技部等六部门联合发布了《长三角 G60 科创走廊建设方案》，提出到 2025 年基本建成具有国际影响力的科创走廊。这一规划为长三角 G60 科创走廊发展带来了重大机遇，在其引导下，区域内的科技创新资源加速集聚，先进制造业得到了快速发展。长三角九城市（区）积极对标国际先进科技水平和产业体系，着力培育具有全球竞争力的先进制造业集群。

作为 G60 科创走廊的核心区域，上海松江区近年来聚焦于集成电路、人工智能和生物医药三大重点产业，致力于在数字经济领域取得战略性领先地位。该区域已经被科技部选为国家创新型产业集群试点，吸引了大量创新资源加速集聚，推动一系列关键技术领域的突破。例如，上海脑科学与类脑研究中心以及腾讯科恩、优图实验室已在松江落地。2023 年，松江的研发投入占 GDP 的比重超过 5%，显著高于上海市平均水平，其中企业投资占比约为 88%。与此同时，自协作以来，九城市（区）专利合作条约（PCT）国际专利申请数量增长了 163.4%，占全国总量的近 1/9。九城市（区）的科研投入平均强度达到 3.55%，获得的国家科学技术奖项占全国的 16.2%，展现了该区域在创新能力方面的显著提升。

在科技部等相关部门的支持下，长三角九城市（区）正加快构建科技创新源头，努力培育原始创新的优势。截至2023年，围绕重大领域和前沿技术，九城市（区）已拥有大约2000个省级及以上的实验室和企业技术中心，极大提升了创新资源的配置效率。九城市（区）通过紧密结合创新链和产业链，显著增加对重要科技项目的投资，已形成由4.42万家高新技术企业和1300多个孵化器、众创空间构成的强大创新群体。

为促进科技成果的转化，长三角率先设立了跨区域的科技成果转化基金——长三角G60科创走廊科技成果转化基金，总规模达到100亿元，首期募集20亿元，由九城市（区）及社会资本共同投资，国家科技成果转化引导基金也将通过增资形式参与其中。该基金的目标是推动区域内的科技资源共享，加速科技成果的落地转化。在产业协同方面，九城市（区）不断深化合作，推动产业链上下游能力互补，建立了"1+7+N"产业联盟体系，并设立跨区域的产业协同创新中心和G60科创云要素对接平台等合作机制，大幅提升了区域产业协同和资源整合能力，为长三角创新生态注入了新动能。

（二）G60科创走廊建设的经验做法

1. 强化"顶层设计"，建立以"市场导向与政府引导"为基础的组织协调框架

长三角G60科创走廊紧紧围绕"一体化"和"高质量"发展的目标，构建了一个由决策、协调和执行三层结构组成的管理体系。决策层由科技部、国家发改委、中国人民银行以及沪苏浙皖的科技部门和九城市（区）人民政府组成，负责制定战略目标和政策方向，通过定期召开联席会议对重大项目进行决策和部署。协调层由长三角三省一市的主要领导组成，负责资源调度和问题协调，以确保各方有效协作。执行层则由九城市（区）派遣的相关人员组成，成立了专门的联席会议办公室，专注于政策实施、规划协调和项目落实。通过"三级运作"的管理模式，G60科创走廊有效建立了一个高效的合作网络，促进了跨区域的资源整合与协同创新。

2. 借助中心城市的资源优势，发展"创新飞地"模式，以促进跨区域深度对接和智慧共享

"创新飞地"是"飞地经济"概念的延伸，旨在帮助后发地区在先发地区建立研发基地来利用其创新资源，以实现"研发在外、产业在内"的目标。自G60科创走廊成立以来，沿线城市积极应对研发能力不足和引才难题，依托本地国有企业、平台公司及园区开发公司等投资主体，在上海设立了实验室、科技创新中心、专业孵化器和人才服务窗口等"创新飞地"，吸引了众多上海的优势企业和创新人才入驻，形成了"研发在上海，生产在苏浙皖；孵化在上海，转化在苏浙皖"的协同创新模式。这些"创新飞地"通常涵盖人才服务、企业研发、创业孵化、科技展示和项目路演等多个功能模块，成为综合性的科技创新平台。这一模式为边缘城市提供了有效的柔性引才机制，使它们能够直接在上海吸引和利用人才，从而有效破解后发地区在引才和研发方面的瓶颈。

3. 消除行政隔阂，推动区域科技创新资源的开放与共享

九城市（区）致力于打破省市之间的行政壁垒与制度障碍，构建共享合作机制，以促进区域内的创新人才、科技资源和科技成果的自由流动和互惠共享。依托人才一体化联盟，九城市（区）共同推出了《共建共享G60科创走廊人才新高地行动方案》，并建立了人才一体化发展城市联盟，旨在实现专业技术人才在不同企业和区域间的互认，有效促进创新人才的流动与配置。借助科技创新券的推广，九城市（区）积极推动科技资源的开放共享，探索并实施科技创新券制度，逐步扩大其使用范围。此外，九城市（区）还联合开发了"长三角G60科创云"平台，该平台汇聚了专家库、企业库以及大型科学仪器，并提供了全球105个国家的超过1亿条专利数据检索服务。借助该平台，线上线下资源的流通渠道得以畅通，跨省使用大型科学仪器并开展一系列跨区域活动成为可能，从而实现了科技成果供需的有效对接。

4. 金融赋能，提升跨区域科技创新的金融服务能力

在G60科创走廊内，针对科技金融服务的整合进行了多方面的探索，其

中三项举措尤其值得关注。首先，成立了区域金融服务联盟，以便实现科技创新需求与资本市场的高效连接。该联盟由联席办主导，汇集了银行、券商、投行、基金和保险等329家机构，构建了G60科创走廊企业信用信息共享平台，打破了税务、市场监管及法院等政府部门的信息壁垒，完善了企业信用信息体系，为企业提供了债权、股权融资和科创板上市等综合金融服务，有效解决了科创型企业融资难题。其次，设立了区域科创基金，以应对大多数产业基金倾向于投资科技成果转化后期项目，帮助其更快地进入市场，实现产业化。最后，推进跨区域联合授信，降低企业融资成本。针对企业在跨区域贷款过程中面临程序复杂、审批时间长以及融资成本高等问题，三省一市鼓励银行在评审、授信、还款安排和风险管理等方面加强协调，建立跨区域联合授信机制。这一举措畅通了区域间的资金流动，使相对低成本的上海资金更顺利地流入江浙皖，进一步降低了企业融资成本，并提高了跨区域融资的效率。

四　长三角科技创新共同体的探索实践：企业家联盟案例

（一）联盟运行基本情况

为深入贯彻长三角一体化发展国家战略，有效发挥市场主体优势和作用，畅通政企高效沟通渠道，大力促进区域产业协同创新，2020年6月在浙江湖州由三省一市企业家共同发起组建了长三角企业参与一体化战略的服务平台——长三角企业家联盟，这是推动长三角企业参与一体化发展的一项重大标志性成果。

长三角企业家联盟由长三角地区重点产业、支柱产业的龙头企业和相关行业商会协会主要负责人组成，是跨地域、跨所有制的非营利性组织。联盟设理事会，成立三年来，全体理事共有214名，涵盖了长三角工商界的优秀代表。理事会下设主席团、秘书处。联盟主席、秘书长和秘书处采用轮值制，轮值相关安排参照长三角主要领导座谈会轮值机制。为深化联盟政企沟通，秘书长由三省一市工商联分管领导担任。2023年6月，长三角企业家联盟主席会议在合肥召开，会议审议通过了《长三角企业家联盟工作总结》《长三角企业家联盟秘书长的提名方案》《关于筹建第三批产业链联盟的方案》；举行了2023~2024年度长三角企业家联盟轮值主席交接仪式。根据长三角企业家联盟运行机制，轮值主席、轮值秘书长、轮值秘书处从浙江转移至安徽；提出下一步工作重点，围绕助力长三角一体化建设、加快创新要素集聚、推动补链固链强链、促进对内对外开放四方面继续发力，以产业链联盟为主要抓手，兼顾联盟企业家的需求和发展战略。

长三角企业家联盟肩负着促进区域产业链合作的重大使命，长三角产业链联盟作为其下属组织，由多个重点行业的企业、高校、科研院所以及行业协会等单位共同发起成立，目标是搭建长三角企业间交流合作、协同发展平台，重点围绕打造世界级产业集群，切实推动长三角产业链的"组链、补链、固链、强链"工作，推进长三角产业链供应链转型升级，实现产业链供应链自主可控、安全高效，提升区域产业竞争力。

长三角企业家联盟成立3个月后，在2020年9月召开的长三角企业家圆桌会议上，长三角超导、软件和信息服务、数字健康、人工智能四个产业链联盟授牌成立。随后，长三角产业链联盟不断扩容，成立了高端医疗器械、绿色交通、智慧零售、智慧城市和全程能效、光电缆及数字创意六个产业链联盟。2023年6月在合肥召开的长三角企业家联盟主席会议上，第三批产业链联盟揭牌成立，包括长三角数字技术应用服务、透明商业生态、数字驱动创新生物医药以及工业互联网产业链联盟。截至2023年，长三角产业链联盟共计14家。

（二）经验做法

长三角企业家和产业链联盟自成立以来，形成了一套超前的运行模式，在取得较好成效的同时，也积累了一些可复制、可借鉴的经验做法，其中有不少都是推动长三角产业协同和一体化发展的重要制度创新，主要有以下三方面。

1.健全工作机制，强化组织领导

成立长三角企业家联盟是长三角三省一市党委政府的重大决策，是服务国家战略的重要举措。各省市统战部、工商联对于联盟的成立与发展起到了关键性的支持作用。同时，作为一个跨区域组织，三省一市的通力协作与沟通交流也需要长三角区域合作办公室的牵头协调。

长三角企业家联盟在三省一市都设立了秘书处，负责联盟的日常性事务工作，并设立明确的工作目标和任务，指导联盟的工作方向和重点。联盟定期召开主席会议对工作进行交流和总结。为了直接与产业互动，推动产业链协同，长三角企业家联盟基于长三角产业优势，按照"成熟一个成立一个"的原则，陆续成立了14家产业链联盟，这些联盟划分具有细、专和尖的特色，以此作为强化产业链协同的主要合作平台。通过不同的产业链联盟，开展相关活动，建立有效的沟通机制，为企业提供合作和交流的机会，增强联盟的凝聚力和合作效果，推动联盟的合作成果和项目落地。

为进一步畅通政企沟通渠道，上海秘书处在上海市工商联的支持和推动下，创新搭建"长三角企业家圆桌会议"平台，联盟企业家与三省一市党政主要领导面对面交流互动。2020年9月9日，长三角企业家圆桌会议在上海举行，时任上海市委书记李强出席会议并作了讲话，他鼓励企业家努力成为畅通经济循环的主力军、科技和产业创新的突击队、推动高水平开放的先行者，为服务全国发展大局作出长三角企业的积极贡献；并特别指出，长三角企业家联盟要加强功能建设，当好企业联系的纽带、促进政企沟通的桥梁、凝聚区域力量的平台。

上海市工商联不定期召集举办秘书处专题工作会议，积极指导、支持长三角企业家联盟以及长三角超导、高端医疗器械、绿色交通产业链联盟举办各项论坛、大会等活动，与相关政府部门加强沟通，推进与相关金融机构、专业机构等的对接合作，与长三角国资百企联盟签署战略合作协议，有力推动长三角企业家联盟上海方面工作以及与三省秘书处的交流对接与合作。

2.搭建多元创新主体交流平台，打造合作样板

长三角企业家联盟每年都有定期的会晤，共商联盟的未来发展路径，为其进行顶层设计。长三角产业链联盟都有各自的品牌会议，每年定期举办，同时也举办大量的各类行业交流研讨会、产业供需对接活动以及相关前沿学术论坛等活动。这些都为联盟企业提供了交流合作、资源共享的平台。企业家们可以分享经验、交流合作机会，共同解决发展中的问题，实现资源共享和互利共赢。

不少产业链联盟都提出以项目带动产业链发展，同时也能在更深层次上建立互信和加强互通。因此，产业链协同的第一要务是明确各自的共同目标和利益，以此为基础建立合作样板。只有在共同的利益驱动下，企业才能真正合作起来，共同推动产业链发展。产业链联盟成员企业应该积极寻找合作的项目，可以通过共同研发新产品、共同开展营销活动、共同投资新项目等方式，实现资源的优化配置和风险分担，共同分享项目的收益，共同协调与政府的合作，争取政策支持和资源优势。

在搭建产学研合作平台方面，联盟组织搭建企业、高校和科研机构之间的合作平台，促进产学研三方之间的交流与合作。联盟通过组织产学研合作对接会、技术交流会等形式，搭建企业与高校、科研机构之间的合作平台，推动产学研合作。在促进技术转移与成果转化方面，联盟组织推动科研机构的技术成果向企业转移和应用。通过组织技术转移对接会、科技成果展示等活动，联盟帮助科研机构与企业对接，促进科研成果的转化和应用，推动创新成果的产业化。在促进人才培养与交流方面，联盟组织开展人才培训、技术交流和学术研讨等活动，推动产学研人才的交流与合作；通过组织高校实习基地建设、企业专家讲座等活动，促进人才的流动和共享，提升人才的创新能力和综合素质。

3.突破组织边界，构建协同创新网络

在区域产业协同发展方面，通过组织多元化的产业链发展论坛、前沿技术的研讨峰会以及投资考察等活动，促进区域产业一体化，改善产业生态环境，实现优势互补，推动区域经济协调发展。在区域一体化发展的大环境下，企业等微观主体需要调整发展模式和理念，不断突破组织边界。

一是加强企业间的合作、协同，特别是对于民营企业而言，在与政府、

国企和大型央企的合作中更有必要采取组团式合作模式，使得谈判对接更加顺畅。

二是在开放创新环境下，企业、高校、科研院所的边界逐渐模糊，产学研合作愈发频繁。联盟发展的核心是产业竞争力，而产业竞争力提升的关键是科技创新和技术进步。通过联盟平台将行业内的高校、科研机构、企业及用户方力量集聚起来，组织成员单位共同研讨提出技术标准，并在标准框架下制定统一的技术发展路线，使成员单位同时掌握技术标准、技术研发的路径，并在一定的条件下促进技术在成员间的转移、共享，在此基础上开展技术与产业创新。

三是打破地理和行政区划边界，联盟积极吸引来自长三角不同地域的企业加入，突出跨地域的合作与协同。联盟着力推进跨地域合作项目，区域性产业链联盟尽可能地在资源有效对接的基础上促进跨地域的合作项目。此外，在政策支持、合作交流、信息共享等方面都打破地域局限，促进联盟成员合作关系网络化，助力区域产业创新和资源的整合及最大化利用。

五　长三角科技创新共同体发展展望

在未来，长三角科技创新共同体将成为一个蓬勃发展、高度协同的区域性创新生态系统。随着合作机制的不断深化和技术交流的增加，各个城市将更加紧密地连接在一起，形成更加密切的合作网络。这将促进长三角科技资源的共享和优势互补，进一步激发创新活力。同时，长三角将加大对创新型人才的培养和吸引力度，建设完善的科技创新基础设施，为创新创业提供更加优越的环境和条件。通过共同努力，长三角将成为全球科技创新的重要枢纽之一，为推动经济增长、改善人民生活质量、应对全球挑战发挥重要作用。

协同提升自主创新能力。首先，共同统筹推进科技创新能力建设，加强人才培养、科研机构建设、创新平台建设等方面的协同合作，打造良好的创新生态环境，培育更多具有自主创新能力的科技人才和创新团队。其次，联合开展重大科技攻关项目，共同投入资源和技术力量，攻克关键核心技术难题，推动长三角在关键领域取得突破性创新成果。同时，共同协力提升现代化产业技术创新水平，推动产业结构优化升级，加快传统产业转型升级，推动新兴产业发展壮大，从而实现长三角产业的高质量发展和经济的可持续增长。通过这三方面的协同努力，长三角科技创新共同体将不断提升自主创新能力，为区域经济的长期繁荣和全球科技进步作出更大贡献。

构建开放融合的创新生态环境。首先，共同塑造一体化科技创新制度框架，促进跨地区科技政策的协调与一体化发展，为创新活动提供更加稳定和可预期的制度环境。其次，积极促进创新主体之间的高效协同，建立跨界合作机制和创新共享平台，实现资源的共享与互补，推动创新成果的快速转化和应用。同时，推动创新资源的开放共享和高效配置，通过建立开放式创新生态系统，吸引更多国内外创新资源汇聚长三角地区，促进创新要素的自由流动和优化配置。此外，联合提升创新创业服务支撑能力，加强创业孵化、技术转移和市场拓展等方面的支持，为创新创业者提供全面和优质的服务。最后，完善区域知识产权战略实施体系，加强知识产权保护和运用，营造公平竞争的市场环境，激发创新活力和创业热情。通过这些举措，长三角科技创新共同体将不断优化创新生态环境，为区域经济发展和全球科技创新做出更大贡献。

聚力打造高质量发展先行区。长三角将推进创新高地建设，促进科技创新成果在该地区的集聚和转化，推动经济发展质量和效益的提升。同时，联合推进 G60 科创走廊建设，加强与周边地区的合作，形成更加完善的科技创新生态系统，实现资源共享与优势互补。此外，共同协力培育沿海沿江创新发展带，充分发挥长三角的区位和产业基础优势，推动沿海沿江地区科技创新和经济发展，为全区高质量发展注入新动能。通过这三方面的努力，长三角科技创新共同体将成为高质量发展的示范区和引领区，为全国乃至全球的科技创新与发展做出更大贡献。

共同推进开放创新。长三角科技创新共同体将致力于共建多层次国际科技合作渠道，促进全球科技资源的交流与共享。同时，协同实施或共同参与

国际大科学计划，加强与国际科技前沿的对接与融合，推动科技创新成果的全球化应用与推广。加快聚集国际创新资源，吸引全球顶尖科技人才和创新企业进驻长三角地区，共同打造具有国际竞争力的科技创新生态系统。通过这三方面的努力，长三角科技创新共同体将不断拓展国际合作领域，为推动全球科技进步和经济发展做出更加积极的贡献。

参考文献

王振：《长三角区域要积极推进高层次协同开放》，《红旗文稿》2023 年第 23 期。

洪银兴：《长三角：在创新一体化中建设创新型区域》，《江苏社会科学》2021 年第 3 期。

王振：《长三角地区经济发展报告（2022—2023）》，社会科学文献出版社，2023。

王泽强：《区域一体化背景下长三角区域创新共同体建设研究》，《中共宁波市委党校学报》2020 年第 1 期。

张仁开：《长三角区域创新共同体运行机制创新研究》，《创新科技》2020 年第 9 期。

杨凡、林晓、翟晨阳等：《长江经济带科技创新驱动力及其系统内部耦合协调分析》，《科学管理研究》2021 年第 2 期。

杨凡、杜德斌、段德忠等：《长三角产学协同创新的空间模式演化》，《资源科学》2023 年第 3 期。

谢卫群：《一条路，探索区域协同发展路径》，《人民日报》2023 年 9 月 7 日。

邱爱军、赵军洁：《都市圈协同创新机制设计——基于长三角 G60 科创走廊的实践经验》，《科技和产业》2023 年第 8 期。

B.3
以开放型经济转型助力中国式现代化的
江苏新实践

尚庆飞　黎峰　王超男*

摘　要： 面对以"去中国化"为特征的逆全球化浪潮，江苏以创新驱动培育贸易发展新动能、打造具有世界聚合力的双向开放枢纽、高质量推进"一带一路"交汇点建设、高水平建设江苏自由贸易试验区等举措为抓手，加快开放型经济转型升级，谱写了中国式现代化的江苏新篇章。着眼于全面扩大高水平对外开放，加快推进中国式现代化，江苏应立足于创新驱动和科技自立自强，因地制宜加快形成新质生产力；打破体制机制障碍，推动区域间要素整合；加快制度型开放，吸引国外高级要素集聚；加快"走出去"步伐，增强产业链供应链的自主可控能力。

关键词： 开放型经济　转型升级　中国式现代化　江苏

　　开放型经济是江苏践行中国式现代化的成功模式和重要经验。改革开放以来，凭借着地理区位优势、低成本要素优势及优惠政策，江苏主动承接发达国家产业梯度转移，以此加快融入跨国公司主导的全球价值链分工。在开放型经济的有力推动下，江苏经济社会发展始终走在国内前列。2000年起，江苏出口额超过上海并持续多年稳居国内第二，2003年江苏实际利用外资

---

* 尚庆飞，博士，江苏省社会科学院院长、党委书记、教授，主要研究方向为马克思主义哲学、马克思主义中国化、国外毛泽东学等；黎峰，博士，江苏省社会科学院世界经济研究所副所长、研究员，研究方向为全球价值链分工与中国开放型经济；王超男，博士，江苏省社会科学院世界经济研究所助理研究员，研究方向为国际贸易。

规模反超广东成为第一利用外资大省。在此带动下，江苏地区生产总值规模继2002年突破万亿元、2012年突破5万亿元后，2020年迈上10万亿元台阶，江苏成为名副其实的经济大省。

一 江苏以开放型经济转型助力中国式现代化的主要举措及成效

面对发达国家掀起的逆全球化浪潮及对开放型经济的巨大冲击，江苏省委、省政府严格贯彻创新、协调、绿色、开放、共享的新发展理念，以"经济强、百姓富、环境美、社会文明程度高"为目标，从创新驱动培育贸易发展新动能、打造具有世界聚合力的双向开放枢纽、高质量推进"一带一路"交汇点建设、高水平建设江苏自由贸易试验区四个方面着手全面加快推进开放型经济转型，谱写中国式现代化的江苏新篇章。

（一）创新驱动培育贸易发展新动能

江苏省委、省政府贯彻落实国家促进贸易高质量发展的一系列政策措施，通过创新驱动加快培育外贸高质量发展新动能，积极推动外贸新业态新模式发展，全力支持"新三样"产品出口，目前已取得显著成效。

1. 加快数字化转型进程，积极推动外贸新业态发展

作为数字经济大省，江苏聚焦数字与实体经济融合，持续以数字经济为引擎，加快推动平台建设、市场主体培育、业态模式融合、贸易便利化提升和发展环境优化"五项工程"，推动贸易全流程数字化转型，不断促进外贸新业态发展。主要举措包括以下方面。

平台建设方面，大力支持南京、苏州、无锡、常州等城市的外贸转型升级基地开展贸易数字化探索，加快现代信息技术与传统贸易融合进程，推进货物贸易各环节全流程"上线触网"；鼓励企业向数字服务和综合服务提供商转型，服务外贸企业数字化转型（杜明威等，2022）。市场主体培育方面，加强对外向型企业经营管理者数字技能和数字意识的培训和宣传，尤其

是高度重视中小企业的数字化转型，在税收和财政上给予中小微企业更多的优惠和扶持；鼓励企业积极参与国际国内数字服务相关标准制定和资质认证。业态模式融合方面，探索加快数据跨境流动、技术共享和产业融合发展，推动数字技术赋能旅游、教育、医疗、运输等服务业，提升服务贸易数字化应用水平；加快服务外包数字化发展进程，重点发展推广众包、云外包、平台分包等新业态新模式，积极发展高附加值服务外包，巩固江苏服务外包领先地位。贸易便利化提升方面，加快江苏特色电子口岸建设，重点支持通关物流信息化、智慧化建设，为企业提供"一站式"全流程贸易信息化服务，在此基础上推进省电子口岸对接港口、铁路、出入境等信息化平台，开展5G技术在移动申报、移动支付、移动查验和物流监管等场景的应用探索，提升电子口岸平台服务能力。发展环境优化方面，加快产业数字化转型，稳步推进数字化治理，不断释放数据资源价值，持续升级数字基础设施，为推动外贸新业态发展营造良好环境。

在上述"五项工程"的助推下，江苏数字经济规模、产业数字化水平领先全国，2023年数字经济核心产业增加值占GDP的比重超11%。在全国率先推进制造业智能化改造、数字化转型和网络化连接，累计实施改造项目5万余个，建成全球"灯塔工厂"12家，国家智能制造示范工厂32家、5G工厂97家，"两化"融合发展水平连续9年全国第一。从数字经济百强城市分布看，2022年，江苏拥有13个数字经济百强城市，和山东并列全国第1,明显高于广东（10个）、浙江（8个）、安徽（4个）等兄弟省份（见图1）。信通院的统计数据显示，2022年江苏的数字经济增加值为5万亿元，居广东之后，明显高于浙江、山东、上海、安徽等兄弟省市；从经济贡献来看，2022年，江苏数字经济增加值占其GDP的比重在40%左右，远高于全国平均水平。

2. 抢占外贸新赛道，持续推动外贸新模式发展

江苏深入贯彻落实国务院办公厅《关于加快发展外贸新业态新模式的意见》精神，大力支持跨境电商发展，积极培育发展海外仓，打造市场采购贸易"江苏模式"，促进外贸高质量发展。

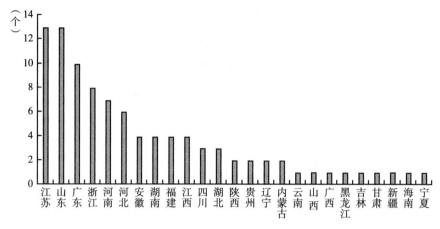

图1　2022年数字经济百强城市省（区）分布

资料来源：笔者根据信通院发布的《中国数字经济发展研究报告》整理而得。

首先，大力支持跨境电商发展，打造外贸产业高地。例如，扎实推进国家跨境电商综合试验区建设，支持更多城市申报国家跨境电商综合试验区，加快构建信息共享、金融服务、智能物流、电商信用等相关体系，推动线上综合服务平台和线下产业园区平台共同发展；鼓励各地结合地方特色和发展优势，建设一批具备跨境电商全产业链服务能力的产业园区，培育一批跨境电商孵化基地和孵化中心；深入推进"江苏优品·数贸全球"专项行动，探索具有江苏特色的跨境电商发展路径和模式；设立跨境电商人才基地，培养具有跨境电商技能的专业人才（王健和诸子怡，2022）；落实跨境电商进出口退货监管措施，加快实施跨境电商零售进口退货中心仓模式。

其次，积极培育发展海外仓，提升外贸竞争力。例如，培育打造一批省级公共海外仓，鼓励各种类型企业（包括传统外贸企业、跨境电商企业和物流企业等）积极参与海外仓建设，充分实现资源共享、合作共赢；支持企业同时在传统市场（美国、欧盟、东盟等）以及新兴市场（共建"一带一路"国家及地区）布局海外仓，不断优化海外仓市场布局；鼓励江苏省国际货运班列公司在中欧班列主要节点城市、货源地城市布局海外仓；采用更加先进的技术升级海外仓建设信息管理系统，提高物流配送和通关效率，缩减订单各个环节使用的时间；依托江苏公共海外仓服务联盟、境外合作园区以及海外经贸代表机构，加强海外仓与外贸企业的业务对接，为海外仓企业提供优质服务。

再次，打造市场采购贸易"江苏模式"，提升市场采购贸易便利化水平。例如，总结海门、常熟两地市场采购贸易的发展经验，扩大宣传力度，将其推广至全省全国，打造市场采购贸易"江苏模式"；开展市场采购贸易业务承保试点，优先为满足标准的企业办理出口信用保险业务；支持市场采购贸易主体委托第三方报关出口并以自身名义办理收汇，委托银行和支付机构为其提供结售汇及相关资金收付服务。

立足于跨境电商、海外仓、市场采购贸易等新模式，江苏抢占外贸新赛道，持续推动外贸新模式发展。2023年全省进出口总额达5.25万亿元、稳居全国第2，跨境电商出口增长12.3%，服务外包规模连续15年位居全国第1，越来越多的"江苏制造"通过线上交易、数字贸易形式走向世界。图2显示了国家跨境电商综试区的分布情况，江苏已实现13市跨境电商综试区全覆盖，拥有13个跨境电商综试区，仅次于广东（21个）、山东（16个），高于浙江（12个）、安徽（6个）和上海（1个）等兄弟省市；从跨境电商进出口规模看，据南京海关统计，2023年前11个月，江苏省跨境电商管理平台进出口同比增长23.7%[1]；2024年开年以来，跨境电商外贸新业态活力充沛，截至2024年2月21日，南京海关所属金陵海关共监管出口清单258万票，同比增长420%[2]；南通力争到2026年实现跨境电商进出口额超100亿元。[3] 公共海外仓方面，截至2023年底，江苏共有省级公共海外仓

[1] 江苏省人民政府：《去年前11个月我省跨境电商管理平台进出口增长23.7%》，https://www.jiangsu.gov.cn/art/2024/1/10/art_88140_11121549.html，2024年1月10日。
[2] 《南京跨境电商出口迎来"开门红"》，江苏跨境电商公共服务平台，https://www.jsceb.com/webfile/zcjd/2024-02-26/8254.html，2024年2月26日。
[3] 《南通：力争到2026年实现跨境电商进出口额超100亿元》，江苏跨境电商公共服务平台，https://www.jsceb.com/webfile/zcjd/2024-02-29/8298.html，2024年2月29日。

38家，分布在全球20个国家和地区。① 市场采购贸易方面，2022年江苏市场采购贸易出口规模为259.6亿元，同比增长67.02%；2023年江苏市场采购贸易出口规模为309.6亿元，同比增长22.8%。②

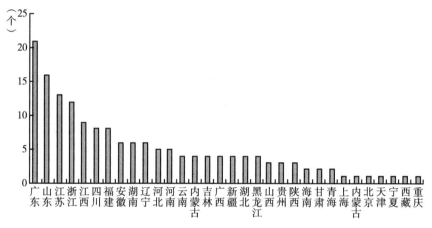

图2　截至2022年底国家跨境电商综试区的分布情况

资料来源：笔者根据中国跨境电子商务综合试验区名单整理而得。

3. 发挥产业优势，全力支持"新三样"产品出口

江苏抢抓全球能源绿色化、低碳化转型机遇，着眼长远提出创新举措，发挥产业优势，采取一系列措施支持以新能源汽车、锂电池、太阳能电池为代表的"新三样"产品出口，其主要做法如下。

第一，以技术创新完善产业链建设。全力培育新能源汽车及核心零部件等重点产业链，进一步推进新能源等产业集群发展，加大对新产品、新技术、新项目的投入，打造具有国际标识度的"新能源大省"。第二，支持常州、南京等地新能源汽车品牌企业加大国际市场开拓力度，尽快形成新增长点；支持新能源汽车通过中欧班列运输，推进有关口岸提升锂电池

---

① 江苏省商务厅：《关于2023年度江苏省公共海外仓综合评估结果的公示》，https://doc.jiangsu.gov.cn/art/2023/12/21/art_78712_11106102.html，2023年12月21日。

② 《多项"全国第一"！江苏对外开放迈出坚实步伐》，江苏跨境电商公共服务平台，https://www.jsceb.com/webfile/zsqxw/2024-02-23/8231.html，2024年2月23日。

等危化品运输储存条件，拓宽物流渠道，助力企业降本增效。第三，鼓励省内各金融机构主动与"新三样"产品出口企业对接，通过提供保理 E 贷、出口卖信、外贸企业发展贷款等一揽子信贷产品，帮助企业解决采购受阻、回款缓慢、融资难度增加等困难，助力企业进一步扩大"新三样"产品的出口规模。

此外，江苏海关全力为"新三样"产品出口企业保驾护航，针对不同产品采取不同的措施。新能源汽车出口方面，设立汽车出口政策咨询专窗，为车企量身定制"申报、检验、放行"全流程出口服务包，对出口汽车提供预约式查验和智能通关服务，压缩企业出口许可证和报关单收撤时间，为新能源产品出口营造更加安全便利的通关环境；锂电池出口方面，在确认包装的适用性和使用方法符合技术标准要求、保障危险货物运输安全的同时，采用"预约查验、即到即验、分级管理"服务包，优化出口检验模式，全力保证锂电池生产企业的货物通关速度和生产交付能力；太阳能电池出口方面，采用"一对一"方式服务辖区光伏企业，密切关注主要出口国家及地区的技术性贸易措施，第一时间解读出口市场政策信息，帮助企业掌握国际市场动态、协助光伏企业提前规避贸易风险。

在加强技术创新、加大市场开拓力度、提供金融支持以及提升通关便利程度等一系列措施的作用下，江苏"新三样"产品出口表现亮眼，逐渐成为新的外贸增长点。表 1 显示了相关地区"新三样"产品的出口情况。可见，自 2019 年以来，江苏"新三样"产品出口规模持续快速增长，在总出口中的占比也逐年递增。就出口规模而言，2023 年，江苏出口"新三样"产品 277.91 亿美元，位居全国第一，明显高于上海（239.03 亿美元）、广东（203.99 亿美元）、浙江（200.05 亿美元）、安徽（55.74 亿美元）、山东（13.28 亿美元）等兄弟省市。江苏光伏制造产业领跑全球，光伏硅片、电池、组件的产量均占全球三成以上。

表1　2019～2023年相关地区"新三样"产品的出口情况

单位：亿美元，%

地区	类别	2019年	2020年	2021年	2022年	2023年
江苏	出口规模	106.68	116.08	171.07	260.30	277.91
	出口占比	2.70	2.93	3.45	5.01	5.80
上海	出口规模	13.76	17.50	74.05	174.34	239.03
	出口占比	0.69	0.88	3.04	6.81	9.67
浙江	出口规模	46.64	52.33	89.35	189.00	200.05
	出口占比	1.39	1.44	1.92	3.66	3.94
安徽	出口规模	13.07	15.64	28.41	52.15	55.74
	出口占比	3.24	3.43	4.61	7.40	7.50
山东	出口规模	2.80	2.76	5.22	9.53	13.28
	出口占比	0.17	0.15	0.20	0.33	0.48
广东	出口规模	60.65	71.11	109.30	160.16	203.99
	出口占比	0.96	1.13	1.40	2.01	2.64

资料来源：笔者根据中国海关数据库数据整理而得。

（二）打造具有世界聚合力的双向开放枢纽

江苏重点推进建设具有世界聚合力的双向开放枢纽工作，通过加快推动长三角一体化、助推全国统一大市场建设、促进利用外资提档升级、加快推动"走出去"、加快内外贸一体化改革等重要举措进一步促进开放型经济转型升级并取得显著成绩。

1. 加快推动长三角一体化

加快推动长三角一体化有助于江苏统筹科技创新和产业创新、统筹硬件联通和机制协同、统筹生态环保和经济发展，加快打造具有世界聚合力的双向开放枢纽。

江苏深入学习贯彻习近平总书记在深入推进长三角一体化发展座谈会上的重要讲话精神，更加主动服务和支持上海发挥龙头带动作用，与沪浙皖协同联动，加快推动长三角一体化。首先，着力推进科技创新和产业创新跨区域协同（夏锦文，2023），以市场化机制推进科技创新要素和产业要素跨区域、跨部门深度融合，加快建设长江口产业创新协同区以及沪宁产业创新带、环太湖科创圈等平台载体，打造具有全球影响力的产业科技创新中心。其次，不断提升基础设施互联互通水平，努力打造"轨道上的江苏"，加快建设沪渝蓉等铁路、沪武等高速公路以及常泰等过江通道项目，加强各类交通网络基础设施标准跨区域衔接。再次，积极推进高层次协同开放，尤其要重视制度型开放，加强改革经验互学互鉴和复制推广，主动学习上海、浙江和安徽的经验提升江苏自贸试验区发展水平，支持引导民营经济发展壮大。最后，持续加强生态环境共保联治，以美丽江苏建设为牵引建立水生态补偿机制，开展长江生态保护修复；推广示范区"联合河湖长制"经验，推动新一轮太湖综合治理；鼓励企业采用国内外先进的低碳、节能技术，降低重点地区、重点用能单位、重大项目的能耗，加快工业能源消费结构绿色低碳转型。

在以上四项措施的助推下，江苏不断加快长三角一体化进程，取得累累硕果。例如，截至2024年3月，南通市已与上海、苏南等地建有19个合作园区，大约有七成的企业在苏锡通科技产业园区在建或签约项目；新开通的沪宁沿江高铁把7个百强县（市、区）融入沪宁"1小时交通圈"和长三角一体化"核心圈"；截至2023年底，无锡完成太湖生态清淤约350万立方米，建成美丽幸福河湖680条。

2. 助推全国统一大市场建设

江苏严格落实党中央作出的重大决策部署，牢牢把握建设全国统一大市场的内在要求，积极助推全国统一大市场建设。首先，打破地方保护和市场分割。加大对市场干预行为的监管执法力度，对妨碍全国统一大市场建设的政策措施开展专项清理，坚决查处限定交易、妨碍商品要素资源自由流通等行为。其次，打通制约经济循环的关键堵点。合理缩减外资准入负面清单，进一步取消或放宽外资准入限制，持续扩大市场准入，发挥自贸试验区等开放平台先行先试和引领作用。再次，促进商品要素资源在更

大范围内畅通流动（吴涵和郭凯明，2023）。提升县级物流配送中心功能，发展共同配送，推动一网多用，打造工业品下乡和农产品进城的共同载体；发展农村新型便民商店，引导电商平台和供应链下沉，拓展快递收发、生活缴费等功能，满足农民群众就近便利消费。最后，全力建设高水平商品和服务市场。围绕"1650"先进制造业集群和重点产业链，健全商品质量体系，引导企业打造更多的"江苏精品""苏地优品"区域品牌；聚焦新型消费领域维权热点，完善跨区域消费争议处理协作机制，全面提升消费服务质量。

立足于以上措施，江苏推动全国统一大市场建设取得实质性进展。借鉴陈敏等（2008）的做法，以采用价格法测算的市场分割指数衡量各地区的统一大市场建设情况。如图3所示，自2004年以来，江苏以及上海、浙江、安徽、山东、广东等省市的市场分割指数随着时间的推进趋于下降，说明全国统一大市场建设成效显著。2020年，江苏的市场分割指数为0.00020，仅高于山东（0.00019），明显低于上海（0.00030）、浙江（0.00028）和广东（0.00024），说明江苏融入国内市场一体化程度较高。

3. 促进利用外资提档升级

江苏出台实施了一系列促进稳外资优外资的政策，不断促进利用外资提档升级，努力打造具有全球影响力和竞争力的投资目的地。

第一，提高利用外资质量。鼓励外资参与重点产业集群建设，吸引优质外资参与符合产业重点方向的重大项目，特别是生物医药全产业链相关的项目；拓展利用外资方式，鼓励符合条件的外国投资者通过设立投资性公司、增资扩股、资产并购等多种方式投资江苏的企业；支持外商投资企业将富余产能向对口地区梯度转移，推动苏南、苏中、苏北的外商直接投资协调发展；支持外商投资企业加大研发投入，与高等院校、科研院所、企业联合开展技术攻关。

第二，提高投资运营便利化水平。优化"高精尖缺"外国人才工作许可及居留便利化政策措施，特别优质的外籍高级经营管理、专业技术人才可

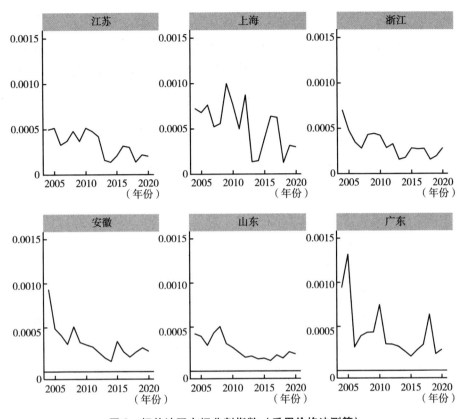

图3 相关地区市场分割指数（采用价格法测算）

资料来源：笔者根据中国深度数据库（CNDD）中的省级市场分割指数整理得到。

申请永久居留；扩大"苏知贷"投放规模和惠及面，提高外商企业融资的便利化程度；探索便利化的数据跨境流动安全管理机制，支持有条件的自贸区建设数据跨境安全公共服务平台。

第三，加大财税支持力度。统筹各类相关专项资金，支持产业项目招商，强化外商投资促进资金保障；落实外国投资者境内取得利润再投资暂不征收预提所得税政策，鼓励外商投资企业境内再投资；落实外商投资企业相关税收优惠政策，符合条件的外商投资项目可享受进口自用设备免征关税优惠政策。

第四，完善外商投资促进方式。提高外商投资企业和跨国公司高管、技

术人员等申请入境签证的办理效率；组织开展"跨国公司江苏行""投资中国年"等一系列活动，持续办好江苏开放创新发展国际咨询会议等活动，更大力度开展外商投资促进活动，对成功引进优质产业项目的机构和个人，可按照有关规定给予相应奖励。

在以上四个方面工作的推动下，江苏实际使用外资规模连续多年稳居全国首位。从利用外资规模来看，2022 年江苏实际使用外资金额为 305.0 亿美元，占全国实际使用外资总额的 16.1%，在全国排名第一，明显高于广东（278.9 亿美元）、上海（239.6 亿美元）、山东（228.7 亿美元）、浙江（193.0 亿美元）、安徽（21.6 亿美元）等兄弟省市；从新设外商投资企业数量来看，2022 年，江苏新设外商投资企业 3303 家，仅少于广东（13365家）和上海（4359 家），明显多于浙江（2910 家）、山东（2329 家）、安徽（475 家）等兄弟省份（见表 2）。2023 年，入驻江苏的外资企业达 4.3 万家，以占全省约 1.3% 的企业数，贡献了 10% 的固定资产投资、20% 的税收、10% 的就业。全省跨国公司地区总部和功能性机构达 395 家，享受国家进口税收政策的外资研发中心 72 家，数量居全国第一。国家重点外资项目、制造业领域标志性外资项目总数均居全国第一，外资利润再投资增长 25.8%、规模保持全国首位。

表 2　2020~2022 年相关地区实际使用外资情况

单位：亿美元，家

地区	类别	2020 年	2021 年	2022 年
江苏	实际使用外资金额	235.2	288.5	305.0
	新设外商投资企业数	3572	4237	3303
上海	实际使用外资金额	190.1	233.3	239.6
	新设外商投资企业数	5751	6717	4359
浙江	实际使用外资金额	157.8	183.4	193.0
	新设外商投资企业数	2821	3547	2910
安徽	实际使用外资金额	14.9	18.3	21.6
	新设外商投资企业数	400	476	475
山东	实际使用外资金额	176.5	215.2	228.7
	新设外商投资企业数	3060	3064	2329

地区	类别	2020 年	2021 年	2022 年
广东	实际使用外资金额	234.4	276.6	278.9
	新设外商投资企业数	12864	16155	13365

资料来源：笔者根据 2021~2023 年《中国外资统计公报》整理而得。

4. 加快推动"走出去"

在实施更高水平"引进来"的同时，江苏也采取了一系列措施加快推动江苏企业"走出去"，以更好地促进江苏装备、技术、标准、服务和品牌"走出去"，增强经济发展动能。例如，努力培育江苏跨国先行企业，以龙头企业重点项目为抓手，加快以南钢集团、寒锐钴业等为代表的资源导向型企业优化国际市场布局，提高江苏企业在全球供应链体系中的话语权和影响力；支持企业积极参与"丝路贸易促进"和"重点合作园区提升"等计划，有序引导有条件的企业深化"一带一路"倡议经贸合作；尽力扩大对外合作行业的覆盖面，不断加强轨道交通、软件服务和智能电网等优势产业的国际合作；不断完善"全程相伴"江苏"走出去"综合服务平台，充分发挥企业"走出去"的统保平台、外派人员意外伤害险等服务保障作用，促进海内外法律领域沟通对接，组织形式多样的国际创新创业活动，为江苏企业"走出去"保驾护航；根据自贸区战略发展动向，积极考虑企业在自贸伙伴投资建厂的可行性，利用自贸协定优惠政策降低原材料进口及产品出口的关税成本；关注投资所在国自贸协定签署情况和相关享惠规则，将原产地规则纳入企业生产管理体系，充分利用投资所在国的自贸区网络和各类资源，增强企业的抗风险能力和国际竞争力。

加快推动"走出去"是新时代江苏开放型经济转型升级的重要经验，从"产品"走出去到"资本"走出去，江苏通过大踏步"走出去"取得了一系列的发展成效。从对外直接投资流量看，2022 年江苏的对外直接投资流量为 57.6 亿美元，尽管与浙江（152.8 亿美元）、广东（116.7 亿美元）、

上海（106.6 亿美元）、山东（64.6 亿美元）等兄弟省市相比较低，但仍列地方对外直接投资流量前十位。2019~2022 年江苏设立境外企业数量呈上升趋势，2022 年江苏设立境外企业达 3927 家，虽然少于广东（8459 家）、浙江（4821 家）、上海（4741 家）等省市，但仍位列地方境外企业数量前十（见表3）。

表3 2019~2022 年各地区对外直接投资情况

单位：亿美元，家

地区	类别	2019 年	2020 年	2021 年	2022 年
江苏	对外直接投资流量	51.2	61.4	90.6	57.6
	设立境外企业数量	3753	3824	3852	3927
上海	对外直接投资流量	104.9	125.5	132.2	106.6
	设立境外企业数量	3743	4041	4642	4741
浙江	对外直接投资流量	89.5	107.4	133.7	152.8
	设立境外企业数量	4683	4654	4529	4821
安徽	对外直接投资流量	11.4	14.6	28.4	16.0
	设立境外企业数量	—	—	—	—
山东	对外直接投资流量	102.4	61.0	50.2	64.6
	设立境外企业数量	2419	2504	2408	2576
广东	对外直接投资流量	167.0	235.3	141.7	116.7
	设立境外企业数量	8066	8525	8767	8459

资料来源：笔者根据 2019~2022 年《中国对外直接投资统计公报》整理而得。

5. 加快内外贸一体化改革

江苏采取增强市场主体经营能力、加快内外贸融合创新发展、挖掘扩大内需潜力、发挥重点贸易促进平台作用等一系列措施，促进内外贸融合发展。

第一，增强市场主体内外贸一体化经营能力。引导生产制造企业提升研发设计水平，打造内外贸一体化示范企业；鼓励大型商贸、物流企业"走出去"，优化国际营销体系；建设产业集群品牌培育基地，打造"苏地优品"等一批区域品牌和产业集群品牌。第二，加快内外贸融合创新发展。对标高标准国际经贸规则推动高水平制度型开放，建设内外贸融合发展制度高地；大力培育智慧商圈、商店示范创建和省级数字商务企业等新模式，推动内外贸数字化转型；扩大跨境电商综合试验区覆盖范围，探索市场采购贸易"江苏模式"。第三，挖掘扩大内需潜力。充分发挥数字经济、平台经济及夜间经济的作用，打造以"苏新消费"为主题的购物节；以南京、苏州、徐州、无锡等地的城区为试点，扩大国际优质消费品供给，培育国际消费中心城市；鼓励外贸企业自建线上内销平台，采用网络销售、直播带货等方式，扩大国内线上销售规模。第四，发挥重点贸易促进平台作用。充分发挥昆山进口贸易促进创新示范区、中国国际进口博览会、中国进出口商品交易会、中国国际消费品博览会等重点贸易促进平台的作用，推进"江苏优品·畅行全球""江苏优品·数贸全球"等一系列活动，加快内外贸一体化改革进程。第五，构建内外联通的现代物流网络。拓展中欧班列通道，推动自贸区专列、跨境电商专列、邮政快递班列等特色班列开行，促进运贸融合发展；优化城市物流配送网络，提升城市货运配送效率。第六，加强金融服务保障。鼓励金融机构加大信贷支持力度，重点支持产品内销和外销兼具的制造业企业与出口型中小微企业，以及为中小微企业服务的专业内外贸企业、电商平台等市场主体。第七，推进专业人才队伍建设。围绕内外贸一体化组织开展培训，推广"外语+职业技能"等人才培养模式，培育电子商务、数字经济、市场营销、法律法务等相关专业人才，不断壮大物流、仓储、运营等综合型人才队伍，为内外贸一体化发展提供人才支撑。

在上述措施的作用下，江苏加快内外贸一体化改革的成效显著。图4显示了江苏省内各地区内外贸一体化试点企业的分布情况。2023年初，江苏在13个地级市确定了175家内外贸一体化试点企业，其中，南京和扬州拥有21家内外贸一体化试点企业；常州、徐州、南通、宿迁的试点企业数量在16~18家；淮安、苏州、盐城、无锡、泰州的试点企业数量在11~13家；镇江和连云港的试点企业数量在10家以下（见图4）。2022年，江苏的内外贸一体化指数①为 0.21，仅大于山东（0.03），明显小于上海（0.61）、浙江（0.35）、安徽（1.86）、广东（0.46）等兄弟省市，表明江苏的内外贸一体化发展程度相对较高（见表 4）。

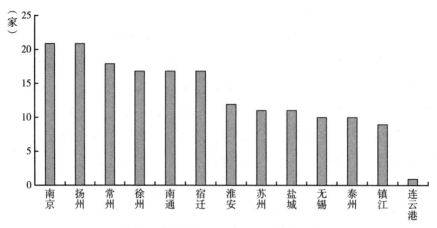

图 4　2023 年初江苏省内各地区内外贸一体化试点企业数量

资料来源：笔者根据江苏省商务厅发布的江苏省内外贸一体化试点企业名单整理得到。

表 4　2021~2022 年相关地区内外贸一体化情况

地区	2021 年			2022 年		
	社会消费品零售总额（亿元）	进出口总额（亿元）	内外贸一体化指数	社会消费品零售总额（亿元）	进出口总额（亿元）	内外贸一体化指数
江苏	42702.6	52104.5	0.18	42752.1	54218.2	0.21
上海	18079.3	40604.7	0.55	16442.1	41810.8	0.61
浙江	29210.5	41418.7	0.29	30467.2	46827.9	0.35
安徽	21471.2	6913.9	2.11	21518.4	7528.7	1.86
山东	33714.5	29319.4	0.15	33236.2	32199.7	0.03
广东	44187.7	82681.6	0.47	44882.9	83001.8	0.46

资料来源：笔者根据 2022~2023 年《中国统计年鉴》整理得到。

---

① 内外贸一体化指数采用社会消费品零售总额与进出口总额比值减 1 的绝对值衡量，数值越小，表明内外贸一体化程度越高。

（三）高质量推进"一带一路"交汇点建设

江苏省委、省政府把打造"一带一路"建设交汇点作为江苏省在"一带一路"建设中的定位，重点推动与共建"一带一路"国家和地区的设施互联互通、国际产能合作、境外园区建设、金融机构开放、人文合作交流等方面工作并取得巨大成就。

1. 陆海统筹，着力拓展国际综合交通体系

在基础设施互联互通方面，江苏重点加强新亚欧大陆桥铁路通道建设，统筹推动能源、通信、物流基础设施建设，加快完善与亚太、欧洲联系的海陆联运网络和国际航空运输网络，提升与共建"一带一路"国家和地区基础设施互联互通水平，积极开展铁海等多式联运，构建亚欧国际陆桥物流大通道。

铁路方面，全力推进沿海铁路大通道建设，加快构建对接上海、联通中西部地区的沿江铁路大通道；加快连徐高铁建设，推动陆桥沿线地区高效联通；积极开通"中欧班列"，加快运输资源整合。港口方面，鼓励联合航运企业拓展远洋航线、加密日韩等近洋航线，推进上合组织（连云港）国际物流园铁路专用线建设，建设连接"一带一路"的综合交通枢纽和物流中心。大力推进通州湾与太仓港联动发展，建成亿吨大港 10 个，其中 2 亿吨以上 7 个、占全国近三成，集装箱国际航线基本覆盖全球重要贸易国。航空方面，以东部机场集团组建为契机，加强省内机场航空资源整合，大力开辟共建"一带一路"国家和地区航线、加强与国外航空公司合作。提升服务"一带一路"建设的信息基础设施互联互通水平，加快"数字丝路"建设。

立足于陆海联运、江海联运、海河联运，江苏沿海、沿江、新亚欧陆海联运通道三大通道初步形成。以铁路运输班列为例，江苏 5 个开通中欧（亚）班列的城市①已开通至欧洲、中亚、东南亚等地区的班列线路共 24 条，覆盖欧洲 17 国 20 多个城市、中亚 5 国近 50 个城市，以及东南亚 4 国 6 个城市。2023 年 1～11 月，江苏中欧（亚）班列已开行 2005 列，货值

---

① 江苏 5 个开通中欧（亚）班列的城市包括南京、南通、徐州、连云港和苏州。

284.36 亿元，同比分别增长 10.8%、10.8%。从中欧班列的开行线路来看，截至 2023 年底，江苏有 3 个城市开行了通往波兰、德国、俄罗斯的 12 条中欧班列线路，开行线路总数超过安徽、山东、广东等兄弟省份（见表5）。

表5 截至 2023 年底相关省份中欧班列开行情况

单位：条

地区	开行城市	通达地区	线路总数
江苏	南京、苏州、徐州	波兰、德国、俄罗斯	12
浙江	金华、义乌	法国、德国等欧洲9国	18
安徽	合肥	波兰、德国、俄罗斯、芬兰	7
山东	济南、临沂、青岛	俄罗斯	6
广东	东莞、广州、深圳	波兰、德国、俄罗斯	10

资料来源：笔者根据中国一带一路网（https：//www.yidaiyilu.gov.cn/）相关数据整理而得。

2. 加快"走出去"步伐，扎实推动国际产能合作

江苏深入贯彻习近平总书记关于"一带一路"建设系列重要指示精神，深入对接共建国家和地区产业发展和市场需求，以优势企业为主体，以境外合作园区为平台，以重大项目为支撑，不断拓展和深化与共建"一带一路"国家和地区的国际产能合作。例如，引导工程机械、轨道交通、新型电力、船舶和海洋工程等装备制造企业，积极参与共建"一带一路"国家和地区基础设施建设，多渠道承揽重大工程项目。引导轻纺、石化、冶金、建材、新能源装备等企业到东南亚、中亚等国家建设生产基地，有效释放优势产能。支持优势能源企业开展境外合作，引导优势建筑企业通过股份合作、项目合作、组建联合体等方式承包国外大中型项目。引导水产、花卉、林果、种植业、畜牧业等优势农业龙头企业到农业资源丰富的共建"一带一路"国家和地区，以多种方式共建现代农业示范园区，发展从种植、养殖到加工的全产业链经营体系。《江苏统计年鉴》数据显示，2022 年江苏对共建"一带一路"国家和地区①的直接投资规模达到 34.67 亿美元，为 2018 年 22.28

---

① 这里指最早参与共建"一带一路"倡议的 65 个国家和地区，下同。

亿美元的 1.56 倍。

境外合作园区是江苏"一带一路"交汇点建设的主要经验。江苏将自身产能优势、园区建设及管理经验与共建"一带一路"国家和地区资源禀赋、市场要素相结合，积极建设布局各类境外合作园区以推动国内企业"抱团出海"。江苏现有柬埔寨西哈努克港经济特区、埃塞俄比亚东方工业园、中阿（联酋）产能合作示范园、江苏–新阳嘎农工贸现代产业园 4 家国家级境外经贸合作区，仅次于山东（6 家），相较于广东、安徽、上海等兄弟省市具有明显优势（见图 5）。其中，由江苏民营企业红豆集团牵头、联合中柬企业共同开发建设的柬埔寨西哈努克港经济特区，从荒凉落后之地发展为 175 家企业入驻、年进出口总额近 34 亿美元的现代化工业园区。

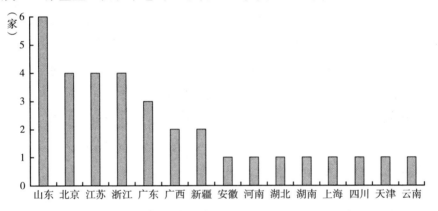

图 5 截至 2023 年底国家级境外经贸合作园区的分布情况

资料来源：笔者根据商务部（http://www.mofcom.gov.cn/mofcom/shezhi.shtml）相关数据整理而得。

3. 积极发展"丝路贸易"，多元化开拓国际市场

在设施联通及国际产能合作的基础上，江苏大力推动与共建"一带一路"国家和地区的进出口贸易，以对冲传统市场贸易份额的下滑。

第一，主动融入国家自贸区战略，引导企业借助区域全面经济伙伴关系协定（RCEP）等自贸协定优惠政策扩大进出口，提高优惠贸易协定受惠率。第二，以苏州、南京、无锡等国家级跨境电子商务综合试验区建设为重点，积极发展"丝路电商"，引导跨境电商企业面向共建"一带一路"国家和地区拓展业

务。第三,深化与共建"一带一路"国家和地区的商会、协会和会展机构等交流合作,鼓励江苏企业积极参与共建国家举办的展览会、博览会等经贸交流活动。积极邀请共建"一带一路"国家和地区企业参加世界物联网博览会、世界智能制造大会、中国(南京)软博会等展会。第四,积极拓展共建国家进口来源地,适度增加适应消费升级需求的特色优质产品进口,稳步扩大江苏省紧缺资源、原材料和大宗商品进口,促进贸易平衡。第五,推动中欧班列优化整合,组建省级中欧班列公司,在开行计划、回程组货、信息平台等方面加强统筹。第六,持续推进跨境贸易便利化,优化口岸营商环境,积极参与国家共建"一带一路"大通关合作行动计划。第七,发挥政策性出口信用保险机构、省级"走出去"统保平台作用,帮助企业规避风险,拓展海外市场。

在以上措施助推下,江苏与共建"一带一路"国家和地区的进出口贸易规模快速增长,推动了对外贸易市场多元化。2018年以来,江苏对共建"一带一路"国家和地区的出口持续快速增长,在出口中所占比重也逐年递增。就出口规模而言,2023年江苏实现对共建"一带一路"国家和地区出口1525.68亿美元,低于广东(2255.14亿美元)和浙江(1877.55亿美元),明显高于山东(933.46亿美元)、上海(627.17亿美元)、安徽(298.22亿美元)等兄弟省市(见表6)。

表6 2017~2023年相关地区对共建"一带一路"国家和地区出口情况

单位:亿美元,%

地区	类别	2017年	2018年	2019年	2020年	2021年	2022年	2023年
江苏	对共建"一带一路"国家和地区出口	883.29	989.11	1065.41	1076.79	1387.03	1570.41	1525.68
	占比	24.33	24.50	27.02	27.19	27.65	30.04	32.25
上海	对共建"一带一路"国家和地区出口	437.33	479.36	486.39	465.61	583.52	640.36	627.17
	占比	22.58	23.16	24.53	23.51	23.99	24.99	25.81
浙江	对共建"一带一路"国家和地区出口	942.17	1050.10	1173.87	1223.52	1563.39	1831.67	1877.55
	占比	32.85	32.73	35.18	33.70	33.54	35.58	38.00

地区	类别	2017 年	2018 年	2019 年	2020 年	2021 年	2022 年	2023 年
安徽	对共建"一带一路"国家和地区出口	105.06	112.25	130.85	143.06	200.82	230.16	298.22
	占比	34.34	31.03	32.44	31.39	31.69	32.25	41.11
山东	对共建"一带一路"国家和地区出口	396.24	430.11	479.25	566.08	842.10	1043.22	933.46
	占比	26.95	26.89	29.71	29.97	31.06	34.39	34.46
广东	对共建"一带一路"国家和地区出口	1435.35	1498.42	1583.45	1629.01	2017.63	2250.58	2255.14
	占比	23.04	23.19	25.20	25.95	25.81	28.27	29.68

资料来源：笔者根据中国海关数据库数据整理而得。

4. 着力拓展金融领域合作，促进资金融通

作为金融大省，江苏不断深化金融改革，扩大金融开放，加强金融创新，完善金融服务，大力推动与共建"一带一路"国家和地区的金融合作。

第一，设立专门融资平台，为"走出去"企业投资提供境外融资服务。例如，在中国与阿联酋两国央行续签双边本币互换协议及阿联酋设立人民币清算中心推动下，2018 年 7 月 20 日，中阿正式交换《中阿产能合作示范园金融平台框架合作协议》，中阿产能合作示范园金融平台直接向园区入驻企业提供多样便捷的金融服务，利用中阿两国的产能和金融资源，入驻企业得以在当地资本市场进行间接融资，其融资成本要远远低于国内资本市场。

第二，江苏金融机构对共建"一带一路"国家和地区的"走出去"步伐加快。如江苏中行凭借长期以来积淀而成的多方优势，立足专业、坚守创新，不断完善一揽子金融服务，助力江苏企业"走出去"。集中体现为：着力加强跨境人民币金融产品创新，通过创新人民币资金流入的配套产品，满足出口企业在跨境人民币业务项下的结算、融资和避险需求；通过创新资本项下的跨境人民币产品，做好境内企业赴海外融资及海外发债回流内地的配套服务，提升"走出去"企业的综合收益；通过创新结构性投资和理财、

汇率与利率风险管理、人民币债券承销、托管等资产业务的配套离岸人民币产品，为企业在全球范围内使用人民币提供保值增值服务。

第三，在更大步伐"走出去"的同时，江苏大力推动外资银行更高质量地引进来。截至2022年底，江苏共有外资银行总行2家，另有摩根大通银行、汇丰银行、花旗银行、渣打银行等外资银行分支行74家，总资产近2000亿元。中外资银行、互联网金融，各有侧重、互为补充，形成了层次清晰、初具规模的"一带一路"金融合作网。

5.着力塑造人文交流品牌，促进民心相通

民心相通是共建"一带一路"各国互联互通最坚实和最持久的基石，它不仅是全面开展"一带一路"建设的推进剂，更为"一带一路"建设提供了重要的民意支撑和社会根基。

江苏积极实施人文交流品牌塑造计划，坚持"一国一策"，突出地方定位和民间性质，打造教育、文化、旅游、健康、体育等领域特色品牌，主要包括：深化拓展"人才地图"工程，推进建立高校联盟、职业教育联盟等合作平台，打造"留学江苏"教育品牌，2012年以来累计吸引来苏留学生37.9万人；依托南京历史文化名城博览会、世界运河城市论坛，举办"一带一路"原创文化展示交流活动，推出"符号江苏"系列出版物和主题推介会，打造"精彩江苏"文化品牌；常态开展医疗队赴共建"一带一路"国家和地区义诊活动，推进中以医疗产业、中東及中泰中医药、重大疾病防治技术等合作项目，打造"健康江苏"医疗品牌；加强与共建"一带一路"国家和地区旅游宣传推广合作，以东南亚、南亚、中亚等地区为重点，扩大"水韵江苏"等特色活动覆盖范围，打造"水韵江苏"旅游品牌；推动国际重大体育赛事落户江苏，支持与共建"一带一路"国家和地区进行优秀教练员、运动员互派互聘，打造"赛事江苏"体育品牌；挖掘和整理郑和下西洋相关资料，在新加坡等14个国家建立"一带一路"区域联络中心及"海外江苏之友"区域联络中心，打造"友好江苏"侨务品牌。

（四）高水平建设江苏自由贸易试验区

江苏省委、省政府把高水平建设江苏自由贸易试验区作为促进江苏开放型经济转型升级的重要任务。以对接高标准国际经贸规则、深化国内改革为导向，重点实施优化提升营商环境、推动数据跨境安全有序流动以及改革创新贸易投资便利化等一系列措施，促进江苏自由贸易试验区在制度型开放方面取得重大进展。截至 2023 年 9 月，江苏累计探索形成制度创新成果 379 项，其中 25 项在全国复制推广、8 项在国家部委完成备案、120 项在省内复制推广。

1. 优化提升营商环境

为营造出市场化、法治化、国际化一流营商环境，江苏贯彻落实自由贸易试验区提升战略，对标国际规则，借鉴先进经验，制定了《中国（江苏）自由贸易试验区营商环境优化提升实施方案（2023—2025 年）》，加快推动高水平建设江苏自由贸易试验区。

政策环境方面，鼓励外商投资企业以及境外投资者线上办理登记落户手续，提升企业开办便利度；推动非直供电终端用户"转改直"，鼓励采取建设多层厂房、充分利用地下空间等方式，降低企业经营成本；设立中小微企业首贷中心、续贷中心，提升对中小微企业的金融服务水平。市场环境方面，线上线下组织开展反垄断合规培训，引导企业健全竞争合规机制；完善公平竞争审查信息化系统，监测并筛查出有违公平竞争的政策措施。政务环境方面，简化外商投资项目核准手续，提升简政放权和政务服务效能；提升贸易便利化水平，拓展"单一窗口"服务功能，开发通关查验信息推送等功能，提供通关可视化服务；配置 AEO 专属海关协调员给符合条件的企业，培育 AEO 高级认证企业；推动公共数据分类分级管理，优化公共数据开放平台功能。法治环境方面，加强知识产权保护，提前制定海外重点国家（地区）产业知识产权维权指南，防止海外知识产权风险与纠纷事件发生；加大企业商业秘密保护力度，支持企业海外维权；推广"苏解纷""智慧315"等非诉讼纠纷化解平台，完善争端解决模式。人文环境方面，采用

"赛马制"部署实施重大科技攻关任务，促进研发成果产出；组建人才攻关联合体，围绕产业链关键共性技术和"卡脖子"难题开展协同攻关，提高产业自主可控能力；鼓励企业与职业院校共建产业学院、实训基地等合作载体，积极推进现代学徒制试点和企业新型学徒制培训。

《中国（江苏）自由贸易试验区营商环境优化提升实施方案（2023—2025年）》对于江苏高质量建设自由贸易试验区具有十分重要的意义。从方案的实施时间看，江苏是继海南之后全国第2个实施营商环境优化提升方案的省份。从方案的覆盖范围看，江苏关于提升优化自贸试验区营商环境的实施方案不仅聚焦打造综合更优的政策环境、公平有序的市场环境、高效便利的政务环境，而且考虑了公正透明的法治环境、亲商安商的人文环境，内容较为全面，为其他省份出台营商环境相关方案提供了可复制的经验。

2. 推动数据跨境安全有序流动

立足数字经济安全发展，江苏采取一系列措施推动数据跨境安全有序流动，以充分发挥江苏自贸试验区在产业基础、开放平台以及制度创新方面的优势，进一步对接CPTPP、DEPA等高标准经贸规则，释放数据跨境流动带来的巨大经济社会价值。

第一，强化数据要素开发利用。鼓励自贸试验区企业与高校、科研院所联合开展技术攻关，推动先进算法应用；支持苏州、连云港等片区的大数据中心建设，率先引导大型跨国公司和龙头企业数据在工业云平台汇聚，早日实现数据的有效集聚和跨境利用；支持在自贸试验区设立数据交易中心、开展数据交易试点以及专利开放许可试点；加快建设江苏区块链技术创新应用试验区，大力发展数据跨境业务。

第二，提升数据跨境流动便利度。优先对自贸试验区企业开展数据出境安全评估，提高企业注册、申报效率；鼓励自贸试验区积极参与数据跨境流动国际规则制定，引导企业积极申请DEPA成员国数据保护信任标志；探索推动国际贸易"单一窗口"与新加坡等DEPA成员国"单一窗口"互联互通；支持自贸试验区建设跨境电商龙头平台，加快培育一批独角兽企业，大力发展数字贸易；推进跨境贸易数字生态链平台建设、智慧物流信息系统建设；支持苏州片区依托国家文化出口基地，大力发展动漫游戏、影视创制等新兴业态，推动文化数字产品出口；加强自贸试验区企业开展跨境数据安全和跨境人才专业培训。

第三，加强出境数据安全保护和监管。在自贸试验区落实数据分类分级保护措施，指导区内企业按照相关行业标准制定目录，重点保护核心数据和重要数据；支持有条件的片区争取开展数据跨境传输安全管理试点；开展数据安全和个人信息保护相关法律法规的培训，监督引导自贸试验区企业建立全流程数据安全管理制度，安全合规处理数据；完善跨境数据交易等多元纠纷化解机制，建立数据信息海外维权渠道和法律服务机制；加大南京、苏州片区对重点领域数据知识产权保护的力度；支持自贸试验区内企业探索开展出境数据安全跟踪监督，严厉打击违法违规跨境传输数据行为。

在以上措施助推下，江苏大力推动数据跨境安全有序流动工作取得显著成效。截至 2023 年底，江苏全省共有 11 家企业获批数据出境安全评估，数量位居全国第一；南京片区内落地 IPv6 根服务器（南京）节点、中国移动长三角（南京）云计算中心、扬子江数字金融平台、碳擎数字化碳管理与核查系统云平台等；南京江北新区设立全国首个国际数字贸易与数字金融调解中心；苏州片区内绿点科技申报的"员工管理、供应商管理数据出境项目"通过国家互联网信息办公室的数据出境安全评估，成为苏州大市范围首个数据合规出境案例。

3. 改革创新贸易投资便利化

江苏省委、省政府认真学习贯彻习近平总书记关于自由贸易试验区建设的重要论述和对江苏工作的重要指示精神，更大力度推进自贸试验区建设，持续提升贸易投资便利化水平。

第一，提升贸易便利化水平。支持各市依托自贸试验区积极申建国家级进口贸易促进创新示范区，搭建进口贸易创新示范平台；鼓励各自贸试验区发展新型离岸国际贸易，并通过苏州新型国际贸易综合服务平台办理相关业务；引导区内企业按照综合保税区维修产品目录开展"两头在外"的保税维修业务；依法依规开展跨境电子商务零售进口药品有关工作，提升医药产

品进口便利度。第二，提升投资便利化水平。下放港澳投资旅行社审批权限至南京、苏州、连云港片区，缩短审批时限，提升审批效率；完善自贸试验区国际船舶登记政策，支持国际知名船舶检验机构（船级社）对国际登记船舶开展入级检验；支持自贸试验区探索实行产业链供地，深化工业用地供应方式改革，优先保障重点产业合理用地需求，提高土地资源配置效率。第三，提升运输便利化水平。支持南京禄口国际机场与自贸试验区联动开放，优化布局国际客运货运航线网络，提升至北美、欧洲、亚洲三大市场的国际航空货运能力；支持自贸试验区试点以铁路运输为主的多式联运"一单制"改革，鼓励制定并推行标准化多式联运运单等单证；探索赋予多式联运单证物权凭证功能，提高航运管理服务效率。截至 2022 年 7 月，连云港片区依托新型模式帮助企业节省运输成本 76%，通关时间压缩超过 30%，过境效率提升 75%，转运、仓储等成本降低 60%。第四，提升金融服务实体经济水平。加快推进已获批的跨国公司本外币一体化资金池、信贷资产跨境转让、合格境外有限合伙人等试点落地，促进资金跨境流动；开展融资租赁公司外债便利化试点，提升融资租赁公司跨境融资便利化水平。

在以上措施助推下，江苏的贸易投资便利化水平得到很大提升。截至 2022 年 8 月，江苏自贸试验区累计进出口货物 1.65 万亿元，占全省进出口总额的 11.3%，位居全国同批自贸试验区前列；累计实际使用外资 67.2 亿美元，占全省实际使用外资总额的 8.4%，先后签约落地亿元以上重大产业项目 113 个，总投资超过 2000 亿元。江苏连续 5 年获评"万家民营企业评营商环境最佳口碑省份"，苏州连续 12 年入选"魅力中国——外籍人才眼中最具吸引力的中国城市"。

二 加快江苏开放型经济转型，进一步推动中国式现代化的思路及路径

以对华贸易摩擦、全球价值链布局调整及国际经贸规则重构为特征，本轮逆全球化浪潮体现出鲜明的"去中国化"特征。面对外部发展环境的

"急转直下"，江苏及时调整发展战略，通过创新驱动培育贸易发展新动能、打造具有世界聚合力的双向开放枢纽、高质量推进"一带一路"交汇点建设、高水平建设江苏自由贸易试验区等举措加快开放型经济转型升级、推动中国式现代化并取得明显成效。同时在践行中国式现代化进程中，江苏还面临一些制约和不确定因素，主要包括以下几个方面。

第一，新一轮科技革命和产业变革如火如荼。以可控核聚变为特征的新一代核电技术、以 6G 为代表的新一代移动通信技术、以 ChatGPT 为重点的新一代通用人工智能（AGI）技术符合新一轮技术革命和产业变革的方向，也成为各国竞相"逐鹿"的"新赛道"。尽管中国在以上领域提前布局并取得了突出的创新成果，但与主要发达国家相比并不具有优势，尤其是在通用人工智能的算力、大数据、算法（模型）环节全面处于下风。因而，加快形成新质生产力并在新一轮科技革命中保持领先，在科技自立自强基础上推进高水平对外开放，成为江苏更好践行中国式现代化的关键。

第二，地缘政治及大国关系复杂多变。继制定边缘化中国的《全面与进步跨太平洋伙伴关系协定》（CPTPP）之后，美国于 2022 年 5 月启动"印太经济框架"（IPEF），首批参与方包括美国及日本、韩国、澳大利亚、越南等亚太地区国家，但不包括中国。2023 年 5 月，IPEF 成员国达成协议，加强芯片、关键矿物等基本材料的供应链以减少对中国的依赖。对于中国而言，首要的任务是处理好与美国、日本等发达国家日益加剧的竞争和冲突。此外，中国还将在建设高质量"一带一路"进程中面临与俄罗斯、印度、印度尼西亚等区域内传统大国的博弈。作为开放型经济大省，江苏对海外供应链及国际市场的依赖度相对较高，地缘政治关系及区域经济合作态势是影响高水平对外开放的重要因素。

第三，国内经济增长放缓及对外开放新优势重塑。受逆全球化浪潮及三年疫情冲击，中国经济增速逐渐降低。如何吸引和留住外资、加快出口产品转型、培育对外开放新优势，成为江苏各级地方政府普遍面临的难题。在稳增长和保民生的压力之下，地方政府往往会以各种"隐性福利"加大利用外资政策的优惠力度。此外，在"新三样"产品订单增长的刺激下，各地

出现了竞相上马光伏产品、锂电池和新能源汽车新项目的苗头。对外商投资的恶性竞争、重复建设和产业同构，很大程度上不利于江苏开放型经济的转型升级。

第四，长三角经济一体化和区域竞合态势。长三角各地区经济发展水平接近、交通信息基础设施高效畅通。在长三角一体化上升为国家战略背景下，如何基于自身要素禀赋和发展优势找准在区域经济竞争合作中的定位，推动区域经济一体化？作为制造基地和利用外资大省，江苏拥有产业链供应链完备的先进制造业集群，相对于上海的龙头地位和高端服务业优势、浙江的数字经济和平台优势、安徽的要素成本及后发优势，如何充分发挥制造优势与兄弟省市错位竞争，在区域分工合作中实现共赢，对于江苏开放型经济转型升级至关重要。

因而，江苏进一步推动开放型经济转型升级，首先应立足于科技自立自强和创新驱动加快形成新质生产力，依托科技优势提升"江苏制造"的技术含量和国际竞争力。在此基础上，充分发挥制造优势和配套优势，通过国内并购和产业梯度转移、吸引国外高级要素集聚、对外直接投资等方式对国内外创新资源、市场渠道等高级要素进行反向整合，打造以我为主的产业链供应链体系。基于以上思路，进一步推动江苏开放型经济转型升级的路径主要包括以下几方面。

（一）因地制宜，加快形成新质生产力

面对发达国家掀起以"去中国化"为特征的逆全球化浪潮以及新一轮科技竞争，江苏应始终坚持以我为主的创新驱动发展战略，充分发挥科技资源和产业资源优势，在长三角一体化及高水平对外开放进程中加快形成新质生产力。首先，应更加重视基础研究，强化基础研究前瞻性、战略性、系统性布局，建设大型国家实验室基础研究高水平支撑平台，加快培育基础研究人才队伍。其次，抢先布局产业链创新链，瞄准新一轮科技进步和产业革命前沿，聚焦创新焦点难点问题加大研发投入、培育重点企业及其配套企业，依托国内市场需求推动科技研发。再次，进一步推动政企产学研融合发展，

围绕自主可控的产业链部署创新链，围绕创新链布局产业链，着力实施科技重大专项，加快突破关键核心技术，促进科技成果转化应用。最后，在全社会范围内营造一种尊重劳动、崇尚科学、诚实守信、鼓励创新的浓厚氛围和良好风气，打造更具活力的创新创业社会环境。

（二）打破体制障碍，推动区域间要素整合

全国统一大市场建设及高水平对外开放需要加快长三角资源整合、协调区域内专业化分工，而区域间要素整合及有效配置需要打破区域间行政壁垒，推动要素跨区域自由流动，实现产业链供应链的有效衔接。为此，江苏应以深度融入长三角一体化为动力，加速区域内资源整合和合理分工，加快高水平对外开放。首先，加快完善一体化发展体制机制，坚持"一盘棋"谋划，打破"一亩三分地"思维定式，在长三角一体化发展领导小组的统筹指挥下，在相关规划编制、政策制定、项目建设、体制机制创新等方面与兄弟省市相互协同，共同破解区域协同发展中的突出问题。其次，强化产业协同政策机制。建立区域内重大项目会商机制、重大项目评价和统筹落地联合审议机制，制定重大项目统筹管理办法，保障重大项目实施推进；建立产业协同发展的风险防控机制，完善奖惩机制和退出机制；统筹研究制定区域内协同发展税收优惠与分享政策，创新产业协同利益机制。最后，加强科技创新和产业创新跨区域协同，在促进资源要素跨区域自由流动、构建区域统一大市场的基础上，促进区域内产业有效衔接、合理布局，实现高层次协同开放。

（三）加快制度型开放，吸引国外高级要素集聚

在强调规制融合的新一代国际经贸规则框架下，外资企业更加看重东道国政策是否能反映竞争中性和公平贸易原则，包括服务业开放、国民待遇、知识产权、市场采购等。由要素型开放转向制度型开放，是江苏加快与国际规则接轨、集聚国外高级要素的关键。为此，应充分发挥江苏自由贸易试验区的体制机制创新功能，紧扣国内体制机制与高标准国际经贸规则的"制

度差距"，以服务业开放、电子商务、知识产权保护、竞争政策、国有企业、环境保护、劳动者权益保护为重点，进一步深化体制机制改革、加快制度型开放。第一，进一步扩大包括医疗、养老、科技服务、金融等在内的服务业开放，鼓励服务业跨国公司在江苏投资运营。第二，加大政策力度，落实外商投资企业再投资及境外投资者享受金融市场的相关税收优惠政策，在原料用能及非化石能源方面强化对外资企业的用能保障，提升对外商投资的吸引力。第三，加快政府采购、招标投标、国有企业等领域的制度改革，加强对违反知识产权保护法规、环境标准和劳工标准等不正当竞争行为的严格执法，进一步优化营商环境。第四，充分发挥商会、行业协会等的中介作用，深化与外商投资企业、外国商会协会、国际组织的常态化交流，及时回应各方关切。依托重要展会平台组织国际产业投资合作对接活动，针对性做好各项服务保障，打造"投资江苏"品牌。

（四）加快"走出去"步伐，增强产业链供应链的自主可控能力

对外直接投资和产业梯度转移，是跨国公司整合海外资源要素的有效手段。在科技进步和企业培育基础上，应积极扩大对外直接投资、加快以内资企业为主导的产业梯度转移，合理调整全球产业链供应链布局，构建以我为主的海外供应链体系。为此，应给予民营企业相对公平的市场竞争环境，包括大力打击各种形式的行业垄断及市场壁垒，进一步降低国内市场准入门槛；限制和取消地方政府为吸引外资而实施的各种超国民待遇。同时，大力倡导"创新创业"，优化国内营商环境，培育企业家精神，打造一批世界级企业家队伍。在此基础上，以高水平区域经济合作打造以我为主、自主可控的产业链供应链，包括大力发展各类境外合作产业园区，在生产制造、资源加工、商贸物流及科技研发等领域加强与东道国的合作分工，推进与共建"一带一路"国家和地区的产业链供应链衔接；以打造区域技术研发中心及市场营销网络为重点，继续扩大对欧美发达国家及亚太地区的对外直接投资。

参考文献

陈敏、陆铭等：《中国国内商品市场趋于分割还是整合：基于相对价格法的分析》，《世界经济》2006 年第 2 期。

陈敏、桂琦寒、陆铭等：《中国经济增长如何持续发挥规模效应？——经济开放与国内商品市场分割的实证研究》，《经济学》（季刊）2008 年第 1 期。

杜明威、耿景珠、刘文革：《企业数字化转型与中国出口产品质量升级：来自上市公司的微观证据》，《国际贸易问题》2022 年第 6 期。

王健、诸子怡：《跨境电商服务生态体系发展及其对中国电商国际合作的启示》，《国际贸易》2022 年第 3 期。

吴涵、郭凯明：《双循环视角下要素市场化配置、产业结构转型与劳动生产率增长》，《经济研究》2023 年第 9 期。

夏锦文：《加强科技创新和产业创新跨区域协同》，《红旗文稿》2023 年第 24 期。

信长星：《扛起服务构建新发展格局的江苏使命　加快建设具有世界聚合力的双向开放枢纽》，《当代世界》2024 年第 4 期。

B.4
"八八战略"引领推进浙江率先实现基本现代化

聂献忠*

摘　要：　浙江已在全面建设小康社会中走在前列，进一步率先实现基本现代化是国家赋予的历史使命与必然选择。虽然物质基础和体制条件基本具备，但是收入差距与城乡均衡矛盾依然存在，各种新矛盾新问题不断产生，社会经济中潜伏的弱点、矛盾和比较劣势等不利因素的交织和叠加，都会对浙江顺利迈向现代化战略目标构成严峻挑战和重大制约。而"八八战略"正是浙江在全面建设小康社会的基础上，率先实现基本现代化战略布局的思想指引。浙江作为推进基本现代化建设的先行示范省，一定要深刻认识建设现代化经济体系的重要性和艰巨性，科学把握建设现代化经济体系的目标和重点，推动经济发展焕发新活力、迈上新台阶。为此，加快推进浙江率先实现基本现代化，要坚持改革开放，构建极具增长活力与潜力的现代化经济体系；要强化创新引领，构建具有强大竞争力的现代化产业体系；要完善公共服务，构建具有强大生命力的现代化社会结构与社会保障体系；要推进文化传承与创新，构建具有强大号召力影响力的现代化文化体系；要强化城乡融合与乡村振兴，构建均衡高效合理的现代化空间结构体系；要高度注重社会公平与人的现代化，构建现代化就业消费与居住生活体系；要建设高效廉洁政府，构建具有强大公信力感染力的现代化服务与治理体系。

关键词：　"八八战略"　基本现代化　现代化指标体系　浙江

---

* 聂献忠，浙江省社会科学院经济研究所研究员，研究方向为区域经济学和产业经济学。

  "八八战略"是浙江在全面建设小康社会的基础上，率先实现基本现代化战略布局的思想指引。"八八战略"为浙江全面完成小康社会建设、全面完善社会主义现代化建设布局、开启中国式基本现代化的省域先行实践和向发达阶段跨越迈进的省域先行探索。发达国家现代化的普遍特征为较高的人类发展指数、人均国民生产总值、工业化水准和生活品质。虽然国际上对发达国家的人均 GDP 门槛没有形成共识，但综合世界银行、国际货币基金组织、联合国开发计划署、美国中央情报局等机构发布的资料，普遍得到认可的定义是：发达国家有较高的人均 GDP 和社会发展水平，通常以人均 GDP 2 万美元作为分界线。人均 GDP 为 2 万美元才算达到发达水平，而人均 GDP2 万美元到 4 万美元为中等发达水平，人均 GDP4 万美元以上为高度发达水平。经过 40 多年的改革开放，浙江站到一个新的历史起点上，预计在"十四五"后期即 2025 年前后可望实现人均 GDP 2 万美元的目标，加快向基本现代化目标迈进。通过总结先行国家或地区现代化进程的成功经验，梳理其基本现代化的特征、趋向和难题，可以从民生、民主和民权等角度为浙江加快并顺利实现基本现代化提出相关政策建议，特别是未来浙江要实现人均 GDP 由 2 万美元向更高层次、更高阶段的跨越，需要在创新引领、高效廉洁政府与治理能力建设、社会公平与人的现代化等方面抢占先机、把握机遇、全面布局并合力推进。

  建设现代化经济体系是一篇大文章，既是一个重大理论命题，更是一个重大实践课题，需要从理论和实践结合上进行深入探讨。建设现代化经济体系是我国加快发展的战略目标，也是转变经济发展方式、优化经济结构、转换经济增长动力的迫切要求。浙江作为推进基本现代化建设的示范先行省，一定要深刻认识建设现代化经济体系的重要性和艰巨性，科学把握建设现代化经济体系的目标和重点，推动经济发展焕发新活力、迈上新台阶。建设现代化经济体系是党中央从党和国家事业全局出发，着眼于实现"两个一百年"奋斗目标、顺应中国特色社会主义进入新时代的新要求作出的重大决策部署。国家强，经济体系必须强。只有形成现代化经济体系，才能更好顺应现代化发展潮流和赢得国际竞争主动权，也才能为其他

领域现代化建设提供有力支撑。我们要按照建设社会主义现代化强国的要求，加快建设现代化经济体系，确保社会主义现代化强国目标如期实现。

一 浙江率先实现基本现代化是历史的必然选择

在全面建设小康社会中，浙江走在全国前列。建设小康社会，最初是由邓小平同志提出的。1979 年，邓小平同志会见日本首相大平正芳时提出，中国实现现代化的最低目标是实现小康社会，小康社会就是要在 20 世纪末，人均国民生产总值达到 800 美元。实现小康社会需分三步走：第一步从1980 年算起，用 10 年时间，使国民生产总值翻一番；第二步再用 10 年时间，到 2000 年再翻一番，人均国民生产总值达到 800 美元，进入小康社会。第三步，再经过 50 年的发展，人均国民生产总值达到中等发达国家的水平。1997 年，党的十五大把第三步战略部署具体化，提出 "2010 年即第一个十年实现国民生产总值比 2000 年翻一番，使人民的小康生活更加宽裕，建成比较完善的社会主义市场经济体系；再经过十年的努力，至建党一百年时，使国民经济更加发展，各项制度更加完善；至 21 世纪中叶即建国一百年时，基本实现现代化，建成富强民主文明的社会主义国家"。这实际上又提出了一个新的 "三步走" 的发展战略。值得注意的是，这个战略规划对 2010 年以后的发展目标的文字表述中，没有再出现 "小康" 二字，突出的是 "现代化" 的目标取向。事实表明，我国的发展已经远远走在了规划的前面。我们的认识也必须紧跟形势的发展，我们的目标也应更为远大。在全国发展已经走在规划前面的同时，浙江的发展更是走在全国前列。浙江省 "十一五" 规划纲要提出，力争到 2010 年全省基本实现全面小康社会的目标。根据国家统计局《2009 年中国全面建设小康社会进程统计监测报告》，到2008 年底，全国全面建设小康社会已达 74.6%，东部地区的实现程度达到了 83.5%，浙江全面小康实现值已达 91.5%。2012 年，党的十八大赋予全面小康社会建设新的要求和内涵，首次正式提出全面建成小康社会，我国发展进入新的历史方位。同年，浙江省第十三次党代会提出 "在全面建设惠及全省人民的小康社会取得决定性胜利的基础上，为建设物质富裕、精神富有的现代化浙江而奋斗"的更高目标。2014 年，浙江全面建成小康社会实现程度达到 97.2%，居全国各省（区、市）第一。2015 年 5 月，习近平总书记在考察浙江时提出"努力在提高全面建成小康社会水平上更进一步"的要求。党的十八届五中全会提出"十三五"时期是我国全面建成小康社会的决胜阶段，并对全面建成小康社会提出新的目标和任务。2015 年 11 月，中共浙江省委十三届八次全会根据党的十八届五中全会和习近平总书记的重要讲话精神，将高水平全面建成小康社会、高水平推进社会主义现代化建设作为浙江"十三五"发展的重要目标。2017 年，党的十九大提出决胜全面建成小康社会，开启全面建设社会主义现代化国家新征程。面对"更进一步"的期许，浙江省第十四次党代会作出"两个高水平"建设的重大决策部署，吹响了高水平全面建成小康社会的冲锋号。"高水平"主要体现在高质量和均衡性。高质量，就是经济结构高质量、人民生活高质量、自然环境高质量、政治生态高质量；均衡性，就是城乡均衡、贫富均衡、老少均衡。浙江以更加昂扬的斗志走上了争当全面小康标杆省之路。2020 年，经过全省党员干部和广大群众多年真抓实干、团结奋斗，浙江省顺利实现了高水平全面建成小康社会的目标。

全面建成小康社会不是终点，而是新生活、新奋斗的起点。全面建设社会主义现代化国家新征程已经开启，向第二个百年奋斗目标进军的号角已经吹响。"小康"目标侧重于物质的不断丰富，不足以容纳精神层面的内容，也不足以体现出在政治、文化、社会、生态等领域的目标追求以及"以人为本"的科学发展理念。当我国尚处于温饱阶段时，追赶世界发达国家和地区的目标尚有距离，因此那时确定一个人们看得见、摸得着的"小康"目标是比较现实的，有利于凝聚人心、激发人民的奋斗热情。但是，在高速增长转向中高速发展阶段，高质量发展与创新发展成为关键词和核心动力，以浙江为代表的东部发达地区率先树立现代化的发展理念，塑造现代化的经济结构和产业结构，依循现代化的发展方式，在以创新为引领的高质量发展路径上迈步走在前列，正向现代化目标奋力迈进和跨越。

因此，浙江省作为先行示范区，应该站位更高一些，从现代化的战略高度来把握发展方向和发展路径。美国、日本与韩国等先行国家和地区在这一发展阶段，在经济现代化、现代化发展动力、社会现代化进程以及人的现代化、文化现代化等方面积累了许多经验。同时，在发展速度上，浙江有必要也有基础保持中高速发展。而且，对于浙江来说，片面追求高速发展很容易忽视经济社会发展中的深层次矛盾与问题，保持低速发展则很容易在全球竞争中错失先机。因此，高质量发展阶段浙江应该以创新为核心动力率先推进，探索保持中高速发展的可贵经验与路径。在这一新的发展阶段，在城乡居民物质生活水平持续提高、稳居全国首位的背景下，浙江省需要确定更高层次的全面覆盖的现代化指标体系与各类要素发展目标。

21世纪初，党中央对浙江寄予厚望，要求浙江在树立和落实科学发展观、构建社会主义和谐社会、加强党的先进性建设等方面走在全国前列。2016年9月G20杭州峰会期间，习近平总书记对浙江工作提出"秉持浙江精神，干在实处、走在前列、勇立潮头"的新要求。"干在实处、走在前列、勇立潮头"是"八八战略"的思想灵魂，是20年来浙江改革发展的时代主旋律。2002～2022年浙江全省生产总值连跨7个万亿级台阶，从2002年的8000亿元跃升至2022年的7.77万亿元，成为最接近中等发达国家水平的省份之一；城乡居民收入连年攀升，城乡居民收入倍差从2002年的2.37缩小至2022年的1.90，是全国城乡收入差距最小的省份之一。浙江这两项指标分别连续22年、38年位居全国第一。2023年9月习近平总书记在浙江考察时强调，浙江要在推进共同富裕中先行示范。

二 浙江率先实现基本现代化面临的约束与挑战

现代化是相对于传统社会而言的，现代化是社会发展的转变过程。现代化意指社会有能力发展起一种制度结构，它能适应不断变化的挑战和需求。现代化是一个综合的、多层次的、动态的概念，是连续、系列的社会演变过程，也是一种发展状态，包括社会、经济、技术和思想行为各个层面的同步变革与发展。国际知名的现代化理论家、美国哈佛大学教授塞缪尔·亨廷顿对现代化过程进行了具体分析，把这个过程概括为以下 9 个基本方面：现代化是革命的过程、现代化是复杂的过程、现代化是系统的过程、现代化是全球的过程、现代化是长期的过程、现代化是有阶段的过程、现代化是一个同质化的过程、现代化是不可逆转的过程、现代化是进步的过程。

（一）基本现代化发展阶段的普遍性特征

基本现代化在经济社会与文化生态等诸多领域均具有典型的普遍性特征。其中最为明显的就是经济社会发展模式与动力结构发生大转换，经济社会发展进入转折性的拐点。一是由高速增长阶段进入中速增长阶段，社会与经济发展结构包括发展质量、发展结构与内在矛盾都发生重要性的变化与转折。尤其是社会发展对经济增长的约束进一步增强，社会公平公正问题与生态环境压力对经济增长的影响程度也不断增加。当前，由于中高速增长阶段为追求发展速度，在战略举措、自然禀赋、投资强度与治理能力差异影响下，不同阶层或区域在收入分配、社会保障等方面的差距扩大，不断形成各种社会隔阂、产生社会矛盾。这些社会环境问题与压力的日益增加，将直接考验政府部门的执政能力或政策水平，或积极推动经济增长，成为经济中速增长阶段的主要动力；或处理不当，社会矛盾突发，影响经济增长甚至导致经济停滞徘徊出现震荡，出现"拉美化"现象。二是新兴产业特别是现代化工业仍是支撑经济增长的决定性力量，但增长结构由"投资主导-工业推动"的工业化社会向"消费主导-服务业推动"的后工业化社会转变。工业实体经济仍是支撑经济新跨越的决定性力量，但消费率逐步超过投资率，"消费主导-服务业推动"模式逐渐替代"投资主导-工业推动"模式并成为新的增长动力。消费快速扩张尤其是高端消费快速发展，服务业结构向高端方向发展。在实体经济内部，战略性新兴产业逐渐替代原有的传统性产业占据主导地位，新型工业结构也逐渐呈现出与生活、民生等消费体系更密切的关联。三是技术创新成为经济社会发展的重要驱动力。经济发展从主要依靠投资驱动向创新驱动转变，技术创

新逐渐成为经济社会发展的重要驱动力，创新贡献与引领作用不断提高，其中科技进步贡献率一般达到70%以上，自我创新能力不断增强。低碳、环保节能和循环经济得到较大发展，生产性服务业迅速崛起、地位不断提高。四是全球资源配置能力稳步提升，跨国公司逐步成为经济实力的主要载体。具有强大竞争力优势的企业对外扩张意识与能力明显增强，尤其是在要素资源、市场渠道和技术创新等方面抢占先机，在全球产业链与价值链上谋求优势，逐步向高端迈进。随着这些跨国公司迅速崛起壮大成为区域经济实力的主要载体，带动人均GDP由2万美元向更高目标的跨越。五是崛起的中产阶层是经济社会发展实现新跨越的重要力量，并成为推动地区经济社会发展与消费升级的中坚力量。中产阶层具有强劲的购买力，是消费需求持续扩大的主要来源。同时，中产阶层是推动社会结构由"金字塔"形向"橄榄"形转变、促进社会稳定的重要因素，中产阶层占全社会家庭总数的比重逐步达到70%以上并趋于稳定。六是政治民主化进程与多元化文化建设进入大发展时期。政治现代化建设涉及公民基本权、政治基本权和社会基本权。随着新的中产阶层形成壮大、专业人员以及白领的迅速增加，社会结构发生深刻变迁，社会的法治程度显著提高；政治文化建设稳步推进，公众参与意识逐步增强。七是城乡一体化与均衡发展进入实质性阶段。国外城市发展轨迹表明，随着都市圈、核心圈层与中心区生产成本的上升，传统生产加工功能逐步向外围边缘地区扩散，甚至向周边中小卫星城市辐射。在中心城市要素和职能不断向外围地区扩散的过程中，中心城与周边地区的联系日益密切，区间互动日益增强。尤其是随着交通与服务业的发展，城市化转型加快、工业向城市周边地区转移加速以及城市人口居住的郊区化成为城乡一体化与均衡发展的主要特征。户籍全放开、城乡土地同步规划与评估等值化等行政体制突破成为城乡一体化进程中重要的推动力。但是，负面的发展倾向也不容忽视，尤其是贫富两极分化的发展倾向、社会矛盾危机的累积爆发、本地传统文化的衰落以及政治腐败与民生贫困等潜在危险，需要我们时刻警惕。

（二）基本现代化进程中所面临的主要问题与障碍

按照现代化进程的国际经验，浙江正在迈向基本现代化发展阶段。然而，浙江省虽然物质基础和体制条件基本具备，但是收入差距与城乡均衡矛盾依然存在。尤其是在经济持续中高速增长和社会剧烈深刻变革的进程中，长期积累的社会经济问题不可能一下子解决，社会转型期难以避免的新矛盾、新问题将不断产生，社会经济中潜伏的弱点、矛盾和比较劣势也逐渐暴露出来。这些不利因素的交织和叠加，都会对浙江在现代化进程中社会经济的顺利发展构成严峻挑战和重大制约，能否成功克服这些矛盾将决定着是否能顺利跨越"中等收入陷阱"和实现现代化战略目标。

第一，经济增速放缓期的动力结构变换。随着经济由高速增长转入中速增长阶段，传统的增长动力逐渐失去活力，新的增长动力必须成为核心源泉。为此，经济增长面临多重挑战，其中十分关键的是，自主创新能力能否有效增强，创新驱动是否实现。从技术创新看，日本、韩国都经历了从国外引进、学习借鉴的过程，其高铁、核电、液晶显示等技术的进步表明，日本和韩国正是因为具备世界领先的自主创新能力，才能在新的增长阶段大力推进经济增长。而部分拉美国家则因增长动力不足和创新乏力成为反面教材。因此，如果我们采取的措施不力，也会造成结构失衡、效率低下、动力缺失、创新乏力，难以实现高质量发展。第二，社会公平公正与政治危机问题。随着经济转型带来的社会转型，社会矛盾和摩擦日益复杂多样，尤其是腐败问题与社会贫富两极分化问题，再加之出现的生态和社会危机，将诱发经济危机。当前，社会资源分配不均、社会裂化等问题尚缺乏系统有效的政策调节方案，短期内又难以靠自身力量加以平衡。在政治建设方面，民众参与意识往往会受到参与渠道单一、参与结构不平衡及参与效果不理想等问题的约束。第三，民生幸福感不高与"中等收入陷阱问题"。经济增长只有转化为国民福祉和幸福感的提升才有实质意义。改革开放以来，我们的幸福感虽有一定提升，但受住房、教育与医疗等社会保障建设不完善的影响，幸福感提升速度缓慢。随着投资驱动向消费驱动的转变，如果收入分

配改革没有取得实质性进展，那么最终消费仍将是最大的"短板"，经济增长就难以充分地转化为消费扩张和居民幸福感提升，"中等收入陷阱"也就不可避免。第四，城乡一体化与融合发展的约束问题。乡村现代化取决于农民进入非农产业或留在农村的农民生产方式和生活方式的现代化。如果不能完全根除城乡分割的体制性约束，不能实现土地等生产要素的合理自由流动和优化配置，二元经济结构矛盾也将难以消除。最紧迫的问题是，城市是否能放宽落户条件，把在城镇稳定就业和居住的农民工有序转变为完全意义上的城镇居民，消除对进城农民的身份歧视，使之与城市居民享有同等的公共服务。第五，要素与人口资源短缺问题。随着支撑经济高增长的传统供给要素不断紧张，以高度消耗资源、高度依赖出口市场、处于产业链低端为主要特征，以低工资、低成本、低价格为主要竞争优势的传统发展模式失去优势与活力，转变发展方式成为必然。随着人口老龄化的加剧与人口红利的消失，如果"人口红利"不能有效转化为"人才资本"，民间资金不能转化为民间资本，经济增长将缺失竞争优势，人口也将成为影响现代化进程的重要因素。

（三）基本现代化进程中的国际经验与教训

从国际经验看，许多发达国家或地区在基本实现现代化进程中，从最初重点关注经济增长，到逐步对提升产业结构、提升公共服务均等化与社会公平建设，以及城市化空间更新与城乡结构均衡等内容予以重点关注。以美国、日本与韩国为代表的先行国家在人均GDP超过1万美元后成功地解决了城市化形态提升、资源要素制约、社会矛盾交织等问题，其发展经验值得借鉴。由于一些拉美国家存在难以克服自身经济发展的矛盾，造成其发展战略失误，经济增速回落甚至陷入长期停滞。如巴西发展到人均GDP超过1万美元阶段时，因为经济结构扭曲、腐败、收入两极分化、科技和教育相对落后、经济不够开放等诸多因素，开始陷入接连不断的经济危机、政治危机和社会危机其劳动生产率、人均GDP长期处于中等国家水平。墨西哥的人均GDP从1990年到2005年的年均增长速度只有0.5%。而亚洲四小龙在经历了 1997~1998 年亚洲金融危机的冲击之后再度实现快速发展。这些经济体的人均 GDP 最低的超过 2 万美元，最高的达到 4.5 万美元，成功地转变为高收入经济体。在巴西和墨西哥，由于资源分配不合理和收入悬殊问题长期得不到解决，社会矛盾不断积累，发展局面一度恶化。资源分配不公平问题也拉大了贫富、区域、种族、社会地位之间的差距，导致社会冲突逐步加剧。巴西始于 20 世纪 80 年代的无地农民运动愈演愈烈，已演变为一种政治运动。2000 年 4 月，巴西 5000 多名无地农民占领了 14 个首府的有关部门，特别是土改机构，2.5 万人举行了示威游行，严重影响了社会稳定。墨西哥严重的社会分化问题也导致了激烈的社会冲突。2006 年，墨西哥东南部的恰巴斯州农民发生暴动，旨在反对北美自由贸易区建立后跨国公司对农民的剥夺。同年，数千农民组成的萨帕塔民族解放军袭击并占领了该州的一些城镇，扣押了当地的政府官员。他们提出的口号是："争取工作机会、土地、住房、卫生保健、教育、独立、自由、民主、公正以及和平"。由此可见，正因为没有采取有效措施应对面临的问题与约束，所以拉美国家饱受"中等收入陷阱"的困扰，与实现基本现代化这一目标更是相距甚远。

三　加快推进浙江率先实现基本现代化的
路径与举措

　　浙江省率先实现基本现代化的指标体系是系统的、全面的，涵盖经济社会与生态文化以及政治制度建设等各个领域与层面，在目标与要求上体现出高标准、高质量和高效率。在经济发展指标上，不仅包括反映规模要求的全省生产总值和人均生产总值，更是明确强调要把富民和强省相统一，突出高质量和高效益，包括科技创新能力、产业国际竞争力、民营经济发展水平和城乡区域协调性等指标。在生态环境建设指标上，不仅包括水、空气和土壤等众多绿色指标，也包括违法建筑、污泥浊水、脏乱差环境等具体指标。在居民生活与公共服务领域，也体现出省委、省政府提出的建设"物质富裕、精神富有"浙江的现代化目标要求。基本现代化的战略目

标要求浙江全省上下协同一致的高效政策定位与制度安排。笔者认为，"社会共享、政治共参"也是现代化进程的重要组成部分，是"两富"基础上的深化与提炼。实现以公正公平为目标的"社会共享"和以政治民主为目标的"政治共参"不仅关系着民生改善与社会进步，还关系着经济增长与可持续发展。

（一）坚持改革开放，构建具有强大增长活力与潜力的现代化经济体系

要以"八八战略"为指导，全面推进高水平改革开放，为基本现代化发展道路构建高质量高标准的改革开放新红利。现代化经济体系是在现代化目标指引下经济活动的各个环节、各个层面、各个领域的相互关系和内在联系构成的有机整体。要具有战略眼光，立足当下经济增长优势，着眼未来经济增长潜力与新趋势，全力推进经济领域现代化建设。建设现代化经济体系，需要系统高效的政策举措和行动，需要在深化改革、扩大开放上续写新篇章。全面改革开放，特别是重点领域改革需要全面推进各领域体制机制创新。以服务全国、放眼全球的视野来谋划改革，稳步扩大规则、规制、管理、标准等制度型开放。发挥各种开放平台的功能作用，创新利用外资、做大外贸的方法和渠道。主动顺应国际经贸规则重构走向，在服务业开放、数字化发展、环境保护等方面先行先试。坚持"两个毫不动摇""三个没有变"，鼓励和支持民营企业积极参与全球范围产业分工和资源配置，提升核心竞争力。要大力发展实体经济，筑牢现代化经济体系的坚实基础。实体经济是区域经济的根本，是财富创造的源泉，是富民强省的重要支柱。要深化供给侧结构性改革，加快发展先进制造业，推动互联网、大数据、人工智能同实体经济深度融合，推动资源要素向实体经济集聚、政策措施向实体经济倾斜、工作力量向实体经济加强，营造脚踏实地、勤劳创业、实业致富的发展环境和社会氛围。同时，要着力发展开放型经济，提高现代化经济体系的国际竞争力，更好利用全球资源和市场，继续积极推进"一带一路"倡议框架下的国际交流合作。要深化经济体制改革，完善现代化经济体系的制度保障，加快完善社会主义市场经济体制，坚决破除各方面体制机制弊端，激发全社会创新创业活力。要建设多元平衡、安全高效的全面开放体系，发展更高层次开放型经济，推动开放朝着优化结构、拓展深度、提高效益的方向转变。要建设充分发挥市场作用、更好发挥政府作用的经济体制，实现市场机制有效、微观主体有活力、宏观调控有度。以上几个体系是统一的整体，要一体化建设、一体化推进。

（二）强化创新引领，构建具有强大竞争力的现代化产业体系

要以"八八"战略为指导，破解创新发展约束与各种难题，探索出具有浙江特色优势的创新发展新路径。要建设创新引领、协同发展的产业体系，实现实体经济、科技创新、现代金融、人力资源协同发展，使科技创新在实体经济发展中的贡献份额不断提高，现代金融服务实体经济的能力不断增强，人力资源支撑实体经济发展的作用不断优化。要加快实施创新驱动发展战略，强化现代化经济体系的战略支撑，加强国家创新体系建设，强化战略科技力量，推动科技创新和经济社会发展深度融合，塑造更多依靠创新驱动、更多发挥先发优势的引领型的现代化产业体系。关键是，浙江要在以科技创新塑造发展新优势上走在前列，就必须全面着力，发挥体制机制优势增强科技创新能力，围绕创新团队与高端人才建设，协同外部引进与内部培育，整合科技创新力量和优势资源，在科技前沿领域加快突破。强化企业科技创新主体地位，推动创新链产业链资金链人才链深度融合，加快科技成果落地转化。把实体经济作为构建现代化产业体系的根基，引导和支持传统产业加快应用先进适用技术，推动制造业高端化、智能化、绿色化发展。深化国家数字经济创新发展试验区建设，打造一批具有国际竞争力的战略性新兴产业集群和数字产业集群。加强科技基础能力建设，深化科技体制改革，打造科创高地。从全球视野布局产业链供应链建设，不断提升产业链供应链韧性和安全水平。坚定不移地推动发展方式绿色化转型，建立绿色低碳循环发展的经济体系。先行国家和地区注重提升创新能力，发挥科技对经济增长、产业升级的促进作用。

（三）完善公共服务，构建具有强大生命力的现代化社会结构与社会保障体系

国际经验表明，在人均 GDP 跨越 2 万美元大关后的发展阶段，全社会对公共产品的需求将全面快速增加，教育、医疗、就业、社会保障、公共安全、环境保护以及利益表达的需求等，会逐渐成为全社会普遍关注的问题。为此，满足居民对品质生活的向外需求，特别是逐步增加多元化、多层次的公共产品供给，完善公共服务制度，是推进浙江率先实现基本现代化的一项重要战略。韩国自从 1989 年实现全民医保后，公共医疗保险的参保人数稳步增长，覆盖率由 1989 年的 90.39% 上升到 2007 年的 98.69%（其余人口由医疗救助提供保障）。在人均 GDP 由 1 万美元升到 2 万美元阶段，韩国政府主要致力于建立"韩国式福利经济模式"，从四个方面进一步增加公共产品供给，完善社会保障制度：保持社会福利和经济增长的均衡；基本保障人民收入、医疗、教育、居住四项需求；实行积极的劳动就业政策；建立"家庭般的社会"，政策上鼓励以家庭为单位提供社会福利，并对提供福利的家庭在居住、税收等方面给予优惠等。同时，加快健全现代化保障体系。经济高速发展和完善的社会福利保障制度相辅相成。经济快速增长，社会福利保障体系应及时跟进。20 世纪 70 年代，日本经济进入高速发展期。在 20 世纪 80 年代的泡沫经济到来前，日本就基本完成了福利制度的建设，并积聚了足以抗衡后来出现的更严重、更长时间的经济衰退的力量，从而平稳跳出了"中等收入陷阱"。日本在经受经济危机后没有一蹶不振，谜底就是在经济危机之前社会福利保障制度已经助推日本完成"经济建设"。因此，社会福利保障体系要及时跟进与共享。社会发展必然导致民生需求全面升级。因此，浙江必须把政策重心落在大力增加公共产品供给、丰富多元化公共服务内容上，加快推进社会现代化并避免落入"中等收入陷阱"。切实以投入优先、政策优先、资源优先为原则，全面改善民生，才能促使利益格局趋于合理化，提升基本公共服务水平与质量，确保用于民生福利的公共支出增长幅度大于财政收入增长幅度，实现社会救助、医疗保障、养老保险全覆盖，建

设覆盖城乡的公共服务体系，这也是实现社会现代化和社会公平的基本标志。

（四）推进文化传承与创新，构建具有强大号召力影响力的现代化文化体系

浙江率先实现基本现代化，就要在建设中华民族现代文明上积极探索，不仅要全面构建社会主义核心价值观，倡导富强、民主、文明、和谐，倡导自由、平等、公正、法治，倡导爱国、敬业、诚信、友善，更要积极发挥浙江优势，探索浙江发展路径，建设共同精神家园，全面聚焦"共有、共建、共享"，着眼于挖掘中华民族内在文化根源，着力增强全体居民民族文化认同感和价值归属感。具体来说，首先是加强文化道德标准质量的共同建设。文化道德标准化建设强调的是精神富有。精神富有必须以健康的、科学的、向上的、代表未来发展方向的、推动社会前进的先进文化为基础，最根本的是要构建起"共同的行为准则、共同的道德规范、共同的价值观追求"等浙江特色的文化道德标准，坚持文化传承与创新，实现文化现代化。只有这样，浙江现代化进程才能真正激发人们的发展自豪感、生活幸福感、心灵归属感和社会认同感。韩国的现代化走出了一条与西方国家不同的道路，被西方学者称为"第三种工业文明"。韩国现代化模式最重要的特点是重视现代化中人的精神因素，即文化因素。浙江要在建设中华民族现代文明上积极探索，要更好担负起新时代新的文化使命，赓续历史文脉，加强文化遗产保护，推动优秀传统文化创造性转化、创新性发展。坚守中华优秀文化立场，积极发展反映时代要求、具有时代特色的新文化，发展中华文明的现代形态。弘扬伟大建党精神，广泛培育和践行社会主义核心价值观，发展社会主义先进文化。繁荣发展文化事业和文化产业，持续推进城乡公共文化服务标准化、均等化。加强公民道德建设，推进书香社会建设。运用杭州亚运会、亚残运会、世界互联网大会等窗口加强文化交流传播，不断提升中国文化感染力和中华文明影响力。

（五）强化城乡融合与乡村振兴，构建均衡高效合理的现代化空间结构体系

要以"八八战略"拓展发展新空间、提升发展新通道，构建具有浙江特色优势的高效城乡空间结构。要建设彰显优势、协调联动的城乡区域发展体系，实现区域良性互动、城乡融合发展、陆海统筹整体优化，培育和发挥区域比较优势，加强区域优势互补，塑造区域协调发展新格局。要建设资源节约、环境友好的绿色发展体系，实现绿色循环低碳发展、人与自然和谐共生，牢固树立和践行"绿水青山就是金山银山"的发展理念，形成人与自然和谐发展的现代化建设新格局。要积极推动城乡区域协调发展，优化现代化经济体系的空间布局，实施好区域协调发展战略，推动浙东浙西与浙南浙北协同发展和甬台温沿海经济带发展，同时协调推进杭州湾经济带大湾区发展。首先是要加快城市结构优化整合，要以大都市区城市空间结构优化和重构，促成基本公共服务均衡。新产业体系和新社会结构都需要与城市空间形态相匹配。新城市空间要求进一步增强杭州、宁波、温州、金义等大城市的集聚辐射功能，以服务业向中心城市集聚、制造业向外围扩散集聚为特征，形成联系紧密、功能互补、发展一体化的城市空间。同时，要加快城乡融合，以交通网络体系建设促进大城市郊区化进程，中小城市或城镇的均衡化发展才有坚实支撑；只有大城市空间结构不断优化，才能更加突出社会建设和民生改善，把保障和改善民生作为中小城市均衡发展的根本出发点和落脚点。乡村振兴是一项系统工程，不仅要加大城市反哺乡村建设，更要着眼于乡村特色和本质，着重挖掘乡村优势资源并开发经营。因此，全面推进乡村振兴，必须全面推进乡村现代化，积极发展乡村特色产业，深化"千村示范、万村整治"工程。

（六）高度注重社会公平与人的现代化，构建现代化就业消费与居住生活体系

实现基本现代化，归根到底是实现人的现代化。人均GDP跨越2万美

元后的发展阶段,既是黄金机遇期,也是矛盾多发期,社会公平问题进一步突出,不仅要照顾各个领域层次的社会需求,更要不断推进社会公平公正建设,全力缩小贫富差距,尤其是分配格局是影响社会公平和社会稳定的重要因素。人是实现现代化的关键要素,也是现代化建设的根本归宿。要始终坚守以人民为中心的价值取向,首先,要强化个体发展目标,最终实现共同富裕。个体现代化与家庭现代化是地区现代化的重要基础,浙江应在相关发展规划中逐步考虑减少总量发展目标、增加人均发展指标与家庭发展指标;要加快建设统一开放、竞争有序的市场体系,实现市场准入畅通、市场开放有序、市场竞争充分、市场秩序规范,加快形成企业自主经营公平竞争、消费者自由选择自主消费、商品和要素自由流动平等交换的现代市场体系;要建设体现效率、促进公平的收入分配体系,实现收入分配合理、社会公平正义、全体人民共同富裕,推进基本公共服务均等化,逐步缩小收入分配差距;同时逐步改变以"数字"为主导的 GDP 增长率、社会投入等发展观念,树立以"优化人民生活"和促进"个体发展"为本的发展目标,"民富"优先于"强省"。其次,要把缩小城乡差距、地区差距、收入差距作为主攻方向,进一步健全城乡融合发展的体制机制。坚持就业优先政策,在推动传统产业转型升级和发展新兴产业中注重扩大就业容量,解决好重点群体就业问题;深化收入分配制度改革,健全多层次社会保障体系;以政府宏观调控力量缓解转型期震荡,推进社会公平公正建设。好的社会机制要以公平作为基础,公平的社会机制可以促进创新,有利于企业发展,保持区域竞争力。近年来的实践证明,正是由于浙江高度注重政府治理能力提升、注重社会服务效率与公平建设,才能采取有效手段化解转型发展时期的各种社会矛盾、发展难题与危机,为浙江现代化进程提供最具竞争力的市场环境与制度保证。

（七）建设高效廉洁政府,构建具有强大公信力感染力的现代化服务与治理体系

浙江是全国最早提出清廉建设的省份,努力打造干部清正、政府清

廉、政治清明、社会清朗的清廉浙江。习近平同志在浙江工作期间，就加强党的先进性建设和执政能力建设，开创性提出"巩固八个基础，增强八种本领"，明确要求领导干部仔细算好"三笔账"，做到"三不为"，开启了管党治党新探索，引领浙江纵深推进全面从严治党。历届省委始终坚守管党治党政治责任，2017 年提出要在全面从严治党上更进一步、更快一步，努力建设"清廉浙江"。2018 年 7 月中共浙江省委通过《关于推进清廉浙江建设的决定》，明确清廉浙江建设的时间表和路线图。2021 年 2 月浙江省委出台《中共浙江省委关于纵深推进清廉浙江建设的意见》。2022 年 6 月浙江省第十五次党代会提出，高水平推进以自我革命引领社会革命的省域实践，打造新时代党建高地和清廉建设高地，标志着浙江全面从严治党踏上新起点、清廉浙江建设翻开新篇章。2023 年 1 月浙江省纪委十五届二次全会提出，奋力打造勤廉并重的新时代清廉建设高地，赋予清廉浙江建设新目标、新定位、新内涵。同时，浙江坚持加强平安浙江、法治浙江建设，在推进基层治理体系和治理能力现代化上创造更多经验。在乡村发展过程中，率先探索现代化基层治理，在农村与社区等基层取得显著成效、率先突破。特别是互联网经济与新媒体环境下，浙江各级政府及相关部门及时关注并应对，从完善制度建设、提高文化素质、加强信息建设、提升中等阶层地位等方面入手，充分发挥中产阶层的重要作用以及参与监督政府相关事务的主观能动性，共同推进政府治理与服务能力和水平的提升。根据《国务院关于加强数字政府建设的指导意见》，各地政府部门坚持推动线下实体政府和线上数字政府双向结合、高度融合和无缝衔接，构建数字政府和现实政府相互贯通的治理体系，浙里办平台服务不断优化提升。浙江还始终坚持在更深层次、更广领域、更高水平上推进平安法治建设，加快推进社会治理体系和治理能力现代化，不断构建完善独具特色的高水平法治安全体系，为浙江率先实现中国式现代化提供有力保障。2023 年，浙江省委提出三大"一号工程"，即数字经济创新提质"一号发展工程"、营商环境优化提升"一号改革工程"和"地瓜经济"提能升级"一号开放工程"，要求全省上下在创新、改革、开放三大领域实现突破性进展。尤其是通过优化营商环境更好地提升政务服务，同时坚持"以人民为中心"的思想，打造更加高效便捷的政务环境。浙江具有强大的数字经济优势，未来随着经济社会结构转型与人工智能技术加快突破，其政府服务和治理能力将继续提升优化，继续走在全国前列。

B.5

安徽推动长三角和中部地区率先
实现现代化的独特优势研究*

孔令刚**

摘　要：　安徽纵深广阔腹地优势为长三角一体化发展提供了基础，发挥增强区域产业链弹性与韧性作用。安徽抓住了机会，在长三角一体化发展中扬皖所长。安徽协同推进长三角一体化发展是安徽加快发展的重要推动力。安徽是长三角刻苦努力、奋力前行的"新生"力量。安徽充满朝气、充满自信，也充满紧迫感。安徽人民拼劲足，展现了迎难而上、乘势而上、积极进取的作风，持续不断"修正"和"刷新"长三角与全国人民对安徽的认知。安徽是全国经济发展的战略要冲、国内重要经济板块对接前沿、承南启北的枢纽和贯东通西的门户。安徽持续联动长三角兄弟省市和中部六省推动在重点领域的协同共建，包括合作共建人文与经济共生共荣的长江经济带、合作共建淮河生态经济带、合力推进中部四省会城市全面合作、合作共建中原—长三角经济走廊、合作共建大别山碳汇经济示范区、合作共建阜阳城市圈等。

关键词：　安徽　长三角　中部地区　全面现代化

安徽既处于我国中心地带，又是东部沿海向西部内陆过渡的桥梁纽

＊　本文为安徽省社会科学院2023重点学科建设项目"区域经济学"（项目号：AHSSKYZDXK2023-01）、安徽省哲学社会科学规划重大项目"长三角高质量一体化发展的机遇和优势研究"（项目号：AHSKZ2019D01）的阶段性研究成果。

＊＊　孔令刚，安徽省社会科学院区域现代化研究院研究员，安徽省社会科学院二级研究员，安徽省人民政府参事，研究方向为区域经济学。

带。由于其特殊的地理位置，南北文化在这里碰撞演变，东西方文明也在这里汇聚交流。安徽既是长三角城市群的一员，又是中部省份，处于长江经济带建设、长三角一体化发展、中部地区高质量发展以及淮河生态经济带建设等国家重大战略叠加区。安徽成为长三角城市群的重要成员，既有历史文化传统的根基因素，也有安徽今天发展的自然过程因素，同时还有长三角内部加强联系、进一步共同发展繁荣的需要。安徽加入长三角，一方面拓展了长三角的腹地空间，延展了长三角城市群区域纵深，另一方面也在整体上夯实了长三角城市群在长江经济带的龙头地位。同时，安徽又是中部地区的重要成员，推动安徽由长三角区域和中部地区"边缘"转变成了战略"枢纽"，成为连接中部地区与长三角的门户，增强了长三角辐射中部地区的实力和可持续发展的后劲。可以说，安徽是全国经济发展的战略要冲、国内重要经济板块对接前沿、承南启北的枢纽和贯通东西的门户。安徽通过强化改革成果系统集成、创新资源集聚转化、产业分工协同、内陆开放门户能级提升、人口综合承载服务、发展空间拓展等能力，左右逢源与南北结缘并重，发挥连接长三角一体化发展与中部地区高质量发展两大国家战略的枢纽与门户特殊功能，推动"东中一体化发展"，优化国土空间布局。

一 安徽在推动长三角和中部地区率先实现现代化中的独特优势

长三角城市群的地域面积35.9万平方公里，常住人口2.2亿，经济总量19.5万亿元，以占全国1/26的国土面积，聚集了全国1/6的人口，贡献了全国近1/4的地区生产总值。安徽的快速发展，一方面，得益于国家战略层面对安徽地位的提升，包括长江经济带建设、长三角一体化发展、中部地区高质量发展等。安徽纵深广阔的腹地优势为长三角一体化发展提供了腹地经济，发挥着增强区域产业链弹性与韧性的作用。另一方面，安徽抓住了机会，在长三角一体化发展中扬皖所长。安徽协同推进长三角一体化发展是安

徽加快发展的重要推动力①。安徽是长三角刻苦努力、奋力前行的"新生"力量②。安徽充满朝气、充满自信，也充满紧迫感。安徽人民拼劲足，展现了迎难而上、乘势而上、积极进取的作风，持续不断"修正"与"刷新"长三角和全国人民对安徽的认知。

（一）连接长三角与中部地区门户的区位优势

承南启北和贯通东西的地理位置。在中国地理版图上，安徽处在连接南北、沟通东西的要冲枢纽上，全国经济总量前十、人口总量前十、社会消费品零售总额前十的省份中有一半与安徽接壤（山东、江苏、浙江、河南、湖北）。安徽也是全国贸易和消费最具活力的区域之一，以省会合肥为中心、周边500公里半径范围内集聚了全国30%的人口、35%的GDP和40%的消费市场，安徽具有得天独厚的地理区位优势。

连接长三角与中部地区。安徽是华东地区和长三角的腹地纵深、战略纵深，这是安徽在长三角一体化发展中最大的优势③。在长三角区域，安徽国土面积为14.01万平方千米，是国土面积最大的省。历史上安徽一直处于长三角的范围之内，地理、经济与文化方面与现在的沪苏浙区域有密切关联，文化上更是相互交融、相互促进。安徽同时也是中部地区的重要成员，处于长三角与中部的连接区域。根据现代产业布局靠近市场、靠近创新策源地和区域板块集聚等空间分布规律，未来较长一段时间，长三角和中部地区产业复苏与发展将有一个转型、疏解、重聚、结网的过程，这就需要开拓空间战略纵深、给出广阔的回旋空间来优化产业布局。在此意义上，安徽具有战略纵深腹地，安徽的重点区域板块将为长三角区域和中部区域产业体系及其产业链的调整再造提供空间战略纵深和腹地。

---

① 许秋莲：《安徽这十年：GDP连跨3个万亿元大台阶，从农业大省迈向新兴产业聚集地》，《21世纪经济报道》2022年7月20日。

② 王清宪：《安徽的制造业"逆袭"》，《对话周报》（中央电视台）2022年7月9日。

③ 宋宏：《长三角议事厅｜合力修复提升长三角区域现代产业基础》，澎湃新闻，2022年6月30日。

位于长江经济带连接中游和下游的重要节点上。中国第一大河流——长江,自江西省九江市湖口县进入安徽省境内至和县乌江后流入江苏省境内,由西南向东北斜贯安徽南部,在安徽省境内长达416千米,属长江下游,流域面积6.6万平方千米。特别是延绵八百里的沿江城市群和长江经济带,内拥长江黄金水道,外承沿海地区经济辐射,安徽在经济、文化等方面同长三角城市群以及中部地区有着历史和天然的联系,发挥连接长三角地区和长江经济带中上游的重要战略通道作用。

位于京津冀与长三角、粤港澳大湾区联系主轴上。京津冀与长三角、粤港澳大湾区是我国三大经济增长极。安徽位于京津冀与长三角、粤港澳大湾区的联系主轴,是长三角世界级城市群西向与北向门户枢纽,又是大陆桥、沪汉蓉、沿江走廊等横向通道上的重要板块节点,在中国交通干线网中具有承东启西、连贯南北的地位,对促进全国区域协调发展区位优势明显。

高铁、高速公路与运河彻底改变安徽地理区位。良好的交通条件对于安徽促进区域间经济联系与空间整合具有重要的意义,高铁、高速、新运河等新交通运输网络推动形成新型的区域经济网络。铁路等基础设施升级换代推动铁路从普速铁路时代进入高速铁路时代,一些在普速铁路时代并不显眼的城市,成为主要受益者,有些城市甚至成为高铁枢纽,成功实现了地位的逆袭。2012年底,合肥铁路总里程只有420.8公里。其后不到10年间,合肥相继建成北向合蚌高铁、南向合福高铁、西北向商合高铁、东南向合杭高铁、西南向合安高铁,加上在建东北向合新高铁,合肥已形成对外八个方向"米"字形高铁辐射格局。合肥在国家铁路和高速路网体系中地位提升,成为全国19个重要的综合铁路枢纽之一。成为新的高铁枢纽大大提升了合肥在国家国土空间和地理空间的功能地位。截至2022年底,合肥铁路通车里程达884.6公里,铁路网密度达772.9公里/万公里^2。其中,高铁里程524.3公里,高铁网密度达458公里/万公里^2,铁路通车里程和高铁里程均居长三角主要城市第一位,形成对外八个方向"米"字形高铁辐射格局。可以说合肥的巨大跨越,得益于交通条件改善带来的区位优势。

2023年江淮运河全面通水通航为安徽通江达海开辟了新的大通道。江

淮运河实现江淮联通，并与上游沙颍河、下游芜太运河及锡溧漕河一起构建起一条纵贯豫皖苏三省、平行于京杭大运河的第二条南北向水运大通道，长三角地区全面形成"井"字形干线航道主骨架。江淮运河贯通推进安徽形成"双通道达海、两运河入江、河江海联运"运输格局，对作为全国经济发展的战略要冲和国内重要经济板块对接前沿地带的安徽，充分联通长江经济带与中部地区，建设连接长三角一体化、长江经济带、中部地区高质量发展等国家战略枢纽与门户，推动安徽通江达海，向海而兴、向海发展，借船（港）出海建设内陆开放新高地形成有力支撑。

（二）中华文明重要发祥地和中华文化重要传承复兴地的历史文化优势

安徽拥有丰厚的历史文化遗存，是人类起源的重要区域之一，是中华文明的重要发祥地和中华文化重要传承复兴地。作为华夏文明的重要组成部分，安徽文化以卓越风采在江淮大地的岁月年轮上镌刻了令人瞩目的诗行①。从总体上来看，伴随中华文明发展从黄河流域向长江流域的逐步南移，安徽不同板块区域的文化在不同时代轮番上演威武雄壮、绚丽多姿的历史正剧，成为演绎中华文明的重要舞台。从超越地域和时序界线来看，安徽文脉绵延繁茂，逐渐形成富有地域特色的文化共同体，涵育不同于其他地域文化特有的精神内核，兼容并蓄、包容性强，敢于创新、勇于进取，典型性强、具有引领作用等②。

安徽省位于中国中东部，东边与江苏、浙江两个沿海省份相邻，西边和河南、湖北两个中部大省接壤。所以，从历史地理位置来看，安徽地处"吴头楚尾"。"吴头楚尾"的安徽是远古祖先活动较早的地区之一、中华文化的重要发祥地，安徽始终与中国历史进程同步发展，是演绎中华文化的重要舞台。安徽具有独特的地理环境和文明积淀，不仅南北文化在这里碰撞演

---

① 谢晓雪、李鹏飞、高斌：《安徽：品读徽风皖韵，阅览江淮文明》，《学习强国》（安徽学习平台）2022年11月21日。

② 张理想：《何以安徽》，《安徽日报》客户端，2022年7月8日。

变，东西方文明也在这里汇聚交流。安徽地域不仅有一批震古烁今的历史人物和文化事件，也有一批现象级的文化名人。安徽既是刚毅豪迈的英雄之地，也是粉墙黛瓦的烟雨诗意之地。安徽人既有孕育于江南烟雨、鱼米之乡的飘逸、灵动与秀气，也有皖北广阔平原率性坦荡、刚直倔劲的行为作风与精神品格，其江淮起伏丘陵开轩临四野，坚韧厚实、激越昂扬的个性与豁达开朗、温婉如玉的气质相得益彰。

一方水土养育一方人，安徽人杰地灵，从古至今，文化名人灿若星河，各领风骚。安徽诞生了老子、庄子，并以其思想成就道家文化的源头，哺育出皋陶、管仲、曹操、华佗、嵇康、包拯、朱熹、程大位、吴敬梓、陈独秀、胡适、陶行知、朱光潜、赵朴初等历史文化人物，他们如繁星闪耀于历史的星空，一代代安徽人贯穿古今推动着历史的发展，为今天的中国传统文化之深厚积淀、现代发展之强盛等做出了彪炳史册的贡献，并在中小学教材中熠熠生辉，泽被后世①，这也是安徽人才与人力资源优势的根基。

厚重的人文历史底蕴叠加秀美的山川风貌，孕育出博大精深的安徽文化。可以说"徽"字本身就勾勒出由青山（黄山、九华山等）、绿水（淮河、长江、新安江等）所组合的美景，这青山绿水更滋养出安徽厚重的历史、灿烂的文化、睿智的人民。"安""徽"两个字金风玉露一相逢，立刻在中国的版图上呈现出一方安静大美的沃土，丰富了中国文化的内涵②。

这里有崇商重礼、崇文重教的徽州文化。"十户之村，不废诵读"，"贾而好儒"。这里有朱熹作为理学的集大成者，使儒家思想的发展达到了顶峰。绚丽精深、体系丰富的徽州文化培育了徽商自强不息、敢作敢为、尽职尽责、崇尚节俭、勤劳忍耐、诚实守信、尊重知识、尊重人才、和睦邻里、济贫救灾为特征的传统美德。以徽州文化为代表的安徽地域传统文化虽经社会变革屡次遭受冲击，但仍然具有扑倒再起的韧性和顽强生命力。

这里有清正雅洁的桐城文化。桐城派自成一派文风，影响深远。"桐城

---

① 常河：《课本里的安徽》，《光明日报》2018年9月9日。
② 常河：《课本里的安徽》，《光明日报》2018年9月9日。

派"发祥地之桐城，民间有六尺巷故事，其包含的亲仁善邻、和合包容之道仍在启迪后人。

这里有"清朝唯一有能耐和世界列强一争长短之人"的李鸿章。面对晚清内忧外患的局面，李鸿章知晓清朝面临三千年未有之变局，认识到不能再维持原状，必须进行改革。其在国门被迫打开情况下积极寻求强国御侮之道，在客观上推动了我国近代民族工业的发展，开启了中国近代化进程①。李鸿章以推动现代化局部的慢启动，启蒙和唤起了中国人的"现代化"意识②。

正因为安徽人有坚韧和厚实的性格、有激越和昂扬的气质，安徽创新之风强劲，率先拥抱新思想，站在时代的潮头。从老庄到建安文学，到唐代宣城、池州诗人群体的兴起，再到清代桐城文派的创立，安徽在文化领域卓然而立。丰厚的历史文化遗产正在江淮大地上获得新生，绽放独特魅力。多姿多彩的安徽文化也是汇聚皖人意气风发、勇毅前行的精神之源。

（三）体系化打造国家战略科技力量的优势

在创新发展中建设体系化国家科技力量是安徽的长板。安徽已经成为具有全国影响力的科技资源集聚地和科技创新策源地，是国家战略科技力量布局的重要省份，在全国创新大格局中占据了重要地位，表现出活跃强劲的创新优势。

首批综合性国家科学中心、首个国家实验室——深空探测实验室落户安徽，12个大科学装置布局建设，数量居全国前列。科技创新异彩纷呈。量子通信、量子计算、核聚变等领域原创成果达到世界先进水平，动态存储芯片、制版光刻设备、制造EDA软件等突破关键核心技术，陶铝新材料、超薄玻璃等领域科技创新和产业发展实现并跑领跑；"墨子

---

① 郭风云：《从认识李鸿章看历史人物评价》，《世纪之星—高中版》2021年第9期，第135~136页。

② 韩保江、李志斌：《中国式现代化：特征、挑战与路径》，《管理世界》2022年第11期，第29~42页。

号""九章""祖冲之号""人造太阳"等重大科技成果相继诞生,"九章""祖冲之号"实现算力全球领先;"人造太阳"创造 1.2 亿摄氏度"燃烧"101 秒世界纪录。

推动科技成果从"实验室"走向"应用场"。2022 年 7 月,安徽省人民政府出台《安徽省深化科技创新体制机制改革加快科技成果转化应用体系建设行动方案》,突出以需求为牵引、产业化为目的、企业为主体,强化工业互联网思维,破除体制机制障碍,育强创新主体和转化主体,强化中试孵化、对接交易、科技金融支撑等方面,制定了一系列举措。安徽近 3 年拿出 140 亿元"真金白银"与 21 所高校院所合作共建中科大先研院、清华公共安全研究院、合工大智能研究院、哈工大机器人研究院、北航创新院等32 个协同创新平台,同步组建市场化公司承接科技成果转化,打造科技设施联通、科技链条融通、要素流动畅通的创新矩阵,促进科技成果就地交易、就地转化、就地应用。建设国家战略性、前沿性、引领性技术研发中心以及关键性共性产业技术产业化中心,产生真正高质量的底座技术、根技术与变革性前沿技术。按照产业迭代升级逻辑开展产业技术创新,筑牢产业基础高级化与产业链现代化的技术基础,不断催生更多新技术新产业,建设国家知识创新先导区、全国创新驱动发展样板区和全国未来技术与产业新赛道培育试验区,实施科技创新"栽树工程",打造"乔木"参天、"灌木"苗壮、"苗木"葱郁的创新生态①。

(四)由"传统制造业大省"向"战略性新兴产业聚集地"跨越发展的优势

安徽具有制造业基础优势。安徽制造业基础较好,铜陵、淮南、淮北、马鞍山、蚌埠等老工业基地具有坚实的产业基础,合肥、芜湖、滁州等地新兴产业蓬勃发展。在铜工业、钢铁产业等传统产业,家电、新型显示、集成电路等光电产业,电动汽车及智能网联汽车、机器人等装备工业,智能语音

---

① 郑栅洁:《奋力推动安徽经济社会高质量发展》,《学习时报》2022 年 11 月 14 日。

为代表的人工智能等产业领域具有基础优势。安徽从新型显示到集成电路，从人工智能到电动汽车，逐渐发展起以"芯屏汽合""集终生智"为代表的现代产业体系，制造业总量和质量均迈入全国第一方阵。

安徽持续壮大"制造业天团"。安徽紧抓世界科技革命和产业变革机遇，围绕促进科技成果就近就地转化、就地应用，打造基金丛林、构建多元化科技投融资体系，坚持"领军企业-重大项目-产业链条-产业集群"的发展思路，创新实施"链长制""群长制"，孵化培育龙头企业，持续打造产业链、完善产业集群，探索出裂变与聚变两种产业链的培育路径。强化全链条布局、全要素配置、全方位支持，构建"双龙头"引领、多节点支撑的产业链矩阵，打造战略性新兴产业集群。建设一批在全国有影响力的地标性新型产业集群。入选国家智能制造示范工厂 6 家、居全国第 1 位，有合肥美的、联宝科技、合肥海尔 3 家世界"灯塔工厂"，数量居全国第 6 位。

制造业生产要素集聚。人力资本、企业家能力、创新与研发投入等因素成为衡量制造业生产要素投入的重要组成部分。安徽制造业快速发展增强了企业的技术研发能力、积累了技术研发经验，培养了大批研发人员和企业家，也塑造了相对完善的教育培训体系，积累的人力资源优势与制造业发展对高端要素的需求逐步形成衔接机制，反过来也推动制造业的发展。制造业发展基础吸引全世界的技术、人才、知识等高级生产要素聚集，加强国际交流，弥补人才等高端要素供给不足的缺陷，加速推动制造业高质量发展。人才成为安徽高端制造业发展的关键要素，人才的集聚也成为安徽的关键优势。

实现了由"传统制造业大省"向"战略性新兴产业聚集地"的跨越发展。全球 10% 的笔记本电脑、20% 的液晶显示屏是在安徽生产的，全国每 3 台冰箱、4 台洗衣机、5 台空调有 1 台是安徽制造的。全国出口的每 5 辆汽车就有一辆是在安徽制造的。电动汽车产业集聚 10 家整车企业和 1200 家配套企业，2021 年安徽新能源汽车产量突破 25 万辆，居全国第 5 位。奇瑞汽车为芜湖集聚产业链上下游企业上千家，由此形成了长三角区域最完整的汽车产业链体系①。安徽省机器人产业规模和企业数量均居全国第 1 位；微型计算机设备产量居全国第 5 位。

（五）国家战略地位迅速提升的优势

促进区域协调发展，联动实施区域协调发展战略、区域重大战略、主体功能区战略、新型城镇化战略，目标是优化重大生产力布局，构建优势互补区域和国土空间体系。安徽的快速发展，得益于国家战略层面对安徽地位的提升，包括长江经济带建设、长三角一体化发展、中部地区高质量发展等，促使安徽吸引并集聚各类要素，优化产业布局，成为新兴产业和关键领域投资的目标地甚或首选地，发展速度和质量得到有效提升。

重塑经济地理格局。安徽处于长江经济带发展、长三角一体化发展、中部地区高质量发展等国家战略的叠加区域。中国区域发展具有东西发展差距仍然明显、南方与北方发展不平衡和城乡发展不平衡三个特点。从区域协调发展层面来看，宏观调控政策更加强调区域协调发展，区域协调发展战略的指向性和精准化越来越明确和全面，突出实施"四大板块"和"五大战略"，加快构建以城市群为载体的网络化空间结构，促进各种要素聚集，形成具有强大极化效应和辐射能力的"引擎"以及多元化的区域发展格局。这些战略的实施推动了中国经济地理格局的重塑。在积极落实这些国家战略时，安徽用好用足战略叠加机遇，通过推进长三角世界级城市群西翼腹地区域高能级和高位势跃升，把长三角一体化发展经验辐射中西部地区，成为连接两大国家战略的门户与枢纽，面向全球吸引和整合创新资源，促进国内外两个资源要素市场的高度集聚、整合、融合，争取在更多的优势领域抢占高端、走在前沿，推进其在国际产业合作分工层次、经济层级和创新能级上的跃迁，改善和提高安徽在全国区域分工与合作中的地位，重塑经济地理格局。

国家战略叠加的优势也持续激发了安徽的活力。人口是一个民族存续的

---

① 中共安徽省委：《在加快构建新发展格局中实现更大作为》，《求是》2022 年第 17 期。

关键，也是一个国家经济发展的基石。人口资源取决于地区所拥有的人口总量，是区域优势的最基本的底数。人力资源、人才资源和人力资本等皆产生于这个最基本的人口资源中。巨大的人口规模，意味着更广阔的市场空间、更丰富的人才资源、更强劲的发展动能①。2022 年大陆人口数量净减少 85 万人，这是 1962 年以来我国第一次出现人口数量下降的情况。人口数量减少，对各地经济社会发展影响非常大②。安徽整体活力充沛，经济增长速度较快，就业空间扩大，对人口具有较强的吸引力，具有人口优势，但仍然需要增加对人口的吸引力，增加就业岗位，为青年人才就业创业创造更加宽松的环境，加大力度吸引青年人才到安徽就业创业，为经济可持续发展不断注入新动能，推进人口优势向人力资源和人力资本优势转变。

国家战略叠加的红利对人口的集聚效应不断显现。人口回流成为趋势。外出人口的回流助推了安徽城镇化水平的提高。2015~2022 年安徽城镇整体回流了近百万人，近 10 年常住人口增加 152.7 万。合肥、芜湖、滁州常住人口分别比第六次人口普查时增加 191 万人、10 万人、5 万人；皖北地区保持人口自然增长势能，阜阳、亳州、蚌埠分别比第六次人口普查时增加 60 万人、15 万人、13 万人。安徽要挖在外人才"富矿"，吸引项目回迁、技术回乡、智力回哺，共同把家乡建设好③。顺应国家乡村振兴战略、中部地区高质量崛起以及长三角一体化战略的大趋势，发挥三大战略平台作用，进一步优化城乡和区域人口布局，提升人口与资源、环境和经济社会发展协调性，推动人口发展与国土空间承载能力更加协调，人口分布与区域发展、产业集聚相协同，人力资源配置更加合理。

（六）在长三角和中部地区生态平衡中发挥基础性作用的生态优势

具有良好的自然生态系统。从国土空间位置看，安徽位于华东腹地区

---

① 本报评论部：《这是人口规模巨大的现代化》，《人民日报》2022 年 11 月 4 日，第 5 版。
② 张占仓：《我国人口增减与流动的新趋势值得重视》，顶端新闻，2023 年 4 月 17 日。
③ 李亚栋：《看这些安庆籍院士专家如何为家乡发展"把脉"》，安庆先锋，2023 年 2 月 6 日。

域，属中国南北方过渡地带，也是承东启西的重要纽带，在国家"四屏四带"国土生态安全格局中属于长江重点生态区，承担长江中下游生态带和长三角生态屏障功能。从板块来看，安徽地势西南高、东北低，长江和淮河穿境而过，长江、淮河与新安江三大水系滋润这片土地，有湖泊 580 多个。地形南北迥异，大体可以划分为淮北平原、江淮丘陵、沿江平原、皖西大别山区以及皖南山区五大自然区域，奠定了自然生态系统的基础，孕育了丰富的生物多样性，山、水、林、田、湖、草共同构成生态系统的核心要素。大别山和皖南山区以丰富的生物多样性，成为长三角地区最大的物种保护地，从生物多样性层面对长三角和中部地区的生态平衡发挥基础性的作用。

发挥长三角和中部地区生态屏障功能。安徽地跨长江、淮河、新安江等大流域，兼有丘陵、岗地、平原、山地、湖泊和洼地等多种地形，拥有皖南黄山、皖西大别山两大重点林区和全国五大淡水湖之一的巢湖，是绿色安徽发展的鲜明底色。安徽坚持生态优先、绿色低碳发展，以美丽安徽建设引领发展全局[1]。构筑长江、淮河、新安江、江淮运河四大生态廊道，实施生态保护修复工程，扩大森林、湖泊、湿地面积，保护生物多样性，提升生态系统稳定性和可持续性，守住自然生态安全边界、促进自然生态系统质量整体改善。2022 年，安徽全省空气、水环境质量均达到有监测记录以来的最好水平，$PM_{2.5}$ 平均浓度为 34.9 微克/立方米，比 2015 年下降 32.7%；地表水总体水质优良断面比例 83.5%，比 2012 年上升 10.6 个百分点。

二　中部地区在全国的战略地位以及"东中一体化"协调发展新态势

安徽不仅在打造内陆开放高地中作为重要节点区域发挥不可替代的作用，还可以将东部地区、长三角城市群高质量一体化发展的经验向中西部地区推广，在国家经济新空间布局中对推动东中西部协调一体化发展发挥重要

---

① 曾凡银：《建设现代化经济体系的绿色路径》，《学术界》2023 年第 1 期。

作用。可以说，安徽在推动东中西部地区区域发展差距持续缩小、基本公共服务适度均衡、人民群众福祉趋于均等化等方面探索新机制，在全国国土经济地理空间新格局中发挥着"东中一体化"创新发展枢纽门户的功能。

（一）中部地区在全国总体战略中的地位及"东中一体化"协调发展新态势

中部地区承东启西、连南接北，长江经济带、黄河流域贯穿而过，沟通我国东中西三大地带，是连接京津冀、长三角、粤港澳和成渝四个城市群的关键枢纽，市场空间广阔，有占全国25.8%的人口，产业发展潜力大，具有独特的区位交通条件、大规模内需市场、丰富的资源及雄厚的产业技术基础，在我国新发展格局中处于核心地位。中部崛起是国家区域经济协调发展战略的重要组成部分，在国土空间上发挥着东西联动、南北协调的战略功能，在促进跨区域资本、人才、技术、信息等要素自由流动以及物资商品流通与合理配置中也具有关键作用。中部地区是全国大市场的重要组成部分和空间枢纽，中部高质量发展也是提升内陆高水平开放的重要条件①。

2010年以来，全国经济呈现出向内陆转移、东西向扩张、南北向收缩的空间发展特征，展示出有利于东西向布局的空间转型态势。长江经济带空间发展也是以东西向为主，共同作用于全国经济空间的东西向增长。中部地区湖北、湖南、安徽、江西、河南、山西6省地处中原地区和内陆地区，虽然具有区位优势、资源优势、产业优势、空间优势等，但与东部地区存在较大的发展差距。考虑到长江以北的广大腹地国土空间协同发展的要求，长江经济带要以东西向为主统一国家经济空间布局，培育以连接上海、合肥、西安与乌鲁木齐的狭长经济带为主体的全国经济东西主轴线，是全方位开放新格局中连接丝绸之路经济带和海上丝绸之路的最佳路径，其全国代表性、全球连接性的纵深连通作用有利于统一国家宏观战略格局、深化推进全国经济空间转型和欧亚大陆崛起，其纵深连通作用有利于以新欧亚大陆桥建设为重

---

① 《东西联动南北协调靠中部——中部地区高质量发展开新局》，《经济日报》2021年8月21日。

点，建设更多内陆港，拓展自贸区开放深度和范围，打造国际经济走廊及国际能源大通道，促进构建陆海内外联动、东西双向互济的开放格局。

布局这样一条穿过中国经济高度聚集核心区的全国经济东西主轴线，使之成为贯通东西的交通主轴和战略通道，能够有效串联"两横三纵"城市化战略格局中的主要城市。经过的主要城市在全国经济格局中具有非常好的空间区位，是最靠近全国市场、人口集聚区、制造业与创新体系的东西向走廊，有助于从国家总体发展的角度统筹区域发展、陆海发展，有助于从全球化战略的角度有效发挥国际、国内两个市场的决定性作用，推动市场深度融合。一个统一的、以东西向布局为主的国家宏观战略对于全面提升我国参与全球经济治理能力、增强全国经济空间发展协调性具有重要的战略意义。随着区域协调发展战略的深入实施，"东中一体化"协调发展会进一步加快，安徽有条件也有能力成为推动"东中一体化"协调发展的先行区。

安徽是开辟国家经济新空间，布局"东中一体化"创新发展的门户和枢纽。在推动高质量一体化发展中，安徽既是长三角地区成员，又属于中部地区省份，是两大国家战略连接的门户和枢纽区域，整合与连接长三角产业和技术创新优势、中部地区产业发展空间和人力资源优势，一方面在更大国土空间范围内形成更为合理稳定的产业链供应链体系和区域分工体系，进一步提升长三角在世界经济格局中的能级①。另一方面为中西部地区引进高端生产要素和整合全球创新资源发挥重要作用，拓展中部地区的国际市场空间。因此，以东西向交通主轴为依托，形成全国经济东西向战略通道，全面打通我经济集聚核心区之间的空间连接，增强连通性、高端要素配置和流量管控能力，在更高能级上提升安徽在全国及中西部一体化发展、长三角世界级城市群建设中的地位，实现从区域性要素集聚节点向全国性、全域性资源配置平台转变，对开辟国家经济新空间、布局"东中一体化"具有重要作用，安徽则是开辟国家经济新空间、布局"东中一体化"创新发展的门

---

① 安徽省人民政府发展研究中心、中国科学院南京地理与湖泊研究所：《利用市场逻辑、资本力量推动安徽在两大国家战略互动中实现更好发展研究》，2022 年 1 月。

户和枢纽城市。

安徽要创造性地发挥两大国家战略的叠加效应，连接长三角一体化发展和中部地区高质量发展，从两大区域经济与社会发展整体布局入手，细化研究两大战略的相关性和互动性，在更广大的国土空间范围内推动中东部地区协调发展，同时，依托高速化的综合交通运输体系和网络化的城镇体系，通过区域一体化不断推进区域经济协调发展。与东部相邻的中部地区率先融入东部地区，形成一体化发展的经济板块，进而带动中部地区的一体化发展，促进中部地区整体崛起并成为与东部地区并进发展的经济高地，为我国进入世界最大经济强国行列构建更广阔的地域支撑，也为东中部地区人民美好生活创造共同发展的条件，并在这一过程中用好战略叠加优势，培育安徽发展新动能，实现多元发展目标。

（二）连接长三角一体化发展与中部地区高质量崛起两大国家战略

安徽是长三角区域大市场的战略纵深空间，各个城市发展表现出突出的韧性，与长三角和中部地区其他省市协同共进，为增强抗击外部冲击的能力、增强产业链供应链的稳定性和现代化作出贡献。从总体上和发展趋势来看，在产业分工合作、新赛道发现与选择、区域大市场的形成等方面，安徽作用发挥对长三角一体化和中部地区高质量发展越来越重要①。

对长三角沪苏浙而言，安徽的发展也是沪苏浙的发展机遇。在新起点上，长三角要深度梳理资源，深挖技术协同与产业协同潜力，协同发现和评估技术赛道与产业赛道，通过集中布局与集聚布局相结合建立与新赛道发展相匹配的协同与合作发展模式，在重点领域推动建设重点产业集群。沪苏浙皖凝心聚力并面向全球施展身手，在关键领域和核心技术上抢占制高点是协同建设具有全球影响力的世界级城市群的基础性保障。

2021年，中共中央、国务院印发《关于新时代推动中部地区高质量发

---

① 孔令刚、吴寅恺、陈清萍：《长三角高质量一体化发展论坛综述》，《区域经济评论》2019年第5期。

展的意见》，明确提出到 2025 年中部地区质量变革、效率变革、动力变革取得突破性进展，2035 年现代化经济体系基本建成的目标要求。推动中部地区高质量发展战略更加强调依托和发挥制造业基础优势，加快建设若干规模体量庞大、具有世界竞争力的先进制造业产业集群，构建以此为支撑的现代化产业体系，全面增强地区之间、中心城市与其他城市之间、城镇与乡村之间的协调发展，探索内陆地区高水平对外开放新路径，加快实现中部崛起和跨越发展①。

门户城市是一个地区出入与内外交往的中心城市。门户城市自身经济发展水平较高，能对外部产生极大的吸引力和辐射力，特别是对门户城市腹地的发展有极大的促进和牵引作用。作为长三角西部腹地中心城市的合肥要在全球要素配置体系中具有影响力，优化空间关联网络，注重区域发展的空间溢出效应，充分挖掘自身优势，强化与其他区域的空间联系，缩小区域之间经济发展条件的差异，实现区域的联动式、协同式发展②，成为我国中西部协同发展的经济中心、国际资源聚集地和对外交流门户等职能等级较高的国际城市。

安徽既是长江经济带节点区域，又是长三角连接中部地区的门户与枢纽区域；既是两个国家战略落地的空间交汇点，又是长三角世界级城市群西翼腹地区域。安徽在推动中部地区高质量崛起落实层面上积极作为，推动阜阳、亳州、宿州等积极参与中原城市群内城市间合作。加快构建连接长三角和中部地区的市场枢纽，进一步加强与沪苏浙经济联系，协同推动中部地区崛起战略出现新局面。安徽作为中国经济空间转型与全国经济东西向布局的重要区域，发挥门户枢纽和科技创新优势，通过加强高端要素布局以及创新能力开放合作，形成安徽独特的原创知识产出能力、特有的产业模式和国际化产业链，在新的全球创新格局中为中西部地区引进高端生产要素和整合全球创

---

① 覃剑、赵蓓蕾、巫细波：《中心城市对接服务国家重大区域发展战略研究》，《区域经济评论》2022 年第 3 期。

② 朱晓杰：《国家战略叠加下区域发展的空间关联及影响因素》，《区域经济评论》2023 年第 2 期。

新资源发挥重要作用。依托全国经济东西主轴线全面打通新欧亚大陆桥以及我国经济聚集核心区之间的空间连接，增强连通性、高端要素配置和流量管控能力，提升安徽在全国、中西部一体化发展、长三角世界级城市群建设中的地位，实现从区域性要素集聚节点向全国性、全域性资源配置平台转变。

（三）推动"东中一体化"高质量优势互补协同发展

突出龙头带动、整体联动，推动区域协调发展，形成组团一体化发展国土空间开发态势，优化国土空间格局，为一体化发展释放更多优质发展空间，以腹地优势共推长三角一体化发展和中部地区高质量崛起，安徽成为建设"东中一体化"的门户与枢纽。安徽的纵深腹地为长三角一体化发展和中部地区高质量发展提供了广阔的空间。经过多年大规模建设，安徽立体的交通网络日趋完善，全省铁路密度和高等级公路密度居中部地区前列，承东启西、连南接北的内陆腹地优势逐步转化为发展的区位优势。安徽不仅在打造内陆开放高地中作为重要节点区域发挥不可替代的作用，更重要的是在将东部地区、长三角城市群高质量一体化发展的经验向中西部地区推广，在国家经济新空间布局中推动东中西部协调一体化发展，而且在担当"东中一体化"协调发展门户和枢纽的角色中发挥着优势作用。

一是发挥左右逢源、连南接北的区位优势作用。腹地纵深广阔，也为安徽依托资源优势（包括创新资源优势）、发挥区位优势、扩大产业合作范围、提升经济和产业发展韧性打下了较好的基础。安徽处在中原与长江下游的连接地区，位于全国经济发展的战略要冲和国内几大经济板块的对接地带，是长江经济带的重要节点、东西双向对内对外开放的前沿，是连接中部地区高质量发展和长三角一体化发展两大国家战略的门户和枢纽。

二是建设枢纽型市场化要素平台。打破条块分割、地域界限，安徽协同中部省份打造统一开放、竞争有序的商品和要素市场，促进区域间各类生产要素合理流动、最优配置，推动内陆高水平开放。进一步落实《关于坚持高质量发展在中部崛起中闯出新路的实施意见》，构建以先进制造业为支撑的现代产业体系，做大做强先进制造业，建设一批中高端产业集群。发起组建中部地区国际商会联盟，支持在叶集、岳西、宿松等省际毗邻地区建设生态优先绿色发展产业合作区，与中部地区其他省份一起不断提高农业综合效益和竞争力，加快发展现代农业①，确保承担生态、粮食等战略功能。

三是超前研究新国土经济地理空间格局演化趋势。安徽不仅要在打造内陆开放高地作为重要节点上发挥不可替代的作用，更重要的是把在东部地区、长三角城市群高质量一体化发展中的经验向中西部地区推广，在国家经济新空间布局中推动东中西部协调一体化发展，跨境、跨区域运输流转功能更加突出，形成联通亚欧、畅达全球的枢纽体系和以"物流枢纽、合新欧通道、立体口岸"为核心要素的全物流体系。大幅提升全球战略性资源、战略性产业和战略性通道的运用能力，确立承东启西、引领中西部、服务全国、支撑发展的门户功能，担当"东中一体化"协调发展枢纽门户的重任，在连接长三角一体化发展和推动中部地区高质量发展两大国家战略中把握机遇。

三 安徽为构建长三角和中部地区优势互补高质量发展新格局作出贡献的重点领域

我国发展面临新环境，需要应对的风险和挑战、需要解决的矛盾和问题比以往更加错综复杂，需要在新的视野上研究区域发展包括长三角与中部区域战略的理论框架与政策体系、产业协同与空间战略等相关问题，在全面合作共建人文与经济共生共荣的长江经济带、加快共建科技创新共同体、推进与长三角都市圈联动互融、新安江-千岛湖生态保护补偿样板区建设等重点领域和关键环节等的研究都需要在新的基点上深化，安徽在以下几个重点领域发挥优势，为建构长三角和中部地区优势互补高质量发展新格局作出安徽贡献。

---

① 卞靖：《科学把握四大区域变化态势推进协调发展取得更好进展》，《宏观经济管理》2022年第11期。

（一）合作共建人文与经济共生共荣的长江经济带

长江是中华民族的母亲河。长江经济带是我国经济重心所在、活力所在，在推动经济社会高质量发展方面具有重要战略地位。从国家战略上来看，长江经济带的战略定位是东中西互动合作的协调发展带、沿海沿江沿边沿内陆全面推进的对内对外开放带等。从长江经济带沿线省市来看，推动沿线省市区域发展有利于进一步发挥长江黄金水道的独特优势，促进上中游产业的深度融合、协同发展，是国家区域发展战略的重要组成部分和强大支撑点。长江在中部地区和长三角区域流经湖北、湖南、江西、安徽、江苏和上海6个省市，联通长江中游城市群和长三角城市群。长江在安徽蜿蜒416公里。

1. 合作共建国家战略绿色发展支撑区

长江既是一座生态宝库，也是护佑长三角和中部地区健康发展的生态屏障。长江中下游各省市要把修复长江生态环境摆在突出位置，建立大江大河流域生态优先、绿色发展的可行性体制机制，把经济活动限定在资源环境承受范围之内，实现生态环境质量发生转折性变化。把绿色资源变成绿色资产、资金、资本，用市场方法对接绿色资源，构建生态系统健康、环境质量优良、资源利用高效的长江经济带绿色发展体系，实现涉河湖信息的静态展现、动态管理、常态跟踪，推动河流精细化监管工作从被动到主动的转变，建立沿江化工园区绿色发展建设标准体系，促进沿江园区整体高质量发展，推动用水权、排污权、用绿权等向市场化、企业化、国际化发展，强化河湖同治、上下游同治、水岸同治、城乡同治，打造长江"最美岸线"，把长江流域建设成为国家绿色发展战略支撑区。

2. 合力编制长江中下游流域综合治理和统筹发展规划及实施体系

从流域整体发展高度编制统筹发展规划及实施体系，统筹推进长江经济带战略实施和长江流域综合保护，整合长江现行条块分割的多个流域管理部门。建立多元化激励补偿体系，拓展补偿方式，支持生态受益地区与生态保护地区、流域上中下游，通过资金补偿、对口协作、产业转移、人才培训、共建园区等方式建立多元化横向补偿关系。促进跨区域基础设施互联互通、流域管理统筹协调，推动劳动力、资本、技术等要素跨区域自由流动和优化配置，统筹水安全设施建设与农业灌溉水利建设，统筹水资源利用和产业布局、城镇建设，统筹水环境保护和城乡人居环境建设，推动四化同步发展，推进区域协调发展和新型城镇化，提高经济聚集度和城市竞争力①。

3. 合力建设具有全球影响力的内河经济带

从整体出发，树立"一盘棋"思想，支持跨区域合作承担国家重大科技项目，部署一批区域合作重大科技攻关项目，集合长江上中游区域科创资源优势建设若干科技创新共同体；完善省域合作、部省合作等各产业核心技术协同攻关机制，合力打造中下游基于创新资源、产业优势和实际需求的协同创新共同体；围绕产业基础高级化、产业链现代化，搭起长江经济带共建共享信息化平台，形成长江流域"数据链"，引导下游地区资金、技术、劳动密集型产业向中游地区有序转移，进一步促进长江经济带的建设及产业资源转移合作，协同优化和做强产业链关键环节，加强空间管控、总量控制与生态补偿等政策有机衔接，优化沿江产业布局，构建分工有序、协同发展的空间布局，形成特色突出、优势明显的结构布局，建设实体经济、科技创新、现代金融、人力资源协同发展的产业体系；形成错位发展、协调发展、有机融合，形成整体合力发展态势，缩小上中下游地区的发展差距，因地制宜推动沿线省区高效发展与特色发展，合力培育长江经济带高质量发展新动能。

4. 合力推进长江上中下游基础设施与公共服务协同联动发展

强化生态环境、基础设施、公共服务共建共享。打造畅通高效的长江"黄金水道"。整合港口岸线资源，推动重要航道疏浚，提升长江干流航道的通航能力。强化沿江重要节点城市的作用，加快与周边国家和地区基础设施互联互通，统筹推进上海至南京至合肥段、成渝中线铁路建设，加快推进

---

① 湖北日报全媒报道组：《加快建设人与自然和谐共生的美丽湖北——从四大关键词看推动长江经济带高质量发展》，《湖北日报》2023年8月1日。

合肥至武汉段、宜昌至涪陵段建设。探索航运、防洪、产业等多领域合作发展的新模式，补齐相关领域的发展短板，加大就业、教育、社保、医疗投入力度，促进公共服务联动发展共享。

5. 合力共绘长江之美画卷

筑牢长江经济带高质量发展的文化根基。推进长江历史文化、山水文化与城乡发展相融合。更加注重发挥长江文化的引领和带动作用。协同挖掘长江文物和文化遗产的多重价值，展示传播更多承载中华文化的价值符号和文化产品。发挥文化和旅游在长江经济带高质量发展中的独特优势，将保护传承弘扬长江文化与民生改善、产业发展、生态保护、社会治理等更好地结合起来，延续历史文脉，坚定文化自信，讲好长江故事，加强战略对接和区域统筹，推进文化铸魂和旅游带动，推动长江经济带重要节点城市深度融合产城景、交文旅、农文旅等资源，丰富相关产业文化内涵，提高行业发展能级。从荆楚大地到江南水乡，合作共绘水与人、水与城、人与自然和谐共生，生产空间、生活空间、生态空间互利共荣的画卷，共建共享长江国家文化公园，为长江经济带高质量发展提供强大的价值引导力、文化凝聚力，推动长江经济带在贯通东中西、推动沿海与内陆腹地梯度发展方面发挥更大作用①。

（二）合作共建淮河生态经济带

淮河是我国南北方重要分界线，流经我国中东部地区，全长1000公里，在我国经济社会发展全局中占有重要地位。淮河水系通航里程约2300公里，京杭大运河、淮河干流及主要支流航运发达。特别是江淮运河通航联通淮河与长江，淮河航运价值更加凸显。淮河生态经济带包括江苏、安徽、河南、山东、湖北5省29个城市，规划面积24.3万平方公里，滋养着全国1/9的人口、1/10的耕地，贡献着全国1/6的粮食产量和1/4的商品粮②。2018年

① 成长春、杨凤华：《深入推动长江经济带高质量发展》，《经济日报》2023年3月5日。
② 向炜：《"淮"抱梦想"信"好有你》，《信阳日报》2023年6月19日，第1版。

10月，《淮河生态经济带发展规划》获国务院批复，淮河生态经济带建设上升为国家战略。国家赋予淮河经济带的地位是我国流域生态文明建设示范带、特色产业创新发展带、新型城镇化示范带、中东部合作发展先行区。自淮河生态经济带建设以来，沿淮各地市生产总值和一般公共预算收入均呈现较大幅度增长，高质量发展迈上新台阶，区域发展动能不断增强。安徽淮河流域土地面积约占全省土地面积的1/3，包括淮北、亳州、宿州、蚌埠、阜阳、淮南、滁州、六安8个地级市，人口约占安徽省总人口的1/2，是整个淮河流域的重要组成部分，是我国重要的粮食生产基地。适应新形势，安徽要协同淮河生态经济带其他省份，按照客观经济规律调整完善区域政策体系，发挥各地区比较优势，推动淮河流域综合治理，加快构建高质量发展的动力系统，完善基础设施，优化产业布局，强化协同创新，促进跨省区流域协调发展。

1. 合力加强沿淮流域生态修复与保护

联合组建淮河开发有限公司，启动主河道治理修复工作。用好河道疏浚修复中的河沙资源，取之于淮河、用之于淮河。加强明清黄河故道、引江济淮、南水北调东线段等省级层面重大生态环境工程的对接协调。科学划分岸线功能区，合理确定保护区、保留区、控制区和开发利用区边界，开展水域岸线等生态空间确权，推进淮河源头、淮河干流、淮河支流生态廊道建设，加强生态源头管控；组织生态防护林建设，完善防护林体系，开展南水北调中线源头区石漠化治理，提升伏牛山-桐柏山-大别山生态保育功能，从源头上解决淮河水质不稳定的问题。加强沿淮农业面源污染治理。对沿淮支流坑塘堰坝等进行综合整治，重新划分沿淮限养、禁养区，畜禽养殖必须做到达标排放、有效消纳，有效控制白色污染、农药化肥污染。下大力气解决沿淮乡村环卫设施不足问题，已建好的垃圾、污水处理设施要研究稳定的运行保障体制；做好生态廊道的修复、提升及养护工作；全面启动露天矿山、废弃矿山、损毁山体的生态修复工作。

2. 合力推进"省际环保协作互助机制"

健全水污染纠纷协调处理机制，逐步实现环境监测设备、应急储备物资

资源共享，合力加强跨区域环境风险应急防范。完善"环境污染损害赔偿机制"，探索完善淮河干流和一级支流流经区域生态保护赔偿评估机制，制定补偿政策，推动省际环保合作，探索成立淮河经济带生态环境补偿基金，支持沿淮区域民生补偿、产业发展补偿等纳入补偿范围①。

3. 合力推动上下游协同发展

发挥区域中心城市带动作用，沿淮成员城市各扬所长，按照《淮河生态经济带发展规划》《2023年淮河生态经济带城市重点合作事项》部署要求，进一步打破行政壁垒、提高政策协同，推进更多重大平台、重大项目落地见效，携手推动淮河上下游协同发展取得新突破。

4. 合力推进绿色产业发展

进一步深化分工合作，联合编制优势互补及错位发展相融合的产业规划，推动产业转型升级，打响品牌增强产业发展竞争力，在新能源、新材料、现代煤盐碱化工产业、生物医药等领域，积极整合资源，推进产业园区间合作交流，在产业配套、科技创新、经贸往来、项目建设上加强合作，优势互补，合力打造优势产业集团和特色品牌。融合生态效益与经济效益，鼓励发展林果、苗木花卉等林业特色产业。建立以森林公园为主体、湿地公园相结合的森林湿地旅游体系。做大做优沿淮特色农业资源，结合现有产业基础，重点打造一批优质农产品、水产品和特色高效农业示范基地、有机农业示范基地②。

（三）合力推进中部四省会城市全面合作

中部长江流域是区域经济协调发展的战略突破口。中部地区的发展潜力正被激发出来。在国内四大区域板块中，中部地区2006年的GDP占全国的比重为19.73%，2012年达到21.64%，2019年则达到22.13%，2020年达

---

① 王拯：《关于"十四五"时期加强省际合作推进淮河生态经济带发展的思考》，《江苏科技信息》2020年第7期。
② 市政协：《"推进淮河生态经济带建设"专题协商座谈会发言》，《驻马店日报》2020年6月9日，第3版。

到 21.87%。武汉、长沙、合肥、南昌四个长江中游省会城市地处长江"龙腰"位置，以四个省会城市为核心构成的长江中游城市群是中部地区崛起的核心支撑，也是长江经济带的重要骨架。四个城市的合作发展是支撑中部崛起的重要力量，特别是落实国家两大重要战略是中部地区发展在服务全国发展大局中所起作用的重要检验。推动长江中游城市群协同发展，打造全国重要增长极，是国家"十四五"规划纲要提出的明确要求。2013 年 2 月，首届长江中游城市群省会城市会商会在武汉召开，共同建立了长江中游城市群省会城市会商会机制。2013～2023 年，四市不断完善会商协作机制，联手打造以长江中游城市群为依托的中国经济增长"第四极"。2012 年，四市经济总量为 2 万亿元，到 2022 年，四市经济总量已达 5.2 万亿元。合作建设高能级高品位长江中游城市群，对引领带动中部地区加快崛起具有重要意义①。合肥是长三角城市群和长江中游城市群的连接纽带，中部四省会城市构成了长江中游城市群。由于城市群密度增加，整个长江中下游沿岸区域将形成东西近千公里的城市连绵区，长三角城市群与长江中游城市群可能发展成为世界级的都市带（Ecumenopolis）。

1. 合力拓展新空间

四城市要各扬所长，拉长长板、贡献长板，攥指成拳形成合力，在错位发展中把各自优势整合为整体优势，加快市场化改革进程以及制度创新、产业组织创新和发展模式创新，充分激发市场与各个地理单元和成员的活力，重组区域资源，在更大范围内优化资源配置，推进空间治理的系统化，让"地理近邻"变成"产业近邻""公共服务近邻"，立足四城市资源禀赋和比较优势，统筹区域产业安排，推进区际产业对接、贯通产业链条、城市分工协作、资源合理配置，促进优势互补、合作共享，缩小地区间发展差距，推动长江中游城市群成为长江经济带发展和中部地区崛起的重要支撑、全国高质量发展的重要增长极和具有国际影响力的重要城市群。

① 范恒山：《中部地区高质量发展与合作建设长江中游城市群》，https：//www.163.com/dy/article/H1D4H85F05149666.html。

2.合力构筑区域合作新网络体系

以城市群、都市圈为依托，构建大中小城市协调发展格局，推动武汉、长株潭、合肥、南昌四大都市圈的联动发展，推动武汉、长沙、合肥、南昌成为"强核壮圈带群"的引领者，辐射相邻观察员城市，形成以点带线、以线带面的区域协同发展格局。提升武汉、长沙、合肥、南昌的互联互通效率，共同提高内联外达能力，培育统一、开放的市场体系，鼓励市场主体突破行政区界限，在更大空间中构造具有竞争力的区域产业组织模式，打破地区封锁、行政分割，实现资源要素的自由流动。按照突出共同利益的原则，重点选择文旅、人力资源等领域，共筑有序市场、共促产业联动，构筑区域合作的网络体系，充分激发内部合作活力，成为推进中部地区高质量崛起的先行者和动力源。

（四）合作共建中原－长三角经济走廊

陆续开通的连接中原城市与长三角城市的高铁，一方面改变了区域间运输格局、人员出行模式以及要素流动方向，推动了中部地区与长三角城市间的时空距离的重构；另一方面也成为沿线地区发展的重要推动力，并推动中原地区和长三角城市群跨区域合作。高铁经济走廊建设将交通枢纽转变为经济枢纽，有利于沿线各地发挥高铁通道的支撑带动作用，优化区域产业结构。安徽联合豫苏合作共建中原－长三角经济走廊，强化中原与长三角的经济联系，加快对外开放步伐，推动生产要素自由流动，优化城市建设和产业布局，实现优势互补，推动东中部地区的区域经济协调发展。

中部大省也是中原大省的河南正在推动编制《中原－长三角经济走廊战略规划》，积极争取上升为国家战略，目标是通过中原－长三角经济走廊建设，加快中原地区和长三角城市群之间的跨区域、跨省经济协作，实现区域合作共赢①。中原－长三角经济走廊的建设依托5条高铁通道，而这5条高

---

① 《河南谋划建设中原-长三角经济走廊，5条高铁通道成为重要支撑》，https：//www. 163.com/dy/article/HP7HU10P05534CFI.html。

铁通道都过境安徽，因此安徽将成为中原-长三角经济走廊建设的重要支撑。

1. 共建大陆桥经济走廊

大陆桥通道在中原-长三角经济走廊这一段是三门峡至连云港段，涉及豫皖苏三省八市，分别为三门峡、洛阳、郑州、开封、商丘、宿州、徐州和连云港，连通了河南沿黄地区、安徽北部和江苏北部。重点是加快沿线城市在交通基础设施建设、生产要素和产业发展等方面展开交流与合作，以黄河流域生态环境保护与高质量发展、淮海经济区等战略为支撑，促进区域经济协调发展。

2. 共建商合杭高铁经济走廊

商合杭高铁是一条连通中部地区和东部地区的高铁大通道，是连接中原城市群和长三角城市群的重要纽带，必将在两大城市群区域合作中发挥更大作用，有效分担了京沪高铁的客流压力，成为真正意义上的"华东第二通道"。商合杭高铁纵贯安徽全境，联通河南、安徽、浙江三省，沿线经过河南商丘，安徽亳州、阜阳、淮南、合肥、马鞍山、芜湖、宣城，浙江湖州和杭州等地，沿线城市密集、人口众多。一方面，商合杭高铁弥补了安徽省有东西走向长江经济带、淮河生态经济带却没有南北走向的经济带的不足，也大幅度拉近了省会合肥与阜阳、亳州、淮南、宣城等沿线地区的时空距离，提升省会和区域中心城市的聚集、辐射和带动功能，催生同城效应，推进沿线城市联动发展。另一方面，商合杭高铁进一步加速了我国中东部融合发展趋势，大幅缩短郑州、合肥、杭州这三座省会城市的时空距离，加大豫皖浙三省的互联互通和资源互补，串联起河南与皖北地区大量的劳动资源，有利于更好地利用安徽科教资源和浙江地区资本资源，为加速中部崛起催生新的契机，形成互联互补、相互促进、协调发展的区域深度合作新格局，推动中原地区崛起和长江三角洲区域一体化发展。

3. 共建郑合高铁、宁洛高铁经济走廊

郑合高铁是一条连通河南省会城市郑州和安徽省会城市合肥的高速铁路，沿线经过河南郑州、许昌、周口，安徽阜阳、淮南和合肥，其中阜阳至

合肥段与商合杭高铁共线；郑合高铁郑州至阜阳段于 2015 年 12 月开工建设，2019 年 12 月建成通车。

宁洛高铁是一条新规划建设的高速铁路，起于江苏南京，经过安徽滁州、合肥、淮南、阜阳，河南周口、漯河、平顶山等地至洛阳。宁洛高铁的周口至合肥段与郑合高铁共线，合肥至南京段与宁合高铁共线，平顶山至周口段的平漯周高铁进入开工倒计时，洛阳至平顶山段与呼南高铁豫西通道共线，目前正在推动前期准备工作。

郑合高铁和宁洛高铁很大一部分是重合的，因此可以说是同一通道，它们连通了河南的省会城市、省域副中心城市、河南中部地区，安徽北部地区、安徽中部地区以及江苏省会城市，对加强沿线城市在产业协作、科技创新以及旅游服务业等方面的合作具有重要的推动作用，将有利于拓展中原地区与长三角城市群之间的战略合作深度和广度，有望成为中原-长三角经济走廊的主通道。

4. 共建沿淮高铁经济走廊

沿淮高铁是一条新规划建设的高速铁路，它不仅是国家淮河生态经济带发展的重要支撑，也是河南推动建设中原-长三角经济走廊的重要战略通道之一，具有重要的战略意义。根据河南、安徽两省的规划，沿淮高铁起于河南南阳，沿线经过社旗、泌阳、驻马店、汝南、平舆、新蔡、阜南、霍邱、寿县、淮南、凤阳、蚌埠、五河、明光、盱眙等地至淮安。

沿淮高铁连通了河南省的中南部地区、安徽省的北部以及江苏省的北部，是中原-长三角经济走廊的重要通道之一，将以国家淮河生态经济带发展战略规划为支撑，加强沿线县市区在交通基础设施建设、产业协调发展以及构建东西向物流大通道等方面的合作，促进区域经济协调发展。

5. 共建宁西高铁经济走廊

宁西高铁是新规划建设的一条东西方向干线高铁，连通了长三角城市群的南京和大西北地区的中心城市西安，其中涉及中原-长三角经济走廊的为南京至南阳段，将经过南京、滁州、合肥、六安、信阳等地至南阳，其中南京至合肥段已经开工建设，合肥至南阳段的南信合高铁已经启动前期准备工作。

宁西高铁通道是中原－长三角经济走廊5条通道中最南端的一条，它连通了河南南部、安徽中部以及苏南地区，将形成南阳、信阳东进的大通道，有利于两市加快融入长三角城市群的步伐。宁西高铁通道将以国家大别山老区振兴发展规划为支撑，加强沿线县市区交通基础设施和社会公共资源的共建共享、产业的分工与协作，提升区域协作水平。

（五）合作共建大别山碳汇经济示范区

大别山位于皖鄂豫三省交界处，山脉连绵千余公里，是长江和淮河两大水系分水岭，是武汉都市圈、合肥都市圈和中原地区的重要水源地，也是长江中下游的生态安全屏障和25个首批国家重点生态功能区之一。大别山区森林覆盖率已达70%左右，拥有植被和森林土壤碳储量大、生态碳汇能力强、发展林业碳汇产业效益好的优势。2021年7月，全国碳市场启动，开展CCER备案存量项目在规定条件下的碳汇交易。这个活动持续推进，预计3~5年内全国林业碳汇交易市场将会建立。碳汇经济是基于固碳减碳的低碳经济。重新认识大别山区资源禀赋的优势，重新认识大别山区在国家重大战略系统中的功能及地位，深度开发大别山增氧固碳、净化大气、调节气候的碳汇功能，是长三角和中部地区生态建设、实现"双碳"目标的重要依托，也是汇聚长三角与中部地区共同诉求、共同利益的焦点所在。在大别山设立跨区域、大范围、山脉级的国家试点，发挥大别山区整体联动效应，突破一市一县小范围边界，有望实现大别山区林业碳汇交易"生态效益+经济效益"的双赢[1]。安徽在大别山区具有特殊的地理位置优势以及连接长三角与中部地区枢纽门户优势，推动皖鄂豫三省共建大别山碳汇经济试验区，并在低碳产业、碳汇资源和碳汇交易等方面先行先试，推动皖鄂豫三省共建大别山碳汇经济试验区并争取在国家"双碳"战略布局中发挥重要作用。[2]

---

① 汪瑞华：《郑永飞委员：建议跨省共建大别山碳汇经济实验区》，《人民日报》2023年3月9日。
② 宋宏：《皖鄂豫共建大别山碳汇经济试验区的构想》，《安徽科技》2022年第11期。

1. 建设大别山碳汇经济示范区先行区

广义的大别山区空间范围涵括皖鄂豫三省 61 个县（市、区），国土总面积为 10.86 万平方千米。而大别山脉主体区域则包括皖鄂豫三省 23 个县，是大别山生态资源富集地，拥有优异的气候和森林、水源、自然物种等形成的丰富多彩的森林生态系统，具有建设碳汇经济试验区的生态资源基础和优越的生态本底。安徽省安庆市是大别山区三省交界地区，而六安则是大别山核心区，可以考虑在安庆、六安、信阳、黄冈四市建立大别山碳汇经济示范区先行区。特别是上海与六安的对口合作更应聚焦精准识别和有效发挥六安国家生态功能区定位和碳汇生态比较优势，聚焦碳汇经济发展，共建长三角一体化的碳汇经济先行区[1]，在特色产业发展、文化旅游、基础设施、生态环保等领域加强合作，探索林业碳汇交易方式、交易规则，攻克碳汇核算的计量方法及其指标体系难点，并将试点经验逐步在大别山区复制推广。

2. 联合编制大别山林业碳汇发展规划

安徽省可以积极主动牵头，加强皖鄂豫三省高层互访对接，形成共识和共建机制，共同谋划战略合作，推动皖鄂豫三省共建大别山国家碳汇经济试验区。在此基础上，科学编制试验区的建设规划，进行全面调查摸底，联合开展大别山碳汇资源普查，进一步精准细化区域内主体功能区划分，统筹平衡山区城乡、产业、生态用地，优化区域国土空间布局，建立符合大别山区实际情况、具有特色的碳汇监测体系和数据库，科学测量碳汇规模，明确试验区建设发展思路、具体目标、建设路径、重点任务和具体措施等。

3. 合力提升大别山森林资源固碳功能

稳步推进大别山退化林修复和森林更新。推进森林扩面提质，加大大别山幼林抚育、珍贵树种和大径材林培育力度，优化森林结构和功能，提高森林生态系统质量，增强大别山生态系统稳定性和生物多样性。

推进林业增汇工程，提升森林、湿地碳汇能力。推进林业碳汇交易，将

---

[1] 宋宏：《建议从碳汇经济切入，提质上海六安对口合作》，长三角议事厅（第 215 期），华东师范大学中国现代城市研究中心，2023 年 3 月 20 日。

发达地区碳排放量与大别山区森林碳汇挂钩，促进受益地区与供给地区良性互动。实行大别山区森林改造、新增阔叶林等方式，进一步提升森林资源固碳功能。发展固碳林业，通过造林、修复退化生态系统、建立农林复合系统等增加森林碳储量，新增阔叶林造林，经过 10～20 年生长成为高大乔木，大体上与 2030 年、2060 年我国实现碳达峰、碳中和的时间节点一致，届时大别山区林业碳汇资源及其功能将在长江中下游地区更为举足轻重①。

4. 合力构建大别山低碳产业体系

对传统产业进行转型升级，发展优质高效种植业，并推广节能环保型新兴产业，在产业发展方面加强协作分工，与合肥、武汉、郑州等中心城市加强承接配套，立足各自特色优势产业基础，打造新能源汽车、新材料、生物医药、电子信息等一批特色优势产业集群，构建低碳产业体系，对传统产业进行低碳化改造，建设绿色工厂、开发绿色产品、打造绿色生产线和供应链；发展优质高效种植业、特色经济林业和农林产品精深加工业；发展节能环保型的战略性新兴产业，打造一批低碳高技术企业和产业园区；加快推广低碳技术应用，在碳监测、减碳、固碳、碳利用等领域加强引进和应用较为成熟的低碳技术。

（六）合作共建阜阳城市圈

阜阳地处武汉、郑州、合肥、徐州、南京等大城市的围空区，具备成长为合肥至郑州 600 公里范围内区域性中心城市的天然禀赋。阜阳市是长三角地区重点城市、中部地区重点城市和淮河生态经济带中西部区域中心城市，与以 150 公里为半径的周边区域有着悠久而密切的经济文化联系，阜阳是全国为数不多的人口超千万的地级市，以阜阳为中心 150 公里半径内有 6500万人口。以阜阳为中心，正形成一个新兴的跨省城市圈。建设阜阳城市圈是皖豫两省落实长三角一体化发展、中部地区高质量发展、中原城市群和淮河

---

① 王敏：《郑永飞委员：推动皖鄂豫三省共建大别山碳汇经济实验区》，《中国科学报》2023年 3 月 8 日。

生态经济带等国家重大战略的具体举措。2021年10月，中国共产党安徽省第十一次代表大会首次提出建设阜阳城市圈，开启皖北振兴新篇章；2022年3月，安徽省政府印发实施《安徽省新型城镇化规划（2021—2035年）》，进一步明确了阜阳城市圈的空间范围，得到河南省毗邻县（市、区）的积极呼应。

1. 优化都市圈空间格局

以区域文化的相融性、资源禀赋的差异性、产业发展的关联性、交通运输的可达性以及政府管理的可及性等为原则，优化城市圈区域一体化协调发展布局。阜阳城市圈一体化发展空间布局可分为核心区、联动区、合作区，强化跨行政区合作，有助于推进区域优势互补、高质量发展。立足于区域历史基础、现状特征、城镇关联以及未来发展趋势，阜阳城市圈的区域范围在安徽省境内有14个县（市、区），包括阜阳市辖的8个县（市、区），亳州市辖的利辛县、涡阳县、谯城区，淮南市辖的凤台县、寿县，六安市辖的霍邱县；在河南省境内有7个县（市），包括周口市辖的沈丘县、郸城县、项城市，驻马店市辖的新蔡县、平舆县，信阳市辖的固始县、淮滨县。

2. 提升发展能级

以阜阳城市圈城乡居民与全国同步实现共同富裕为目标，以推进区域一体化发展为主线，以共建共享为原则，以区域合作为发展路径，区域合作在领域上实现由经济合作向全面合作的拓展，建设淮河流域中西部"四化同步"高质量发展先行区、省际毗邻地区城镇协调发展示范区、长三角和中部地区承接产业转移新高地、中原地区绿色农产品生产加工及能源供应基地和东中部接壤地区重要的综合交通枢纽；在运作上实现由事务性合作向制度性安排的对接；在空间上实现由局部性谋划向整体性统筹的拓展；在主体上实现由政府间的单一合作向政府、企业、社会组织多元合作的联动发展；在动力上实现由行政推动为主向市场机制引导为主的转换；在成果上实现由合作互惠向联动共享延伸，积极探索创新省际毗邻地区一体化和区域合作体制机制，将阜阳城市圈建设成为跨省域新兴城市圈和黄淮海大平原的新兴发展高地，为中部地区高质量发展作出新贡献。

3. 推进三次产业高质量协同发展

共建国家重要的"大粮仓"。阜阳都市圈实施农业强国战略,增强粮食安全意识,坚持科技强农、机械强农,优化农业产业布局,推进农民增收。在科技强农方面,阜阳都市圈积极试点示范一批农业关键技术、培育壮大一批农业科技企业、培养引进一批农业科技人才、重点打造一批农业创新平台载体,落实"藏粮于地、藏粮于技",从科技示范引领、创新创业主体培育、人才队伍建设、创新创业环境等方面为乡村振兴提供强劲支撑,推动农业发展由追求速度规模向注重质量效益竞争力转变。在机械强农方面,推进先进农机创制应用,实施农机装备补短板行动,强化农机装备工程化协同攻关,创制推广一批大马力大型农机、高效智能农机,整体提升种养加、农牧渔等各环节机械化水平。在优化农业布局方面,霍邱、颍上、阜南、凤台、新蔡、固始、淮滨重点发展优质稻米和专用小麦,太和、界首、谯城、涡阳、利辛、临泉、沈丘、项城重点发展优质专用小麦、高蛋白大豆、饲用玉米。发挥国家级、省级现代农业示范区的辐射作用,带动各类农业专业社、种植大户的"两强一增"。

专题报告 ▷

B.6
中国式现代化进程中长三角协同构建
现代化产业体系的路径研究

沈开艳　李培鑫[*]

摘　要：　2023 年 11 月 30 日，习近平总书记在上海主持召开深入推进长三角一体化发展座谈会时强调，推动长三角一体化发展取得新的重大突破，在中国式现代化中更好发挥引领示范作用。长三角一体化发展上升为国家战略以来，基于"一极三区一高地"的战略定位，长三角多"力"齐发，一体化和高质量发展不断走深向实，经济增长"定力"稳固保持，创新发展"动力"不断增强，产业发展"活力"日益提升，区域发展"合力"持续强化。立足中国式现代化的内涵要求，长三角要进一步发挥自身创新、产业、要素、市场、开放以及应用场景等各方面优势，统筹龙头带动和各扬所长，因地制宜做好资源对接与优势互补，推动改革经验的有效复制，实现要

---

* 沈开艳，上海社会科学院经济研究所所长、研究员、博士生导师，研究方向为中国特色社会主义政治经济学、中国经济改革与发展、区域经济战略与长三角一体化；李培鑫，上海社会科学院经济研究所副研究员，研究方向为区域和城市经济、城市群发展与长三角一体化。

素资源在更大范围内的优化配置，促进产业链创新链资金链人才链的有效协同，打造良好产业生态。通过加强产业与创新的跨区域协同、产业与产业的跨区域联动、产业与市场的跨区域融合，完善现代化产业体系构建的协同路径，同时强化发展的制度保障、要素保障、平台保障、主体保障。基于一体化发展的双向赋能、互利共赢，助力中国式现代化的不断实现，既协同促进科技创新与战略性新兴产业发展，释放高质量发展的强大动能，也共同推动统一大市场建设和高层次的对外协同开放，着力构建新发展格局，在此基础上有效促进区域协调发展与共同富裕。

关键词： 长三角一体化发展　中国式现代化　现代化产业体系　产业创新协同

立足中国式现代化的内涵要求，推动实现高质量发展、构建新发展格局，需要依托我国独有的大国发展优势，通过加强地区间的协同联动来释放增长新动能。长三角作为我国主要经济增长极，拥有较为发达的经济体系和坚实的区域合作基础，在我国现代化建设大局中具有重要的战略地位。随着长三角一体化发展上升为国家战略，高质量和一体化也步入深化推进的"快车道"。2023年11月30日，习近平总书记在上海主持召开深入推进长三角一体化发展座谈会时强调，推动长三角一体化发展取得新的重大突破，在中国式现代化中更好发挥引领示范作用。发挥要素高度集聚、创新体系完善、产业链相对完备、对外开放水平较高等优势，长三角要紧扣一体化和高质量两个关键词，不断完善一体化发展体制机制，统筹上海的龙头带动作用和各地区的禀赋优势，优势互补、合作联动，加强科技创新和产业创新的跨区域协同，促进创新链产业链人才链资金链的对接与融合，着力推动高水平科技创新和现代化产业体系的构建，引领发展新质生产力，同时因地制宜、各扬所长充分释放各地区发展潜力，有效促进共同富裕。

一 多"力"齐发，长三角一体化
和高质量发展走深向实

长三角一体化发展上升为国家战略以来，立足"一极三区一高地"的战略定位，长三角多"力"齐发，一体化和高质量发展不断走深向实，经济增长"定力"稳固保持，创新发展"动力"不断增强，产业发展"活力"日益提升，区域发展"合力"持续强化。

（一）经济增长"定力"稳固保持

虽然面临着国际经济形势的不确定以及自身发展的转型，长三角仍然保持了强劲的增长"定力"，主要经济指标呈现出较好的发展态势，平均增速高于全国水平。根据最新统计①，从经济总量来看，2023 年长三角三省一市的地区生产总值达到 305044.46 亿元，占全国比重达到 24.2%。其中，上海生产总值为 47218.66 亿元、较上年增长 5.0%，江苏 128222.2 亿元、增长 5.8%，浙江 82553 亿元、增长 6.0%，安徽 47050.6 亿元、增长 5.8%。在全国 GDP 破万亿城市中，长三角地区有上海、苏州、杭州、南京、宁波、无锡、合肥、南通、常州 9 个，占比超过 1/3。另外，在财政收入方面，长三角实现一般公共预算收入 30781.7 亿元，其中上海 8312.50 亿元、比上年增长 9.3%，江苏 9930.2 亿元、增长 7.3%，浙江 8600 亿元、增长 7.0%，安徽 3939.0 亿元、增长 9.7%。

1. 消费和投资

2023 年长三角实现社会消费品零售总额 119621.3 亿元，全国占比 25.37%，其中，上海 18515.5 亿元、较上年增长 12.6%，江苏 45547.5 亿元、增长 6.5%，浙江 32550 亿元、增长 6.8%，安徽 23008.3 亿元、增长 6.9%。从投资来看，上海、江苏、浙江、安徽全年全社会固定资产投资总额分别比上年增长了 13.8%、5.2%、6.1% 和 4%，其中，上海第三产业投资增长较快，

---

① 本节数据主要来源于上海、江苏、浙江、安徽各自的 2023 年国民经济和社会发展统计公报。

增速达到 15.7%，江苏、浙江、安徽则以第二产业投资增长为主。

2. 对外开放

2023 年长三角货物进出口总额达到 151665.61 亿元，全国占比高达 36.32%，其中，上海 42121.61 亿元、较 2022 年增长 0.7%，江苏 52493.8 亿元、下降 3.2%，浙江 48998 亿元、增长 4.6%，安徽 8052.2 亿元、增长 7.8%。长三角全年新设外商投资企业 14551 家，全国占比达到 27%，其中，上海高达 6017 家、比上年增长 38.3%，江苏、浙江、安徽也分别达到 3481 家、4451 家、602 家，四地全年实际使用外资分别为 240.87 亿美元、253.4 亿美元、202 亿美元和 20.6 亿美元，合计占全国比重超过 40%。

3. 居民就业和收入

2023 年长三角常住人口达到 23761.45 万人，平均城镇化率达到 72.8%。上海、江苏、浙江、安徽全年城镇新增就业数分别达到 60.56 万人、138.29 万人、116.3 万人和 72.2 万人，全年城镇调查失业率保持在 4.6% 左右。2023 年沪、苏、浙、皖居民人均可支配收入分别为 84834 元、52674 元、63830 元、34893 元，分别增长了 6.6%、5.6%、5.9% 和 6.6%。从城镇居民和农村居民人均可支配收入来看，上海分别为 89477 元和 42988 元，增长 6.5% 和 8.2%；江苏分别为 63211 元和 30488 元，增长 5.0% 和 7.0%；浙江分别为 74997 元和 40311 元，增长 5.2% 和 7.3%；安徽分别为 47446 元和 21144 元，增长 5.1% 和 8.0%。总体来看，城乡收入差距呈现出缩小的趋势（见表 1）。

表 1　2023 年长三角经济增长主要指标情况

地区	地区生产总值		一般公共预算收入		社会消费品零售总额		进出口总额		人均可支配收入	
	绝对量（亿元）	增长率（%）	绝对量（亿元）	增长率（%）	绝对量（亿元）	增长率（%）	绝对量（亿元）	增长率（%）	绝对量（元）	增长率（%）
上海市	47218.66	5.00	8312.5	9.30	18515.5	12.60	42121.61	0.70	84834	6.60
江苏省	128222.2	5.80	9930.2	7.30	45547.5	6.50	52493.8	-3.20	52674	5.60
浙江省	82553	6.00	8600	7.00	32550	6.80	48998	4.60	63830	5.90
安徽省	47050.6	5.80	3939	9.70	23008.3	6.90	8052.2	7.80	34893	6.60
全　国	1260582	5.20	216784	6.40	471495	7.20	417568	0.20	39218	6.30

资料来源：长三角三省一市以及全国的 2023 年国民经济和社会发展统计公报。

（二）创新发展"动力"不断增强

长三角发展不仅追求量的增长，也着力推进质的提升，特别是依托自身丰富的创新资源优势不断加强高水平科技和产业创新，引领新质生产力发展和高质量发展。在科技创新基地平台和基础设施方面，长三角拥有上海张江和安徽合肥两大综合性国家科学中心，同时国家重点实验室、产业和技术创新中心、大型仪器、大科学装置等重大平台和设施资源丰富，有力地支撑起长三角在生物医药、人工智能、新材料、新能源、电子信息、网络通信、量子科技等领域的基础和应用研究。如上海有上海光源、软 X 射线自由电子激光试验装置、上海超级计算中心、上海超强超短激光实验装置等重大设施以及李政道研究所、上海量子科学研究中心等重要平台，集聚和运行效能不断提升；江苏建设国家和省级重点实验室 204 个，省级以上科技公共服务平台 214 个，工程技术研究中心 5426 个，院士工作站 171 个，分布有紫金山实验室、国家超级计算无锡中心、未来网络试验设施、高效低碳燃气轮机试验装置等重大设施；浙江有国家认定的企业技术中心 143 家，省实验室和技术创新中心各 10 家，积极发挥之江实验室以及西湖大学、浙江清华长三角研究院等机构和平台的带动作用；安徽建成全超导托卡马克、稳态强磁场、同步辐射 3 个国家重大科技基础设施，有国家重点实验室（含国家研究中心）15 个，省重点实验室 286 个，省级以上工程技术研究中心 413 家、其中国家级 9 家，省级以上高新技术产业开发区 20 个（其中国家级 8 个）。

1. 科技创新投入和产出

2023 年上海、江苏、浙江的 R&D 经费支出与地区生产总值之比分别为 4.4%、3.2%、3.15%（见表 2），均高于全国平均水平（2.64%），且较上年有所增加；另外，长三角每万人拥有研发人员数量约是全国平均水平的 2 倍。

2023 年，长三角专利授权量共 113.11 万件，其中，发明专利授权量 24.78 万件，全国占比 27%。分地区来看，上海全年专利授权量 15.91 万件，其中，发明专利 4.43 万件、比上年增长 20.5%，年末有效发明专利 24.14 万件、增长 19.5%，每万人口高价值发明专利拥有量达 50.2 件、较上年增加

9.3 件，全年 PCT 国际专利申请量 6185 件、增长 10.6%，实现各类技术交易合同 50824 件，合同金额 4850.21 亿元，分别比上年增长 32.8%和 21.1%；江苏专利授权量 44.7 万件，其中，发明专利授权量 10.8 万件，年末有效发明专利量 52.9 万件、增长 23.5%，万人发明专利拥有量 62.2 件、增长 23.3%，全年 PCT 专利申请量 6547 件，技术市场签订技术合同 9.4 万项、金额 4607.4 亿元，分别增长 7.3%和 18.5%；浙江专利授权量 38.2 万件，其中，发明专利授权量 6.5 万件，比上年增长 5.7%；安徽专利授权量 14.3 万件，其中，发明专利 3.05 万件、增长 16.6%，年末全省有效发明专利 17.3 万件，全年输出和输入技术合同金额分别为 3339.5 亿和 4734.2 亿元，分别增长 50.7%和 54.2%。

2. 创新企业发展

2023 年上海新认定高新技术企业 8052 家、高新技术企业总数突破 2.4 万家，新增科技"小巨人"企业和"小巨人"培育企业 155 家、累计超 2800 家，全年认定高新技术成果转化项目 837 项、累计认定 15929 项；江苏高新技术企业数量突破 5.1 万家、增长超 15%，新入库科技型中小企业 9.4 万家，新增国家级科技企业孵化器 37 家；浙江新认定高新技术企业 8493 家、累计 4.2 万家，新培育科技型中小企业 2.41 万家、累计 11.48 万家；安徽新增科技型中小企业约 9600 家、总数超 2.7 万家，新增高新技术企业约 4200 家、总数超 1.9 万家（见表 2），上市高新技术企业 12 家，认定科技领军企业 11 家。

表 2　2023 年长三角创新发展主要指标情况

地区	科技创新投入	科技创新产出		创新企业发展	
	R&D 经费占比（%）	专利授权量（万件）	其中:发明专利授权量（万件）	高新技术企业新增（家）	高新技术企业总量（万家）
上　海	4.40	15.91	4.43	8052	2.4
江　苏	3.20	44.7	10.8	7000	5.1
浙　江	3.15	38.2	6.50	8493	4.2
安　徽	—	14.3	3.05	约 4200	超 1.9
全　国	2.64	364.9	92.1	—	40

资料来源：长三角三省一市以及全国的 2023 年国民经济和社会发展统计公报。

（三）产业发展"活力"日益提升

依托自身经济活动集聚与产业创新优势，长三角着力构建现代化产业体系，推动传统产业转型升级，大力发展战略性新兴产业，前瞻布局未来产业，深化先进制造业与现代服务业融合，切实推进产业高端化、智能化、绿色化转型，新产业、新业态、新模式不断涌现，发展新动能不断壮大，市场主体活力不断提升。

1. 新兴产业发展

2023 年，上海全年战略性新兴产业增加值为 11692.50 亿元，比上年增长 6.9%，占生产总值比重为 24.8%，其中，工业和服务业战略性新兴产业增加值分别为 3988.18 亿和 7704.32 亿元，比上年增长 1.5% 和 10%，工业战略性新兴产业完成工业总产值 17304.61 亿元，占全市规模以上工业总产值比重达到 43.9%；江苏工业战略性新兴产业、高新技术产业产值占比分别为 41.3%、49.9%，比上年分别提高 0.5 个和 1.4 个百分点，规模以上战略性新兴服务业营业收入增长 9.4%，互联网和相关服务业营业收入增长 18%，数字经济核心产业增加值占 GDP 比重达 11.4%；浙江"三新"经济增加值占生产总值比重约为 28.3%，数字经济核心产业增加值为 9867 亿元、增长 10.1%，战略性新兴产业和高新技术产业规上工业增加值分别为 7454 亿元和 15021 亿元，增长 6.3% 和 7.0%，增速均高于全国平均水平，增加值占比分别为 33.3% 和 67.09%；安徽战略性新兴产业产值增长 12.2%，占规上工业总产值比重为 42.9%，高新技术产业增加值增长 11.2%，占规上工业增加值比重达到 49.1%。另外，根据工信部公布的 45 个国家先进制造业集群名单，长三角有 18 个，占比 40%，其中上海、苏州、无锡、南京、宁波等都分布有多个集群。

2. 重点产业发展

长三角已形成包括设计、制造、封测等较为完整的集成电路产业链条，集聚了全国近 50% 的集成电路企业，且拥有中芯国际等一批龙头企业，产业规模约占全国的 60%。此外，长三角在生物医药和人工智能等产业的发展规模也占全国的近 1/3，集群化特征明显。同时长三角也是我国汽车产业发展的高地，2023 年上海、江苏、浙江、安徽的汽车产量分别为 215.61 万辆、165 万辆、152.6 万辆、249.1 万辆，其中新能源汽车分别为 128.68 万辆、69.4 万辆、59.7 万辆、86.8 万辆，分别增长了 34.4%、46.3%、10.3%、60.5%，合计达到 344.58 万辆，占到全国的 36.5%。在数字经济发展方面，2023 年长三角商品网上零售额共 42169 亿元，占全国 32.4%，其中，上海、江苏、浙江、安徽分别为 9112.8 亿元、11156.2 亿元、18493 亿元、3406.9 亿元，分别增长 8.8%、6.5%、11.0%、12%。此外，长三角也积极布局和推进低空经济发展，上海、苏州、无锡、南京、杭州、合肥、芜湖等城市都出台了相关支持政策。

3. 市场主体发展

2023 年上海全年新设经营主体 53.55 万户，比上年增长 29.1%，江苏和浙江民营经济增加值占生产总值的比重分别为 57.9% 和 67.2%，上海、江苏、浙江、安徽四地年末经营主体总数分别达到 341.76 万户、1396.5 万户、1034 万户、801.7 万户。根据 2023 年中国企业 500 强名单，长三角共有 133 家企业入选，占到了 27%，其中上海 30 家、江苏 42 家、浙江 53 家、安徽 8 家。从国内上市公司的分布看，2023 年底长三角上市企业数量达到了 2016 家，占比达到了 37.7%，较 2022 年增加了 139 家，其中，上海 446 家（增加 24 家）、江苏 691 家（增加 54 家）、浙江 703 家（增加 46 家）、安徽 176 家（增加 15 家）。此外，长三角目前分布有 4192 家国家级专精特新"小巨人"企业，约占全国的三分之一，其中，上海 688 家、江苏 1474 家、浙江 1432 家、安徽 598 家，集中在电子信息、装备制造以及汽车产业等。而根据福布斯《2023 全球独角兽榜》，2022 年长三角独角兽企业数量为 121 家，占全国的近 40%。

（四）区域发展"合力"持续强化

推动区域一体化是长三角发展的核心需求与目标，长三角三省一市地理相近、人文相亲、产业联动，具有一体化发展的坚实基础与制度保障，形成了长三角地区主要领导座谈会、长三角城市经济协调会、长三角区域合作办

公室等较为有效的合作体制机制。长三角一体化发展上升为国家战略以来，更加向深向实，全面统筹、聚焦重点，顶层设计与项目落地协同推进，硬件和软件的联通不断完善，城市间要素流动与产业创新关联日益密切。

1. 交通基础设施的联通

长三角的高铁网络日益完善，城市之间的可达性大幅提升，到主要中心城市的"1小时"通行圈范围不断扩大。到2023年底，长三角铁路里程超14000公里，其中高铁里程超过7100公里。根据12306网站高铁班次信息，当前长三角城市除舟山外都有高铁通达，城市两两之间的平均每日高铁班次达到16.18次，而主要线路中心城市之间如上海与苏州、南京、杭州之间的高铁日均单程超过300班次[1]。公路方面，集中在沪苏浙毗邻地区的长三角第一批推进的17条省际断头路基本实现通车，有效缩短了通行时间。

2. 创新和产业协同合作

长三角科技创新共同体建设不断推进，协同创新能力不断提升。根据最新发布的《2023长三角区域协同创新指数》，长三角区域协同创新指数从2011年的100分增长至2022年的262.48分，2018年以来年均增幅达11.17%，其中，科技成果共用、科技资源共享、创新合作等指数均实现较快增长。从科技资源共享来看，根据长三角科技资源共享服务平台显示的数据，平台现集聚了大型科学仪器45911台，总价值545亿元，其中，上海19667台、江苏7617台、浙江9447台、安徽9180台；有大科学装置27个，其中，上海13个、江苏6个、浙江5个、安徽3个；有各类科研基地2773家，其中，上海934家、江苏929家、浙江458家、安徽452家；长三角科技创新券通用范围也从试点时的"青吴嘉马"不断拓展，已有超过4000家企业注册并申请科技创新券，购买相关服务超过5000次。在科技成果合作方面，长三角专利转移和合作发明专利数量分别达到35504件、10640件，较2018年增长了3.55倍和1.77倍。在科技成果转化方面，三省一市之间的技术合同成交额达到了1863.45亿元，较2018年增长4.19倍，上海作为中心城市向长三角输出技术

---

① 数据来源于12306网站。

合同达到 976.80 亿元，较 2018 年提升了 4.6 倍，占对外技术合同输出总额的比重从 32.34% 提高至 42.63%。同时地区间产业联动不断增强，围绕行业龙头和主要链主企业开展分工协作，企业跨城市投资数量和金额不断提升，截至 2023 年 9 月，长三角在三省一市之间跨区域投资的上市企业数达到 5389 家。此外，针对重点领域创新和重点产业发展，各类区域联盟和基金的赋能效应凸显。如长三角企业家联盟成立的产业链联盟达到 14 个，涵盖人工智能、超导、数字技术等产业；长三角科研院所联盟聚焦集成电路、生物医药、人工智能等领域，有效推动围绕共性技术难题开展联合创新；长三角各类科技产业基金不断丰富，围绕半导体、数字智能、生物医药三大硬科技产业链，推动了一批代表性企业在长三角落地。

3. 重点合作区域的引领和示范

G60 科创走廊建设成果显著，协同创新体制机制和平台载体的建设不断完善，产业协同创新中心功能日益增强，有力推动科技成果的异地转化，成为长三角一体化发展的重要实践区。2023 年，G60 科创走廊九城市生产总值为 8.32 万亿元，同比增长 5.5%；九城市研发投入强度均值上升至 3.77%，超前完成建设目标；九城市 PCT 国际专利申请数量增长 163.4%，远超全国平均水平；九城市科创板受理企业达 174 家，已注册上市企业 119 家，均占到全国的 1/5。另外，长三角生态绿色一体化发展示范区在推进系统集成改革、破除地区行政壁垒、加强产业创新深度融合、协调经济和生态绿色发展方面形成了一系列先行的有效经验和举措，第一轮三年行动计划项目目标达成率达到 90%。

在取得显著成效的同时，长三角的发展也面临着一定的挑战。首先，稳增长的压力依然存在。在当前地缘政治和贸易保护的背景下，外向型经济发展受到一定影响，同时需要协调好与国内其他区域间的合作与竞争关系；另外，在供给侧要实现传统产业与新兴产业的有效衔接和平稳转型，需求侧也需要进一步提振消费信心，创新消费方式，培育新的增长点。其次，区域发展仍然存在一定的不平衡。上海、苏州等中心城市的生产总值分别达到了 4.72 万亿元、2.47 万亿元，而黄山、池州等城市则只有 1000 亿元左右，相

差悬殊；从收入水平来看，安徽人均可支配收入为34893元，与上海、江苏和浙江还存在较大差距，甚至低于全国平均水平，六安、淮北、宿州等城市人均可支配收入不足20000元，上海、苏州、杭州、南京、宁波等城市则都超过了70000元；另外，长三角主要中心城市与核心区域外的城市如江苏北部、浙江南部以及安徽主要城市间的合作联动仍存在一定不足。再次，长三角一体化发展的体制机制仍需进一步完善。地区分割和行政壁垒仍在一定程度上限制了长三角内部要素的合理流动与配置，地区间制度、政策、标准的协同对接需要进一步完善，设施、平台、服务的共建共享和互联互通需进一步提升，产业的分工与合作需要进一步加强。

二 推动长三角一体化发展引领中国式现代化

立足中国式现代化的内涵和要求，更加需要加强区域间的合作与协同，优势互补、各扬所长，从而形成发展合力，推动新质生产力发展，促进共同富裕的不断实现。对此，长三角发展要走在前列，在中国式现代化进程中更好地发挥先行探路、引领示范、辐射带动的作用。

（一）加强创新与产业协同联动，构建现代化产业体系、发展新质生产力，推动高质量发展

高质量发展是中国式现代化的核心内涵，要将新质生产力作为推动高质量发展的重要着力点，加强科技创新，构建现代化产业体系。而这对资源配置效率和技术创新水平有着更高的要求，更加依赖于产业与创新的循环联动，需要通过区域一体化发展加强城市之间的分工与合作，形成发展的相互支撑与合力。这正是长三角一体化发展的核心内涵，即依托密集的科技创新资源和雄厚的产业发展基础，顺应全球技术和产业前沿，把握经济发展的新产业、新业态、新模式，促进优势互补、紧密协作，推动高水平科技创新，发展壮大战略性新兴产业，提高经济发展质量和效益。

（二）协调好国内和国际两个市场，加强国内大循环与国际大循环的联动，构建新发展格局

构建新发展格局，是根据我国所面临的新的发展阶段、新的历史任务和新的环境条件作出的重大战略决策，也是推进中国式现代化的必由之路。长三角既是我国区域一体化发展程度最高的地区，也处于我国对外开放的前沿，需要利用好国内国际两个市场、两种资源，协调好"两个扇面"，着力推动构建新发展格局，成为畅通我国经济大循环的强大引擎和联通国内国际双循环的枢纽。一方面要进一步完善一体化发展体制机制，有效破除地方保护、行业垄断和市场分割，打通国内经济循环中的各类制度堵点；另一方面要协同推进更高层次的对外开放，提升制度型开放水平。

（三）协同推进绿色发展，加强环境共保联治，探索"绿水青山就是金山银山"的实现路径

中国式现代化是人与自然和谐共生的现代化，推动绿色发展和双碳转型、加强生态环境保护是中国式现代化的重要内容。加强生态绿色的合作，协同谋划减污降碳，促进经济与资源环境的协调发展，也是长三角一体化发展的重要方面。一方面，通过要素的优化配置来提高资源利用效率，发展绿色生产技术和绿色低碳产业，推进绿色低碳转型；另一方面，要加强节能减排降碳区域政策协同，完善生态保护的合作机制与生态补偿机制，建立跨区域排污权交易制度，推动在大气污染、水污染等方面的联防联治。同时合作探索推动生态产品的价值实现，拓宽生态优势转化为经济优势的路径。

（四）各扬所长、优势互补充分释放发展潜力，以更高质量的发展来促进实现共同富裕

共同富裕是中国式现代化的本质要求，要将实现人民对美好生活的向往作为基本出发点和落脚点，着力促进全体人民共同富裕。推动长三角一体化发展，重点是在要素流动和集聚经济有效实现的基础上，增强先发地区对后

发地区的辐射带动作用，因地制宜、各扬所长、优势互补，促进各地区禀赋优势和发展潜力的充分发挥，以更高质量的发展来推动区域间的相对平衡，在提高效率的同时有效缩小居民收入差距、促进共同富裕。在此进程中，不断完善土地、户籍等配套政策和地区间利益协调体制机制，加强优质设施和公共服务资源的共享，为区域和城乡发展创造均衡有效的机会和环境。

三　精准切入强化上海龙头带动作用

上海作为长三角的中心城市，承担着国内国际要素汇集和资源配置的枢纽作用。推动长三角一体化发展，既体现了上海"四个放在"的战略定位，同时也是上海自身城市发展和功能提升的必然选择，有利于拓展发展空间，助力"五个中心"建设。围绕一体化和高质量发展，上海的龙头引领作用不断增强，在经济、社会、生态、文化等各个方面的合作都不断深化。推动长三角一体化发展取得新的重大突破，也需要上海更好地发挥带动作用。对此，一方面要依托上海的发展优势，形成发展的势能，带动长三角地区发展；另一方面，对标中国式现代化的要求和上海的城市功能定位，明确上海的发展在哪些地方还存在短板和不足，进一步加强区域合作与共享。基于这种"供给"与"需求"的对接，找准切入点，推动上海与长三角发展的双向赋能。

（一）"有"万亿级高端产业集群，"需"生产端对接合作目的地

上海的高端产业引领功能显著，先进制造业与现代服务业发展水平较高，当前重点推动三大先导产业发展和六大重点产业集群建设，积极布局四条新赛道和五大未来产业，着力打造"五型经济"。在此过程中，上海应当进一步拓宽视野，将长三角纳入自身高端产业布局分工与梯度转移和服务辐射版图，抓住关键高能级要素，通过生产性服务业赋能、终端产品带动、产业有序梯度转移，实现与长三角其他地区在产业链、创新链、人才链、资金链的融合发展，形成体现资源禀赋和比较优势的产业分工协作

发展格局，找准自身功能定位和节点位置，发挥区域产业创新发展的引领示范作用。

（二）"有"高水平基础研究能力，"需"科技成果产业化双向链接

上海拥有全国顶尖的高水平基础研究和产业创新能力，着力建设张江综合性国家科学中心，重点实验室、技术创新中心、大型仪器、大科学装置等科研机构、平台和设施资源丰富，牵头组建的多家国家实验室已完成高质量入轨运行，取得了一批重大原创性成果。在推动长三角一体化进程中，上海需要依托创新优势，着眼于疏通基础研究、应用研究和产业化双向链接的快车道，根据创新成果转化与产业化方面的现实需求，结合其他地区的资源禀赋、产业结构、消费需求等务实高效地开展科技合作，瞄准重点的双向耦合科技领域开展人才交流合作、联合技术攻关与科技成果转化等，有力推动上海丰富基础研究成果，通过长三角一体化发展打通科技成果应用与转化的通道。

（三）"有"大规模高端消费市场平台，"需"高质量特色产品供给

上海着力打造国际消费中心城市，消费市场规模优势明显，同时小红书、拼多多等新型消费电商平台在上海异军突起，也形成了上海在消费引流方面的平台优势。在长三角一体化发展中，上海应充分发挥自身大市场、大平台、大通道的优势，充分挖掘各个地区特色优势产品，打通物流通道，一方面提供更加优质、更具特色的产品和服务供给，满足市民的多元化消费需求；另一方面利用上海的大平台优势和开放窗口优势，助力地区产品进行出口，拓展国际市场，从而强化上海的开放枢纽门户功能，凸显国内大循环中心节点与国内国际双循环战略链接的地位。

（四）"有"多层次技能人才就业需求，"需"充裕劳动力输入

上海就业市场广阔，对多层次技能劳动力的需求旺盛。虽然高校毕业生等新成长劳动力总量持续攀升，但就业的结构性矛盾仍然存在，高

技能人才仍存在较大缺口，同时一些制造业和生活性服务业"招工难"问题也较为突出。2023年，上海城镇新增就业岗位60.56万个，完成补贴性职业技能培训105.6万人次，支持企业开展新型学徒制培训12640人。在长三角一体化发展中，上海应重视劳动力和人才的跨区域合作，促进其在区域间的协同配置，缓解各类技能人才短缺和结构性就业问题；推动各地区劳动力来沪参加各类技能培训和工作，有效带动劳动者增收。

（五）"有"高水平制度型开放创新成果，"需"扩大推广范围

对标最高标准、最高水平和国家战略需要，上海正在稳步扩大规则、规制、管理、标准等制度型开放，发挥全面深化改革和扩大开放的试验田作用。未来，上海将依托自贸区等平台，加强主动谋划和系统设计，开展更大程度的压力测试。在这一过程中，上海需要以长三角为对象，进一步扩大自身制度型开放创新成果的对内辐射与复制推广范围，抢抓、挖掘制度创新成果复制推广机会，进一步强化上海引领改革与创新发展的功能和地位，积极推进高层次协同开放，加快推动上海的制度型开放创新成果转化为辐射长三角乃至全国的功能跃升和产业升级优势。

（六）"有"智慧化公共服务经验，"需"数据要素市场化协同伙伴

上海正在加速推进城市数字化转型和数据要素市场建设，在运用数字技术和智慧化手段打造高水平公共服务体系方面走在前列。基于此，上海可以利用自身技术优势，以数字经济为引领，与长三角其他地区省份在5G、智慧城市、电子商务、人工智能、大数据、区块链等领域加强合作。同时探索数据要素合作，以数据要素市场建设为契机，谋划可行的合作模式，提升重点地区数据流通活跃度，繁荣数据要素市场主体，加大数据供给力度和范围，加速释放公共数据要素价值，不断提升上海和长三角其他地区数字化发展的辐射力和竞争力。

四 长三角协同构建现代化产业体系的路径与举措

在中国式现代化进程中更好地发挥引领示范作用，长三角要立足国家战略要求与发展大局，加强产业协同着力推进新质生产力的发展。将自身创新优势、产业优势、资金优势、人才优势、市场优势、开放优势与应用场景优势紧密结合，统筹龙头带动和各扬所长，因地制宜做好资源对接与优势互补，推动改革经验的有效复制，实现要素资源在更大范围内的优化配置，促进产业链创新链的有效协同，打造科技、产业、金融、人才、市场的良好产业生态，强化服务和落实国家战略的统筹联动。长三角一体化发展的双向赋能与互利共赢，有助于实现中国式现代化，既形成合力打造现代化产业体系、释放高质量发展的强大动能，也共同推动统一大市场建设和高层次的对外协同开放，构建新发展格局，在此基础上有效促进区域协调发展与共同富裕的实现。

（一）推动长三角现代化产业体系建设的协同路径

1. 加强产业与创新的跨区域协同

创新是新质生产力的核心要素，也是构建现代化产业体系、推动高质量发展的主要驱动力。长三角要持续强化创新策源能力，发挥其在推动知识技术溢出和创新合作方面的优势，完善协同创新体制机制，深化科技创新共同体建设，深入开展创新资源共享、科技联合攻关、科技成果协同转化，加强从基础研究到技术应用、成果转化再到应用场景丰富的过程融合，探索面向重大需求、面向技术瓶颈、面向消费者需求的多层次创新体系。一方面，要进一步统筹推进研究和创新能力提升。不断加强张江、合肥"两心同创"，优化国家重点实验室、技术创新中心等重大科技创新基地布局建设，构建高水平的区域重大科技基础设施集群网络，提升长三角科技资源共享服务平台等创新公共服务与资源共享平台的建设水平和利用效率，加强创新要素的流动与资源的共享，同时聚焦重大基础研究和关键核心技术开展项目联合攻

关，搭建跨区域跨专业的关键共性技术平台，形成区域合力促进高水平特别是原创性、颠覆性的科技创新。另一方面，要围绕产业链补链强链，在重点领域促进产业链与创新链的跨区域融合，推动科技创新与产业创新的有效协同。以市场需求为导向，强化和完善长三角国家技术创新中心等连接创新资源、研究机构、重点企业的创新平台建设，建立健全一体化的科技成果转移转化服务体系、技术交易市场网络和科技成果交易中心，畅通从研发、中试到产业化等环节高效衔接的科技成果转化通道，完善优化"创新券"和创新"反向飞地"等合作方式，推动产学研用的跨区域深度融合，促进科技创新与产业需求的精准对接，实现创新成果跨区域的有效落地与转化。

2. 加强产业与产业的跨区域联动

长三角产业链条完整、产业结构多元、产业主体丰富，各地区之间的产业发展兼具互补性与融合性，既具有自身的特色又具有密切的关联。上海先进制造业与现代服务业发展的集聚和融合优势较为显著、总部经济和创新势能较强；江苏作为制造强省在智能制造和实体经济发展方面基础较好；浙江的数字经济和民营经济发展活跃；安徽利用科技创新的后发优势着力推动新能源汽车特色产业发展等。立足于建设现代化产业体系，推动战略性新兴产业和未来产业发展，促进产业高端化、智能化、绿色化转型，三省一市积极布局，如上海打造"（2+2）+（3+6）+（4+5）"产业体系；江苏布局"1650"产业体系和"51010"战略性新兴产业集群；浙江开展"415X"先进制造业集群建设；安徽聚力汽车"首位产业"、培育"7+N"未来产业体系（见表3）。在此基础上，应进一步加强长三角产业协同发展，充分发挥各地区特色优势，因地制宜、优势互补，聚焦集成电路、人工智能、生物医药、高端装备、汽车制造、新能源、新材料、低空经济等新兴产业发展，基于其产业链供应链层次丰富、种类复杂、数量庞大等特征，围绕重点行业与龙头企业加强产业链条上下游之间的合作，促进研发设计、生产制造、金融法律、信息服务等的跨区域关联，创新产业组织方式，共同培育具有竞争力的产业集群。要协同推动数字经济赋能实体经济发展，通过数字技术、数据要素、应用场景的联动加快数字产业化和产业数字化进程。

136

表3　长三角三省一市战略性新兴产业布局规划

地区	产业体系	主要内容
上海	"（2+2）+（3+6）+（4+5）"产业体系	"2+2"：促进先进制造业和现代服务业融合，实现数字化和绿色低碳两个转型； "3+6"：集成电路、生物医药、人工智能三大先导产业以及电子信息、生命健康、汽车、高端装备、先进材料、时尚消费品六大重点产业； "4+5"：数字经济、绿色低碳、元宇宙、智能终端四大新赛道产业，以及未来健康、未来智能、未来能源、未来空间、未来材料五大未来产业方向
江苏	"1650"产业体系和"51010"战略性新兴产业集群	"1650"产业体系：重点打造新型电力装备、新能源、新材料、生物医药、半导体、高端装备、新能源汽车等16个先进制造业集群，50条重点产业链； "51010"战略性新兴产业集群：打造生物医药、智能制造装备等5个具有国际竞争力的战略性新兴产业集群，建设人工智能、物联网等10个国内领先的战略性新兴产业集群，培育未来网络通信、第三代半导体等10个引领突破的未来产业集群
浙江	"415X"先进制造业集群建设	"4"：重点发展新一代信息技术、高端装备、现代消费与健康、绿色石化与新材料4个万亿级世界级先进产业群； "15"：重点培育包括数字安防与网络通信、集成电路、智能光伏、高端软件、节能与新能源汽车及零部件、节能环保与新能源装备、智能电气等的15个千亿级特色产业集群； "X"：重点聚焦"互联网+"、生命健康、新材料三大科创高地等前沿领域，重点培育若干高成长性百亿级产业集群
安徽	聚力汽车"首位产业""7+N"未来产业体系	汽车"首位产业"：坚持整车、零部件、后市场三位一体全面发力，"一企一策"支持整车企业发展，提档升级零部件产业，做大做强汽车后市场； "7+N"未来产业体系：重点布局通用智能、量子科技、空天信息、先进材料、低碳能源、生命与健康、未来网络7个领域，协同推进第三代半导体、先进装备制造、区块链、元宇宙等领域发展

资料来源：长三角三省一市相关政府文件。

3.加强产业与市场的跨区域融合

促进长三角区域一体化发展，关键在于不断消除行政壁垒，持续推动统

一大市场建设，加强要素资源在各个城市间的充分流动与有效配置。要进一步发挥市场在资源配置中的决定性作用，形成统一开放、竞争有序的市场体系，促进不同地区在市场准入、政策标准和市场监管方面的协调统一，有效破除地方保护、行业垄断和市场分割，打通经济循环中的各类制度堵点。积极为资源和要素流动搭建平台，促进区域资本整合、技术合作和人才流动，建立统一开放的劳动力、资本、技术、产权交易等各类要素市场。要全面实施市场准入负面清单制度，营造平等准入的无差异投资环境，加快各地投资相关审批制度、标准的衔接和统一，鼓励各地区构建跨区域的统一市场准入服务系统，加强企业登记文件的互认共享，减少企业商务成本。进一步促进长三角市场监管的协同合作，深入推进市场监管政务公共数据的归集、整理、共享、应用，促进地区间市场监管的信息沟通，切实加强地区之间联动执法工作，探索区域网络平台经济的创新协同监管，加强投诉转接直通和异地部门沟通机制，有效联动打造更好的营商环境。同时，长三角一体化发展，也要形成合力不断推动更高层次的对外协同开放，共同提升制度型开放水平。要加强改革经验互学互鉴和复制推广，依托自贸区新片区、虹桥国际开放枢纽、进博会等平台，进一步加强地区间的开放合作与政策对接，并且利用长三角外资和出口企业分布密集的特征，以开放需求倒逼制度创新。另外，促进长三角一体化发展和共建"一带一路"高质量发展深度融合，找准优势互补的切入点，推动更多的企业和技术"走出去"。

（二）加强长三角创新与产业协同发展的保障举措

1.完善一体化发展体制机制，加强制度保障

不断完善一体化发展体制机制，创新合作模式和方法，强化规划与标准对接，将全面统筹与重点推进相结合，着力打破地区分割和行政壁垒，有效促进创新协同、产业协作、要素流通、资源共享，加强各项改革举措的系统集成和协同配合，推动一体化向更深层次更宽领域拓展。进一步发挥长三角生态绿色一体化发展示范区在制度改革上的先行示范作用，推动改革经验举措有效复制推广。要重点考虑城市间利益协调，不断完善区域利益协调机

制，推动建立合作发展基金以及围绕重大议题的专项基金，加强财税制度的相关创新，通过税收分成和财政转移支付来进行利益协调，重点建立科学合理的跨地区投资、产业转移、园区共建、科技成果落地等项目的收益分配体制。

2. 促进资金、人才优化配置，加强要素保障

不断推动资金、人才等要素进行跨区域流动、合作与配置，形成对创新和产业协同发展的有效支撑。进一步提升金融服务科技和实体经济发展的能力，加强科技企业孵化器、众创空间、大学科技园等的孵化能力，切实提升科创板和注册制的功能，支持更多高质量科技型公司上市融资，增强对科技创新的带动作用。围绕重点领域科技创新和重点产业协同发展发挥长三角基金的支撑作用，助力长三角科技产业集群能级提升。完善人才的培养和流动机制，加强产业和人才的供需对接，建立常态化岗位信息共享机制，联合开展劳动力技能培训和校企、校校合作对接，围绕重点产业紧缺人才开展专业培训和定点上岗，通过定向培训等形式共育高技能人才。

3. 推动协同载体的合作对接，加强平台保障

不断培育和完善协同发展的平台载体，有效支撑创新和产业优化布局。围绕产业链补链强链，共建新型科研机构和协同创新平台，依托主要高新技术产业园区如张江等加强地区间的创新与产业合作，优化科技创新"反向飞地"建设。促进城市间各类园区平台的对接，鼓励中心城市的开发区利用自身的管理、人才和资金优势与周边地区的开发区开展合作共建，推动产业的分工和升级。进一步利用自贸区新片区、虹桥国际开放枢纽等重要平台推动长三角统一开放市场建设与产业集群打造，持续放大进博会辐射溢出效应。打造产业数据信息集成平台，及时了解产业链布局情况，理清产业发展脉络，把握重点合作方向。

4. 发挥多元主体的参与合力，加强主体保障

长三角一体化发展是一项系统的工程，需要企业、政府以及各类机构等多元主体的共同参与和推动，实现有效市场与有为政府的有机结合，同时充分发挥高校、科研机构以及商会与行业组织等的作用，形成发展合力。要发

挥企业在推动产业协同发展中的主体性，鼓励企业跨区域配置资源。要做好服务支持工作，为企业提供更为准确科学的市场信息和通畅渠道。要搭建产学研政之间的交流合作平台，促进政府、企业、商协会、社会组织等部门机构的交流沟通，促进资源整合和信息互动。充分发挥各类商协会、机构联盟、民间团体等的作用，积极开展组织协调、信息沟通、项目洽谈、招商引资等各类对接交流活动。

参考文献

国务院发展研究中心课题组：《2020：长三角区域一体化的战略路径》，中国发展出版社，2021。

李培鑫、张学良：《城市群集聚空间外部性与劳动力工资溢价》，《管理世界》2021年第11期。

钱智等：《长三角G60科创走廊产业协同创新中心建设调研报告》，《科学发展》2021年第2期。

沈开艳：《以新质生产力推动上海经济高质量发展》，《文汇报》2024年3月13日。

王振：《长三角地区共建世界级产业集群的推进路径研究》，《安徽大学学报》（哲学社会科学版）2020年第3期。

熊世伟、爨谦：《提升上海产业链现代化水平，强化高端产业引领功能》，《科学发展》2021年第10期。

张学良等：《长三角城市群研究》，经济科学出版社，2021。

周毅仁、刘波：《长江三角洲区域一体化发展》，辽宁人民出版社，2023。

《2023年上海市国民经济和社会发展统计公报》，https：//tjj. sh. gov. cn/tjgb/20240321/f66c5b25ce604a1f9af755941d5f454a. html。

《2023年江苏省国民经济和社会发展统计公报》，http：//tj. jiangsu. gov. cn/art/2024/3/5/art_85275_11164695. html。

《2023年浙江省国民经济和社会发展统计公报》，http：//tjj. zj. gov. cn/art/2024/3/4/art_1229129205_5271123. html。

《2023年安徽省国民经济和社会发展统计公报》，https：//www. ah. gov. cn/zfsj/tjgblmdz/sjtjgb/565313471. html。

B.7
长三角城市群创新空间演化
与创新共同体建设建议

胡晓鹏 闫金*

摘 要: 科技部公布的《长三角科技创新共同体建设发展规划》明确指出,长三角应以"'科创+产业'为引领,充分发挥上海科技创新中心龙头带动作用,强化苏浙皖创新优势……努力建成具有全球影响力的长三角科技创新共同体"。新形势下,打造长三角科技创新共同体是国家科技创新战略的基本要求,也是支撑全国高质量发展和推进中国式现代化进程的关键抓手。基于此,本报告从量化角度展开分析,通过分析2001~2021年长三角城市群城市创新指数的变化、空间分布状况、创新制造业类别转变,对长三角区域重点城市创新优势定位以及建设长三角科技创新共同体给出建议。

关键词: 长三角 城市群创新 空间演化

一 引言:提高长三角创新能力是一个重大命题

自2014年《国家新型城镇化规划(2014—2020)》出台以来,"十三五"时期我国以城市群为主体的城镇化空间逐步形成,京津冀、长三角、珠三角三城市群既是我国城市群建设的"示范生",也是我国经济发展的坚

---

* 胡晓鹏,上海社会科学院世界经济研究所副所长、研究员,博士生导师,研究方向为数字经济理论与中国实践;闫金,上海社会科学院世界经济研究所西方经济学专业博士研究生,研究方向为数字经济理论与中国实践。

实支柱。根据崔丹和李国平[①]的研究，在分析 2019~2020 年的专利技术创新效率时，可以观察到中国三大城市群之间存在显著的差异性。具体而言，珠三角城市群在这一时期内展现出了较高的技术创新效率，而京津冀和长三角城市群的技术创新效率则相对较低。进一步分析显示，京津冀城市群的技术创新效率呈现出持续增长的态势，而长三角和珠三角城市群的技术创新效率则经历了一定程度的下滑。就产业技术创新效率而言，2019~2020年珠三角和长三角城市群的产业技术创新效率相对较高，且保持了增长的趋势。相反，京津冀城市群的产业技术创新效率则相对较低，并且在这一时期内出现了下降的趋势。

本报告的核心议题并非简单地比较三大城市群的创新实力，而是旨在从更宏观的视角审视长三角地区的创新能力提升及其内部城市群在创新领域的具体分工。选择这一研究方向的依据主要基于以下三个关键因素。

第一，长三角地区正处于提升其创新能力的关键时期。据相关数据统计，全球每四台电脑中就有一台是在中国的江苏省进行组装的，然而，这台电脑所创造的利润仅相当于十个苹果的价值。这一现象揭示了中国在全球产业链中面临的困境：由于缺乏自主的核心技术、知识产权和品牌建设，中国正逐渐成为全球制造业的中心，而非高附加值产业链的领导者。因此，增强创新能力成为我国提升国际竞争力的关键，也是当前亟待解决的重要挑战。其次，长三角地区作为一个经济活跃的区域，拥有丰富的知识产权和科技资源，并已初步构建了有利于创新的制度环境。在未来的发展阶段，需要进一步整合这些资源，从个体城市群到整个区域层面，实现创新能力的协同效应，即"1+1>2"的效果，这也是构建创新型国家的实践保障。

第二，加快长三角协同创新是国家战略的要求。长三角地区作为中国最为繁荣的经济集聚区之一，其经济实力在国内占据显著地位。该区域的国内

---

① 崔丹、李国平：《中国三大城市群技术创新效率格局及类型研究》，《中国科学院院刊》2022 年第 12 期。

生产总值（GDP）约占全国总量的 25%，而人均 GDP 更是达到了全国平均水平的近三倍，显示出该地区在经济活力和发展水平上的显著优势①。长三角不仅在中国经济发展中扮演着重要角色，也是全球范围内最具竞争力和活力的地区之一。然而，面对来自发达国家的技术倾轧，中国承受着加快科技创新的巨大压力，长三角城市群作为我国最重要的城市群，有着丰富的科技研发资源和现代产业基础能力，在国家创新战略中占据非常重要的地位。因此，研究如何在新时代进一步促进长三角城市群科创能力，对于完成中国国家创新战略、实现中国式现代化有着极其重要的意义。

第三，提高长三角城市群协同创新能力亟须形成政策合力。长三角城市群，作为一个由多个行政区域构成的紧密空间体系，其内部主要城市的创新能力及特征尚未得到充分的系统性研究，尤其是在定量分析方面。尽管已有研究对上海、南京等城市的创新能力进行了探讨，但对长三角城市群的全面分析仍然不足。这种研究缺口使得对该地区创新能力的整体水平和空间分布特征的认识存在局限，进而影响超越单一城市层面的、促进城市群协同发展的政策制定的有效性。这导致了技术传播不畅、创新资源配置效率低下以及创新政策缺乏整体协调等问题的出现。因此，从定量角度对长三角城市群内各城市的创新能力进行比较，并据此提出创新分工的建议，对于重新评估和优化发展策略具有重要的理论和实践意义。这不仅有助于深入理解长三角城市群的创新能力分布，也为制定更加协调一致的创新政策提供了科学依据，从而促进该地区的持续健康发展。

二 研究设计：数据来源与研究思路

（一）数据来源

本报告以复旦大学产业发展研究中心研究团队所制作的中国城市和产业

---

① 张伊仪：《2022 年长三角城市群经济运行情况分析》，《统计科学与实践》2023 年第 4 期。

创新指数（2001～2021）作为原始数据①（后文简称创新指数数据库）。该数据包含城市创新指数、产业创新指数和"城市—产业"创新指数 3 个指数。本报告所涉及的城市创新指数数据集，时间跨度自 2001 年起至 2021 年止，全面覆盖了我国 337 个城市的创新活动情况，这些城市涵盖了各类行政区划，包括所有的直辖市、地级市以及地级行政单位。数据集采用了"城市—年份"的均衡面板结构，总计包含了 7077 条观测记录。产业创新指数数据涵盖了国民经济行业 812 个四位码行业（所有被授权过发明专利的四位码行业）涉及 2001～2021 年的信息，数据类型为"四位码行业—年份"平衡面板，共有 17052 个观测值。"城市—产业"创新指数数据涵盖了 2001～2021 年全国 337 个城市（所有直辖市、地级市、地级行政单位）的 812 个国民经济行业四位码行业，包括所有被授权过发明专利的四位码行业的信息。数据变量包括：年份、城市代码（行政区划代码，2020 版）、城市（城市名称）、省份（城市所属省份）、行业代码（四位码行业代码，GB/T 4754-2017）、行业名称（四位码行业名称）、行业名称（四位码行业所属大类行业名称）、创新指数。

（二）研究方法

为了更好地反映长三角城市群的创新问题，弥补数据统计中未能发现的实际问题，笔者参与相关调研，以打造长三角科技创新共同体和提升上海科技创新能力为重点，赴杭州、苏州以及上海三地与科创相关的企业开展实地调研。具体来讲，杭州调研中，对阿里云谷、阿里研究院以及浙江国自机器人技术有限公司进行了访谈，从促进长三角协同创新、地方科技扶持政策优化以及企业发展面临困境等角度进行了深度交流。对苏州的调研中，重点对苏州市创新产业发展引导基金（有限合伙）进行了访谈。值得说明的是，该基金依托于长三角地区科技创新的基础，通过资本助力的方式，开展金融

---

① 寇宗来、刘学悦：《中国城市和产业创新力报告 2017》，复旦大学产业发展研究中心，2017。

招商的工作，扶持科创企业发展，是政府产业引导母基金在市场化运作方向上的优良实践。

（三）研究思路

以创新指数数据库为参照，笔者在"城市—产业"创新指数的 7 大类行业中选取了制造业创新指数作为城市创新的代表。为此，在观测到的 7077 个创新指数中，提取了 2001 年和 2021 年相隔 20 年的原始数据，参照前人做法将其划分为 5 个创新城市的等级梯队。在此基础上，全面比较城市创新等级的排序变化，笔者进一步比较各个创新梯度城市的创新水平差距，以及中等以上梯队的城市创新指数的行业特点，并从静态角度探讨了城市创新的空间演化特征。

根据"城市—产业"创新指数数据库，本报告在 5746524 个观测值中，用 Stata 软件提取出长三角三省一市（浙江省、江苏省、安徽省、上海市）个别年份的数据，以两个五年计划为一个间隔，提取出 2001 年、2011 年、2021 年三年的数据，经格式化处理后用 ArcGIS 软件作图，在地图上从地理空间的角度显示出不同省市的创新程度并进行特点分析。

最后根据《2023"中国 100 城"创新生态指数报告》的数据，通过观察三个二级指标（创新主体、创新协同、创新环境）和对应的八个三级指标，重点分析长三角城市群产业创新协同的特点及其差异问题。

（四）补充说明

相关统计数据显示，长三角城市群在产业效率方面展现出明显的"中心—外围"结构特征。2019~2020 年的统计数据显示，长三角城市群内有 92% 的城市拥有上市的高新技术企业，其中 79% 的城市中战略性新兴产业企业的占比超过了 50%[①]。这些数据显示，高专利效率与高产业效率的城市主要集中在省会及

[①] 崔丹、李国平：《中国三大城市群技术创新效率格局及类型研究》，《中国科学院院刊》2022 年第 12 期。

其邻近地区。同时，那些专利效率较低但产业效率较高的城市也多分布在省会城市周边。相对应地，一些专利效率较高但产业效率较低的城市则更多地分布在距离省会较远的区域。这一分布特征揭示了长三角城市群内部在创新与产业发展方面的不均衡性，以及省会城市在区域经济发展中的核心作用。

笔者认为，仅仅以专利总量的空间分布确定长三角城市创新的空间结构是不够充分的。因为城市创新的载体是产业，所以选择什么样的产业对探究长三角城市群创新特点及其空间结构至关重要。直到目前，制造业仍旧是我国最主要的产业载体和驱动国民经济蓬勃发展的动力源泉。因此，使用制造业创新能力数据开展研究具有一定的合理性。为了进一步验证其科学性，笔者测算了2001年、2011年、2021年长三角城市群制造业创新指数和城市创新指数之间的相关系数，数值分别达到0.9999、0.9998、0.9989。如此之高的相关性，表明从制造业角度研究长三角城市创新的空间演化在逻辑上是严谨可行的。

三 统计分析：长三角城市群的空间等级与演化

打造长三角科技创新共同体，就必须抓好长三角区域创新协同。《长三角区域协同创新指数2022》报告显示，长三角区域协同创新指数从基期2011年的100分增长至2021年的247.11分，较2011年增长了近1.5倍，年均增速达到9.47%①。

从长三角情况来看，2021年沪苏浙皖41个城市创新指数的均值为138.67，较基期2001年的0.4增长了约346倍，而反映城市间创新水平分散度的离差系数则从2001年的2.46降至2021年的1.69。这种情况表明，经历20年长三角一体化程度的深化和创新发展，长三角城市创新能力得到了显著提升，而且随着创新资源在城市间的快速流动，长三角城市群内部的创新差异显著缩小。

---

① 资料来源：中华人民共和国科学技术部《2022长三角区域协同创新指数发布——高质量一体化发展动力强劲》。

从城市群的情况来看，以 2001 年 41 个城市创新指数均值为依据，可以划分为五个梯队，位列第一梯队的城市有上海市（6.138，是均值的 15.4 倍）、南京市（2.256，是均值的 5.6 倍），是均值 5 倍以上的城市，属于超强创新能力的城市；位列第二梯队的城市创新指数是均值的 3~5 倍，只有杭州市（1.704）；位列第三梯队的城市创新指数是均值的 1~3 倍，涉及 8 个城市，分别是无锡市（0.572）、合肥市（0.523）、苏州市（0.512）、温州市（0.495）、宁波市（0.488）、常州市（0.486）、南通市（0.454）、徐州市（0.433）；位列第四梯队的城市创新指数是均值的 0.5~1 倍，包括盐城市（0.204）、金华市（0.218）、台州市（0.246）、六安市（0.246）4 个城市；其余 26 个城市则处于第五梯队。

以 2021 年 41 个城市创新指数均值为依据，以同样的划分标准，位列第一梯队的城市只有上海，创新指数达到 1299.807，较 2001 年基期的 6.138 增长了 200 多倍，属于超强创新能力；位列第二梯队的有 3 个城市，分别是杭州市（620.895）、南京市（568.195）、苏州市（551.419）；位列第三梯队的城市为无锡市（262.701）、宁波市（257.456）、合肥市（227.253）、温州市（155.984）、常州市（153.319）；位列第四梯队城市包括南通市（132.104）、台州市（123.253）等 9 个城市；其余 23 个城市则处于第五梯队。

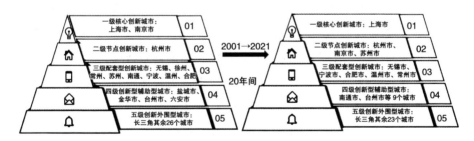

图 1 2001 年和 2021 年不同梯队城市变化

基于上述观察，长三角区域创新能力的空间分布呈现显著的金字塔形结构特征。其中，上海作为区域创新极核，持续保持突出的创新能力；南京、杭州、苏州等次中心城市在区域创新网络中发挥着重要的支撑作用；其他城

市则呈现出较大的发展潜力空间。值得注意的是，通过对2001年和2021年纵向数据的分析发现，第五梯队城市数量由26个缩减至23个，这一变化趋势表明区域末端城市的创新能力正在提升，反映出长三角区域创新体系的整体优化态势。

由表1和表2可以看出，与2001年相比，2021年长三角城市群保留了部分重要化工产业，比如炼油、化工生产专用设备制造业以及化学试剂和助剂制造业，目前产业多为电子产业，且部分电子产业已经超过化工产业，例如半导体器件专用设备制造业已经超过化学试剂和助剂制造业，产业趋向于高新技术发展，梯度越高产业越偏向高精尖，日化（香料、香精制造）、医药产业（基因工程药物和疫苗制造）减少，电子器械类产业（半导体器件专用设备制造、其他电子专用设备制造）增加，产业分化方向更加具体细化（金属切削机床制造）。高梯队城市的基础产业向低梯队城市转移，越高梯度城市越是加工精密部件。

从地理空间上看，这种梯队格局显示出长三角城市群创新的三大特征。一是以"上海—南京"为主要北向跨省创新连绵带，苏、锡、常20年来依旧为这条创新带的主要支撑城市，江苏2001年沿省外线、沿海岸线扩散比较明显，比如徐州、盐城、南通创新能力比较突出，但是2011年、2021年创新优势逐渐消失，其中，徐州市2001年创新能力比较突出，然而2011年、2021年创新能力不足，江苏和安徽相邻的一些城市20年内创新能力一直没有很大的进步。二是以杭州为中心的浙江南向创新板块，分布在周边的宁波和温州具有较强创新能力，其余城市创新能力都比较弱，且空间上不具有连续性。具体来看，以杭州为创新中心向省内、沿海岸线扩散的趋势比较明显，而"上海—杭州"沿线的湖州市、嘉兴市20年来创新能力一直不突出，说明"上海—杭州"之间沿线城市带动能力不足，浙江和上海创新关联度不强。三是合肥作为第三梯队创新能力的城市，周边没有出现创新能力出众的城市，由此可以看出，北向"沪—苏"两地的创新空间扩散能力要优于南向"沪—浙"两地，而合肥作为后起的高创新城市，还未与沪苏浙的创新发展建立有机联系，安徽整体创新能力相较其他两省一市较弱。

表1　2001年长三角城市群分梯队的强创新制造业类别

梯队	城市	行业名称	创新指数	特征
第一梯队	上海	有机化学原料制造	20.25959	行业以化工行业为主,涉及医药行业
		合成纤维单(聚合)体制造	11.967345	
		化学试剂和助剂制造	36.052464	
		专项化学用品制造	15.663976	
		林产化学产品制造	15.101927	
		香料、香精制造	14.94724	
		兽用药品制造	12.009119	
		基因工程药物和疫苗制造	12.747331	
		炼油、化工生产专用设备制造	24.423258	
		实验分析仪器制造	8.593163	
	南京	生物化学农药及微生物农药制造	3.945028	
		化学试剂和助剂制造	12.116273	
		林产化学产品制造	4.051501	
		炸药及火工产品制造	5.792856	
		中药饮片加工	6.635489	
		中成药生产	6.946623	
		兽用药品制造	7.499703	
		基因工程药物和疫苗制造	4.391183	
		气体、液体分离及纯净设备制造	5.758798	
		炼油、化工生产专用设备制造	7.687543	
第二梯队	杭州	有机化学原料制造	3.57978	产业以化工、化学、中医药为主
		化学试剂和助剂制造	8.573757	
		专项化学用品制造	4.76128	
		文化用信息化学品制造	3.338359	
		中药饮片加工	4.681814	
		中成药生产	5.177123	
		兽用药品制造	7.58742	
		基因工程药物和疫苗制造	3.380377	
		气体、液体分离及纯净设备制造	3.687187	
		炼油、化工生产专用设备制造	3.952983	

梯队	城市	行业名称	创新指数	特征
第三梯队	无锡	有机化学原料制造	2.14652	产业以化工、化学、中医药、仪器制造为主,部分城市涉及纺织、食品、港口工程
		化学试剂和助剂制造	0.892513	
		林产化学产品制造	0.944183	
		中成药生产	0.874693	
		兽用药品制造	1.095137	
		气体、液体分离及纯净设备制造	2.74131	
		制冷、空调设备制造	2.100979	
		环境保护专用设备制造	1.956709	
		电光源制造	2.920054	
		通用设备修理	0.973883	
	合肥	无机盐制造	1.169826	
		其他基础化学原料制造	1.804234	
		中药饮片加工	2.283708	
		中成药生产	2.488737	
		兽用药品制造	2.625423	
		炼油、化工生产专用设备制造	2.978609	
		食品、酒、饮料及茶生产专用设备制造	1.201917	
		机械化农业及园艺机具制造	1.216296	
		医疗诊断、监护及治疗设备制造	1.29691	
		机械治疗及病房护理设备制造	1.265896	
	苏州	儿童乘骑玩耍的童车类产品制造	2.294533	
		生物化学农药及微生物农药制造	1.162994	
		涂料制造	1.134299	
		化学试剂和助剂制造	1.783671	
		香料、香精制造	1.149854	
		化学药品制剂制造	1.107597	
		兽用药品制造	3.219273	
		炼油、化工生产专用设备制造	1.556728	
		缝制机械制造	1.468524	
		机械治疗及病房护理设备制造	1.362942	

续表

梯队	城市	行业名称	创新指数	特征
第三梯队	温州	电气信号设备装置制造	0.330665	产业以化工、化学、中医药、仪器制造为主,部分城市涉及纺织、食品、港口工程
		其他仪器仪表制造	1.495411	
		其他日用杂品制造	0.661331	
		非金属废料和碎屑加工处理	0.604112	
		通用设备修理	0.616558	
		电气设备修理	0.161599	
		水源及供水设施工程建筑	0.282473	
		河湖治理及防洪设施工程建筑	0.706183	
		港口及航运设施工程建筑	0.282473	
		管道和设备安装	0.455861	
	宁波	其他乐器及零件制造	1.26351	
		密封用填料及类似品制造	1.614137	
		化学试剂和助剂制造	1.204317	
		兽用药品制造	0.938903	
		建筑装饰及水暖管道零件制造	0.807068	
		金属切削机床制造	2.615406	
		铸造机械制造	1.862536	
		专业音响设备制造	1.052247	
		其他仪器仪表制造	1.246012	
		通用设备修理	1.219812	
	常州	文具制造	1.130235	
		涂料制造	1.636844	
		其他合成材料制造	0.705414	
		专项化学用品制造	1.565242	
		其他专用化学产品制造	0.847419	
		氨纶纤维制造	1.637344	
		铁合金冶炼	0.836595	
		医疗、外科及兽医用器械制造	0.867173	
		电动机制造	1.373542	
		通用设备修理	0.902917	

续表

梯队	城市	行业名称	创新指数	特征
第三梯队	南通	营养食品制造	1.096376	产业以化工、化学、中医药、仪器制造为主,部分城市涉及纺织、食品、港口工程
		化学农药制造	0.989279	
		生物化学农药及微生物农药制造	1.515403	
		化学试剂和助剂制造	0.871675	
		中药饮片加工	3.483235	
		中成药生产	3.718015	
		兽用药品制造	3.650749	
		气体、液体分离及纯净设备制造	1.14511	
		纺织专用设备制造	1.010673	
		计算机零部件制造	1.08504	
	徐州	食品及饲料添加剂制造	0.626131	
		含乳饮料和植物蛋白饮料制造	1.090518	
		化学试剂和助剂制造	0.815287	
		香料、香精制造	0.771972	
		其他非金属矿物制品制造	1.496867	
		烘炉、熔炉及电炉制造	0.661331	
		矿山机械制造	1.310157	
		建筑材料生产专用机械制造	0.780681	
		炼油、化工生产专用设备制造	1.975173	
		实验分析仪器制造	0.789393	

表 2　2020 年长三角城市群分梯队的强创新制造业类别

梯队	城市	行业名称	创新指数	特征
第一梯队	上海	**化学试剂和助剂制造**	2142.6557	以化学、化工、集成电路、电子制造为主
		炼油、化工生产专用设备制造	1778.7894	
		半导体器件专用设备制造	3465.6542	
		其他电子专用设备制造	1757.0363	

续表

梯队	城市	行业名称	创新指数	特征
第一梯队	上海	通信系统设备制造	1718.0348	以化学、化工、集成电路、电子制造为主
		集成电路制造	1410.6579	
		其他电子器件制造	3153.2651	
		电子测量仪器制造	1580.3071	
		其他仪器仪表制造	1911.4473	
		通用设备修理	2108.826	
第二梯队	杭州	**化学试剂和助剂制造**	1030.8841	以化学、化工、集成电路、电子制造为主,涉及生物制造、金属切割等行业
		气体、液体分离及纯净设备制造	552.07183	
		炼油、化工生产专用设备制造	823.79923	
		计算机零部件制造	604.88872	
		通信系统设备制造	730.28217	
		智能车载设备制造	815.84853	
		实验分析仪器制造	620.31293	
		电子测量仪器制造	681.66732	
		其他仪器仪表制造	782.2279	
		通用设备修理	909.71567	
	南京	**化学试剂和助剂制造**	1140.0022	
		专项化学用品制造	548.5274	
		生物药品制造	525.84994	
		炼油、化工生产专用设备制造	825.1827	
		通信系统设备制造	704.83795	
		实验分析仪器制造	620.94473	
		导航、测绘、气象及海洋专用仪器制造	649.57335	
		电子测量仪器制造	647.93568	
		其他仪器仪表制造	785.32557	
		通用设备修理	810.9953	

梯队	城市	行业名称	创新指数	特征
第二梯队	苏州	**化学试剂和助剂制造**	569.1205	以化学、化工、集成电路、电子制造为主,涉及生物制造、金属切割等行业
		金属切削机床制造	723.6867	
		金属成形机床制造	786.07845	
		金属切割及焊接设备制造	478.55069	
		机床功能部件及附件制造	528.93105	
		连续搬运设备制造	787.13334	
		炼油、化工生产专用设备制造	621.93601	
		电子测量仪器制造	520.31653	
		其他仪器仪表制造	920.49693	
		通用设备修理	755.90707	
第三梯队	无锡	**化学试剂和助剂制造**	317.86828	主要行业比较分散,涉及化学、化工、金属切割、半导体制造、零部件加工、电子制造周边,部分涉及纺织等轻工业
		专项化学用品制造	308.97267	
		金属切削机床制造	295.13873	
		金属成形机床制造	295.61042	
		连续搬运设备制造	350.77311	
		炼油、化工生产专用设备制造	331.48482	
		半导体器件专用设备制造	359.27364	
		其他电子器件制造	320.15543	
		其他仪器仪表制造	370.55897	
		通用设备修理	413.45013	
	宁波	**金属切削机床制造**	329.54896	
		金属成形机床制造	394.8741	
		机床功能部件及附件制造	294.3603	
		制冷、空调设备制造	298.82458	
		橡胶加工专用设备制造	290.40666	
		塑料加工专用设备制造	291.01077	
		汽车零部件及配件制造	289.25924	
		光学仪器制造	251.9177	
		其他仪器仪表制造	438.3372	
		通用设备修理	541.51631	

续表

梯队	城市	行业名称	创新指数	特征
第三梯队	合肥	化学试剂和助剂制造	228.63572	主要行业比较分散，涉及化学、化工、金属切割、半导体制造、零部件加工、电子制造周边，部分涉及纺织等轻工业
		金属成形机床制造	222.69941	
		制冷、空调设备制造	434.20071	
		汽车零部件及配件制造	403.31204	
		家用制冷电器具制造	220.07271	
		家用电力器具专用配件制造	636.43358	
		实验分析仪器制造	264.33522	
		试验机制造	215.03771	
		其他仪器仪表制造	350.07659	
		通用设备修理	399.30584	
	温州	金属切削机床制造	281.49384	
		金属成形机床制造	227.07497	
		连续搬运设备制造	177.68437	
		包装专用设备制造	267.33887	
		配电开关控制设备制造	190.5303	
		电力电子元器件制造	209.90357	
		实验分析仪器制造	171.48678	
		其他仪器仪表制造	261.22973	
		通用设备修理	234.21942	
		电气设备修理	201.05423	
	常州	**涂料制造**	204.14483	
		化学试剂和助剂制造	358.66314	
		金属表面处理及热处理加工	159.83326	
		金属切削机床制造	175.38951	
		金属成形机床制造	139.4058	
		机床功能部件及附件制造	161.50982	
		炼油、化工生产专用设备制造	275.23995	
		纺织专用设备制造	172.75531	
		其他仪器仪表制造	253.71049	
		通用设备修理	224.7845	

说明：深色字体表示该城市2001年创新能力较强、2021年持续较强的行业。

这表明，在长三角城市群内部，连绵延伸、分工有序的城市创新空间格局尚未形成，高创新能力城市间的创新溢出效应以及对周边地区的带动能力有待加强。事实上，这种创新梯队的关系也和长三角内部城市经济联系高度一致。目前，在长三角城市群中，上海与苏州的经济联系最为密切，其次是无锡与嘉兴，随后是南京、杭州和常州，接下来是舟山、宁波和扬州，而合肥则位于这一联系序列的末端。在长三角的三个副中心城市中，上海与杭州之间的直接经济联系明显比上海与南京之间的联系更为紧密。长期以来，上海与杭州、南京周边城市的经济互动强度普遍高于其与副中心城市——合肥之间的经济联系。这一现象反映了上海在长三角区域经济一体化进程中的核心地位，以及与周边城市相比，副中心城市在长三角区域经济联系中的相对弱势。

四 创新特色：长三角城市群重点城市优势

在以制度型开放引领经济高质量发展的大背景下，长三角地区有望率先进入全国乃至全球的创新引领区。考虑到长三角城市群在创新活动中的复杂性和系统性本质，创新不应被视为单一区域、单一部门或单一领域内的孤立事件，它更应该是各个城市、各类经济主体之间的通力合作和协调互动。从全球城市群的发展历史来看，都市圈区域内的若干特大城市通常扮演着核心角色，通过构建经济和信息网络，形成统一的知识创新体系。上海作为长三角地区的核心城市，随着区域经济一体化的加深，各城市逐渐发展出各自的优势产业。在此背景下，以上海为主导的产业分工模式正从传统的垂直分工向水平分工转变，通过区际贸易、技术合作和科技联盟等形式，推动各地区产业结构的优化和升级。

为此，各级地方政府需精准定位，确立与其在长三角创新体系中相对应的职能地位。同时，由于每个城市都具有不同的资源禀赋和历史文化特征，因此，地方政府可通过确立错位竞争理念加强政府间、企业间、科技人才间的互动，为长三角科技创新提供源源不断的科技资源。2021年，长三角地区的高技术产业实现了高达3594亿元的利润，相较于2011年增长了131%，占全国高技术产业利润总额的近1/3。从城市群创新网络的关键节点城市来看，上海的科创优势是基础研发，具有承担国家高科技战略的能力，也具有一定新技术产业的发展基础；浙江在绿色经济、民营经济、数字经济方面具有更为显著的优势，特别是数字经济方面浙江已经成为全国的重要集聚地；江苏一直拥有较强的科技研发资源，与之相关的制造业基础优势非常明显。相对而言，近年来安徽合肥通过政府力量塑造出较好的研发能力，集聚了大众、蔚来等新能源汽车产业，高技术产业的特色发展空间不断提升。

总的来说，在打造长三角科技创新共同体时，各个城市必须根据自身优势，在确保充分发挥优势前提下，加大城市间协同创新力度，重点是加强关键节点城市间的创新合作，形成"多点开花、连点成线、以线带面"的城市群创新发展新格局。比如，上海作为超强创新能力城市，它的重点要放在对第二梯队城市的创新引领上，特别是对杭州、南京、合肥以及地理接近、基础较好的苏州等城市的引领。而第二梯队的城市要侧重通过产业分工与项目合作发挥创新带动作用。目前来看，属于第三梯队的城市虽然还只是处于创新模仿和跟随阶段，但它们的后发优势不可小视。如果能够在其周围出现高强度的创新城市，这些城市的创新能力将会获得很快的提升。例如，苏州是工业基础较好的第二梯队创新城市，在生物医药创新领域可与张江科技园媲美，它除了能承接张江生物医药的前端研发，帮助生物医药走向产业化（跟随与后发优势），还拥有比上海更加灵活的产业政策，不仅存在后来者居上的可能，还能强力带动湖州、嘉兴等周边第三梯队创新城市的崛起。另外，最近几年崛起的合肥，由于深处内陆且远离上海，在前期很难吸引高端人才，但政府通过吸引大批创新型企业落地也逐渐带动了周边城市创新能力的提高。

五 打造长三角科创共同体的几点建议

历史上看，长三角城市群的发育和形成在很大程度上具有自然的历史形

成发展过程的特点，并在形成和发展过程中影响着未来城市体系的结构、功能和新的因素的成长，具有强大的对行政属性的自我调节能力和适应性。随着长三角一体化的深入推进，城市群之间的创新协同和创新联动客观上要求不能够再以单一城市行政指令为约束框架，而应以符合长三角城市群整体创新的目标开展跨地区、跨行政区域的创新合作。

笔者认为，从长三角全局来看，创新不应该是单一部门、单一领域的事，它是在各部门的互动中产生的。针对如何加强长三角创新协同问题，总的建议思路包括以下几方面。第一，加快建立三省一市科技信息平台和科技成果数字交易平台，充分发挥上海的综合资源优势和江苏、浙江、安徽三省的特色资源优势，构造覆盖三省一市的科技信息和科技成果数字网。第二，要大力加强跨部门的合作，整合四地社会科技资源，发动四地科研院所、高校交流共享科技成果、优势研究领域和学科方向等信息，联合共建科技教育信息网，提高基础资源的共享水平。第三，长三角科技资源开发要与国家科技转化平台建设有机结合起来，既保留长三角自身的特色，又能有机地成为国家科技转化平台建设的一部分，为国家科技发展战略提供保障。从具体操作层面讲，主要提出以下建议。

一是进一步加强企业与科研院所的联系，强化企业家与研究人员的交流。世界各国的经验表明，高校不仅在创新人才的培养、创新知识的产出和传播方面有着非常重要的基础性作用，而且在促进区域高技术产业集群的形成上也具有不可替代的作用。一所富有创新意识和活力的研究型大学往往是新知识凝聚的载体和创新人才聚集的地方，能够促进新技术、新企业的产生，并能够通过孵化、培养科技型小企业成为地区经济增长的动力。长三角地区有丰富的科研机构和高校资源，它们可以为地区经济的发展尤其是创新提供过硬的技术和人才。但是，技术成果不能脱离生产，企业要充分利用技术成果开拓创新。要促进长三角地区科技成果的转化与继续创新，就要加强企业与科研院所的联系，强化企业家与研究人员的交流互动，增强研究人员的原始创新能力，让科研创新更好地围绕生产来进行。

二是以数字化为手段，加速建立长三角城市群科技资源的数字平台。加强地方之间科研院所、高校的资源要素互动，形成长三角地区的整体科技体系，使整个地区的科技创新围绕长三角来进行，而不只是科研院所一家所为。

三是加强社会的舆论导向，调动各种社会因素促进长三角地区整体创新能力。在西方国家，各种类型的社会（民间）组织，如行业协会、非营利性的服务机构等，对创新能力的提升具有非常重要的作用。一方面，这些组织具有相应的规章、制度等非正式约束，这些约束对行为主体创新行为可进行有效疏导，在一定程度上甚至比经济利益驱动的企业制度和强制性约束的法律制度要有效得多。因此，在培育和促进长三角民间组织发展的同时，要鼓励它们自发地组织各种类型的创新机构，建设专业化的服务体系，包括工程咨询、工业设计、成果转化中的经纪人与经济组织、科技创新的评价与评估以及各种商业服务机构等。另一方面，行业协会可以凭借其独立的行为主体身份，按照市场化的方式有效推动产学研合作，这可能要比政府行为更加有力。

总的来说，就当前的情况而言，应在长三角地区重点建设和培育出几个大型的、与国际水平接轨的综合性创新服务和科技中介机构，这些机构应该是多元股份制（以民间资本为主）、市场化运作。可以借鉴国外的经验（如德国史太白基金会）成立专事科技成果转化的基金会或技术转移中心，然后这些机构可以通过参股、投资、联合、挂靠、代理等各种市场手段，逐步在长三角地区形成创新服务机构的网络。

B.8
长三角人口与公共服务资源
供需匹配状况研究

周海旺　田　梦*

摘　要： 本报告基于2010~2022年相关统计数据，分析评价长三角"三省一市"在推进人口与公共服务资源供需匹配发展的过程中人口发展趋势、教育、文化、体育、卫生、就业和公用事业等方面的发展情况。总体来看，2010~2022年"三省一市"生均师资资源和人均医疗资源的差距逐年缩小，城市最低生活保障人数逐年减少，人均公园绿地面积逐渐增加以及社会用水趋于充分等。但是，"三省一市"在持续推进人口与公共服务资源匹配发展的过程中，仍存在一些问题，主要体现在两个方面。一是常住人口规模持续增长，老年人口占比不断上升，人口年龄结构向中间挤压，对教育、医疗等公共服务体系提出了更高的要求。二是"三省一市"城乡最低生活保障人数、城乡每一就业人口负担人数等方面仍存在较大差距，社会就业不充分。未来，"三省一市"应围绕进一步缩小公共服务资源差距、推进人口与公共服务资源供需匹配方面持续发力。

关键词： 长三角　人口发展　公共服务　供需匹配

一　长三角人口发展情况

（一）常住人口总量变化

2010~2022年，"三省一市"常住人口总量整体呈增加趋势。分省市来

---

* 周海旺，上海社会科学院城市与人口发展研究所副所长、研究员，研究方向为人口发展和人口政策、人口规划、人口老龄化和社会保障、社会事业发展等；田梦，上海市闵行区卫健委，研究方向为人口与社会发展。

看，2014~2018 年上海常住人口总量出现小幅度波动，2022 年常住人口总量达到 2475 万人，比 2021 年减少 14 万人。2010~2015 年，安徽常住人口总量高于浙江常住人口总量，但是从 2016 年开始，浙江常住人口总量反超安徽。2010 年以来，江苏常住人口总量处于"三省一市"相对较高水平，2022 年常住人口总量更是达到了 8515 万人，比 2021 年增加了 10 万人（见表 1）。

表 1　2010~2022 年"三省一市"常住人口数量

单位：万人

年份	上海市	江苏省	浙江省	安徽省
2010	2303	7869	5447	5957
2011	2356	8023	5570	5968
2012	2399	8120	5685	5978
2013	2448	8192	5784	5988
2014	2467	8281	5890	5997
2015	2458	8315	5985	6011
2016	2467	8381	6072	6033
2017	2466	8424	6170	6057
2018	2475	8446	6273	6076
2019	2481	8469	6375	6092
2020	2488	8477	6468	6105
2021	2489	8505	6540	6113
2022	2475	8515	6577	6127

资料来源：历年《中国统计年鉴》。

（二）人口城乡构成

1. 城镇人口占总人口的比重

2011~2022 年，"三省一市"的城镇人口占总人口的比重呈上升趋势，其中，上海先上升后下降再上升。从增加幅度看，2011~2022 年安徽城镇人口占比增加最多，增加了 15.35 个百分点；其次为江苏，增加了 12.52 个百

分点；上海和浙江的城镇人口比重分别增加了 0.03 个和 11.08 个百分点。
从 2022 年发展情况看，上海城镇人口占总人口的比重为"三省一市"最
高，为 89.33%；江苏其次，城镇人口比重为 74.42%；浙江和安徽城镇人
口比重分别为 73.38% 和 60.15%（见表 2）。

表 2 2011~2022 年"三省一市"城镇人口占总人口的比重情况

单位：%

年份	上海市	江苏省	浙江省	安徽省
2011	89.30	61.90	62.30	44.80
2012	89.30	63.00	63.20	46.50
2013	89.60	64.11	64.00	47.86
2014	89.60	65.21	64.87	49.15
2015	87.60	66.52	65.80	50.50
2016	87.90	67.72	67.00	51.99
2017	87.70	68.76	68.00	53.49
2018	88.10	69.61	68.90	54.69
2019	88.30	70.61	70.00	55.81
2020	89.30	73.44	72.17	58.33
2021	89.30	73.94	72.66	59.39
2022	89.33	74.42	73.38	60.15

资料来源：历年《中国统计年鉴》。

2. 农村人口占总人口的比重

2011~2022 年，"三省一市"的农村人口比重整体呈下降趋势，其中，
上海在 2016 年前后有所波动。从下降幅度看，2011~2022 年安徽农村人口
比重下降最多，下降了 15.35 个百分点；其次为江苏，下降了 12.52 个百分
点；上海和浙江的农村人口比重分别下降了 0.03 个和 11.08 个百分点。从
2022 年发展情况看，安徽农村人口占总人口的比重为"三省一市"最高，
为 39.85%；浙江其次，农村人口比重为 26.62%；上海和江苏农村人口的
比重分别为 10.67% 和 25.58%（见表 3）。

表 3 2011~2022 年"三省一市"农村人口占总人口的比重情况

单位：%

年份	上海市	江苏省	浙江省	安徽省
2011	10.70	38.10	37.70	55.20
2012	10.70	37.00	36.80	53.50
2013	10.40	35.89	36.00	52.14
2014	10.40	34.79	35.13	50.85
2015	12.40	33.48	34.20	49.50
2016	12.10	32.28	33.00	48.01
2017	12.30	31.24	32.00	46.51
2018	11.90	30.39	31.10	45.31
2019	11.70	29.39	30.00	44.19
2020	10.70	26.56	27.83	41.67
2021	10.69	26.06	27.34	40.60
2022	10.67	25.58	26.62	39.85

资料来源：历年《中国统计年鉴》。

（三）人口年龄构成

1.0~14岁年龄人口占总人口的比重

2010~2022 年，上海、江苏、安徽 0~14 岁年龄人口占总人口的比重呈波动上升趋势，浙江 0~14 岁年龄人口占总人口的比重呈波动下降趋势。从增加幅度看，2010~2022 年上海和江苏 0~14 岁年龄人口的比重增加最多，均增加了 1.14 个百分点；安徽增加了 0.03 个百分点；浙江则下降了 0.26 个百分点。从 2022 年情况看，安徽 0~14 岁年龄人口占总人口的比重为"三省一市"最高，为 18.01%；江苏其次，为 14.15%；上海和浙江分别为 9.77% 和 12.95%（见表 4）。

表4 2010~2022年"三省一市"0~14岁年龄人口占总人口的比重情况

单位：%

年份	上海市	江苏省	浙江省	安徽省
2010	8.63	13.01	13.21	17.98
2011	8.29	12.99	12.61	18.02
2012	8.46	13.12	12.34	18.11
2013	9.36	13.32	11.94	18.46
2014	10.11	13.76	12.03	17.88
2015	9.34	13.56	12.91	17.78
2016	9.67	13.73	12.95	17.53
2017	9.95	13.45	12.17	19.10
2018	9.84	13.73	13.69	18.59
2019	10.03	13.19	13.06	18.65
2020	9.80	15.21	13.45	19.24
2021	9.82	14.68	13.25	18.65
2022	9.77	14.15	12.95	18.01

资料来源：历年《中国统计年鉴》。

2. 15~64岁年龄人口占总人口的比重

2010~2022年，"三省一市"15~64岁年龄人口占总人口的比重呈下降趋势。从下降幅度看，2010~2022年上海15~64岁年龄人口的比重下降最多，下降了9.69个百分点；其次是江苏，下降了8.12个百分点；浙江和安徽分别下降了5.31个和5.65个百分点（见表5）。

表5 2010~2022年"三省一市"15~64岁年龄人口占总人口的比重情况

单位：%

年份	上海市	江苏省	浙江省	安徽省
2010	81.25	76.10	77.45	71.84
2011	83.85	76.20	78.82	71.50
2012	82.52	75.34	78.91	71.57
2013	80.00	74.42	78.86	71.00
2014	80.20	74.17	78.35	71.70
2015	77.84	73.75	75.82	71.04

续表

年份	上海市	江苏省	浙江省	安徽省
2016	77.36	72.76	75.42	71.00
2017	75.79	72.62	75.35	67.91
2018	75.21	71.97	73.32	68.21
2019	73.70	71.13	72.91	67.38
2020	73.92	68.59	73.28	65.75
2021	72.74	68.27	72.58	65.91
2022	71.56	67.98	72.14	66.19

资料来源：历年《中国统计年鉴》。

3. 65 岁及以上年龄人口占总人口的比重

2010~2022 年，"三省一市" 65 岁及以上年龄人口占总人口的比重呈波动上升趋势。从增加幅度看，2010~2022 年上海 65 岁及以上年龄人口的比重增加最多，增加了 8.55 个百分点；其次是江苏，增加了 6.98 个百分点；浙江和安徽分别增加了 5.57 个和 5.61 个百分点。从 2022 年情况看，上海 65 岁及以上年龄人口占总人口的比重为 "三省一市" 最高，为 18.67%；江苏其次，为 17.87%；浙江和安徽分别为 14.91% 和 15.79%（见表 6）。

表 6　2010~2022 年 "三省一市" 65 岁及以上年龄人口占总人口的比重情况

单位：%

年份	上海市	江苏省	浙江省	安徽省
2010	10.12	10.89	9.34	10.18
2011	7.87	10.82	8.57	10.48
2012	9.01	11.50	8.75	10.32
2013	10.64	12.25	9.20	10.53
2014	9.68	12.06	9.62	10.42
2015	12.82	12.70	11.27	11.18
2016	12.96	13.50	11.64	11.47

续表

年份	上海市	江苏省	浙江省	安徽省
2017	14.26	13.93	12.48	13.00
2018	14.95	14.30	12.99	13.20
2019	16.26	15.08	14.03	13.97
2020	16.28	16.20	13.27	15.00
2021	17.45	17.04	14.17	15.44
2022	18.67	17.87	14.91	15.79

资料来源：历年《中国统计年鉴》。

（四）小结

2010~2022年长三角地区常住人口总量持续增长，由2010年的21576万人增加至2022年的23694万人。常住人口规模的逐年扩大将为"三省一市"的持续发展提供坚实的人口基础，也将对公共服务资源产生更大压力。分年龄来看，2010~2022年"三省一市"在老年人口不断增加的同时，0~14岁年龄人口也略有增加，而劳动年龄（15~64岁）人口持续减少。长三角0~14岁年龄人口的比重均值由2010年的13.21%上升至2022年的13.72%，15~64岁年龄人口的比重均值由2010年的76.66%下降至2022年的69.47%，65岁及以上年龄人口的比重均值由2010年的10.13%上升至2022年的16.81%。人口年龄结构向中间挤压，老龄化程度持续加深。此外，"三省一市"自2011年以来城镇化率呈现稳步上升的趋势，由2011年的64.58%上升至2022年的74.32%。上海作为长三角的核心城市，其城镇化率一直处于较高水平。同时，江苏和浙江等省份的城镇化率也在不断提升，与上海形成了较为紧密的城镇化发展格局。

二　长三角公共服务资源供给情况

本报告从教育、文化、体育、卫生、就业、公用事业、住房、社会救助八方面分析了长三角不同省市公共服务资源的发展情况及与人口发展的供需匹配状况。

（一）教育

1. 各级学校数量

（1）普通小学数量

2010~2022 年，"三省一市"的普通小学数量总体上呈稳定减少的趋势。从减少幅度来看，安徽普通小学数量减少最为显著，共计减少了 7488 所；其次是浙江，减少了 785 所；上海和江苏减少的普通小学数量分别为 95 所和 410 所。从 2022 年数据来看，安徽的普通小学数量在"三省一市"中居首位，达到了 6509 所；江苏次之，为 4088 所；上海与浙江分别为 671 所与 3204 所（见表 7）。

表 7　2010~2022 年"三省一市"普通小学数量

单位：所

年份	上海市	江苏省	浙江省	安徽省
2010	766	4498	3989	13997
2011	764	4325	3818	13343
2012	761	4128	3698	12547
2013	759	4020	3400	11507
2014	757	4023	3344	10547
2015	764	4068	3303	9119
2016	753	4036	3269	8284
2017	741	4075	3286	8108
2018	721	4103	3301	7908
2019	698	4151	3310	7792
2020	684	4144	3308	7464
2021	680	4116	3257	6964
2022	671	4088	3204	6509

资料来源：历年《中国统计年鉴》。

（2）普通初中数量

2010~2022年，"三省一市"普通初中数量整体保持平稳，其中上海、江苏、浙江普通初中数量有所增加，安徽普通初中数量有所减少。从2022年数据来看，安徽的普通初中数量在"三省一市"中居首位，达到了2780所；江苏次之，为2304所；上海与浙江分别为608所与1782所（见表8）。

表8　2010~2022年"三省一市"普通初中数量

单位：所

年份	上海市	江苏省	浙江省	安徽省
2010	494	2123	1745	2995
2011	507	2100	1745	2962
2012	514	2066	1735	2920
2013	519	2073	1727	2902
2014	522	2077	1719	2805
2015	537	2091	1712	2858
2016	545	2121	1717	2800
2017	560	2148	1735	2810
2018	573	2187	1742	2833
2019	584	2224	1744	2846
2020	588	2258	1748	2846
2021	605	2286	1768	2825
2022	608	2304	1782	2780

资料来源：历年《中国统计年鉴》。

（3）普通高中数量

2010~2022年，"三省一市"普通高中数量整体保持平稳。其中，上海、浙江普通高中数量有所增加，江苏和安徽普通高中数量有所减少。从2022年情况看，安徽普通高中数量为"三省一市"最多，为679所；江苏其次，为644所；上海和浙江普通高中数量分别为280所和641所（见表9）。

表9 2010～2022 年"三省一市"普通高中数量

单位：所

年份	上海市	江苏省	浙江省	安徽省
2010	261	653	569	743
2011	247	618	569	734
2012	246	594	571	716
2013	243	578	569	698
2014	246	567	561	694
2015	253	569	563	666
2016	256	571	574	672
2017	258	564	580	662
2018	260	578	591	661
2019	258	580	601	667
2020	262	585	622	661
2021	262	609	631	679
2022	280	644	641	679

资料来源：历年《中国统计年鉴》。

（4）普通高等学校数量

2010～2022 年，"三省一市"普通高等学校数量整体保持平稳。其中，江苏、浙江和安徽的普通高等学校数量有所增加，上海普通高等学校数量有所减少。从 2022 年情况看，江苏普通高等学校数量为"三省一市"最多，为 168 所；安徽其次，为 121 所；上海和浙江分别为 64 所和 109 所（见表 10）。

表10 2010～2022 年"三省一市"普通高等学校数量

单位：所

年份	上海市	江苏省	浙江省	安徽省
2010	67	150	101	111
2011	66	156	103	116
2012	67	153	102	118
2013	68	156	102	117

续表

年份	上海市	江苏省	浙江省	安徽省
2014	68	159	104	118
2015	67	162	105	119
2016	64	166	107	119
2017	64	167	107	119
2018	64	167	108	119
2019	64	167	108	120
2020	63	167	109	120
2021	64	167	109	121
2022	64	168	109	121

资料来源: 历年《中国统计年鉴》。

2. 在校学生数量

(1) 普通小学在校学生数量

2010~2022 年,"三省一市"普通小学在校学生数量整体呈上升趋势,其中,江苏、浙江稳步上升,上海、安徽在某些年份有所波动。从增加人数看,2010~2022 年江苏普通小学在校学生数量增加最多,增加 1874467 人;其次为浙江,增加 598063 人;上海和安徽增加的学生数量分别为 215424 人和 98195 人(见表 11)。

表 11　2010~2022 年"三省一市"普通小学在校学生数量

单位: 人

年份	上海市	江苏省	浙江省	安徽省
2010	701578	3981821	3333274	4604351
2011	731131	4095995	3440635	4435804
2012	760377	4227557	3467269	4047018
2013	792476	4353694	3495846	4091967
2014	802960	4714813	3545012	4151398
2015	798686	4996365	3569926	4225034
2016	789721	5222018	3550236	4303637
2017	784896	5402074	3540079	4405178

续表

年份	上海市	江苏省	浙江省	安徽省
2018	800222	5604407	3605686	4568379
2019	826347	5726376	3671067	4621048
2020	860960	5808208	3727273	4682378
2021	892789	5856796	3833995	4687309
2022	917002	5856288	3931337	4702546

资料来源：历年《中国统计年鉴》。

（2）普通初中在校学生数量

2010~2022年，上海、江苏和浙江普通初中在校学生数量整体呈上升趋势，安徽普通初中在校学生数量呈下降趋势。从增加人数看，2010~2022年江苏普通初中在校学生数量增加最多，增加373472人；其次为上海，增加98920人；浙江增加21650人，安徽则减少502212人（见表12）。

表12 2010~2022年"三省一市"普通初中在校学生数量

单位：人

年份	上海市	江苏省	浙江省	安徽省
2010	425463	2329518	1671286	2789866
2011	430585	2111249	1546002	2498800
2012	432686	1970169	1492985	2130347
2013	436696	1857469	1482649	1997091
2014	426789	1852029	1499062	1924134
2015	412345	1867166	1479353	1900786
2016	413298	1949456	1503118	1941986
2017	411712	2086934	1558460	2021627
2018	432531	2257619	1614623	2097690
2019	450954	2424561	1636986	2188232
2020	468062	2542608	1636425	2239554
2021	497550	2638789	1663693	2298698
2022	524383	2702990	1692936	2287654

资料来源：历年《中国统计年鉴》。

（3）普通高中在校学生数量

2010~2022年，"三省一市"普通高中在校学生数量整体起伏不大，总体而言，江苏、浙江和安徽普通高中在校学生数量皆有所减少。从减少人数看，2010~2022年安徽普通高中在校学生数量减少最多，减少74988人；其次为浙江，减少15786人；江苏减少5642人；上海增加24037人（见表13）。

表13 2010~2022年"三省一市"普通高中在校学生数量

单位：人

年份	上海市	江苏省	浙江省	安徽省
2010	168899	1356550	880194	1275968
2011	161056	1286951	899016	1278903
2012	157706	1208697	875802	1292863
2013	156817	1109899	839755	1255132
2014	157416	1034205	790838	1201286
2015	158201	977955	773359	1135543
2016	157806	951525	765605	1106953
2017	158914	943365	773353	1084974
2018	158181	980758	769236	1074716
2019	159445	1050290	784233	1088028
2020	166407	1155411	809004	1133579
2021	174454	1251876	837036	1163441
2022	192936	1350908	864408	1200980

资料来源：历年《中国统计年鉴》。

（4）普通高等学校在校学生数量

2010~2022年，"三省一市"普通高等学校在校学生数量整体呈上升趋势。从增加人数看，2010~2022年安徽普通高等学校在校学生数量增加最多，增加614581人；其次为江苏，增加569684人；浙江和上海分别增加368398人和29146人（见表14）。

表 14 2010~2022 年"三省一市"普通高校在校学生数量

单位：人

年份	上海市	江苏省	浙江省	安徽省
2010	515661	1649430	884867	938954
2011	511283	1659415	907482	991267
2012	506596	1671173	932292	1023033
2013	504771	1684455	959629	1052123
2014	506644	1698636	978216	1080545
2015	511323	1715749	991149	1130748
2016	514683	1745847	996143	1145007
2017	514917	1767877	1002346	1147401
2018	517796	1806277	1019449	1139112
2019	516585	1874084	1074688	1241151
2020	540693	2014698	1148737	1368465
2021	548733	2110805	1210296	1504990
2022	544807	2219114	1253265	1553535

资料来源：历年《中国统计年鉴》。

3. 各级教育生师比

（1）小学生师比

2010~2022 年，"三省一市"的普通小学生师比总体上呈现下降趋势，其中，上海与浙江的小学生师比呈现稳步下降趋势，而安徽则经历了波动性的下降过程。从下降幅度来看，2010~2022 年浙江的小学生师比下降幅度最大，达到了 2.46；上海次之，下降幅度为 1.49；安徽虽然也呈现下降趋势，但其下降幅度为 1.30，相对较小。江苏在此期间的小学生师比却有所上升，升幅为 0.18。从 2022 年的数据来看，上海的小学生师比在"三省一市"中处于最低水平，具体比值为 14.02；江苏的小学生师比次低，比值为 16.16；浙江与安徽的小学生师比分别为 16.93 和 17.44（见表 15）。

表15　2010~2022年"三省一市"小学生师比

年份	上海市	江苏省	浙江省	安徽省
2010	15.51	15.98	19.39	18.74
2011	15.81	16.38	19.73	18.23
2012	15.82	16.74	19.32	16.76
2013	15.92	16.86	19.05	17.18
2014	15.60	17.45	18.62	17.45
2015	15.27	17.98	18.33	17.73
2016	14.79	18.06	17.75	17.90
2017	14.35	17.99	17.26	17.98
2018	14.09	17.73	17.14	18.32
2019	13.90	17.25	16.99	18.09
2020	14.01	16.79	16.79	17.98
2021	14.10	16.31	16.80	17.42
2022	14.02	16.16	16.93	17.44

资料来源：历年《中国统计年鉴》。

（2）初中生师比

2010~2022年，"三省一市"的初中生师比总体呈现下降的趋势，其中，上海稳步下降后小幅度上升，江苏与安徽先下降后上升再下降，浙江近几年则相对平稳。从下降幅度来看，2010~2022年安徽的初中生师比下降幅度最大，达到了3.73；浙江次之，下降幅度为1.49；上海与江苏下降幅度较小，分别为1.42和0.67。从2022年的数据来看，上海的初中生师比在"三省一市"中处于最低水平，具体为11.09；江苏次低，比值为11.83，高出上海0.74；浙江与安徽的初中生师比则分别为12.38和13.37，均高于上海和江苏（见表16）。

表16　2010~2022年"三省一市"初中生师比

年份	上海市	江苏省	浙江省	安徽省
2010	12.51	12.50	13.87	17.10

续表

年份	上海市	江苏省	浙江省	安徽省
2011	12.48	11.41	12.96	15.46
2012	12.29	10.81	12.56	13.23
2013	12.11	10.50	12.58	12.63
2014	11.49	10.60	12.59	12.40
2015	10.98	10.77	12.30	12.60
2016	10.85	11.04	12.34	12.79
2017	10.48	11.48	12.50	13.00
2018	10.55	11.83	12.66	13.16
2019	10.47	12.06	12.54	13.48
2020	10.47	11.96	12.29	13.53
2021	10.80	11.85	12.24	13.50
2022	11.09	11.83	12.38	13.37

资料来源：历年《中国统计年鉴》。

（3）高中生师比

2010~2022年，"三省一市"的高中生师比总体上呈现下降趋势。从下降幅度来看，2010~2022年安徽的高中生师比下降幅度最大，达到了5.76；浙江次之，下降幅度为3.09；上海与江苏的高中生师比下降幅度分别为0.51和2.68。从2022年的数据来看，上海的高中生师比在"三省一市"中处于最低水平，具体为9.59；浙江的高中生师比次低，为11.03；江苏与安徽则分别为11.13和13.32（见表17）。

表17　2010~2022年"三省一市"高中生师比

年份	上海市	江苏省	浙江省	安徽省
2010	10.10	13.81	14.12	19.08
2011	9.70	13.25	14.19	18.38
2012	9.51	12.43	13.58	18.01

续表

年份	上海市	江苏省	浙江省	安徽省
2013	9.45	11.41	12.92	17.00
2014	9.27	10.71	12.06	15.97
2015	9.09	10.25	11.65	14.87
2016	8.93	10.01	11.26	14.31
2017	8.86	9.96	11.11	13.91
2018	8.62	10.26	10.93	13.67
2019	8.57	10.58	10.90	13.54
2020	8.74	10.96	10.98	13.82
2021	9.00	11.07	10.97	13.48
2022	9.59	11.13	11.03	13.32

资料来源：历年《中国统计年鉴》。

4. 各级教育每十万人口平均在校生数

（1）学前阶段每十万人口平均在校生数

2010~2022年，安徽的学前阶段每十万人口平均在校生数呈稳步上升趋势；上海、江苏呈现先上升后下降的态势；浙江呈下降趋势。从增加人数看，2010~2022年安徽学前阶段每十万人口平均在校生数量增加最多，增加了1698人；其次为江苏，增加了125人，上海增加了62人，浙江则下降了518人。从2022年情况看，安徽学前阶段每十万人口平均在校生数为"三省一市"最多，人数是3342人；浙江其次，为3016人；上海和江苏分别为2146人和2788人（见表18）。

表18 2010~2022年"三省一市"学前阶段每十万人口平均在校生数

单位：人

年份	上海市	江苏省	浙江省	安徽省
2010	2084	2663	3534	1644
2011	1929	2764	3436	1961
2012	2047	2791	3453	2645

续表

年份	上海市	江苏省	浙江省	安徽省
2013	2105	2927	3412	2805
2014	2082	2948	3379	2868
2015	2209	3150	3452	3052
2016	2304	3225	3463	3136
2017	2367	3257	3503	3242
2018	2363	3183	3419	3313
2019	2357	3154	3377	3343
2020	2354	3148	3394	3406
2021	2251	2979	3105	3506
2022	2146	2788	3016	3342

资料来源：历年《中国统计年鉴》。

（2）小学阶段每十万人口平均在校生数

2010~2022年，上海、江苏、安徽的小学阶段每十万人口平均在校生数整体呈上升趋势，其中，江苏先上升后下降；浙江呈下降趋势。从增加人数看，2010~2022年江苏小学阶段每十万人口平均在校生数量增加最多，增加了1724人；其次为安徽，增加了183人；上海增加了32人，浙江则下降了424人。从2022年情况看，安徽小学阶段每十万人口平均在校生数为"三省一市"最多，为7693人；江苏其次，为6886人；上海和浙江分别为3684人和6011人（见表19）。

表19 2010~2022年"三省一市"小学阶段每十万人口平均在校生数

单位：人

年份	上海市	江苏省	浙江省	安徽省
2010	3652	5162	6435	7510
2011	3175	5205	6317	7446
2012	3239	5352	6347	6781

续表

年份	上海市	江苏省	浙江省	安徽省
2013	3330	5497	6383	6834
2014	3325	5938	6448	6885
2015	3292	6277	6481	6946
2016	3270	6547	6410	7005
2017	3243	6753	6333	7110
2018	3309	6980	6374	7304
2019	3409	7113	6399	7307
2020	3546	7197	6371	7355
2021	3588	6909	5928	7678
2022	3684	6886	6011	7693

资料来源：历年《中国统计年鉴》。

（3）初中阶段每十万人口平均在校生数

2010～2022 年，上海、浙江、安徽的初中阶段每十万人口平均在校生数整体呈下降趋势，江苏呈上升趋势。从减少人数看，2010～2022 年安徽初中阶段每十万人口平均在校生数量减少最多，减少了 809 人；其次为浙江，减少了 637 人；上海减少了 109 人，江苏则增加了 162 人。从 2022 年情况看，安徽初中阶段每十万人口平均在校生数为"三省一市"最多，为 3742 人；江苏其次，为 3178 人；上海和浙江分别为 2107 人和 2589 人（见表 20）。

表 20　2010～2022 年"三省一市"初中阶段每十万人口平均在校生数

单位：人

年份	上海市	江苏省	浙江省	安徽省
2010	2216	3016	3226	4551
2011	1870	2683	2838	4195
2012	1843	2494	2733	3570

年份	上海市	江苏省	浙江省	安徽省
2013	1835	2345	2707	3335
2014	1767	2333	2727	3191
2015	1700	2346	2686	3125
2016	1711	2444	2714	3161
2017	1701	2609	2788	3263
2018	1789	2812	2854	3344
2019	1860	3012	2853	3460
2020	1928	3151	2797	3518
2021	2000	3113	2572	3765
2022	2107	3178	2589	3742

资料来源：历年《中国统计年鉴》。

（4）高中阶段每十万人口平均在校生数

2010~2022 年，"三省一市"的高中阶段每十万人口平均在校生数整体呈下降趋势，其中，江苏和浙江在 2021 年有所波动。从减少人数看，2010~2022 年江苏高中阶段每十万人口平均在校生数量减少最多，减少了 1147 人；其次为浙江，减少了 1044 人；上海和安徽分别减少了 651 人和 501 人。从 2022 年情况看，安徽高中阶段每十万人口平均在校生数为"三省一市"最多，为 3156 人；江苏其次，为 2380 人；上海和浙江分别为 1227 人和 2145 人（见表 21）。

表 21　2010~2022 年"三省一市"高中阶段每十万人口平均在校生数

单位：人

年份	上海市	江苏省	浙江省	安徽省
2010	1878	3527	3189	3657
2011	1430	3312	3134	3858
2012	1389	3014	3020	3940
2013	1308	2738	2887	3794

续表

年份	上海市	江苏省	浙江省	安徽省
2014	1197	2542	2726	3583
2015	1149	2407	2647	3318
2016	1120	2318	2589	3145
2017	1099	2316	2635	3123
2018	1082	2323	2581	3065
2019	1070	2410	2626	3109
2020	1117	2533	2677	3237
2021	1139	2233	2162	3138
2022	1227	2380	2145	3156

资料来源：历年《中国统计年鉴》。

（5）高等教育阶段每十万人口平均在校生数

2010～2022年，江苏、浙江、安徽的高等教育阶段每十万人口平均在校生数整体呈上升趋势，上海则呈下降趋势。从增加人数看，2010～2022年安徽高等教育阶段每十万人口平均在校生数量增加最多，增加了1442人；其次为江苏，增加了907人；浙江增加了478人，上海则减少了544人。从2022年发展情况看，上海高等教育阶段每十万人口平均在校生数为"三省一市"最多，为3756人；江苏其次，为3726人；浙江和安徽分别为2763人和3283人（见表22）。

表22　2010～2022年"三省一市"高等教育阶段每十万人口平均在校生数

单位：人

年份	上海市	江苏省	浙江省	安徽省
2010	4300	2819	2285	1841
2011	3556	2824	2218	2007
2012	3481	2786	2288	2101
2013	3421	2814	2363	2203

年份	上海市	江苏省	浙江省	安徽省
2014	3348	2858	2408	2245
2015	3330	2896	2414	2309
2016	3327	2937	2355	2259
2017	3498	3045	2345	2250
2018	3517	3143	2370	2245
2019	3582	3311	2509	2447
2020	3722	3653	2704	2702
2021	3691	3531	2632	3089
2022	3756	3726	2763	3283

资料来源：历年《中国统计年鉴》。

（二）文化

1. 艺术表演场馆

2010~2022年，"三省一市"艺术表演场馆数量呈波动增加趋势。从增加个数看，2010~2022年江苏艺术表演场馆数量增加最多，增加了134个；其次为安徽，增加90个；浙江和上海增加数量分别为58个和5个。从2022年情况看，江苏艺术表演场馆数量为"三省一市"最多，为335个；浙江其次，为300个；上海和安徽分别为101个和150个（见表23）。

表23　2010~2022年"三省一市"艺术表演场馆情况

单位：个

年份	上海市	江苏省	浙江省	安徽省
2010	96	201	242	60
2011	103	110	223	67
2012	117	217	271	72
2013	27	110	61	48

年份	上海市	江苏省	浙江省	安徽省
2014	24	111	62	48
2015	50	207	308	76
2016	47	223	326	88
2017	49	254	365	91
2018	45	249	336	107
2019	50	244	358	107
2020	61	274	313	100
2021	83	329	273	106
2022	101	335	300	150

资料来源：历年《中国统计年鉴》。

2. 公共图书馆

2010~2022 年，"三省"公共图书馆数量呈波动增加趋势，上海公共图书馆数量呈稳步减少趋势。从增加个数看，2010~2022 年安徽公共图书馆数量增加最多，增加了 45 个；其次为江苏，增加了 11 个；浙江增加了 6 个。而 2010~2022 年上海减少的公共图书馆数量为 8 个。从 2022 年情况看，安徽公共图书馆数量为"三省一市"最多，为 133 个；江苏其次，为 122 个；上海和浙江分别为 20 个和 103 个（见表 24）。

表 24　2010~2022 年"三省一市"公共图书馆情况

单位：个

年份	上海市	江苏省	浙江省	安徽省
2010	28	111	97	88
2011	25	112	97	100
2012	25	112	97	102
2013	25	113	98	107
2014	25	114	98	113
2015	25	114	100	122
2016	24	114	102	123
2017	24	115	101	124

续表

年份	上海市	江苏省	浙江省	安徽省
2018	23	116	103	126
2019	23	117	103	127
2020	23	120	104	131
2021	22	123	103	133
2022	20	122	103	133

资料来源：历年《中国统计年鉴》。

3. 博物馆

2010～2022 年，"三省一市"博物馆数量呈稳步增加趋势。从增加个数看，浙江增加最多，增加了 332 个；其次为江苏，增加了 160 个；安徽和上海增加数量分别为 105 个和 89 个。从 2022 年发展情况看，浙江博物馆数量为"三省一市"最多，为 432 个；江苏其次，为 373 个；上海和安徽博物馆数量分别为 116 个和 225 个（见表 25）。

表 25　2010～2022 年"三省一市"博物馆情况

单位：个

年份	上海市	江苏省	浙江省	安徽省
2010	27	213	100	120
2011	36	245	100	131
2012	90	266	166	141
2013	100	292	183	154
2014	103	301	187	164
2015	99	312	224	171
2016	99	317	275	171
2017	98	322	308	196
2018	100	329	337	201
2019	98	345	366	219
2020	107	367	406	230
2021	116	366	425	223
2022	116	373	432	225

资料来源：历年《中国统计年鉴》。

（三）体育

1.管理人员数量

2010~2022年，"三省一市"体育系统管理人员数量呈下降趋势，其中，上海在2019年大幅波动。从下降人数看，2010~2022年江苏体育系统管理人员数量下降最多，为563人；其次为安徽，减少514人；上海和浙江分别减少204人和267人。从2022年情况看，江苏体育系统管理人员数量为"三省一市"最多，为1439人；上海其次，为1385人；浙江和安徽分别为1241人和296人（见表26）。

表26　2010~2022年"三省一市"体育系统管理人员数量

单位：人

年份	上海市	江苏省	浙江省	安徽省
2010	1589	2002	1508	810
2011	1471	1853	1439	784
2012	1427	1908	1525	816
2013	1515	1952	1027	526
2014	1229	1722	1057	586
2015	1229	1729	1045	661
2016	1194	1566	1047	588
2017	1314	1491	978	564
2018	1327	1451	923	524
2019	108	1442	950	454
2020	1333	1390	1103	668
2021	1384	1349	1013	338
2022	1385	1439	1241	296

资料来源：历年《上海统计年鉴》《江苏统计年鉴》《浙江统计年鉴》《安徽统计年鉴》。

2.文化教师数量

2010~2022年，上海、浙江、安徽的体育系统文化教师数量呈波动下降趋势，江苏则呈波动上升趋势。从减少人数看，2010~2022年上海文化教师数量减少最多，减少了328人；其次为安徽，减少了149人；浙江减少了100人。2010~2022年江苏则增加了379名文化教师。从2022年情况看，江苏体育系统文化教师数量为"三省一市"最多，为1139人；浙江其次，为377人；上海和安徽分别为103人和165人（见表27）。

表27　2010~2022年"三省一市"体育系统文化教师数量

单位：人

年份	上海市	江苏省	浙江省	安徽省
2010	431	760	477	314
2011	362	879	471	230
2012	307	969	473	207
2013	431	980	415	221
2014	132	973	432	197
2015	120	883	443	325
2016	86	993	438	342
2017	130	909	386	253
2018	137	998	362	287
2019	82	1004	366	50
2020	99	1125	353	384
2021	138	1125	395	180
2022	103	1139	377	165

资料来源：历年《上海统计年鉴》《江苏统计年鉴》《浙江统计年鉴》《安徽统计年鉴》。

3. 科研人员数量

2010~2022年，江苏、安徽的体育系统科研人员数量呈波动下降趋势，上海和浙江则呈波动上升趋势。从下降人数看，2010~2022年安徽相关科研人员数量减少最多，减少了47人；江苏减少了37人。从增加人数看，2010~2022年上海和浙江分别增加了31名和13名科研人员。从2022年情况看，江苏体育系统科研人员数量为"三省一市"最多，为114人；上海其次，为102人；浙江和安徽则分别为56人和2人（见表28）。

表28　2010~2022年"三省一市"体育系统科研人员数量

单位：人

年份	上海市	江苏省	浙江省	安徽省
2010	71	151	43	49
2011	88	148	51	44
2012	79	137	56	41
2013	69	101	45	39
2014	92	99	41	34
2015	92	105	48	28
2016	74	92	36	25
2017	64	85	46	35
2018	78	104	46	27
2019	70	101	41	2
2020	92	113	52	34
2021	100	104	51	2
2022	102	114	56	2

资料来源：历年《上海统计年鉴》《江苏统计年鉴》《浙江统计年鉴》《安徽统计年鉴》。

（四）卫生

1. 医疗卫生机构数量

2010~2022年，"三省一市"医疗卫生机构数量呈稳步上升趋势。从增加个数看，2010~2022年安徽医疗卫生机构数量增加最多，增加了7179个；其次为江苏，增加了6045个；浙江和上海增加的数量分别为6028个和1696个。从2022年情况看，江苏医疗卫生机构数量为"三省一市"最多，为37001个；浙江其次，为35967个；上海和安徽医疗卫生机构数量分别为6404个和30176个（见表29）。

表29　2010~2022年"三省一市"医疗卫生机构数量

单位：个

年份	上海市	江苏省	浙江省	安徽省
2010	4708	30956	29939	22997
2011	4740	31680	30515	22884

年份	上海市	江苏省	浙江省	安徽省
2012	4845	31050	30271	23275
2013	4929	30998	30063	24645
2014	4984	31995	30358	24824
2015	5016	31925	31137	24853
2016	5016	32117	31546	24385
2017	5144	32037	31979	24491
2018	5293	33254	32754	24925
2019	5597	34796	34119	26435
2020	5897	35747	34400	29391
2021	6308	36448	35120	29554
2022	6404	37001	35967	30176

资料来源：历年《中国统计年鉴》。

2. 卫生人员数量

2010~2022年，"三省一市"卫生人员数量呈稳步上升趋势。从增加人数看，2010~2022年江苏卫生人员数量增加最多，增加了416253人；其次为浙江，增加了378877人；安徽和上海增加的数量分别为244042人和116420人。从2022年情况看，江苏卫生人员数量为"三省一市"最多，为875278人；浙江其次，为731748人；安徽和上海分别为553360人和288355人（见表30）。

表30　2010~2022年"三省一市"卫生人员数量

单位：人

年份	上海市	江苏省	浙江省	安徽省
2010	171935	459025	352871	309318
2011	176632	481818	374157	315382
2012	183416	519709	400094	334842
2013	192333	551113	427072	353799
2014	201735	589559	455809	365662
2015	208444	618945	491008	377387

年份	上海市	江苏省	浙江省	安徽省
2016	217061	654117	523598	388224
2017	227750	692473	555716	407457
2018	238225	739314	589357	426956
2019	248653	786334	628000	454604
2020	261404	823261	659781	503172
2021	281031	853428	694800	519418
2022	288355	875278	731748	553360

资料来源：历年《中国统计年鉴》。

3. 千人卫生技术人员数量

2010~2022 年，"三省一市"的千人卫生技术人员数量总体上呈现稳步上升的趋势，其中，浙江和安徽 2012~2014 年有所波动。从绝对值水平来看，2022 年上海的千人卫生技术人员数量达到了最高水平，具体数值为9.54 人；浙江次高，为 9.32 人；江苏与安徽数值略低，分别为 8.38 人和7.69 人（见表 31）。

表 31　2010~2022 年"三省一市"千人卫生技术人员数量

单位：人

年份	上海市	江苏省	浙江省	安徽省
2010	5.88	4.40	6.08	3.10
2011	5.93	4.67	6.42	3.16
2012	6.14	5.00	6.02	3.94
2013	6.48	5.63	7.30	3.66
2014	6.76	5.76	6.82	4.41
2015	7.00	6.10	7.30	4.60
2016	7.36	6.46	7.74	4.74
2017	7.73	6.82	8.13	5.01
2018	8.07	7.33	8.47	5.27
2019	8.42	7.85	8.89	5.67

年份	上海市	江苏省	浙江省	安徽省
2020	8.62	7.85	8.49	6.75
2021	9.20	8.13	8.85	7.12
2022	9.54	8.38	9.32	7.69

资料来源：历年《中国统计年鉴》。

4. 千人医疗机构床位数

2010~2022 年，"三省"千人医疗机构床位数总体呈稳步递增的趋势，上海则呈先下降后上升趋势。从绝对值水平来看，安徽千人医疗机构床位数在"三省一市"中居于首位，2022 年的具体数值为 7.25 张；上海次之，为 6.68 张；江苏和浙江分别为 6.61 张和 5.80 张（见表 32）。

表 32　2010~2022 年"三省一市"千人医疗机构床位数

单位：张

年份	上海市	江苏省	浙江省	安徽省
2010	7.44	3.61	3.88	2.75
2011	7.55	3.94	4.07	2.97
2012	4.61	4.21	3.89	3.71
2013	4.73	4.64	4.18	3.91
2014	4.84	4.93	4.46	4.14
2015	5.08	5.19	4.92	4.35
2016	5.34	5.54	5.19	4.55
2017	5.57	5.84	5.54	4.89
2018	5.74	6.11	5.79	5.19
2019	6.03	6.39	5.99	5.46
2020	6.12	6.31	5.60	6.68
2021	6.44	6.45	5.66	6.72
2022	6.68	6.61	5.80	7.25

资料来源：历年《中国统计年鉴》。

（五）就业

1. 每一农村就业人口负担人数

2018~2022 年，"三省一市"每一农村就业人口负担人数呈稳步上升趋势，其中，安徽在 2021 年数值波动较大，其他省市则相对稳定。从 2022 年的发展情况看，安徽省每一农村就业人口负担人数为"三省一市"最多，为 1.91 人；上海次之，为 1.90 人；江苏和浙江分别为 1.66 人和 1.62 人（见表 33）。

表 33　2018~2022 年"三省一市"每一农村就业人口负担人数

单位：人

年份	上海市	江苏省	浙江省	安徽省
2018	1.87	1.66	1.59	1.75
2019	1.87	1.65	1.62	1.82
2020	1.90	1.72	1.66	1.92
2021	1.86	1.63	1.58	1.50
2022	1.90	1.66	1.62	1.91

说明：由于缺乏 2010~2014 年上海市、2017 年安徽省相关数据，故从 2018 年开始统计。

资料来源：《上海统计年鉴》《江苏统计年鉴》《浙江统计年鉴》《安徽统计年鉴》。

2. 每一城镇就业人口负担人数

2018~2022 年，"三省一市"每一城镇就业人口负担人数呈稳步上升趋势，其中，安徽在 2021 年数值波动较大，其他省市则相对稳定。从 2022 年的发展情况看，上海每一城镇就业人口负担人数为"三省一市"最多，为 2.33 人；江苏和安徽次之，均负担 1.94 人；浙江位于较低水平，负担 1.90 人（见表 34）。

（六）城市公用事业

1. 用水普及率

2010~2022 年，"三省一市"用水普及率呈稳步上升趋势。从上升幅度看，2010~2022 年安徽用水普及率上升最快，幅度为 3.66 个百分点；其次为江苏，上升幅度为 0.4 个百分点。从 2022 年情况看，江苏和浙江用水普及率均为"三省一市"最高，为 100.00%；上海次之，为 99.99%；安徽为 99.76%（见表 35）。

表 34　2018~2022 年"三省一市"每一城镇就业人口负担人数

单位：人

年份	上海市	江苏省	浙江省	安徽省
2018	2.16	1.85	1.85	1.81
2019	2.19	1.86	1.86	1.86
2020	2.28	1.91	1.91	1.95
2021	2.28	1.90	1.86	1.38
2022	2.33	1.94	1.90	1.94

说明：由于缺乏 2010~2014 年上海市、2017 年安徽省相关数据，故从 2018 年开始统计。
资料来源：《上海统计年鉴》《江苏统计年鉴》《浙江统计年鉴》《安徽统计年鉴》。

表 35　2010~2022 年"三省一市"用水普及率情况

单位：%

年份	上海市	江苏省	浙江省	安徽省
2010	99.99	99.60	99.79	96.10
2011	99.99	99.60	99.84	96.60
2012	99.99	99.70	99.88	98.00
2013	99.99	99.70	99.97	98.40
2014	99.99	99.80	99.93	98.63
2015	99.99	99.80	99.95	98.79
2016	99.99	99.90	99.97	99.20
2017	99.99	100.00	100.00	99.43
2018	99.99	100.00	100.00	99.75
2019	99.99	100.00	100.00	99.36
2020	99.99	100.00	100.00	99.60
2021	99.99	100.00	100.00	99.81
2022	99.99	100.00	100.00	99.76

资料来源：《上海统计年鉴》《江苏统计年鉴》《浙江统计年鉴》《安徽统计年鉴》。

2. 人均公园绿地面积

2010~2022 年，江苏、浙江和安徽人均公园绿地面积呈稳步上升趋势，上海则呈下降趋势。从上升或下降幅度看，2010~2022 年安徽人均公园绿地面积上升最快，上升了 5.90 平方米，其次为浙江，上升了 2.74 平方米，江苏上升了 2.60 平方米，上海则下降了 4.00 平方米。从 2022 年情况看，安徽人均公园绿地面积为"三省一市"最大，为 16.90 平方米；江苏次之，为 15.90 平方米；浙江和上海则分别为 13.79 平方米和 9.00 平方米（见表 36）。

表 36 2010~2022 年"三省一市"人均公园绿地面积

单位：平方米

年份	上海市	江苏省	浙江省	安徽省
2010	13.00	13.30	11.05	11.00
2011	13.10	13.30	11.77	11.90
2012	13.29	13.60	12.47	11.90
2013	13.38	14.00	12.44	12.50
2014	13.79	14.40	12.90	13.20
2015	7.60	14.60	13.19	13.37
2016	7.80	14.80	13.17	14.02
2017	8.10	15.00	13.32	14.32
2018	8.20	14.70	13.73	14.67
2019	8.40	14.98	14.03	14.80
2020	8.50	15.34	13.59	14.88
2021	8.70	15.60	12.87	14.49
2022	9.00	15.90	13.79	16.90

说明：上海市自 2014 年起人均公园绿地面积（平方米）由原先的根据非农户籍人口计算调整为根据常住人口计算。

资料来源：《上海统计年鉴》《江苏统计年鉴》《浙江统计年鉴》《安徽统计年鉴》。

（七）居民住房质量

从第七次全国人口普查数据看，江苏城市居民人均住房建筑面积最大，达到了 40.75 平方米，是第二名安徽的 1.08 倍，分别是浙江和上海的 1.1

倍和1.33倍。从镇居民人均住房建筑面积来看，江苏最大，达到了46.89平方米，是第二名浙江的1.02倍，分别是安徽和上海的1.11倍和1.31倍。从乡村居民人均住房建筑面积来看，浙江最大，达到了62.06平方米，是第二名江苏的1.09倍，分别是安徽和上海的1.16倍和1.47倍（见表37）。

表37　"七普""三省一市"居民人均住房建筑面积情况

单位：平方米

地区	上海市	江苏省	浙江省	安徽省
城市	30.58	40.75	36.96	37.70
镇	35.76	46.89	45.91	42.27
乡村	42.32	56.89	62.06	53.62

说明：鉴于缺乏农村历年相关数据，故采用第七次全国人口普查数据进行分析。

（八）社会救助情况

1. 城市最低生活保障人数

2011~2022年，"三省一市"城市最低生活保障人数呈下降趋势，其中上海、江苏、安徽稳步下降，浙江在2017~2019年波动幅度较大。从下降人数看，2011~2022年安徽城市最低生活保障人数下降最快，下降56.6万人；其次为江苏，下降32.5万人；上海和浙江分别下降19.3万人和3.1万人。从2022年情况看，浙江城市最低生活保障人数为"三省一市"最少，为5.7万人；江苏次之，为8.4万人；上海和安徽分别为13.1万人和27.6万人（见表38）。

表38　2011~2022年"三省一市"城市最低生活保障人数

单位：万人

年份	上海市	江苏省	浙江省	安徽省
2011	32.4	40.9	8.8	84.2
2012	22.3	37.0	7.8	81.9

年份	上海市	江苏省	浙江省	安徽省
2013	20.5	33.8	7.2	78.3
2014	18.7	30.7	6.4	72.4
2015	17.6	28.0	7.3	64.7
2016	16.8	24.8	10.9	54.4
2017	15.7	20.5	22.2	47.9
2018	15.4	14.5	22.0	42.7
2019	14.8	12.3	19.4	36.7
2020	14.3	11.0	6.2	34.4
2021	13.6	10.0	6.0	31.7
2022	13.1	8.4	5.7	27.6

资料来源：历年《上海统计年鉴》《江苏统计年鉴》《浙江统计年鉴》《安徽统计年鉴》。

2. 农村最低生活保障人数

2011~2022 年，"三省一市"农村最低生活保障人数呈下降趋势，从下降人数看，2011~2022 年江苏农村最低生活保障人数下降最快，下降 86 万人；其次为安徽，下降 46.7 万人；上海和浙江则分别下降 3.5 万人和 7.4万人。从 2022 年情况看，上海农村最低生活保障人数为"三省一市"最少，为 3.2 万人；浙江其次，为 50.7 万人；江苏和安徽则分别为 55.7 万人和 169.9 万人（见表 39）。

表 39　2011~2022 年"三省一市"农村最低生活保障人数

单位：万人

年份	上海市	江苏省	浙江省	安徽省
2011	6.7	141.7	58.1	216.6
2012	3.4	138.1	56.7	214.6
2013	3.3	130.1	55.1	216.1
2014	3.0	119.1	50.8	208.9
2015	3.1	114.8	56.8	196.3
2016	3.4	109.9	71.4	149.8

年份	上海市	江苏省	浙江省	安徽省
2017	3.5	97.2	59.2	155.5
2018	3.5	74.8	50.6	180.6
2019	3.1	68.9	46.1	178.4
2020	3.0	66.6	55.2	183.7
2021	3.4	62.4	53.3	176.9
2022	3.2	55.7	50.7	169.9

资料来源：历年《上海统计年鉴》《江苏统计年鉴》《浙江统计年鉴》《安徽统计年鉴》。

（九）小结

从生均师资资源来看，2010~2022年"三省一市"的公共服务水平呈现出逐年提升的趋势。具体而言，普通小学生师比从2010年的17.40降低至2022年的16.14；初中生师比则由2010年的14.00下降至2022年的12.17；普通高中生师比也从2010年的14.28降至2022年的11.27。"三省一市"的普通高中生师比差距显著缩小，最高值与最低值的比值由2010年的1.89降低至2022年的1.39。同时，初中生师比的差距也逐渐缩小，最高值与最低值的比值从2010年的1.37下降至2022年的1.21。"三省一市"普通小学生师比差距未出现明显的变化。

从人均医疗资源来看，2010~2022年，"三省一市"千人卫生技术人员数量呈现出稳步增长的态势，由2010年的4.87人增长至2022年的8.83人，增长幅度高达81.31%。同时，千人医疗卫生机构床位数也有所增加，从2010年的4.42张增加至2022年的6.59张，增长幅度为49.10%。"三省一市"公共医疗资源的相对差距呈现出逐年缩小的趋势。具体来看，省市之间千人卫生技术人员数最高值与最低值的比值由2010年的1.96下降至2022年的1.24，表明卫生技术人员分布的均衡性在逐步增强。同样，省市之间千人医疗卫生机构床位数最高值与最低值的比值也由2010年的2.71下降至2022年的1.25，表明医疗卫生机构床位资源的分配也在趋于均衡。

从最低生活保障人数看，2011～2022 年"三省一市"城市最低生活保障人数逐年减少，由 2011 年的 166.3 万人减少至 2022 年的 54.8 万人，减幅为 67.05%；农村最低生活保障人数逐年减少，由 2011 年的 423.1 万人降低至 2022 年的 279.5 万人，降低幅度为 33.94%；"三省一市"城市社会救助的相对差距逐年缩小，城市最低生活保障人数最高值与最低值的比值由 2011 年的 9.57 下降至 2022 年的 4.84。

从每一就业人口负担人数看，2018～2022 年"三省一市"每一城镇就业人口负担人数逐渐增加，由 2018 年的 1.92 人增加至 2022 年的 2.03 人，增长幅度为 5.73%；"三省一市"每一乡村就业人口负担人数逐渐增加，由 2018 年的 1.72 人增加至 2022 年的 1.77 人，增长幅度为 2.91%。

从人均公园绿地面积看，2010～2022 年"三省一市"居民人均公园绿地面积逐年增加，由 2010 年的 12.09 平方米增加至 2022 年的 13.90 平方米，增加幅度为 14.97%；用水普及率由 2010 年的 98.87%增加至 2022 年的 99.94%，社会用水趋于充分。"三省一市"社会公用事业发展相对差距呈现出逐年扩大的态势，人均公园绿地面积最高值与最低值的比值由 2010 年的 1.21 上升至 2022 年的 1.88。

三　长三角促进人口与公共服务资源供需匹配
发展的政策建议

本报告从"三省一市"人口和社会公共服务两个重要维度，跟踪长三角推进人口与公共服务资源供需匹配发展的最新实践和成效。统计数据表明，"三省一市"在推进人口与公共服务资源供需匹配发展方面，取得了重要成就，主要体现在：2010～2022 年"三省一市"生均师资资源和人均医疗资源的差距逐年缩小，城市最低生活保障人数逐年减少，人均公园绿地面积逐渐增加以及社会用水趋于充分等。但是，"三省一市"在持续推进人口与公共服务资源供需匹配发展的过程中，仍存在一些问题，主要体现在两个方面。一是常住人口规模持续增长，老年人口占比不断上升，人口年龄结构向中间挤压，对教育、医疗等公共服务体系提出了更高的要求。二是"三省一市"城镇和农村最低生活保障人数及每一就业人口负担人数等方面仍存在较大差距，社会就业不够充分。

未来，长三角应围绕进一步缩小公共服务资源差距，在人口与公共服务资源供需匹配方面持续发力，为长三角公共服务一体化发展创造条件。为此，笔者提出以下对策建议。

（一）加强人口发展监测和预测

针对"三省一市"人口发展所呈现出的常住人口规模持续增加、少子老龄化人口结构失衡特点，一方面要建立健全跨区域、覆盖全生命周期的人口监测体系，实时掌握长三角人口动态变化，并通过大数据平台实现教育、公安、民政、统计、卫生健康、医保、人力资源和社会保障等人口相关信息的融合共享和动态更新，为公共服务资源的配置提供科学依据。另一方面，要加强对未来"三省一市"人口发展趋势的预测分析，为完善人口与公共服务对接机制提供决策支持。

（二）根据人口发展形势优化公共服务资源配置

根据"三省一市"人口年龄分布、城乡分布特点，合理调整公共服务资源的空间布局，不断优化公共服务资源配置。首先，了解不同地区、不同年龄段人群对公共服务的需求。儿童、青少年群体更需要教育和文化类的服务，相对而言，老年人更需要医疗和养老服务；农村更需要公共基础设施建设的服务，城市则更侧重于医疗、教育等方面。其次，针对性地优化公共服务资源配置。根据各地"短板"侧重性地加强优质教育资源、医疗卫生资源、养老资源的投入，不断提升"三省一市"公共服务水平，缩小城乡差距。此外，通过现代技术手段，建立长三角公共服务平台，整合公共服务资源，以此实现资源共享和优化配置。

（三）推进跨区域基本公共服务均等化

针对"三省一市"在基础教育和公共医疗等公共服务领域存在的水平差异，首要举措在于强化基础教育和公共医疗的投入力度，以拓宽服务覆盖面并提升普惠性。其次，需推动优质教育资源、医疗资源及养老资源实现跨区域的流动或共享，以缩减区域间的差距。同时，不断巩固长三角共建共享公共服务项目的既有成果，及时提炼并推广成功经验，为推进长三角毗邻地区的同城化发展营造一个公平、包容的一体化服务环境。最后，要加强"三省一市"在基本公共服务项目、标准以及制度方面的对接与统筹，确保实现区域优质公共服务的便利共享与均衡发展，从而全面提升公共服务的整体效能。

（四）完善长三角区域内人口与公共服务对接机制

针对"三省一市"少子老龄化人口发展特点和部分公共服务存在较大差距的客观事实，需要进一步完善长三角人口与公共服务对接机制。第一，加强人口信息管理。完善长三角人口信息管理系统，实现人口信息的实时更新和共享，并通过跨部门、跨地区的信息互通，提供公共服务对接的数据支持。第二，推动政策协同与制度创新。加强"三省一市"政策协同，共同制定和实施推动人口与公共服务对接的相关政策，并鼓励各地区在制度创新方面进行探索和实践，形成可复制、可推广的经验做法。第三，推进基础设施一体化建设，促进公共服务均等化。提高区域内的互联互通水平和公共服务的质量与覆盖率，不断推动教育、医疗、文化等基本公共服务均等化建设，加强跨地区的公共服务合作与共享。

B.9
推进长三角人才一体化发展

汪 怿 陈国政*

摘 要： 人才是引领长三角一体化发展的第一资源，也是长三角一体化发展的重要优势。2018~2023 年，长三角在人才集聚、人才政策创新、人才服务、人才创新创业生态、人才协同等方面，取得长足进步。习近平总书记2023 年在上海主持召开深入推进长三角一体化发展座谈会并提出新要求，长三角承担着人才发展更高、更强、更活、更广的角色和使命，必须在打造人才发展新引擎、人才发展共同体、全球人才聚集开放高地、人才发展优势生态等方面着力推进，取得新的发展、新的优势。

关键词： 长三角 人才 一体化发展

长三角是我国经济发展最活跃、开放程度最高、创新能力最强的区域之一，在全国经济中具有举足轻重的地位。实施长三角一体化发展战略，是新时代党中央作出的重大决策部署和重大战略举措。如何促进人才在长三角内高效自由流动、实现长三角人才高度融合发展，是长三角一体化发展的关键问题之一。

---

* 汪怿，上海社会科学院信息研究所副所长、研究员，上海社会科学院人力资源研究中心主任，研究方向为人才战略、创新创业政策；陈国政，上海社会科学院经济研究所研究员，上海社会科学院人力资源研究中心副主任，研究方向为人力资源管理、劳动经济学。

一 长三角人才一体化的新进展

（一）长三角一体化发展：五年（2018~2023）的变化

推动长江三角洲区域一体化发展，是习近平总书记亲自谋划、亲自部署、亲自推动的重大国家战略。2018年11月5日，习近平主席在首届中国国际进口博览会上宣布，支持长江三角洲区域一体化发展并上升为国家战略。2019年11月19日，《长三角生态绿色一体化发展示范区总体方案》正式公布，再次明确要打造国际一流的产业创新生态系统，构建更大范围区域一体的产业创新链；12月，中共中央、国务院印发《长江三角洲区域一体化发展规划纲要》，明确提出要坚持创新共建、坚持协调共进。2020年8月，习近平总书记在扎实推进长三角一体化发展座谈会上提出明确要求："率先形成新发展格局""勇当我国科技和产业创新的开路先锋""加快打造改革开放新高地"。党的二十大报告中，习近平总书记再次强调，要"促进区域协调发展""推进京津冀协同发展、长江经济带发展、长三角一体化发展"。

五年来，长三角深入学习贯彻习近平总书记关于"长三角一体化发展"的重要讲话和重要批示精神，紧紧围绕习近平总书记亲自谋划、亲自部署、亲自推动的重大国家战略，紧扣"一体化"和"高质量"两个关键词，以"一极三区一高地"为战略定位，即全国发展强劲活跃增长极，全国高质量发展样板区、率先基本实现现代化引领区、区域一体化发展示范区，新时代改革开放新高地，紧密携手，聚焦重点领域、重点区域、重大项目、重大平台，营造出全社会共同推动长三角一体化发展的良好氛围，催生出一批新的区位优势，持续推动从联动、协同到共同体的深刻转变；充分体现"一体化"意识和"一盘棋"思想，面向长江经济带和华东地区的带动力、面向全国的辐射力、面向亚太的集聚力、面向全球的竞争力，紧紧扣住"一体化"和"高质量"两个关键词，紧密携手，勇担国家使命，坚持创新共建、

协调共进、绿色共保、开放共赢、民生共享，全面聚力推动长三角一体化高
质量发展。

表1　2018～2023年长三角地区主要领导座谈会主题

年份	主题	主要内容	地点
2018	聚焦高质量　聚力一体化	增强推进长三角一体化发展的思想自觉和行动自觉，覆盖12个合作专题，聚焦交通互联互通、能源互济互保、产业协同创新、信息网络高速泛在、环境整治联防联控、公共服务普惠便利、市场开放有序7个重点领域。梳理提炼30多项重要合作事项清单。重点推进"六个一批"：编制一批专项规划，实施一批专项行动，制定一批实施方案，落实一批重大项目，搭建一批合作平台，推进一批民生工程建设	上海
2019	共筑强劲活跃增长极	以贯彻实施《长江三角洲区域一体化发展规划纲要》为标志，形成发展规划、携手谋划、行动计划有机衔接。聚力推进空间布局一体化、科技创新一体化、产业发展一体化、市场开放一体化、生态环保一体化、基础设施和公共服务一体化。在国家推动长三角一体化发展领导小组的统领下，推动形成国家省市联动、部门区域协同的强大合力	安徽芜湖
2020	战疫一盘棋夺取双胜利	着重落实"六稳""六保"、践行"两山"理念、深化应急协同、加强产业链供应链协同。开辟"绿水青山就是金山银山"新境界，加强现代化基础设施建设，强化公共服务便利共享，放大长三角生态绿色一体化发展示范区引领效应，完善长三角一体化发展推进机制	浙江湖州
2021	服务新发展格局走在现代化前列	深入开展"满意消费长三角"行动，深化重点领域标准体系建设，开展长三角质量提升示范区试点，加快推进长三角制造业协同发展，联合开展产业链补链固链强链行动。建设科技创新共同体，营造国际一流营商环境，携手建设绿色美丽长三角，促进基本公共服务便利共享	江苏无锡

续表

年份	主题	主要内容	地点
2022	共担新使命同谱新篇章	聚焦高效统筹疫情防控和经济社会发展,推动高水平科技自立自强和产业协同发展,持续提升基础设施服务保障水平,打造改革开放新高地、携手共建绿色美丽长三角、努力建设幸福和谐长三角、加快推动区域协同发展、完善区域合作机制	上海
2023	携手高质量一体化 奋进中国式现代化	打造世界一流科学中心,构建以实体经济为支撑的现代化产业体系。推进高水平对外开放,提升全球高端资源配置能力、打造重大开放平台。推进生态环境共保联治,加快发展方式绿色转型。提升公共服务保障水平、逐步实现共同富裕。强化制度改革创新集成,打造国际一流营商环境	安徽合肥

资料来源:笔者根据有关报道整理。

　　五年来,长三角三省一市围绕重点领域协同推进、重点区域率先突破、重大项目强化落实、重大平台深化合作,齐心协力、携手共创,交出了一系列亮眼的成绩单。2022 年,长三角夜间灯光指数增长 57.24%,连接城市的灯光带越来越密集;2022 年,长三角三省一市 GDP 合计达到 29.03 万亿元,占全国 GDP 的比重约 24%,区域内 GDP 过万亿元的城市增加到 8 个,数量约占全国 1/3,长三角高质量发展的实力更大、动力更强;半小时生活圈、一小时通勤圈、24 小时包邮圈,一体化发展已经成为长三角人的一种意识、一种理念、一种生活方式……今天的长三角,高质量发展步伐更加稳健,创新动能不断增强,开放空间全面拓展,生态环境持续改善,民生服务直抵人心,习近平总书记亲自擘画的一体化发展美好蓝图正不断化为生动现实,置身长三角 35.8 万平方公里的每一块土地的每一个人,都能切身感受到一体化发展的强劲脉动、推进中国式现代化的现实模样。

（二）长三角人才一体化发展：新的进展

人才是引领长三角一体化发展的第一资源，也是长三角一体化发展的重要优势。五年来，长三角三省一市突出人才引领发展的战略地位，共同探索人才一体化的发展路径，全力推进人才战略、人才资源、人才平台、人才服务等方面的互融互通、共建共享，人才一体化发展已经初见成效，为长三角在中国式现代化进程中担当冲锋队角色、成为全国经济发展最活跃和创新能力最强的区域之一奠定重要基础（见图1）。

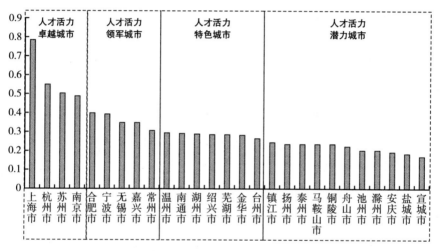

图1　长三角27城市人才活力指数情况

资料来源：智联招聘，《长三角27城人才活力指数报告》。

1.在人才集聚方面，长三角人才集聚效应进一步凸显

"十三五"期间，科技人才在长三角三省一市跨区域流动达到165万人次，研发经费、人才、平台、设施等创新资源要素在长三角地区加速集聚。2022年，长三角地区每万人拥有研发人员71.18人，明显高于全国平均水平的37.07人①。截至2023年，长三角科技资源共享服务平台已集聚各类服

---

① 安徽省科技情报研究所（安徽省科技档案馆）、上海市科学学研究所、江苏省科技情报研究所（江苏省科技发展战略研究院）、浙江省科技信息研究院：《长三角区域协同创新指数2022》。

务机构 3000 余家，长三角科技创新券已在上海、浙江全域以及江苏、安徽两省部分区域实现通用，2023 年又新纳入了苏州、南通两市。

2. 在人才政策创新方面，长三角人才一体化政策环境不断完善

长三角生态绿色一体化发展示范区成立后，出台了跨省域《人才发展"十四五"规划》《关于促进示范区人才建设的若干意见》等，实施开展人才发展体制机制综合改革试点，探索人才双聘制度、评定太浦英才等 20 条示范区人才政策；发布了《长三角生态绿色一体化发展示范区专业技术人才资格和继续教育学时互认暂行办法》，推动职业资格跨省域注册、执业，实现二级建造师等 100 多个职业资格互认。此外，长三角还实现了居民身份证"跨省通办"、医保一体化统筹结算，身份证、驾驶证、行驶证等 21 类电子证照在长三角范围内共享互认，9 类个人证照在长三角专圈亮证，破除人才流动的政策障碍。

3. 在人才创新创业方面，人才创新创业生态不断优化

长三角人才创新创业生态全面优化，科技创新资源配置能力不断增强。长三角国际创新挑战赛、长三角科技成果交易博览会等创新品牌活动打造力度不断增强，G60 科创走廊、长三角双创示范基地联盟等创新实践载体日渐形成，长三角科技资源共享服务平台 2019 年开通至 2023 年，已经集聚了 4 万余台大型科学仪器、22 台大科学装置以及 2377 个服务机构和 3180 家科研基地，为进一步提升区域内科技创新资源配置能力发挥重要作用。[1]

4. 在人才协同方面，长三角人才协同效能不断提升

长三角三省一市发挥人才资源充裕、创新实力突出、产业链供应链完备、市场潜力巨大等诸多优势，以一体化的思路和举措，打破行政壁垒，提高政策协同效应，着眼于人才、创新等生产要素在更大范围畅通流动，实现更合理分工，凝聚更强大的合力，促进高质量发展。《2023 长三角区域协同创新指数》显示，2018 年长三角一体化高质量发展上升为国家战略以来，

---

[1] 薛天航、倪好：《以人才一体化助力长三角高质量发展》，光明网，2023 年 12 月 7 日。

长三角区域协同指数年均增速高达 11.17%，比 2011 年以来的年均增速高出 1.5 个百分点，三省一市科技创新共同体建设成效初显。

二 长三角人才一体化发展的新角色

长三角一体化发展上升为国家战略五周年之际，习近平总书记在上海主持召开深入推进长三角一体化发展座谈会时提出：推动长三角一体化发展取得新的重大突破，在中国式现代化中走在前列，更好发挥先行探路、引领示范、辐射带动作用[1]，面对此新的要求，长三角在人才一体化发展中承担着新的角色。

（一）更高的角色

党的二十大报告指出，坚持以推动高质量发展为主题，促进区域协调发展，深入实施区域协调发展战略、区域重大战略，推进长三角一体化发展。这充分体现了党中央对实施区域重大战略的高度重视，也体现了党中央推进长三角一体化发展的坚定决心。进一步推进长三角人才一体化发展，需要我们进一步深化认识，提高政治站位，从国家发展大局中去定位思考，从引领高质量发展中去布局谋划，更加主动地融入国家人才布局，充分发挥人才的作用，使其勇当我国科技创新、产业创新的开路先锋，勇闯关键领域、前沿领域、难点领域"无人区"，助力长三角一体化发展，使其成为经济增长极、发展动力源、改革试验田，更好服务中国式现代化建设，率先探索中国式现代化。

（二）更强的角色

长三角以占全国 1/26 的土地、占全国 1/6 的人口，产出了全国 1/4 的

---

[1] 《习近平主持召开深入推进长三角一体化发展座谈会强调：推动长三角一体化发展取得新的重大突破 在中国式现代化中更好发挥引领示范作用》，新华社，2023 年 11 月 30 日。

GDP、1/4 的财政税收、1/3 的进出口贸易和 58% 的外资利用，是我国区域经济最发达、经济体量最大、综合竞争力最强的重要经济、贸易、金融中心，是全球重要的制造业基地①。长三角高质量一体化发展，人才是第一资源、核心要素、战略优势，需要进一步突出人才对于高质量发展的战略价值。从教育、科技、人才一体化视角，从人才链、创新链、产业链、资本链四链融合的角度，加大人才自主培养力度，不断提升区域人才竞争能级。

（三）更活的角色

长三角素来具有改革开放的精神、开拓创新的内生动能，为率先实现中国式现代化、引领各地高质量发展奠定了重要的基础、提供了更为强劲的动力。面对未来一系列新问题、大问题、难问题，推进长三角人才一体化发展，需要聚焦涉及长三角一体化发展的关键领域、前沿领域、难点领域，更加积极地争取人才发展创新先行先试授权，主动思考破解大难题、大问题的方法；要充分利用长三角的发展优势、资源禀赋、创新基础，聚焦人才评价、人才使用、人才激励、精准服务等重点，抓紧构建更加具有影响力、吸引力、竞争力的人才制度体系，抓紧建立多主体有效互动的人才发展治理体系，抓紧建立权责统一、运转高效、法治保障的人才开发机制，抓紧推进人才政策的创新突破，让人才成为引领高质量发展的战略资源、关键动力；抓紧健全区域协调的人才治理体制，形成"共建、共管、共享"的人才融合机制，推动一体化向更深层次、更宽领域拓展，健全完善多层级、多领域推进机制，携手提升合作能级、凝聚一体化发展合力。

（四）更广的角色

习近平总书记强调，长三角区域要积极推进高层次协同开放。推进以制度型开放为重点的高水平对外开放，加强改革经验互学互鉴和复制推广，努

---

① 黄奇帆：《建议在长三角实验自由贸易港》，中证网，2018 年 12 月 22 日。

力成为畅通我国经济大循环的强大引擎和联通国内国际双循环的战略枢纽。[1] 推进长三角人才一体化发展，进一步推进高水平对外开放，在更大范围、更深层次、更高水平引聚、用好全球英才，更加自主地推动人才规则、规制、管理、标准等制度型开放，率先试点人才自由流动、领域自主开放，不断扩大开放空间、提升人才开放能级、优化人才开放环境，让长三角成为集聚、成就、发展天下英才的重要起锚地、转折点。

三　长三角人才一体化发展的新策略

党的二十大报告指出，坚持以推动高质量发展为主题，促进区域协调发展，深入实施区域协调发展战略、区域重大战略，推进长三角一体化发展。人才是引领长三角一体化发展的第一资源，长三角需要在以下方面做好人才发展工作。

（一）打造人才发展新引擎

习近平总书记强调，长三角区域要加强科技创新和产业创新跨区域协同。大力推进科技创新，加强科技创新和产业创新深度融合，催生新产业新业态新模式，拓展发展新空间，培育发展新动能，更好联动长江经济带、辐射全国。[2] 长三角区域汇集着全国 1/4 的"双一流"高校、近 1/3 的研发经费支出、1/3 的重大科技基础设施、1/5 的国家重点实验室和国家高新区，长三角用仅占全国 1/26 面积的土地、约 1/6 的人口，创造出近 1/4 的经济总量；长三角人才富集、科技水平高，拥有世界瞩目、全国领先的科技创新优势、产业创新优势，成为驱动创新、引领发展的关键力量，成为高质量发展的重要基础。面对未来发展，长三角相关省市要充分发挥各自优势、彰显各自特色，跨区域、跨部门整合人才资源、创新力量、优势资源，深化合作，相互赋

---

① 《习近平主持召开深入推进长三角一体化发展座谈会强调：推动长三角一体化发展取得新的重大突破　在中国式现代化中更好发挥引领示范作用》，新华社，2023 年 11 月 30 日。
② 《习近平主持召开深入推进长三角一体化发展座谈会强调：推动长三角一体化发展取得新的重大突破　在中国式现代化中更好发挥引领示范作用》，新华社，2023 年 11 月 30 日。

能，把各地优势变为区域优势，共拉长板提升区域发展整体效能。

1. 打造内涵丰富、各具特色的优势，加大强强联合

一是在人才引进的问题上，长三角三省一市要突出战略性，推动各地以战略意识、战略眼光、战略本领、战略定力，把握科技革命和产业变革趋势，明确人才发展战略定位，制定具有竞争优势的制度体系、产业政策、创新政策、人才政策，围绕产业链、创新链、发展链、人才链打造一流的平台，积极引进著名高校、科研院所、大型国有企业、知名民营企业、全球跨国公司、风险投资基金、大型金融机构等，集聚站在创新创业潮头、站在行业科技前沿、具有国际视野、引领潮流的人才，把影响未来、造就未来的人才吸引过来、集聚起来、发展起来，不断提升各个地区的人才实力、人才竞争力。二是在人才发展的问题上，要突出特色化，要有特色意识、长板意识，要按照党中央对长三角三省一市的定位以及长三角区域内创新链、产业链的分工，结合各地自身特质、独特禀赋、各自所长，布局人才链，统筹资本链，集聚比较优势、竞争优势的人才，培育具有特色的人才集群，不断拉长长板、锻造长板，一同铸就更长长板，促进高质量发展。例如，要充分发挥上海的龙头作用，积极推进国际科技合作、大科学工程建设，加快高水平人才高地建设，营造创新生态，重点强化IC、生物、人工智能、未来产业；要充分发挥江苏科技创新、产业创新的优势，浙江数字经济、民营经济的优势，安徽科技创新加快发展的优势，加大强强联合，打造科技创新策源地；要以更加开放的思维和举措参与国际科技合作，营造更具全球竞争力的创新生态。

2. 打造共同引领驱动的内在机制，形成握指成拳合力

要加大改革力度，盘活区域内要素、资源，整合三省一市的优势力量，通过改革打通堵点、疏通关节、畅通循环、协同发力，建立更为顺畅高效、更能聚焦发力、更易激发活力的网络体系，让各类要素更为顺畅地自由流动，更大程度地激发人才活力，形成人才创新创业高地。各地要突出和深化分工合作，扬长避短、优势互补、相互赋能，用错位发展实现合作共赢，不断凝聚更强大的合力，持续放大区域发展规模效应、协同效应、集聚效应；

也要积极鼓励区域更高层次、更高水平的竞争，以一个更高水平开放市场为指向，共同营造百舸争流的生动局面，并在内部的良性竞争中，提升整体的竞争力。另外，还要充分发挥新型举国体制的优势，建立健全协同机制，推动科技创新与产业发展深度融合，促进人才流动和科研资源共享，整合区域创新资源，打造区域创新共同体，共同完善技术创新链，形成握指成拳的合力，让人才在集成电路、生物医药、人工智能等重点领域和关键环节突破中发挥才干、提升本领，为经济持续发展培育新动能、提供新动力。

（二）打造人才发展共同体

1. 推进人才发展共同体的机制建设

各地要培育和强化共同体意识，结合自身特质、独特禀赋、各自所长，集聚具有比较优势、竞争优势的人才，在培育具有特色的人才集群基础上，统一思想，树立"人才融合"意识、"一盘棋"思维、共同体意识。长三角各地政府部门要做好人才融合发展的整体规划和整体开发战略，整合碎片化人才政策，破解各自为政、同质竞争的局面。完善长三角区域内利益共享机制，建立"共建、共管、共享"的人才融合机制，争取国家各部委对长三角人才融合发展的支持。完善长三角人才互认机制，推行专业技术职务任职资格和继续教育证书互认、外国人工作证互认、人力资源市场服务人员资质互认等制度。推动区域内重点产业、重点企业、行业协会、专业团体共同开发、建设重点产业、新兴领域新职业、新岗位的地方标准，争取纳入国家职业大典、成为国家职业标准，共同开展专业技术人才继续教育、职业技能培训，支撑长三角区域产业协同发展，建立合理有序的自由流动机制。协同推进人才发展，逐步建立和推行医保费用跨地区结算制度，协同推进户籍制度、养老保障等其他社会保障制度改革。在统一的长三角人才大市场内，统一人才评价机制、人才评价标准，实现人才信息共享、人才资格互认。依托大数据平台、人才云服务平台，共建区域人才发展大数据平台，建立人才同步"智"治基础。

2. 推进人才发展共同体的项目发展

共建一批院士专家工作站（室），建立院士专家工作站（室）对外共享一块牌子、对内享受两地优惠政策的机制。参照院士专家站（室）机制，聚焦重点产业，联合设立一批领军人才（专家、教授）工作室、重点产业联合专家咨询委员会、工程技术研究中心、企业技术中心、创新中心、工程中心（实验室）、博士后工作站、博士后创新实践基地、研究生创新基地，探索项目委托、外聘顾问、专题咨询等方式积极吸引集聚、用活用好区域外领军人才资源，共享创新资源。支持区域内人才实施产业重大关键技术联合申报、项目联合攻关。

3. 推进人才发展共同体的平台建设

区域内共建大科学设施共享、科技创新联合攻关、战略产业联盟、数据开放共享等人才发展平台，共建共享平台资源，推动要素互联互通。共同出资建立一批研发公共平台、创新服务平台、知识产权服务平台，共同出资设立"创新创业券"，建立人才载体共建共享机制，推动创新资源共享使用。鼓励区域外高校、科研院所等单位与园区、企业联合建立新型研发机构、产业研究院、研究生院或研究生实践基地，完善产学研用结合的协同育人模式，做大做强产学研用对接平台。推动域内人才双点或多点共引、平台共建、资源共享和服务共用，共同探索吸引集聚、用活用好区域外领军人才资源机制，支持区域内人才实施联合申报国家、省级各类重大攻关项目、产业项目，着力提升人才合作的协同力与竞争力。充分利用人才发展平台灵活高效的运作模式和市场化手段，推动各类人才资源集聚、配置利用。

4. 推进人才发展共同体的市场建设

落实《关于加快建设全国统一大市场的意见》要求，把"健全统一规范的人力资源市场体系，促进劳动力、人才跨地区顺畅流动"作为长三角人才发展的重要基础，打造市场主体、市场要素、市场体系一体化的共同体，充分发挥市场配置在长三角人才发展中的决定性作用。加快推进区域市场一体化进程，破除市场壁垒和行政分割，破除人才、技术、资本、信息、数据等要素流动障碍，打通制约人才发展的卡点、堵点，形成统一的区域人力资源服务市场，加大与资本市场、技术市场、信息市场、数据要素市场的联动，进一步畅通国内循环，实现资源要素合理流动和高效配置。推动区域人力资源产业园优势互补、错位发展，助推组建产业联盟、行业协会（学会）联盟，促进产业（行业）人才交流集聚。大力引进国内外知名人力资源服务机构在长三角设立机构。联合建立人才创投基金、融资平台，引导区域外天使投资、创投资金向区域集聚，享受同等待遇。面向长三角创新创业人才同步开展"人才投""人才贷""人才保""人才险"金融创新项目，支持异地享受同等待遇。

（三）打造全球人才聚集开放高地

1. 打造全球人才城市-区域

基于世界重要人才中心和创新高地是由多元要素、多维主体构成的均衡发展网络结构的理解，把握世界重要人才中心和创新高地、高水平人才高地、中心城市集聚平台、战略支点、国内国际相互关系，将长三角打造成为以高水平人才高地为核心引领、以区域中心城市为关键平台、以域内城市为战略支点的世界级人才城市群，梯次推进世界重要人才中心和创新高地战略布局，推动区域合理分布、均衡发展。一方面要按照世界重要人才中心和创新高地建设"3+N"格局，加大高水平人才高地建设力度，把握战略布局重中之重和关键核心角色，发挥上海的引领带动作用以及承担代表国家参与全球竞争、推动促进全球人才板块向东转移的重要职责，打造具有战略链接功能的全球人才枢纽；另一方面，以中心城市建设为抓手打造人才战略布局示范，加快形成战略支点和雁阵格局。

2. 推进高水平人才开放

主动对接高标准国际经贸规则，推动规则、规制、管理、标准等制度型开放，加快制定要素流动自由、从业便捷、竞争充分、发展全面的制度体系，建立灵活便利的政策体系，推动资本、技术、信息、人才要素自由流动；建立健全开放市场机制，有效发挥政府作用，有效配置全球人才资源；建立公正公平、竞争择优的制度环境和开放包容的人才生态，推动形成创新链、产

业链、资金链、人才链深度融合的开放创新生态，让长三角真正成为集聚全球人才的"强磁场"、配置全球人才的"加速器"、发展全球人才的"加油站"，成为世界重要人才中心和创新高地中的关键节点和重要枢纽。

（四）培育人才发展优势生态

1. 培育机会优势

要充分把握创新驱动发展新趋势，全力推动新产业、新业态、新技术、新模式发展。加快重大基地、高端领域重要项目的布局和建设。培育一流的高校和科研院所，推进政产学等相关主体密切合作，构建科技创新共同体。积极吸引一流企业、跨国公司总部，集聚一批国际组织，不断夯实发展基础，找准发展机遇，用创新来激发发展的动力，用创新塑造人们出彩的机会。

2. 培育服务优势

着眼于体系化要求，长三角各城市应积极对接各地人才服务资源，建立功能健全、高效便捷的一体化人才服务体系，共筑宜居乐业人才发展环境，为长三角人才融合发展提供高水平的服务。借助各地公共服务机构，加快推进人才公共服务体制机制创新，建立起标准统一、内容全面、服务高效的人才公共服务体系。着眼于数字化、智能化要求，整合各地政府、园区、企业、高校、科研院所、事业单位的人才信息，以及各地政府的人才引进、培养、使用政策，建立长三角人才数据库。提升人才信息和人才服务的数字化水平，通过大数据在全球范围收集人才信息，规范信息采集及录入标准，建立科学完整的长三角人才数据库。推动地方人才数据平台和长三角人才数据库的对接、共享，形成标准统一的长三角人才数据库。利用大数据等数字化手段对长三角人才数据库内的人才数据进行分析、评估，为长三角各城市人才需求提供精准、高效的服务。

3. 营造环境优势

要着眼高质量发展的要求，更主动地对标全球、链接全球，尤其是进一步对标国际一流标准，进一步加大放权松绑力度，进一步加快体制机制改革，进一步持续改善营商环境，进一步提升城市治理水平，用开放、服务、创新、高效、智慧的发展环境，吸引海内外人才和市场主体近悦远来。同时，要着眼于高品质生活的要求，提供高品质的住宅、便捷的公共空间、优质的医院和学校、便利的购物中心、绿色的生态环境，使来者有其位，居者有其所，行者有其乐。

B.10
上海率先建设人与自然和谐共生的
现代化的实践探索

周冯琦 程 进 张文博*

摘 要： 建设人与自然和谐共生的现代化不仅是生态环境保护的需要，也是推动社会经济全面协调发展的重要路径，为实现可持续发展、提升人民群众生活质量、推动绿色低碳转型升级提供了广阔的空间。经过持续的探索和攻坚，上海环境质量与全球城市差距逐步缩小，产业绿色竞争力持续提升，环境治理现代化建设进展显著，创造了高效能环境治理新奇迹，为率先建设人与自然和谐共生现代化奠定了坚实的基础。新时期新阶段，上海率先推进人与自然和谐共生的现代化建设，仍面临发展目标演进和人民生态诉求提升等的挑战。统筹推进碳达峰碳中和工作、深入打好污染防治攻坚战、优化市域城乡空间结构、深入推进生态环境治理等是推进人与自然和谐共生现代化建设的重点举措。

关键词： 人与自然和谐共生 现代化 绿色发展转型 环境治理 上海

习近平总书记在庆祝中国共产党成立 100 周年大会上指出，我们坚持和发展中国特色社会主义，推动物质文明、政治文明、精神文明、社会文明、生态文明协调发展，创造了中国式现代化新道路，创造了人类文明新

---

* 周冯琦，上海社会科学院生态与可持续发展研究所所长、研究员，研究方向为生态经济、绿色发展；程进，上海社会科学院生态与可持续发展研究所副所长、副研究员，研究方向为生态城市、区域绿色发展；张文博，上海社会科学院生态与可持续发展研究所助理研究员，研究方向为可持续发展国际比较。

形态。这一论断表明，中国式现代化坚持走生产发展、生活富裕、生态良好的文明发展道路，是人与自然和谐共生的现代化。这不仅为推动生态文明建设实现新进步指明了方向，推动生态文明建设实现历史性跨越和质的飞跃，而且为建设人与自然和谐共生的现代化提供了思想引领、根本遵循和实践动力。

一　人与自然和谐共生的现代化的基本内涵、时代特征与重要意义

（一）人与自然和谐共生的现代化的基本内涵

1. 人与自然和谐共生的现代化是对西方现代化的反思和超越

西方现代发展观偏重生态系统中的资源环境之于人的经济价值，而忽视了生态价值与人的价值的实现，认为人与自然的关系是敌对的、冲突的、异化的状态。中国式现代化是人与自然和谐共生的现代化，要求继承和发扬中华优秀传统生态文化，践行和发展马克思主义关于人与自然关系的思想，是对西方传统工业化道路的反思、扬弃和全面超越。

2. 尊重自然、顺应自然、保护自然是人与自然和谐共生的现代化的价值理念

习近平总书记指出，我们要尊重自然、顺应自然、保护自然，探索人与自然和谐共生之路，促进经济发展与生态保护协调统一。

第一，人与自然和谐共生的现代化始终坚持生命共同体理念，强调尊重自然、顺应自然、保护自然。对生命共同体的认识，体现了与物共适、美美与共的有机整体世界观和生命观[1]。习近平总书记指出，人与自然是相互依存、相互联系的整体，对自然界不能只讲索取不讲投入、只讲利用不讲建

---

① 周冯琦、张文博：《积极推动经济社会发展全面绿色转型，让优美生态环境成为人民幸福生活的增长点》，《上观新闻》2023 年 12 月 7 日。

设。在尊重自然规律的基础上,合理利用和改造自然,才能实现人与自然的永续发展。

第二,人与自然和谐共生的现代化的国际化大都市要兼具城市繁华和自然之美。要坚定不移走生态优先、绿色发展之路,坚持降碳、减污、扩绿、增长协同推进,把绿水青山融入城市之中,使城市的山水林田湖草形成健康宜人的生态系统空间,展现国际化大都市的自然之美。

3. 满足人民日益增长的优美生态环境需要是人与自然和谐共生的现代化的价值追求

深入推进生态文明建设,提供更多优质生态产品,不断满足人民群众日益增长的优美生态环境需要,是解决当前我国社会主要矛盾的主要任务之一。

第一,人与自然和谐共生的现代化要不断满足人民群众对美好生活的向往。人与自然和谐共生的现代化始终坚持生态为民、生态利民、生态惠民的理念,把创造良好的生态环境作为最普惠的民生福祉,不断满足人民日益增长的优美生态环境需要。

第二,人与自然和谐共生的现代化的国际化大都市的目标是建设人民向往的生态之城。城市居民对优美生态环境的需要日益增长,建设人与自然和谐共生的现代化的国际化大都市,就是要建设人与自然和谐的宜居之城、生态环境健康的美丽之城、生态经济繁荣的活力之城、生态文化时尚的潮流之城、生态治理先进的共治之城。

4. 良好的生态环境是人与自然和谐共生的现代化的根本基石

第一,人与自然和谐共生的现代化以人的健康与生态系统的健康为基石。建设人与自然和谐共生的现代化,要实现生态环境治理从污染控制导向型向风险防控型和环境质量健康导向型转变,全面保障自然生态系统健康,满足人民群众对优美环境、健康安全和均等化公共服务等多样化、多层次的美好生活需求。

第二,国际化大都市健康的生态环境是城市高质量发展最动人的底色和最温暖的亮色。城市是人类活动的重要区域。习近平总书记指出,建设人与自然和谐共生的现代化,必须把保护城市生态环境摆在更加突出的位置,科学合理规划城市的生产空间、生活空间、生态空间，处理好城市生产生活和生态环境保护的关系，既提高经济发展质量，又提高人民生活品质。

5.推动形成生产、生活、生态和谐发展新格局是人与自然和谐共生的现代化的愿景目标

党的十九大报告提出"要牢固树立社会主义生态文明观，推动形成人与自然和谐发展现代化建设新格局，为保护生态环境作出我们这代人的努力"，为推进人与自然和谐共生的现代化建设指明了方向。

第一，人与自然和谐共生的现代化要求构建新文明模式。建设人与自然和谐共生的现代化，必须完整、准确、全面贯彻新发展理念，树立人与自然、社会和谐共生的发展新思维，构建公平、正义、绿色、生态、和谐的新文明模式。

第二，人与自然和谐共生的现代化的国际化大都市具备有利于减污降碳的产业结构、生产方式和生活方式以及三生（生产、生活、生态）和谐的空间格局。国际化大都市以绿色低碳发展为主线，以减污降碳为主抓手，推动产业结构、生产方式、生活方式的绿色转型，优化生产、生活、生态空间格局，推动形成人与自然和谐发展的现代化生态之城。

6.促进经济社会发展全面绿色转型是人与自然和谐共生的现代化的实现路径

《中共中央关于制定国民经济和社会发展第十四个五年规划和二〇三五年远景目标的建议》明确要求，实施可持续发展战略，推动经济社会发展全面绿色转型，促进人与自然和谐共生。

第一，经济社会发展全面绿色转型是广泛而深刻的经济社会系统性变革。对经济社会系统进行全方位的绿色化改造，加快发展绿色生产，加快形成绿色生活方式，探索走出一条生态优先、绿色发展的生态文明道路，推动实现人与自然和谐共生的高质量发展。

第二，国际化大都市是全球经济社会发展全面绿色转型的引领者、践行者。国际化大都市人口密集，是全球生产、消费、创新中心，是全球经济社会发展全面绿色转型的重心和导向。国际化大都市率先探索碳达峰碳中和绿色转型实践，是建设人与自然和谐共生的现代化的引领者、践行者。

（二）人与自然和谐共生的现代化的时代特征

人与自然和谐共生是社会主义现代化建设的目标之一。人与自然和谐共生的现代化具有鲜明的时代特征。

1. 人与自然和谐共生的现代化始终坚持以人民为中心

发展经济是为了民生，保护生态环境同样也是为了民生，一切发展都是为了人民。推进社会主义现代化建设，必须努力提供更多优质生态产品，让优美生态环境成为人民幸福生活的增长点。做到生态惠民、生态利民、生态为民。

2. 人与自然和谐共生的现代化始终坚持人与自然是生命共同体

人与自然和谐共生的现代化要求将人、自然、社会看成一个有机整体。人与自然的关系不是对立的、冲突的，人与自然是相互影响、相互作用的有机整体。推进人与自然和谐共生，要求经济社会发展尊重和顺应自然规律，不能过度地利用和开发自然。

3. 人与自然和谐共生的现代化始终坚持生态效益和经济社会效益相统一

生态环境高水平保护和经济社会高质量发展不是矛盾对立的关系，而是辩证统一的关系。

第一，把生态保护好，把生态优势发挥出来，才能实现经济高质量发展。建设人与自然和谐共生的现代化，生态环境保护已经成为经济高质量发展的重要内容和关键指标。以节能环保产业为代表的新兴产业已经成为新常态下新的经济增长点，生态环境保护对经济发展呈现正面效应。

第二，经济高质量发展对生态环境高水平保护有推动作用。经济高质量发展本身就内含生态环境保护，使用更少的投入创造更高的价值，投入更少的资源去生产相同价值的产品和服务，并追求人与社会、人与资源、人与环境、人与生态的协调发展。

4. 人与自然和谐共生的现代化始终坚持代内公平与代际公平相统一

纵观人类文明发展史，生态兴则文明兴，生态衰则文明衰。

第一，人与自然和谐不仅存在于代内之间，也存在于代际。从代内公平维度而言，坚持共同但有差别的原则；从代际公平维度而言，要合理统筹当代人和后代人的生态环境需求，处理好当前与长远之间的关系。

第二，建设人与自然和谐共生的现代化体现了人类命运共同体理念。生态文明建设关乎人类未来，建设人与自然和谐共生的现代化，需要以人类命运共同体理念为基本出发点，与世界各国共同为应对全球气候变化风险、维护地球生态安全作出积极贡献。

5.国际化大都市是率先建设人与自然和谐共生的现代化的践行者

国际化大都市是人类活动聚集、经济活动密集的区域，国际化大都市建设人与自然和谐共生的现代化，必须把人与自然和谐共生摆在更加突出的位置。

第一，国际化大都市是连接区域性和全球性生态系统的重要节点。国际化大都市生态文明建设不是孤立进行的，离不开城乡生态环境建设一体化、区域生态环保协同、全球城市生态交流合作。

第二，国际化大都市在全球生态治理中的地位不断上升。国际化大都市在全球生态治理的方向、资源、灵活性和有效性等方面具有引领性，更有条件成为率先建设人与自然和谐共生的现代化的践行者。

（三）上海率先建设人与自然和谐共生的现代化的重要意义

率先建设人与自然和谐共生的现代化，对上海建设具有世界影响力的社会主义现代化国际大都市具有重要意义和价值。

1.扮靓人民城市最动人底色

人与自然和谐共生是社会主义现代化国际大都市的重要组成部分，也是最为基础的部分。上海市第十二次党代会报告指出，要以创造性地探索，赋予中国式现代化生动的实践内涵，要求物质富裕与精神富足共同进步，人与自然和谐共生，上海努力成为全面建设社会主义现代化国家的排头兵。

2.助力经济绿色高质量发展

人与自然和谐共生的现代化是现代城市国际竞争力的重要方面，良好的生态环境是经济高质量发展的基础。首先，良好的生态环境能够提升对全球

高端资源要素的吸引力和集聚能力，是影响全球要素配置功能的重要因素，能够优化经济社会发展的本底环境。其次，良好的生态环境是经济高质量发展的生产力要素，上海率先树立和践行绿水青山就是金山银山的理念，推动建立健全以产业生态化和生态产业化为主体的生态经济体系，发挥对经济高质量发展的支撑作用。

3. 满足人民高品质生活需求

首先，人与自然和谐共生的现代化能提供最普惠的生态福祉。人与自然和谐共生能保障最广大人民群众获益，维护社会公平、生态平衡。其次，人与自然和谐共生的现代化能满足人的全面发展所需的生态基础。现代化的本质是人的现代化，是人实现全面发展的过程。为人民提供美好的生态环境和优质的生态产品是最大的公共服务，也是实现人的全面发展的重要物质基础。

4. 打造环境治理现代化城市样板

人与自然和谐共生的现代化是在反思西方资本主义现代化进程经验教训和总结我国经济社会发展需要基础上提出的，是一种符合人类文明发展规律的新型现代化。上海率先建设人与自然和谐共生的现代化，着眼于环境治理体系和治理能力现代化水平的整体提升，通过建立市区之间、部门之间、政府与园区和企业之间、企业与社区之间的合作纽带，通过发动更多市场主体和公众参与生态环境治理，发挥企业自律、行业自治、社会监督和志愿者的作用，人人都能有序参与治理，打造环境治理现代化城市样板。

5. 构建人类命运共同体的贡献

随着全球气候问题日益严峻，推动绿色低碳发展成为国际潮流所向、大势所趋。建设人与自然和谐共生的现代化，不仅关乎美丽中国建设，也能够推动形成人与自然和谐共生的人类命运共同体。未来，上海肩负着引领全国经济社会全面绿色转型的使命和重任，代表中国参与全球治理，参与全球绿色竞争，要直面差距和挑战，探索形成人与自然和谐共生的城市样板，作出构建人类命运共同体的贡献。

二 率先建设人与自然和谐共生的现代化的基础和挑战

近年来，上海在生产生活方式绿色转型、污染防治、生态保护以及制度创新等方面进行了积极的探索，取得了令人瞩目的成就，为率先建设人与自然和谐共生的现代化奠定了扎实基础。

（一）上海率先建设人与自然和谐共生的现代化的基础

作为改革开放的先行者和探路者，上海较早接触并践行全球城市生态可持续发展的理念。经过持续地探索和攻坚，上海环境质量与全球城市差距逐步缩小，产业绿色竞争力持续提升，环境治理现代化建设进展显著，创造了高效能环境治理新奇迹，为率先建设人与自然和谐共生现代化奠定了坚实的基础。

1. 污染防治攻坚实现新突破

经过连续 7 轮环保三年行动计划以及污染防治攻坚行动，上海生态环境质量持续改善，2021 年空气和水环境质量均创有监测记录以来的最好水平，生活垃圾分类达标率达到 95%，原生生活垃圾实现零填埋，医废材实现极限状态下的高效安全处理，污染防治攻坚战阶段性目标全面实现，2020 年度上海污染防治攻坚战成效考核排名全国第一。

空气环境质量与水环境质量持续提升。2021 年，全市主要河湖断面中，Ⅱ～Ⅲ类水质断面占 80.6%，已经消除劣Ⅴ类断面，全市集中式饮用水水源水质全部达标。2023 年上海空气质量优良天数为 320 天，优良率达到 87.7%。集中式饮用水水源水质状况保持稳定。

2. 生态系统质量迈上新台阶

生态系统保护和修复是复杂的系统工程，习近平总书记将"提升生态系统质量和稳定性"作为人与自然和谐共生的重要目标。上海市通过生态空间格局优化、增加优质生态产品供给和推进生物多样性保护，来提升生态系统质量，增进人民生态福祉。

生态空间展现新面貌。上海以市级重点生态廊道和崇明世界级生态岛建设为着力点，推动生态空间结构优化和功能提升。"十三五"期间，上海完成造林 30 万亩，新建绿地面积逾 6000 公顷，新增立体绿化 200 万平方米，森林覆盖率达到 18.5%，河湖水面率提升至 10.11%，世博文化公园（北区）和一批城市郊野公园等生态空间建成开放，"一江一河"岸线贯通开放，形成了"环、廊、园、林"的生态格局。

优质生态用地供给能力稳步提升。上海坚持生态惠民工程增量和提质并重。在增量方面，采取低效建设用地减量化转为居民生态用地、与公园绿地体系建设相结合等举措提升居民生态用地供给。2021 年，上海各类公园数量已达 532 座，公园数量实现翻番，人均公园绿地面积达到 8.5 平方米。在提质方面，按照"见缝插绿"的理念，上海通过多元化经营、EOD 开发模式、完善交通配套等举措，提升生态空间的公平性和可达性，增强生态服务和休憩功能。

生物多样性保护取得长足进步。上海已划定了 2082 平方公里的生态保护红线，形成由 11 个自然保护地、20 个野生动物栖息地、6 个野生动物禁猎区组成的自然保护地和野生动物栖息地体系，80% 的野生动植物的栖息地得到了有效保护。长江"十年禁渔"取得良好开局，长江段在 2018 年便提前完成退捕工作。

3. "双碳"目标推进取得新进展

推进"双碳"目标是积极应对气候变化、推动全球可持续发展的着力点和突破口。上海以节能降碳工作为抓手，推动能效水平提升、节能改造和重点领域低碳转型。

能效水平持续提升。"十四五"期间，上海单位生产总值能耗计划下降 14%。上海的主要工业产品单位能耗持续下降，电厂发电煤耗、吨钢综合能耗、芯片单位能耗、乘用车单位能耗等均达到国内领先水平。

节能改造全面推进。"十三五"期间，上海组织工业企业开展落后电机淘汰、余热余压利用等重点节能工程，实施节能改造项目 421 项，节能 42.3 万吨标煤，完成市级产业结构调整项目近 6000 项，共减少能源消费近

150万吨标准煤。

重点领域低碳转型成效显著。上海针对分散燃煤和集中供热企业，推动清洁能源替代，减少煤炭消费548万吨；针对建筑节能，累计推广绿色建筑2.33亿平方米，完成既有公共建筑节能改造1300万平方米；针对交通领域，推广公共交通和新能源交通工具，轨道交通运营线路总长达到729公里，推广新能源汽车42万辆。

4. 绿色循环发展步入新阶段

上海针对产业发展中的资源消耗和环境污染问题，遵循产业结构演进的规律，持续推进产业的绿色转型和高质量发展，通过推进绿色制造、清洁生产和资源循环利用，以经济绿色高质量发展推动人与自然和谐共生的现代化。

绿色制造体系初步建立。组织实施绿色制造重点项目，培育绿色制造系统解决方案供应商。截至"十三五"期末，上海已有工信部授予的绿色工厂56家、绿色供应链5家、绿色园区3个、绿色设计产品26个，绿色设计示范企业3家。

循环经济发展进入快车道。上海推进园区循环化改造，14家国家级、21家市级园区完成循环化改造；大力推进工业固体废弃物深度利用，大宗工业固废综合利用率保持在99%以上。

5. 环境治理现代化迈开新步伐

推进人与自然和谐共生的现代化，不仅要有尊重保护和顺应自然的理念指引，还要有"善治"的手段和坚实的制度保障。上海通过治理能力升级、多种政策手段并举和制度体系建设推进环境治理现代化。

环境基础设施能力持续升级。"十三五"期间，上海完成31座城镇污水处理厂提标改造和17座污水处理厂新扩建工程，总处理能力达到840万立方米/日，城镇污水处理率达到97%左右，污泥处理设施规模突破1000吨干基/日；新增生活垃圾焚烧和湿垃圾集中处理能力1.7万吨/日，无害化处理总能力达到4.2万吨/日；危废焚烧规模达到36.5万吨/年。

环境治理数字化转型加速推进。上海落成并启动市生态环境保护大数据

平台，形成纵向联通和横向贯通的环境数据共享体系，应用"环信码"对生活污染企业进行在线数据分析诊断和分级监管，采用智能预审和全程网办等手段优化夜间施工事项审批。

多元化政策体系初步建成。在标准体系建设方面，上海组织实施了120余项地方标准制修订工作，《数据中心节能设计规范》《数据中心能源消耗限额》等标准处于国内领先水平。在市场机制建设方面，全市完成环境税费制度改革，完成全国碳排放权交易市场建设任务，并积极推动绿色金融产品创新、绿色技术银行建设等探索试点。在多元共治方面，上海全面推广环境污染第三方治理，实施500余家工业重点用能单位能源审计，推动413家重点用能单位建立能源管理体系。

治理体系现代化扎实推进。在组织建设方面，成立市生态文明建设领导小组，全面贯彻河长制、湖长制、林长制等环境保护责任制度。在制度体系建设方面，修订生态环境保护、大气污染防治、排水与污水处理等6项地方性法规和建筑垃圾处理等市政府规章，发布9项地方标准，出台全国首部《第三方环保服务规范》，用制度建设规范和保障环境保护各项工作顺利推进。

环境治理效能显著提升。2010~2019年，上海以年均增长1.5%的能源消费总量，支撑了生产总值年均增长7.2%，生态环境质量取得明显改善，碳排放总量已呈现波动下行态势（2011年达到2.16亿吨阶段性高点，2019年相对2010年降幅为3.8%，年均下降0.4%），碳排放量呈现与经济发展脱钩的趋势。

（二）上海率先推进人与自然和谐共生的现代化建设面临的挑战

上海高度重视生态环境保护工作，坚定不移走生态优先、绿色发展之路，全面打响污染防治攻坚战，重大环境基础设施能力得到较大提升，绿色转型发展初见成效，一些突出的环境问题得到有效解决，生态环境质量持续改善。但面对新发展要求，上海率先推进人与自然和谐共生的现代化建设，仍面临发展目标演进和人民生态诉求提升的挑战。

1. 环境质量与社会主义现代化大都市目标仍存在差距

上海生态文明建设虽然取得了可喜成效，但是 $PM_{2.5}$、臭氧等主要污染因子还处于临界超标水平，NO_2 还未达标，复合型、区域性污染特征明显，空气质量水平与国际同类城市、社会主义现代化大都市目标仍存在差距。

2021 年，上海 $PM_{2.5}$、NO_2 浓度分别为 27 微克/立方米、35 微克/立方米，分别是 WHO 最新推荐标准的 5.4 倍和 3.5 倍，与国际标准仍存在较大差距。虽然目前全球尚未有国家能够全面达到最新的标准，但与全球城市相比、与社会主义现代化大都市目标相比，上海主要污染物浓度仍相对较高，仍处于追赶和提升阶段。

2. 生态空间数量和布局仍难以满足居民生态诉求

从国内外比较看，2021 年上海森林覆盖率为 18%，缺林少绿的问题依然凸显（北京、深圳森林覆盖率超过 40%，伦敦、东京超过 30%，纽约、巴黎约为 25%）。从群众期待看，打造"公园城市""森林城市""湿地城市"已成为关注焦点，特别是经过疫情冲击，市民对公共绿地、滨水空间、城市景观的期盼更加强烈。

对标高质量发展、高品质生活的发展要求，上海生态空间规模品质还有不小的差距。有限的生态空间规模与快速增长的生态需求之间尚存在矛盾，生态空间布局均衡性和系统性有待进一步增强，生态空间连通性有待持续提高；林地等生态资源保护压力不容乐观，资源质量有待提升，自然保护地管理体系有待健全。

3. 实现绿色低碳发展形势紧迫

受到自身能源消费特征和新能源资源禀赋的制约，"双碳"目标下上海碳减排以及减污降碳协同推进形势紧迫。

一是上海高碳能源占比高企。上海虽然在能源清洁化、多元化发展战略引导下，能源结构不断优化，但煤、油和外来电等化石能源占比高达 80% 左右（见图 1）。

除此之外，上海电力结构呈现出高度依赖本地发电、本地煤电占比高的特征。2020 年上海外来电占用电总量的比重分别低于北京、广州、深圳 15

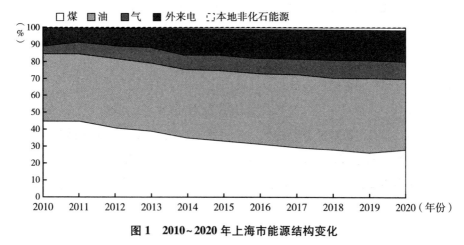

图1　2010~2020年上海市能源结构变化

资料来源：《上海统计年鉴2021》。

个、19个、27个百分点；本地煤电占总用电量的比重为39%，远高于北京的0.9%、广州的18%、深圳的8%，严重制约了能源绿色转型协同减污降碳的发展空间（见表1）。

表1　2020年我国部分一线城市煤电、气电和外来电消费情况

类别	上海	广州	深圳	北京
全社会用电量（亿千瓦时）	1576	997	983	1140
外来电/总用电量(%)	45	64	72	60
本地煤电/总用电量(%)	39	18	8	0.9
本地气电/总用电量(%)	9.9	10	14	35
发电总装机（万千瓦）	2669	1084	1523	1316
煤电装机（万千瓦）	1502	401	198	77

类别	上海	广州	深圳	北京
煤电装机占比（％）	56	37	13	6
气电装机占比（％）	29	34	35	76
单位人口煤电装机（千瓦/人）	0.60	0.21	0.11	0.04
单位面积煤电装机（千瓦/平方千米）	2369	539	991	47

资料来源：《上海统计年鉴2021》。

二是温室气体排放呈现总量大、强度高等特征。上海单位GDP碳排放约为纽约、伦敦、东京的3.8、5.08、6.78倍，约为北京、广州、深圳的1.36、1.42、2.1倍，人均碳排放也呈现类似情况（见表2）。21世纪经济研究院发布的《中国净零碳城市发展报告（2022）》显示，深圳凭借低碳排放强度和高发展质量等明显优势位列净零碳发展水平城市首位，北京凭借单位GDP电耗最低、煤炭消费量占能源消费比例不到2％，青岛凭借新能源发电占比较高，杭州凭借发电侧碳排放量低等优势，均位居前列。

表2 国内外城市能耗、碳排放强度对比

类别	上海	北京	广州	深圳	纽约	伦敦	东京
单位GDP能耗（吨标煤/万元）	0.337	0.230	0.261	0.190	0.14	0.07	0.03
单位GDP碳排放（吨CO_2/万元）	0.61	0.45	0.43	0.29	0.16	0.12	0.09
人均碳排放（吨CO_2）	8.4	6.7	6.7	4.0	7.9	3.5	4.3

说明：除纽约、东京的数据为2017年数据、伦敦为2018年数据之外，其他地区均为2019年数据。
资料来源：《全球城市碳中和进展2023》。

从碳排放的重点领域来看，上海钢铁、石油化工、航空、水运四大行业的碳排放量合计占到全市总排放量的55.5％。"十四五"期间，上海的制造业增加值占GDP比重基本保持在25％，"生产型"城市的特征短期内难以

改变，与东京、纽约、深圳这种服务业主导、产业结构倚重第三产业的城市相比，实现"双碳"目标的压力更大、难度更高。

三是绿色低碳循环发展经济体系构建仍显薄弱。上海除能源消费总量大、强度高之外，城市资源消耗量也居高不下，除支撑经济社会发展的刚性需求增长，也有传统发展模式和路径依赖造成的节约集约利用水平低下等因素的影响。

三 上海建设人与自然和谐共生的现代化的重点举措

上海统筹扎实推进绿色低碳转型，持续深入打好污染防治攻坚战，推动绿色生态空间增量提质，坚持山水林田湖草系统治理，坚持增量和提质并重，更好满足人民日益增长的优美生态环境需要。

（一）统筹推进碳达峰碳中和工作，确保2030年前达峰

上海实施能源总量和强度双控，探索碳总量和强度双控，优化绿色低碳发展路径，确保2030年前碳排放达峰。

推进重点领域节能降碳。聚焦电力、钢铁、炼油、乙烯、合成氨等重点领域，开展能效摸底调查，根据能效水平严格实施分类管理。落实能效约束机制，建立能效台账，明确重点行业节能降碳主攻方向和主要任务，积极推进存量项目技改。加强绿色低碳技术创新，鼓励骨干企业联合高校、科研机构开展绿色技术攻关，积极推广先进绿色技术及节能降碳装备产业化应用。动态调整重点领域能效标准，动态更新重点企业、重点项目清单和能效台账。积极用好金融支持碳减排工具，积极发展绿色信贷、绿色债券等，积极落实税收优惠、市级专项资金、国家节能降碳专项等支持政策。

加快能源绿色低碳转型。大力发展非化石能源，加快推进上海风能、太阳能、生物质能、海洋能等项目建设，大力争取新增外来清洁能源供应，加大市外非化石能源电力引进力度，力争到2025年，可再生能源占全社会用电量比重达到36%。严格控制煤炭消费，严格实施重点企业煤炭消费总量

控制制度，力争"十四五"期间煤炭消费占一次能源比重下降到30%以下。合理调控油气消费，保持石油消费处于合理区间，大力推进低碳燃料替代传统燃油，提升天然气供应保障能力，有序引导天然气消费。加快构建与超大城市相适应的现代能源体系和新型电力系统，保障城市能源供应安全。

深化产业结构调整。推进低效土地资源退出，大力发展战略性新兴产业，加快传统产业绿色低碳改造，推动产业体系向低碳化、绿色化和智能化转型升级。组织开展制造业重点行业低碳评估，加快推进其低碳转型和调整升级，坚决遏制"两高一低"项目盲目发展。将绿色低碳作为产业发展重要方向和新兴增长点，打造有利于绿色低碳技术研发和产业发展的政策环境，支持开展绿色低碳技术创新和应用示范，培育壮大绿色低碳制造和服务产业，建立绿色制造和绿色供应链体系；打造循环型产业体系，深入推进清洁生产，持续推进园区循环化改造，大力发展再制造产业，加快建成覆盖城市各类固体废弃物的循环利用体系；协同推进长三角产业绿色低碳转型合作，共同建立健全长三角绿色低碳循环发展的产业体系。

（二）深入打好污染防治攻坚战，持续提升生态环境质量

深入打好蓝天保卫战。突出源头治理，以 $PM_{2.5}$ 和臭氧协同控制为核心，持续深化 VOCs 污染防治，加强 VOCs 精细化管理。加大移动源污染防控力度，加强机动车污染监控，加强港口码头和船舶污染管控，加强非道路移动机械污染控制。加大工业点源综合治理，加快钢铁行业超低排放改造。持续推进面源治理，加强扬尘治理和社会源排放综合治理。加强长三角大气联防联控，深化大气环境信息共享机制，加强长三角区域船舶排放控制等重点领域联合执法；强化重污染天气应急联动，完善跨区域大气污染应急预警机制。

深入打好碧水保卫战。全面优化升级河湖长制，全面保障饮用水水源地安全，提升污水处理系统能力和水平。着力防控城乡面源污染，加快推进初雨治理与雨污系统混接改造，推进海绵城市建设，有序推动一批海绵城市试点建设，加强农业面源污染防治。加强河湖治理和生态修复，加强入河排污口排查整治，加强水生态保护修复。持续巩固水治理成效，全力提升水环境

品质,切实守住水安全底线。持续深化长三角区域跨界水体共保联治,继续实施太湖流域水环境综合治理,建立联合河湖长制,落实太浦河、淀山湖等重点跨界水体联保专项方案,共同提升跨界水体环境质量;加强近岸海域污染综合防治、水生态环境补偿等领域合作。

深入打好净土保卫战。加强农用地污染风险防控,加强污染源日常监管、排查整治,强化受污染农用地安全利用和管控,完善土壤风险管控的多部门协调机制;开展土壤污染状况调查,依法实施分类分级管理。加强建设用地风险管控,强化企业土壤污染预防管理,完善建设用地环境管理制度,强化土壤污染风险管控,加强污染土壤治理修复。加强地下水污染防控,优化整合土壤、地下水环境联动监测网络,开展工业园区、垃圾填埋场、危险废物填埋场等重点污染源区域周边地下水环境状况调查,建立地下水污染防治分区分类管理体系,实施土壤和地下水污染风险联合管控。

高标准推进"无废城市"建设。持续推进以循环经济为导向的城乡废弃物治理,持续稳定提升资源化利用水平,加快实现原生生活垃圾"零填埋",提升生活垃圾分类实效,高标准推进"无废城市"建设。促进固废及源头减量,有效提升固废处理处置能力,积极推进危险废物多途径利用处置。深化长三角固废危废区域合作,建立长三角垃圾综合治理、联防联控和联动执法机制,强化固废利用处理处置能力优势互补和共建共享,推进危废跨省转移信息实时共享、固废危废管理标准统一和再生资源回收利用企业信息互联互通。

(三)优化市域城乡空间结构,持续推动生态空间提质增量

在严格管控城市开发边界的基础上,加强土地集约复合利用,提升存量土地利用效率,严守生态优先的发展底线,锚固海陆自然生态格局和基底,建设公园城市、湿地城市、森林城市。坚持山水林田湖草系统治理,坚持增量和提质并重,加快建设开放共享、多彩可及的生态空间,更好满足人民日益增长的优美生态环境需要。

有序拓展生态空间。强化国土空间规划和用途管制,有序实施生态空间

建设，注重增加新城环城森林绿地等生态空间。整合优化自然保护地，加强河湖、湿地生态保护和修复，保护生物多样性，稳步提高生态系统质量和稳定性，筑牢城市生态屏障。

推进生态惠民工程。明确生态惠民工程的政策目标、实施路径和具体措施，为市民提供更好的生态环境。扩大公园、绿道等城市绿地建设，提升城市绿色覆盖率，以"一街一景"为目标，打造城市绿色景观精品与特色，为市民提供更多的休闲与娱乐空间。设立"绿色社区"评比活动，激励各社区创建美丽环境，引导居民共同保护和改善居住环境。优化"一江一河一带"生态空间布局，将滨水区打造成融合休闲、文化、商业、办公等多功能的公共空间，满足不同人群的需求。

（四）深入推进生态环境治理现代化，持续提升环境治理效能

进一步强化落实生态环境治理主体责任。健全党委领导、政府主导、企业主体、社会组织和公众参与的生态环境治理体系，形成"大环保"格局。健全以排污许可证为核心的固定污染源管理制度，加强排污许可证执法监管。建立以生态环境质量改善和"双碳"目标为导向的产业准入及退出清单制度。加强"三线一单"、环评审批、排污许可、总量控制、清洁生产等制度与"双碳"目标的对接。全面实施企业环境信用评价制度和动态调整机制，建立生态环保信息强制性披露、重点企业环境责任报告等制度，完善社会监督参与机制。建立覆盖全要素、全区域、全领域的环境监测网络体系，加强跨部门温室气体排放数据信息共建共享和互联互通，提升生态环境系统监控和智慧管理能力。

完善多元化市场化生态环保投入机制。通过政府引导、政策激励、市场运作等多种方式，积极吸引社会资本投资生态环保项目。推进排污权、用能权、用水权市场化交易。健全绿色发展市场服务体系，积极发展各类绿色金融工具。积极稳步推动电力市场化改革、财税绩效提升、碳排放权交易、投融资创新等试点示范。推动生态产品价值转化、碳普惠机制创新等探索实践。

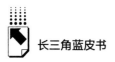

　　稳妥有序建立健全法规标准政策体系。加强环保标准制定统筹规划，推进绿色标准体系建设，加快重点领域相关标准制定和修订。鼓励推行各类涉及环境治理的绿色认证制度。加快建立健全生态设计、绿色产品、绿色供应链等标准体系建设，加强对产品设计源头的使用寿命、可重复使用性、环境友好性等标准规范的研究和制定，并以可持续产品设计带动使用、回收、再利用、再制造等环节的协调发展。加快完善绿色低碳产品和服务标准、认证、标识体系，加快培育绿色消费新时尚。加强与国际绿色低碳标识认证体系的对接，强化绿色低碳标识认证领域的顶层设计，优化完善标准认证体系，扩大生态、绿色、低碳产品和服务供给，持续、深入开展宣传教育，加快培育建设国际绿色消费中心。

B.11
"双碳"目标下长三角现代农业
高质量发展态势及引领路径

曹明霞 高 珊*

摘 要: 长三角现代农业高质量发展,不仅对长三角整个区域高质量发展起到重要保障和支撑作用,而且对全国农业现代化高质量发展的引领示范意义不容忽视。多年的制度改革和创新,为长三角农业高质量发展打下了坚实的基础,农业现代化发展质量远高于全国平均水平,但仍面临资源环境压力加大、区域发展差异显著及城乡要素流通不畅等现实挑战。以农业绿色化、优质化和协调化的高质量发展为原则,以有力的政策为保障,从注重顶层设计、促进产业升级、致力科技创新、加大政策支持和引导要素流动等路径,加快推进"双碳"目标下长三角现代农业高质量发展。

关键词: 长三角 "双碳"目标 高质量发展 全要素生产率

农业强国建设,实质是推进农业现代化与国家现代化同步实现,农业不断迈向高质量发展的过程。长三角作为中国经济发展最活跃、创新能力最强的区域之一,得益于习近平总书记亲自谋划、部署与推动长三角一体化发展,并于 2018 年将其确立为重大国家战略。这一战略是新时代引领中国经济高质量发展、打造中国发展强劲增长极的重大举措。产业发展,从长期来看是一种内生性的选择,在资本回报率不断下降的情况下,主要通过技术进

---

* 曹明霞,江苏省社会科学院农村发展研究所副研究员,研究方向为农业农村现代化;高珊,江苏省社会科学院农村发展研究所副所长、研究员,研究方向为农村经济与资源环境。

步、资源优化配置和效率改善等方式来实现产业现代化高质量发展，从而使全要素生产率得以全面提升。在新一轮产业发展角逐中，必须站位更高、视野更广来推进长三角一体化高质量发展。坚持以更大力度的举措打破区域行政壁垒、提高政策协同效应，突破单个行政区难以发展产业的困境，实现长三角地区更大意义上的现代化引领示范作用。

一　长三角农业高质量发展的内涵及意义

农业高质量发展是指在保障农产品安全的前提下，通过提高农业生产效率、优化产品结构、加强农村基础设施建设、提高农民收入水平等手段，实现农业高产、高质、低碳与高效生产，促进农业与农村经济的可持续发展。长三角作为全国创新能力最强的区域之一，通过一系列制度改革和创新引领，不断加快产业升级，区域一体化高质量发展取得了重大突破，农业一体化高质量发展的示范引领意义同样不容忽视。

（一）长三角农业高质量发展的内涵

一是保产，以农业生产能力为主线的安全农业。保障粮食和重要农产品稳定安全供给，是发展新质生产力促进农业高质量发展的首要任务。农业新质生产力必须促进粮食等重要农产品生产能力的大幅提升，夯实农业作为产品供给的基础功能。近年来大规模人口不断集聚长三角地区，但是可供拓展的耕地资源非常有限，人地矛盾不仅长期存在，还有逐步加剧之势，长三角地区必须为国家粮食安全继续做出更大的贡献。为保障农产品持续安全供给，长三角地区须在保产量、提产能、扩增量上下功夫，着力提高土地产能和生产率，全方位夯实粮食安全根基。同时要在大农业观、大食物观指引下，通过向整个国土资源拓展，构建多元化高品质的食物供给体系。

二是高效，以生产效率为主线的分工农业。长三角三省一市要协调合作，勇担农业科技创新第一方阵的使命。瞄准世界农业科技前沿，推进农业关键核心技术攻关，强化成果应用转化，提升农业科技创新体系整体效能。

以长三角地区较强的科技创新能力，支持农业科技与装备现代化发展。促进信息化、数字化技术广泛应用，培育一批具有自主知识产权的粮食和重要农产品优良品种，推进先进农机核心零部件技术攻关实现突破，促进土地产出率、劳动生产率和资源利用率的大幅提升，进一步激发农业全要素生产率增长潜力。

三是减量，以绿色低碳发展为主线的品质农业。首先是资源消耗的减量。农业生产的突出表现为对土地资源、水资源等的高度依赖，所以寻找替代资源、提升资源的利用效率、实现资源的可持续利用是农业安全的核心本质。其次是污染物排放的减量。挖掘农业生态系统碳汇价值，推进种植业减排固碳、畜牧业减排降碳、渔业减排增汇、农业节能减排，鼓励在长三角整个区域范围内开展生态产品价值实现机制试点。推动化肥农药减量增效，全面推行化肥农药实名制购买、定额制使用试点。总之，长三角农业高质量发展亟须构建农业发展与生态系统高度和谐的共生模式，使农业成为产品供给与生态维护的重要支撑系统。

四是增收，以多业态拓展为主线的功能农业。依托长三角地区农业农村特色资源，做足、做活、做精"土特产"文章。大力拓展农业发展新空间，利用新技术、创造新模式、发展新业态，深度开发农业多种功能，挖掘乡村多元价值，推动农村一二三产业高质量融合发展和全链条快速升级，提高长三角地区的农业生产效益，提升农业产业市场竞争力和可持续发展能力，助力农民不断增收致富。适应城乡居民消费新需求，加快农业与旅游、文化、教育、康养、体育等产业深度融合，共同培育打造长三角融合发展新高地。

（二）长三角农业高质量发展的重要意义

一是坚持绿色低碳发展示范引领。绿色低碳发展是高质量发展的基石。守护长三角绿色基底，既是解决区域突出生态环境问题的关键，也是保障区域一体化高质量发展的基础。以建设长三角生态绿色一体化发展示范区为契机，释放长三角绿色低碳发展的巨大动能。长三角的江海河湖山林，多数是跨省界、跨区域的生态流域性治理，需要攻坚克难构建积极有效的一体化体

制机制。"碳达峰、碳中和"目标对农业高质量发展提出了新的更高要求，多年的中央一号文件专门对推进农业绿色低碳发展作出具体部署，针对农业绿色发展过程中的突出问题，着力创新和示范农业绿色发展的技术和模式，深入推进高标准农田建设、农业投入品减量增效行动、农业废弃物资源化利用等国家农业绿色发展重点工程。长三角地区不仅要在经济发展上走在前列，也要在生态保护和建设上带好头领好向。

二是坚持农业科技创新示范引领。长三角地区将继续发挥科技创新的引领作用，推行政策协同，更大范围打破行政壁垒，让各类要素自由流动，充分发挥各地区比较优势，实现更合理分工，为全国区域农业高质量发展做好引领示范、提供实践样板。一方面，通过聚集人才、资金、技术、信息等先进农业生产要素，打造全国农业现代化建设的样板区和乡村产业兴旺的引领区，以区域发展实际示范农业发展模式、先进农业科学技术，创新体制机制，辐射带动周边区域；另一方面，加强自身公共服务平台建设，完善联农带农机制，提升示范引领能力。提升公共服务能力，着力开展冷链物流、示范培训、质量检测、电商信息等现代农业服务，构建现代农业服务体系，有效推广先进成果和模式。

二　长三角农业高质量发展的现状及特征

长三角地区总面积 35.8 万平方公里，常住人口 23761 万人，城镇化水平达 72%以上。多年的制度改革和创新为农业高质量发展打下了坚实的基础。

（一）农业稳产保供能力较强

粮食实现连年增产丰收。长三角地区粮食总产量连续多年保持在 8000万吨以上，2023 年达到 8589.2 万吨。以全国 8.7%左右的耕地面积，生产了全国 12.5%的粮食，养活了约占全国 16.9%的人口，长三角地区为国家粮食安全作出了较大的贡献。

重要农产品保供能力不断提升。国际上通用标准认为，一个区域粮食基本安全底线是人均粮食占有量大于 400 公斤。尤其是在突发事件情况下，农产品区域性保供能力显得极其重要。长三角地区人均农产品占有量不断提升，2023 年，人均粮食占有量为 365.7 公斤，人均蔬菜和肉类占有量分别为 462.6 公斤和 40.2 公斤，人均水产品占有量优势突出，高于全国人均占有量 5.2 公斤（见表1）。长三角三省一市中，重要农产品生产区域分工明显，安徽粮食生产、江苏蔬菜生产和浙江水产品生产分别贡献了较大的区域份额。

表 1　2023 年长三角地区及全国重要农产品人均占有量

单位：公斤

指标	上海	江苏	浙江	安徽	长三角	全国
人均粮食占有量	41.0	445.4	96.4	678.1	365.7	493.3
人均蔬菜占有量	100.8	719.6	298.3	429.7	462.6	567.5
人均肉类占有量	3.8	38.7	18.0	81.0	40.2	68.4
人均水产品占有量	11.0	60.7	78.6	41.5	55.6	50.4

资料来源：根据 2023 年国家及各省市国民经济和社会发展统计公报数据计算整理，人均数据按照地区常住人口计算。

（二）农业生产结构优化效率提升

农业生产结构持续优化。2023 年，长三角地区粮食、蔬菜、肉类和水产品产量分别为 8689.2 万吨、10993.0 万吨、954.2 万吨和 1320.1 万吨，四类农产品结构比由 2018 年的 41.4∶47.7∶4.3∶6.6 调整到 2023 年的 39.6∶50.1∶4.3∶6.0，区域农业生产结构发生了较大的变化，蔬菜生产量增加较快，人们开始逐渐重视饮食方面营养合理搭配，大食物观得以有效践行，果菜鱼和菌菇笋等都成为人们饮食必需品。

农业生产效率提升较快。2018~2023 年，长三角地区粮食亩均产量从 401.5 公斤增长到 415.6 公斤，五年间增长了 3.5%。2023 年，长三角地区土地产出率为 7030.7 元/亩，农业劳动生产率达 7.1 万元/人，均高于同期全国平均水平。分区域看，浙江的土地产出率和农业劳动生产率水平最高，远高于长三角地区平均水平（见表2）。

表2 2023年长三角地区及全国农业产出效率

指　　　标	上海	江苏	浙江	安徽	长三角	全国
粮食亩均产量（公斤）	533.9	463.8	415.6	377.3	415.6	389.7
土地产出率（元/亩）	4410.1	9011.1	11998.8	4479.6	7030.7	4936.2
农业劳动生产率（万元/人）	5.1	8.8	11.6	4.7	7.1	5.4

资料来源：根据2023年国家及各省市国民经济和社会发展统计公报数据计算整理。

（三）农业绿色低碳水平较高

长三角地区农业碳排放总量在波动中趋于下降，占全国农业碳排放总量的比重逐年下降。2005~2022年，长三角地区农业碳排放总量由13808万吨下降到12712万吨，下降了7.9%。2015年之后，长三角地区农业领域碳排放呈现较明显下降趋势，表明促进农业绿色低碳发展的政策措施初见成效，农业碳排放已经出现了拐点。长三角地区农业碳排放占全国农业碳排放总量的比重从2005年的12.7%下降到2022年的10.7%。分区域看，安徽省的农业碳排放总量较高，这与其农业经济规模总量及产业内部结构有关（见图1）。

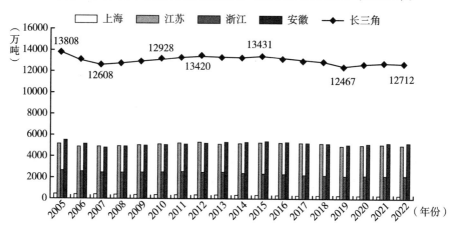

图1 2005~2022年长三角地区农业碳排放情况

资料来源：2006~2023年《中国能源统计年鉴》《中国农村统计年鉴》《上海统计年鉴》《浙江统计年鉴》《江苏统计年鉴》《安徽统计年鉴》。

长三角地区农业碳排放强度低于全国平均水平。长三角地区农业碳排放强度从 2005 年的 2.34 吨/万元快速下降到 2022 年的 0.67 吨/万元,下降率达 71.36%,碳排放强度远低于全国平均水平（0.76 吨/万元）。2022 年,长三角地区的农业生产总值为 1.88 万亿元,约占全国农业生产总值的 12.0%,而长三角地区的农业碳排放占全国农业碳排放比重为 10.7%,表明长三角地区以 10.7% 的农业碳排放贡献了全国农业经济总量的 12.0%。

分区域看,安徽省的农业碳排放强度持续高于长三角地区平均水平,2005 年,安徽省农业碳排放强度高达 3.313 吨/万元,之后与长三角其他省市的差距逐年缩小,2022 年为 0.84 吨/万元;上海碳排放强度 2005~2011 年低于长三角地区的平均水平,但 2012 年以后一直持续走高甚至超过安徽省;江苏和浙江的农业碳排放强度均低于长三角地区的平均水平（见图 2）。因此,长三角地区进一步降低农业单位产值碳排放量还存在较大空间,可为实现全球气候变化行动目标作出贡献。

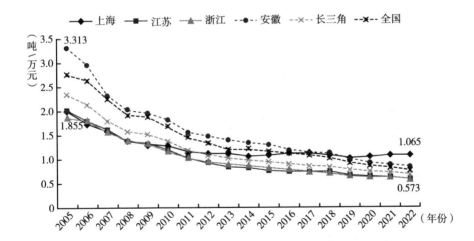

图 2 2005~2022 年长三角地区及全国农业碳排放强度

资料来源:2006~2023 年《中国能源统计年鉴》《中国农村统计年鉴》《上海统计年鉴》《浙江统计年鉴》《江苏统计年鉴》《安徽统计年鉴》。

（四）农民收入高于全国水平

农村居民整体收入水平远高于全国平均水平。长三角地区农民人均可支配收入从 2005 年的 4817 元增长到 2023 年的 31842 元（见图 3）。与全国农民收入平均水平相比，2005 年，长三角地区农民人均可支配收入是全国农民人均可支配收入的 1.48 倍，之后收入差距逐渐缩小到 2015 年的 1.37 倍，而后又逐渐扩大至 2023 年的 1.47 倍。

从区域内部看，2023 年，江苏、浙江和上海农民人均可支配收入分别为 35491 元、40311 元和 42988 元，均高于长三角地区农民人均可支配收入平均水平；安徽农民人均可支配收入 21144 元，接近于全国平均水平 21691 元，但安徽农民人均可支配收入增速较高，同比增长了 8.0%，增长速度位居长三角地区第 2 位[1]，增长势头及后劲较足。

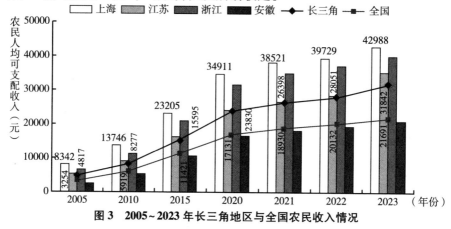

图 3　2005~2023 年长三角地区与全国农民收入情况

资料来源：2006~2023 年《中国农村统计年鉴》《上海统计年鉴》《浙江统计年鉴》《江苏统计年鉴》《安徽统计年鉴》。

（五）农业发展质量提升较快

长三角地区农业发展质量呈现持续提升的态势。全要素生产率分析不

---

[1] 《安徽农民可支配收入增速居长三角第二》，合肥在线，https://www.cqcb.com/anhuisheng/2024-03-29/5535757_pc.html。

仅是探索经济增长源泉的主要工具，也是确定经济发展质量水平的主要方法。因此，全要素生产率指数可以代表新质生产力的"高质量"特征。2005~2022年长三角地区农业绿色全要素生产率指数为1.058，即农业绿色全要素生产率在此期间增长了5.8%，与农业总产值的增长趋势基本一致。农业技术不断进步而技术效率略显不足，2005~2022年长三角地区农业技术进步指数平均为1.061，大于1；而技术效率指数为0.997，小于1（见表3），说明农业技术是不断进步的，而农业技术效率水平整体上呈下降趋势。

分区域看，上海农业绿色全要素生产率增长率明显高于其他省份。上海农业绿色全要素生产率增长率高达11.0%，位居长三角三省一市之首，江苏、浙江和安徽农业绿色全要素生产率增长率分别为4.9%、3.4%和3.7%。三省一市农业技术进步都非常明显，上海、江苏和安徽的农业技术效率维持不变，而浙江农业技术效率呈下降趋势。

表3　2005~2022年长三角地区农业高质量发展指数

地区	技术进步指数	技术效率指数	农业绿色全要素生产率指数
上海	1.110	1.000	1.110
江苏	1.049	1.000	1.049
浙江	1.047	0.987	1.034
安徽	1.037	1.000	1.037
长三角	1.061	0.997	1.058

资料来源：2006~2023年《中国农村统计年鉴》《中国环境统计年鉴》《上海统计年鉴》《浙江统计年鉴》《江苏统计年鉴》《安徽统计年鉴》。

三　"双碳"目标下长三角现代农业高质量发展的机遇与挑战

当前长三角地区进入农业绿色低碳发展的黄金"窗口期"和重大机遇期，同时面临着区域差异不可忽视及要素流通不畅等现实挑战。

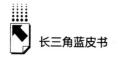

（一）发展机遇

长三角地区地缘相近、人文相亲，三省一市区域农业合作要求比较迫切，具备良好的交流机制与合作渠道，这些都为现代农业高质量可持续发展提供了新契机。

1.自然区位条件优越

区域生产要素的禀赋差异是农业发展的先决条件和分工基础。长三角地区地势低平、山水相连、河网密布、生态相依，三省一市在生态、流域、气候等自然条件方面相似度高，是传统意义上农耕历史悠久的"鱼米之乡"，更是浑然天成的人与自然生命共同体①。三省一市农业比较优势明显，资源禀赋互补性较强。苏北和安徽的农业基础雄厚，可以提供劳动力、土地等相对充裕的生产资源及粮食肉蛋奶等初级农产品；上海和浙江可以提供农产品深加工和种业研发的高新技术以及商贸物流的高标准设施。毗邻分工的区位有助于有效地利用各类资源，提高区域内部的农业生产能力，为农业项目和产品、人力资源提供合理的成长空间。

2.绿色市场前景广阔

国际经验表明，抢抓绿色低碳市场将带来新的经济增长点。长三角地区人口规模巨大，人均收入水平较高，消费能力全国领先。多年来，长三角地区注重高端优质农产品市场建设和生态环境治理。省域层面，已经建立起常态化的市场供需对接渠道，定期开展农产品推介活动。打造高附加值的绿色农产品生产加工供应基地，率先在农业领域的关键环节实现绿色转型突破，是三省一市共同追求的目标。2021年以来，沪苏浙对口帮扶皖北地区在农业市场共建方面取得新的成效，共同开拓现代农业的新基建呈现快速增长态势②。以内需为主导、以企业为主体，加强农业绿色循环的典

---

① 蒋昌明、仰叶齐：《协同推进农业绿色发展共筑长三角生态屏障》，《宁波经济》2023年第18期。
② 范克龙：《做好长三角"菜篮子" 在最"水灵"的时候遇见你》，《安徽日报》2023年10月10日。

型案例在长三角地区可行可见。

3. 合作平台形式多样

长三角地区农业合作起步早,合作意愿强。2019 年长三角一体化规划编制完成,长三角地区农业产销联盟不断扩容,长三角生态绿色一体化发展示范区也同时成立,有力地推动了各项工作的开展。一方面,部门合作机制初步建立。商定定期举行农业农村厅厅长(主任)座谈会,建立长江"十年禁渔"省际联动协作机制,签订长三角区域农产品一体化管理协议等①。另一方面,科技合作创新常抓不懈。早在 2001 年沪苏浙等地农科院就开创性地成立了科技兴农联合服务团、种业发展联盟等组织,推进科技人才资源的共享共用。2023 年又升级为长三角智慧农业科技创新联盟,未来将打造更多的绿色低碳应用场景。

(二)现实挑战

长三角地区农业发展仍然面临资源环境压力较大、经济社会落差及生产要素富集程度不同等共性难题,主要集中在以下几方面。

1. 资源环境压力加大

长三角地区城乡开发程度较高,资源环境承载力受限,生态环境比较脆弱,水土资源供给短缺的矛盾比较突出。从土地资源看,按照常住人口计算,2023 年长三角地区人均耕地面积为 0.7 亩,相当于全国平均水平的 50%,上海、江苏和浙江三省市均低于全国平均水平。土地后备资源主要集中在江苏和安徽两省。从水资源看,近年来江苏、浙江和安徽三省农业用水的比重始终较高,约为 50%。从化肥用量看,近五年来江苏、浙江和安徽三省单位面积化肥施用量均高于 300 公斤/公顷,即使是上海市也在 250 公斤/公顷的水平,均超过国际公认的化肥施用安全上限(225 公斤/公顷)。

2. 区域发展差异显著

长三角地区各省市农业定位不同,经济社会差异难以在短期内改变。上

---

① 薄小波:《紧扣"一体化"和"高质量"两个关键 共商农业科技创新合作不二路径》,《文汇报》2023 年 9 月 9 日。

海主打都市田园农业，浙江更强化生态农业功能，江苏和安徽正在努力建设农业强省。从经济总量看，2023年上海、江苏、浙江和安徽的生产总值分别占长三角地区的15.48%、42.03%、27.06%和15.43%，江苏、浙江的经济总量分别是安徽的2.72倍和1.75倍。就农业贡献看，2023年上海、江苏、浙江和安徽农林牧渔业总产值分别占长三角地区的1.39%、46.15%、20.19%和32.27%，江苏和安徽农业体量较大。基于区域行政关系带动农业协调发展的难度依然较大，特别是"双碳"目标下的资源环境事务负外部性较强，增加了各地区的谈判和交易成本。

3. 城乡要素流动不畅

长三角地区城乡内部及城乡之间存在较为激烈的同质化竞争，上海及各省会城市的单向吸力较大，对乡村的辐射带动作用有待加强，沪苏浙皖多边及各地区城乡之间的人口、科技、信息等要素流动依然不畅。安徽是农业人口大省，第一产业从业人员超过苏浙两省的总和，同期的城镇化率比苏、浙两省低10个百分点以上。跨区域城乡交通干线对接不畅，安徽省道路与周边地区的通达联运水平亟待提高。长三角地区科技资源丰富，但是创新要素的碎片化特征较为突出，有必要加深联合与互补。农业信息资源往往集中在较发达地区，地域性较为明显，信息资源未被充分共享，重复开发的现象依然存在。

四 "双碳"目标下长三角现代农业高质量发展的路径选择

（一）发展思路

推进长三角地区农业高质量发展是加速长三角地区高质量发展的重要保障和根基。"绿、精、新、高"是"双碳"目标导向下新的发展特征。

1. 坚持绿色低碳发展导向

坚定不移贯彻绿色低碳的发展理念是当今科技、产业及社会的变革方向，也是最有前途的发展领域，与世界潮流并行不悖，有利于赢得先机，掌握主动。农业具有走绿色低碳发展道路的先天优势，降低农业碳排放、提高农田生态系统固碳能力、加快农业废弃物综合利用等都是促进农业高质量发展的重要赛道。长三角地区农业碳汇资源丰富、减排需求迫切、循环模式成熟，为绿色低碳转型提供了更多可能。广大居民对优质健康农产品和优美居住环境的愿望日益强烈，构建绿色低碳的农业产业链与价值链势在必行。

2. 打造跨区域精品产业带

放大区域整体优势，以交通互联为基础推动区域农业共荣共兴。在乡村旅游、"土特产"培育等方面延链、补链、固链、强链。规划布局差异化精品路线，以集聚溢出功能携手做强、做大特色产业集群。扭转遍地开花的"小散乱"低质竞争局面，突破各行政区划管辖范围，依托地缘和资源优势，以就近同质原则引导类似产业集聚。用规模效应吸引各类要素，以互补关联原则共同打造宣传平台及营销活动。以更加开放的姿态，在长三角地区构造互利共赢、多元平衡、安全高效的"大且强"的农业全产业链。

3. 引领新质生产力大变革

当前数智技术、生物基因工程、新材料和新能源等引领技术革命的新方向，也是农业提质增效的重头戏。长三角地区是农业先进生产力的代表地区，有能力率先建立农业新质生产力的市场技术标杆。科技革新与市场完善能够推动农业绿色低碳可持续发展，大力提高农业全要素生产率和生产效益。长三角地区超前部署规划原创性、本土性科技，抢占世界未来农业的高科技阵地与产业高地。在长三角地区建立健全农产品标准化市场，有利于调动企业和农户参与积极性，确保农产品安全和品质。

4. 走出高水平一体化新路

以高水平的专业化分工推动新的区域协同发展。长三角各地区农业专业化分工格局正在逐步显现。打破传统的农业生产分工局限，推广长三角一体化示范区的成果和经验，让联合攻关的重大项目以及共建园区、基地和实验室等落地，在现代农业领域起到更大的示范作用。深化专业性分工，拓展延伸区域内部的农业产业链，带动跨区域农业生产资源的优化整合。在竞争加

剧与相互依赖加深的过程中，形成新的合作生产力和职能定位，以长期合作利益为依托，凝聚区域农业协同发展的新的内生动力。

（二）推进路径

本着绿色化、优质化和协调化的高质量发展原则，统筹壮大长三角地区现代农业。着力实施产业升级、科技创新和要素流动等路径，以有力的政策保障加快"双碳"目标的实现。

1.注重顶层设计，加强协调力度

建立顶层设计转化为基层行动的优良传导机制，持续探索跨区域联动机制，不断填补省际毗邻区域的执法、监管、合作等空白领域。

做好系统谋划。一是强化协作、各扬所长，有效衔接长三角各地农业发展规划及生态绿色行动计划的实施细则及指导意见。充分发挥政策法规及市场交易的整体调控效应，推进长三角地区农业一体化发展年度工作重点的落实。二是以更高的视角和更新的思维，达成区域"一盘棋"统筹谋划的目的。以上海为龙头，全力提升长三角地区现代农业的竞争力。

保护生态环境。一是以跨省生态补偿机制为参照，在长三角更多区域推动水、土、气联动治理，为现代农业发展提供优良的生态环境基底。国务院公布的《生态保护补偿条例》为跨区域生态保护提供了最新的法律依据。二是尽快完善农业面源污染防治的区域联防联控协作机制，进一步推进排污权、水权以及碳汇等生态产品交易，加快探索空气、水土和能源等生态产品价值实现机制。

2.促进产业升级，优化产业结构

运用数字化、智能化技术对产业进行深度改造，在一二三产业深度融合的过程中，注重生产全过程的清洁环保与资源能源的节约集约利用。

改造传统发展方式。一是发展新型业态。因地制宜探索建立多样化的种养共生循环农业；重点联合发展农产品加工业和乡村休闲旅游业。二是构建统一标准。健全长三角地区的农产品质量标准体系，开展农产品检测结果和追溯信息的区域互认；构建长三角地区的冷链物流标准，对运输车辆、田间冷库、低温中心、保鲜技术等标准进行统一监管;建设一批鲜活优质农产品示范基地直供试点。

优化行业内部结构。一是提升资源利用水平。加快长三角地区高标准农田建设,提高化肥农药利用率;发展节水节地型农业,加强作物秸秆、禽畜粪便等农业废弃物资源化、能源化利用。二是提升产品质量和效益。满足消费人群对高端农产品、深度休闲游、跨境电商等的现实需求,挖掘利用农业新的附加功能和增值潜力,打造具有国家影响力的"长三角"公用品牌。

3. 致力科技创新,培育新型主体

聚力提升农业科技成果转化水平,不断提高企业、农场、合作社及农户等各类主体的素质及生产经营能力,建立起紧密的利益联结机制,走上共同富裕道路。

推进科技成果转化。一是继续发挥长三角地区农业科技服务团体作用,增强区域品种自主创新和联合攻关力量,注重粮食丰产增收、绿色智慧农机、废弃物综合处理、智慧物联等绿色生态关键技术研发。二是以农技推广部门为主体,吸引科研院所、公益团体共同参与新技术、新产品的推广应用,广泛利用微视频、网络平台等开展形式多样的推广与宣介,全面普及绿色低碳政策与技术。

培育乡土人才群体。一是联合培育新型职业农民群体,提升农业从业者生产经营能力,引导他们率先采纳绿色低碳技术,推动教育培训师资、基地、课程的共享共用。二是充分发挥企业在农业绿色技术研发、绿色产业升级及绿色产品管理中的带动作用,推进"产、学、研、金、介"深度融合。鼓励有专业技能的人才在长三角各产业领域内流动就业,并享有与当地居民同等的待遇。

4. 引导要素流动,缩小城乡差距

加强区际、区内和城乡之间的经济社会联系,促进人才、资源、信息、资金等要素的流动集聚,推动长三角全域、各省域及城乡三个层面的一体化发展。

加强交易市场建设。一是增设布局合理的区域性专业市场。定期举办各种农产品贸易交易活动。除满足上海供应外,强化苏、浙、皖对接,形成更

大范围、统一开放的农业市场体系，形成沪、苏、浙、皖之间的多边互动市场。二是优化招商引资环境。在长三角地区让农业绿色低碳项目获得与工业项目、高新技术项目同等的重视和税收优惠。

完善基础设施建设。一是尽快实现重要节点的基础设施互通。打通区域之间和区域内部的堵点干线，特别是跨省毗邻城乡地区之间的断头路，破解"最后一公里"难题。二是建立农业数据交换中心。加强农业信息资源的共享共用，将区域产销联盟与大数据、区块链融合，实现农产品信息的广域精准对接，以需定产，线上线下同步提供绿色优质农产品。

5.加大政策支持，开展国际交流

注重行政合理引导，综合运用国内、国际两个市场，建立不同行业、部门之间的长效发展机制，完善长三角地区农业绿色低碳发展的综合政策体系。

发挥政府职能。一是财政金融精准支持。建立长三角地区农业绿色低碳发展的专项基金，发展基础研发、冷链物流、废弃物处理等关键环节。公平引导民营企业等社会资本进入农业投资领域。二是完善农业绿色低碳发展的区域性法规标准。尽快修订现行政策中与绿色低碳发展相矛盾的内容。合理制定农业领域能源及水土资源等方面的长三角地区标准。

搭建国际平台。一是向国际先进水平看齐，不断加强长三角地区与发达国家在农业绿色低碳和区域一体化发展方面的经验交流与共享，主动拓展和深化国际农业绿色低碳发展与区域协作项目。二是积极参与共建"一带一路"国家的现代农业合作建设，破解农业绿色低碳发展中的技术、资金、能力建设等难题，推动农业先进技术及国际资金向长三角地区转移和扩散。

参考文献

张露、罗必良：《中国农业的高质量发展本质规定与策略选择》，《天津社会科学》2020年第5期。

陈文胜：《推进农业高质量发展的时代要求与主攻方向》，《经济理论与经济管理》2023年第10期。

龚斌磊、张启正:《以提升农业全要素生产率助力农业强国建设的路径》,《经济纵横》2023年第9期。

张照新:《把握乡村产业高质量发展的四大要点》,《农村工作通讯》2023年第7期。

沈洋、周鹏飞:《农业绿色全要素生产率测度及收敛性分析——基于碳汇和碳排双重视角》,《调研世界》2022年第4期。

王翌秋、徐丽:《"双碳"目标下农业机械化与农业绿色发展》,《华中农业大学学报》(社会科学版)2023年第6期。

刘畅:《碳交易对农业绿色全要素生产率的影响——基于碳汇和碳排双重视角》,《中国林业经济》2023年第5期。

宋马林:《深入贯彻落实长三角区域生态环境共保联治战略》,求是网,http://www.qstheory.cn/dukan/hqwg/2024-04/13/c_1130108940.htm,2024年4月13日。

B.12
数字经济赋能专精特新企业发展的长三角路径研究

黄婷婷　郑琼洁[*]

摘　要： 习近平总书记强调要推动"长三角一体化"取得新的突破，在中国式现代化中走在前列。党的二十大报告提出支持专精特新企业发展。专精特新企业作为科技自立自强的主力军，是聚焦产业链关键环节、解决"卡脖子"技术难题、提升现代化水平的关键所在。数字化和智能化赋能专精特新企业发展，对于优化生产服务资源配置、降低企业生产制造成本、提高全要素生产率具有重要意义。本报告旨在探究数字经济赋能专精特新企业发展的长三角路径，对加快推动长三角地区高质量发展和提升现代化水平具有重要的理论价值和现实意义。

关键词： 数字经济　专精特新　长三角一体化　中国式现代化

一　中国式现代化背景：科技革命催生的数字经济时代

新一轮科技革命与产业革命驱动下，全球经济形势发生了巨大的变化，数字经济逐渐成为现代化经济体系构架的重要支柱。数字经济是全球技术创新、产业变革以及现代化经济体系建设的新引擎，通过数字技术应用对传统产业进行全方位、多角度、全链条赋能，释放数字技术对经济发展的放大、

* 黄婷婷，博士，江苏省社会科学院助理研究员，江苏高成长企业博士工作站特约研究员，研究方向为企业创新与数字经济；郑琼洁，博士，南京市社会科学院研究员，江苏省扬子江创新型城市研究院专家，研究方向为"专精特新"企业发展。

叠加、倍增效应，是构建现代化经济体系、提升现代化水平的重要路径。"十四五"以来，长三角三省一市（江苏省、浙江省、安徽省、上海市）在数字经济发展方面积累了许多经验，创造了诸多成果。长三角专精特新企业凭借其基础设施布局超前、科研创新活动活跃、产业基础实力雄厚等优势，抓住了数字经济的发展机遇，在企业降本增效和提质方面取得重大成效。

（一）数字经济的科学内涵和发展特征

数字经济是继农业经济、工业经济等传统经济之后的新经济形态[①]。G20 杭州峰会通过了《G20 数字经济发展与合作倡议》，开创性地把数字经济列为重要议题，标志着数字经济成为国际认可的行动战略。2024 年第十四届全国人大二次会议审议通过的《政府工作报告》强调，深入推进数字经济创新发展，积极推进数字产业化、产业数字化，深化大数据、人工智能等研发应用，开展"人工智能+"行动，打造具有国际竞争力的数字产业集群。

发展数字经济是中国经济实现弯道超车、推进中国技术经济范式深刻变革的重要方式。从数字经济相关主题词的分布看，"数字经济""数字化转型""高质量发展"排前三位，文献篇数分别是 14117 篇、3574 篇和 2008 篇（见图 1）。数字经济发展正加速推进宽带中国、"互联网+"、大数据、人工智能等行动计划，以数字化推进生产智能化、产业高端化、经济耦合化，加速从"跟跑者"向"并跑者"乃至"领跑者"发起冲击，实现中国经济弯道超车乃至换道超车。

（二）长三角地区数字经济发展水平

长三角地区作为我国经济发展最为活跃的地区之一，其数字基础设施在全国领先，全国一体化算力网络长三角国家枢纽节点建设有序推进，基础设

---

① 刘淑春：《中国数字经济高质量发展的靶向路径与政策供给》，《经济学家》2019 年第 6 期，第 52~61 页。

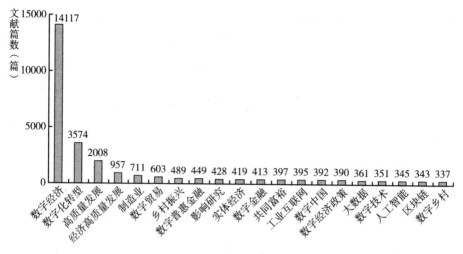

图1　数字经济相关主题词的发表文献篇数对比

资料来源：笔者通过在中国知网搜索相关关键词整理而得。

施互联互通水平持续提升。上海凭借高水平5G网络和"双千兆"宽带网络，成为新一代信息基础设施建设标杆城市；江苏省南京市加快工业互联网核心设施建设，打造城市级新型网络基础设施；浙江省杭州市大力推进数据中心基础建设，推进实施"新制造业计划"；安徽省合肥市协同推进数字产业化和产业数字化，深入实施工业互联网创新发展战略，加快推进新一代信息基础设施建设。

（三）长三角地区数字经济发展的政策分析与经验做法

本报告从政府政策文件文本数据中挖掘出数字经济的词频。从图2可看出，2016年至2023年，浙江省政策文件数字经济的词频在长三角地区中处于领先地位，说明浙江省高度关注数字经济发展，但近几年关注度有所下降。2018~2023年上海市政府加快制定数字经济相关政策，重视程度逐年提升，江苏省近几年的政策关注度提升较大，安徽的关注度则呈波动式上升趋势。

上海市坚持整体性转变、全方位赋能，全市全面推进数字化转型。2020

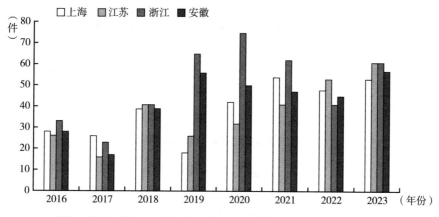

图2　2016~2023年长三角三省一市政策文件中数字经济的词频

资料来源：笔者根据长三角三省一市政府官网公布的相关关键词的政策文件整理而得。

年通过的《关于全面推进上海城市数字化转型的意见》，把数字化转型作为上海"十四五"经济发展的主攻方向，主打用数字化方式创造性解决上海这座超大城市发展难题，提倡用数据要素配置链接全球资源，以此大力激发社会创造力和市场潜力，全面提升城市治理能力，为上海市实现高质量发展提供强大引擎。

江苏省近些年全面贯彻实施《江苏省"十四五"数字经济发展规划》，以数字经济与实体经济深度融合为主线，突破创新，强化数据赋能，大力推动数字产业化和产业数字化。习近平总书记近年来多次到江苏调研，重点强调深入实施数据要素赋能产业转型升级，把江苏打造成具有国际影响力的"数字高地"，率先引领全国实现科技自立自强。

浙江省凭借其优质的营商环境，深入实施数字经济"一号工程"，全面建设全国典型数字产业化发展引领区和产业数字化转型示范区。着力打好关键核心技术攻坚战，积极打造具有全球竞争力的数字产业集群，高质量推进产业数字化，以制造业、现代服务业、农业全面数字化转型，塑造数实融合新范式。

安徽省加快推进数字经济与实体经济深度融合，从供给和需求层面

加快融合，壮大经济发展引擎，打造数字经济发展高地，鼓励以需求拉动创新，提升数字技术创新能力。重点从融合层面推进"人工智能+"计划实施，促进供给侧与需求侧充分对接，推动数字经济产业链不断延伸。

二　长三角实体经济：积极引导中小企业
走专精特新之路

（一）长三角地区国家级专精特新"小巨人"企业的总体规模

专精特新企业是强链补链固链的生力军，对推动创新发展、优化产业链供应链具有重要意义。近些年，长三角地区三省一市在培育"专精特新"企业方面取得了超前的成就。

长三角三省一市的国家级专精特新"小巨人"企业数量提升较大。工业和信息化部公开的专精特新"小巨人"企业名单（第一批至第五批）显示，至2023年长三角地区已累计培育认定4304家专精特新"小巨人"企业，总数提升较大，约占全国专精特新"小巨人"企业总数的1/3（见表1）。总体看来，长三角地区专精特新"小巨人"企业数量逐年增加，涵盖了诸多领域，如生物医药、新能源、信息技术等。许多企业在技术研发、产品创新和市场拓展方面取得了突破和成就。一些企业在行业内具有较高知名度和竞争力，为长三角地区经济发展和一体化发展均做出了积极贡献。

与全国其他代表城市相比（见表2），上海总体规模优势明显。长三角代表城市的国家级专精特新"小巨人"企业数量总体呈现迅猛增加趋势，上海总数最多（712家），南京和合肥较低（分别是214家、192家），可以看出长三角代表城市之间的差距较明显。相比于北京（841家）和深圳（756家），除上海以外，长三角代表城市的国家级专精特新"小巨人"企业总体规模仍存在一定差距。

表1　长三角三省一市国家级专精特新"小巨人"企业情况

单位：家

地区	企业类型	第一批	第二批	第三批	第四批	第五批	总计
长三角	专精特新"小巨人"企业	73	377	811	1531	1512	4304
	其中：上市企业	22	97	122	263	171	675
上海	专精特新"小巨人"企业	17	63	182	245	205	712
	其中：上市企业	7	24	31	44	15	121
江苏	专精特新"小巨人"企业	18	99	172	424	796	1509
	其中：上市企业	7	31	33	85	107	263
浙江	专精特新"小巨人"企业	19	148	308	603	384	1462
	其中：上市企业	5	25	33	110	40	213
安徽	专精特新"小巨人"企业	19	67	149	259	127	621
	其中：上市企业	3	17	25	24	9	78

资料来源：笔者根据工信部公布的数据整理而得。

表2　长三角代表城市与全国其他代表城市的国家级专精特新"小巨人"企业情况

单位：家

地区	城市	第一批（2019年）	前三批总和（2019年、2020年、2021年）	第四批（2022年）	第五批（2023年）	总计
长三角代表城市	上海	17	262	245	205	712
	南京	2	44	63	107	214
	苏州	5	49	121	227	397
	杭州	2	54	155	117	326
	宁波	5	182	101	69	352
	合肥	4	62	79	51	192
全国其他代表城市	北京	5	264	334	243	841
	深圳	8	171	276	309	756
	广州	5	69	55	125	249
	重庆	5	124	139	55	318
	武汉	3	52	158	103	313
	成都	7	110	95	85	290

资料来源：笔者根据工信部公布的数据整理而得。

（二）长三角地区国家级专精特新"小巨人"企业的分布特征

1. 区域分布特征

长三角三省一市共拥有 4304 家（五批加总数）国家级专精特新"小巨人"企业，存在显著的区域分布特征（见图3）。江苏省拥有的国家级专精特新"小巨人"企业最多，为 1509 家；浙江省拥有 1462 家；上海市和安徽省分别拥有 712 家和 621 家。

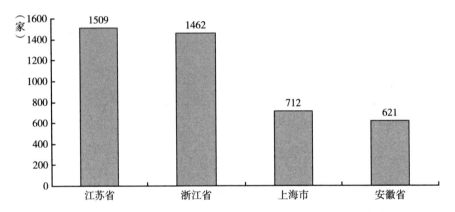

图3 长三角三省一市的国家级专精特新"小巨人"企业分布情况

资料来源：笔者根据工信部公布的国家级专精特新"小巨人"企业名单（第1~5批）整理而得。

2. 行业分布特征

从行业分布来看（见图4），长三角地区三省一市国家级专精特新"小巨人"企业主要集中在通用设备制造业（575 家），专用设备制造业（453 家），计算机、通信和其他电子设备制造业（396 家），电气机械和器材制造业（376 家），研究和试验发展（322 家），科技推广和应用服务业（282 家），化学原料和化学制品制造业（245 家）等行业，其中通用设备制造业，专用设备制造业，计算机、通信和其他电子设备制造业分别占比为 13.36%，10.53%，9.20%。

从各地区行业分布看，其特征也是存在差异的。上海市科技推广和应用

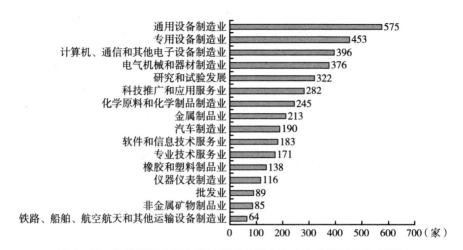

图 4　长三角地区国家级专精特新"小巨人"企业主要行业分布情况

资料来源：笔者根据工信部公布的国家级专精特新"小巨人"企业名单（1~5批）整理而得。

服务业国家级专精特新"小巨人"企业数量最多，达到136家，占长三角三省一市该行业总数的65.53%。江苏省研究和试验发展类国家级专精特新"小巨人"企业数量最多，为211家，占长三角三省一市该行业总数的64.46%；其次是专用设备制造业，共有207家国家级专精特新"小巨人"企业，占比25.22%；通用设备制造业162家，占比35.64%。浙江省通用设备制造业国家级专精特新"小巨人"企业数量为292家，占长三角三省一市该行业总数的16.34%；其次是专用设备制造业（145家，占比18.35%）与电气机械和器材制造业（134家，占比13.64%）（见表3）。

表3　长三角地区国家级专精特新"小巨人"企业主要行业分布情况（分地区）

三省一市	所属行业	国家级专精特新"小巨人"企业数量（家）	占比（%）
上海市	科技推广和应用服务业	136	65.53
	专业技术服务业	100	36.00
	软件和信息技术服务业	65	35.76

三省一市	所属行业	国家级专精特新"小巨人"企业数量（家）	占比(%)
江苏省	研究和试验发展	211	64.46
	专用设备制造业	207	25.22
	通用设备制造业	162	35.64
浙江省	通用设备制造业	292	16.34
	专用设备制造业	145	18.35
	电气机械和器材制造业	134	13.64
安徽省	通用设备制造业	74	48.23
	电气机械和器材制造业	69	58.48
	计算机、通信和其他电子设备制造业	54	35.52

说明：占比指的是该省市的行业企业数量占长三角地区同行业的比重。

资料来源：笔者根据工信部公布的国家级专精特新"小巨人"企业名单（1~5批）整理而得。

三 长三角现代化实践："人工智能+"计划下的数实融合

（一）长三角城市群中小企业数字化转型的总体情况

中小企业是推动创新、促进就业、改善民生的重要力量。专精特新中小企业更是中小企业群体的排头兵，是补链固链强链的生力军，也是经济活力的重要载体，越来越多的专精特新中小企业已经在各自专业领域行业成为佼佼者。然而，长三角一体化发展战略下，由于自身业务规模较小、经营管理经验不足、人才资金资源不足、抵御风险能力较低，不少专精特新中小企业依然面临诸多现实挑战亟需应对和解决，而数字化转型升级既是帮助专精特新中小企业纾困之举，也是提升其核心竞争力的关键措施。

相比于其他城市群，长三角城市群的中小企业数字化转型比例最高，珠三角次之，京津冀最低，但也显著高于成渝和长江中游城市群，高于全国平均水平。截至 2023 年底，长三角三省一市（江苏省、浙江省、安徽省、上海市）共有经营主体 3535.65 万户，同比增长 9.5%，长三角地区数字化转型程度达到 37.2%，居全国之首，中小企业正在享受数字化经营管理带来的红利，充分展现着长三角企业的经营活力。长三角城市群的中小企业数字化转型表现突出，主要原因在于长三角三省一市拥有成熟高效的市场、发达完备的基础设施、充足的数字人才储备，加之本地制造业贸易和互联网行业发达，在数字化转型方面具有优势，所以，中小企业数字化水平较高。

数字产业化为长三角地区专精特新中小企业的发展注入了磅礴动力。十多年前挂牌的杭州未来科技城如今已成为人工智能小镇，吸引创新创业人员近 1.5 万名。工作人员向记者展示了一台通过"意念"控制的智能仿生手，其原理是通过脑机接口以及人工智能算法等将数据转化为指令，帮助残障人士"恢复"日常生活。杭州未来科技城不仅能帮助企业匹配产业上下游供应链，还能推动企业实现数字技术产业化。从江苏无锡雪浪小镇孵化出来的第一家数字化公司雪浪云，5 年来孵化和吸引超 300 家数字化创新公司落户，形成了"小镇+平台+生态+集群"的数字产业发展新模式，数字化创新有助于长三角地区的数字经济发展进入快车道。

（二）长三角三省一市专精特新企业数字化转型特征

在国家级专精特新"小巨人"企业集中的十大行业中，高达九个属于制造业领域，而 1.2 万家专精特新"小巨人"企业中超过 1 万家属于制造业企业。足以证明，制造业在"专精特新"企业中的核心地位。因此，本报告主要分析长三角三省一市制造业数字化转型现状。

1. 江苏省：深化"智改数转"，打造数实融合强省

江苏省两化融合水平较高，截至 2023 年底，全省两化融合发展水平达67.9%，比 2021 年末提高 3.1 个百分点，已经连续 9 年居全国第一，关键工序数控化率（63.7%）、经营管理数字化普及率（85%）等重点指标保持全国领先。2023 年江苏省数实融合发展有了新的成效，其中，数字经济核心产业

增加值占地区生产总值的比重达 11.4% 左右，两年（2022~2023）累计实施智改数转网联改造项目约 5 万个，2 万余家企业完成改造项目约 2.5 万个，规上工业企业免费诊断覆盖率近 65%。2023 年江苏省新增国家"数字领航"企业 5 家、智能制造示范工厂 32 家、5G 工厂 97 家、两化融合管理体系贯标达标企业 1448 家，均居全国第一；新认定省级智能制造示范车间 501 个、智能制造示范工厂 112 家、工业互联网标杆工厂 121 家，苏州入选全国第一批中小企业数字化转型试点城市①。但从整体上看，江苏省近 70% 的企业仍处于数字化转型的探索或初步应用阶段，只有 10% 左右的头部企业在产品全生命周期甚至产业全链条做到数智融合与创新发展。而面广量大的中小企业转型投入大、周期长、复杂程度高，这就需要江苏省不断提升"网联"的智能化、平台化、规模化赋能作用，以有力有效的"智改数转网联"工作，推进"数实融合强省建设"。

2. 浙江省：创新驱动，培育数智化企业典范

浙江省是数字经济大省，同时也是民营经济大省、制造业大省，拥有规模经济优势、数据体量优势和场景丰富优势。要聚焦这些发展优势，加快实现"四个转变"，推动数实融合走深走实，助推数字经济高质量发展强省和全球先进制造业基地建设，为奋力谱写中国式现代化浙江新篇章提供有力支撑。浙江省中小企业的数字化转型之旅，就是积极引导企业找准智能化改造切入口，实现重点培育企业智能化技术改造咨询诊断全覆盖。针对量大面广的中小微企业，浙智专委派出专家指导组及各单位专业人员，对本土中小企业开展深度调研，提炼出了"N+X"的改造方案，并对列入轻量级数字化改造试点的项目，制定了专项奖励政策。新一代信息技术、高端装备制造是杭州专精特新"小巨人"企业和独角兽企业分布最多的领域，都与数字经济息息相关。杭州明确提出到 2025 年集成电路产业规模实现 800 亿元、冲刺 1000 亿元、年均增长 20% 的目标。近年来，浙江省按照"数字化车间—智能工厂—未来工厂"梯次培育路径，探索开展"未来工厂"建设。截至

---

① 《加快"数字换脑"，让制造业更聪明》，《新华日报》2024 年 3 月 25 日。

2023 年，浙江省共有"未来工厂"20 家、省级"智能工厂"58 个、省级"数字化车间"135 个，涵盖信息通信技术、新能源汽车、装备制造、家居、纺织等多个行业，推动制造业高质量发展。

3.上海市：抢占创新赛道，打通国际市场

中小企业是一座城市中最具活力、潜力和成长性的创新群体。近几年，上海市中小企业努力克服人员不足、物流不畅、成本上升等困难，保障了产业链、供应链的稳定运行，体现了强大的韧性。上海市中小企业发展专项资金设立中小企业数字化赋能项目，支持中小微企业"上云""用云"。上海市智能工厂生产效率平均提升 50%，运营成本平均降低 30%。2024 年是上海市智能工厂建设深化提质年，上海拟新建设 70 家市级智能工厂，力争新建智能工厂中达到示范性（L3 级）和标杆性（L4 级）的比例超 70%。智能工厂是数字化转型的主阵地、主战场。2023 年上海共有 11 家单位获评国家级智能制造试点示范工厂，33 家单位 62 个场景获评国家级智能制造优秀场景，获评工厂数和场景数均居全国城市首位，全市国家级智能工厂和场景总数实现"双倍增"。智能工厂建设对先进制造业的支撑能力日益增强。上海市已成为国内最大的智能制造系统集成解决方案的输出地和智能制造核心装备产业集聚区，智能制造系统集成工业总产值突破 600 亿元，智能制造装备产业规模突破 1000 亿元，连续三年"中国先进制造业城市发展指数"全国第一。同时，上海市正瞄准新能源赛道，加速布局全产业链，大力拓展海外市场，大力发展欧洲与北美的业务，力争在国际市场上展现上海市的风采。

4.安徽省：点线面体分类施策，推动专精特新企业数字化进程

安徽省两化融合水平稍低一点，处于全国中等水平，融合硬度、融合软度以及融合深度等各维度发展平衡。安徽省发展通用人工智能，拥有良好的基础，目前安徽省人工智能产业发展指数位居全国第 6。安徽省出台数字化转型实施方案和相关政策，推动制造业高端化、智能化、绿色化发展。广大中小企业把数字化转型作为长期战略，开展数字化改造和设备更新。截至 2023 年 11 月，安徽省已累计培育省级数字化车间 1060 个、智能工厂 216

个。针对中小企业在数字化转型中遇到的不敢转、不会转等难题，安徽省推出了政府和企业联合打造、市场化运作的工业互联网综合服务平台，为企业提供政策、找专家、找应用等，以建设工业互联网平台为抓手，推动数字技术与实体经济深度融合。

安徽省将按照分行业、分区域、选龙头、树典型、重引导、全覆盖的思路，根据企业规模、企业类型、发展阶段的不同，采取"点、线、面、体"结合的方式分类施策。"点"上加快企业数字化转型，"线"上打造工业互联网平台和"行业大脑"，"面"上通过"一区一业一样板"推动区域数字化，"体"上完善数字化的支撑保障和体系建设。《安徽省工业互联网发展研究报告（2023）》显示，安徽全省累计重点培育工业互联网平台156个，为该省企业赋"智"加"数"开辟新赛道。安徽省累计通过两化融合贯标企业2250家，居全国第6位、长三角第2位；2023年该省认定省级制造业数字化转型示范园区21个，累计奖补资金1.9亿元，目前各园区共引导带动数字化转型项目350个以上，完成数字化转型投资160亿元以上。

四 问题与困境：长三角地区专精特新企业数字化转型的"拦路虎"

长三角三省一市的专精特新中小企业聚焦细分领域，形成显著的聚集效应，发展时间较短，多数企业仍处于成长阶段，发展潜力较大。从全国层面看，长三角三省一市的企业数字化转型走在全国前列，但数字化发展是一项系统工程、复杂工程、持续工程，长三角地区专精特新企业在探索企业数字化转型之路上还面临不少"拦路虎"。结合目前对长三角地区重点专精特新企业的调研座谈，笔者提出以下问题。

（一）数字化转型基础薄弱，缺乏政策支撑

从全国层面看，专精特新企业数字化转型基础较弱，长三角三省一市也不例外。底层核心技术缺乏原创性、软硬技术适配程度不高、软件技术产品

竞争力不强，难以为长三角地区的专精特新企业数字化发展提供有力的技术支持。

1. 数据要素跨域流通格局尚未构建

随着科技的不断革新和我国数字经济的崛起，数据已成为国家的基础战略性资源和关键生产要素，同时也逐渐成为企业转型升级、经济社会发展的新动力源泉。目前，长三角一体化发展战略要求下，数据要素的跨区域流通格局尚未形成，应当搭建长三角数据要素流通服务平台，以加快构建要素融合创新应用新格局。

2. 网络基础设施和宽带覆盖不均衡

尽管长三角地区是中国的经济中心之一，城市密集度高，但在网络基础设施和宽带覆盖方面，仍然存在一些欠缺和不均衡。特别是在农村地区和一些偏远地区，互联网接入速度较慢，网络稳定性有待提高，导致部分地区的企业和居民无法充分享受数字技术带来的便利和机遇，这制约了长三角地区专精特新企业的数字化转型。

3. 数据中心建设有待进一步完善

数据中心是支撑企业数字化转型的重要基础设施，但长三角地区在数据中心建设方面仍存在区域差距。特别是大规模的云计算数据中心和边缘计算设施的建设相对滞后，限制了数据处理和存储的能力，影响了长三角地区专精特新企业推进数字化转型。

4. 物联网基础设施建设仍需加强

物联网作为数字化转型的重要驱动力之一，需要建立起全面覆盖和可靠的物联网基础设施。目前，长三角地区在物联网基础设施建设方面还存在一些短板，包括传感器部署不足、通信网络覆盖不完善等问题，制约了物联网技术的广泛应用。

（二）数字化转型认知不足，缺乏战略规划

目前，从长三角三省一市专精特新企业调研情况看，由于存在技术壁垒、转型风险和缺乏专业人才等问题，多数企业只是把数字化转型举措作为

实现特定阶段、特定目标的工具手段，既缺乏前瞻性、系统性的顶层设计，也缺乏执行层面的全局统筹。专精特新企业通常侧重于某个具体领域的专门技术或产品，并在该领域具备较强的竞争力。然而，由于其专业性和独特性，部分长三角地区的专精特新企业对数字化转型的认识和意识不足，缺乏相关战略规划和技术支持。

1. 对转型的重要性认知不足

对于专精特新企业来说，数字化转型可能被视为次要的事项，相比于技术研发、生产和销售等核心业务，数字化转型的重要性没有得到充分的认知。企业将更多的注意力放在优化产品和服务上，忽视了数字化转型对业务增长和竞争力的重要作用。

2. 对转型的专业知识认知有限

由于专精特新企业在数字化领域的专业知识相对有限，其可能缺乏关于数字化转型战略和实施的全面理解，可能不清楚如何选择合适的数字技术和工具、如何构建数字化平台，以及如何有效地整合和管理数据等。这些认知不足可能导致部分专精特新企业在数字化转型过程中遇到困难和挑战。

（三）数字化转型成本过高，缺乏转型意愿

由于自身资源和资金有限，专精特新中小企业对于计算、存储、网络、设备等数字化基础资源的投入明显不如大型企业，加上市场需求下降、劳动力不足、成本高企、供应短缺等一系列因素冲击，大多数专精特新企业产生过"数字化转型能否真正解决业务痛点问题从而实现降本增效"的困惑，数字化投入意愿下降和信心不足。

1. 数字化转型需要大量技术投资

专精特新企业数字化转型通常涉及软件和应用开发、基础设施升级、数据管理和安全、人员培训和技能提升以及创新研发和实验等方面，这些技术投资对于中小型专精特新企业来说可能是一个巨大的负担。专精特新中小企业通常不像大型企业那样拥有充裕的资金和资源，同时又需要进行全面的数字化升级，因此可能需要更加谨慎地考虑技术投资的方向和效益。

2.数字化转型需要搭建数字化平台

企业可能需要将已有的数据从传统的系统中迁移到数字化平台上，并确保各个系统之间的顺畅联通。这涉及数据清洗、重构和验证，而且可能需要额外的资源和专业技能支持，需要搭建数字化平台，需要购买服务器、网络设备、存储设备等硬件设备，同时还需要开发和购买各种软件应用和工具，这些都会带来一定的成本压力。同时，搭建数字化平台需要具备相关技能和知识的人员来进行开发、维护和运营，还可能需要招聘或培训员工以满足需求，这也会增加中小企业的成本。

3.数字化业务流程需要优化

数字化转型通常需要对现有的业务流程进行重新设计和优化，这可能需要企业投入大量资源来评估、改进和调整业务流程，以适应新的数字化环境。数字化业务流程优化通常需要引入新的技术和系统来支持，如 ERP 系统、CRM 系统、电子商务平台等，这些技术的采购、定制和实施都需要大量投入。同时，数字化业务流程优化需要投入更多的人力，需要对员工进行培训，使其熟悉新的工作流程和技术工具，可能需要进行人员调整或重新组织，这会增加人力成本。数字化业务流程优化需要对企业的数据进行整合和分析，以提升决策效率和业务运营水平，这也需要投入一定的成本。

（四）数字化人才供给不足，缺乏人才支持

长三角地区数字化人才供给不足是数字化转型中的一大挑战。随着数字化转型的迅速发展，对具备数字化技能和知识的人才需求不断增加，但相应的人才供给存在不足的情况。

1.数字化人才的培养体系还不完善

当前，数字化人才培养还存在着一系列问题。例如，教育机构数字化课程设置不够科学、数字化培训教材缺乏创新、数字化人才能力评估机制不健全等。这些问题影响了数字化人才培养的质量，同时也导致了数字化人才供应不足的状况。虽然长三角地区拥有一些高等教育机构和培训机构，但数字化领域的专业人才培养仍存在一些问题。部分学校在教授数字化相关课程

时，缺乏与行业实际需求紧密结合的内容和方法，导致毕业生的实际操作能力与企业需求之间存在差距。

2.数字化人才的引进和留住也存在困难

数字化转型要求企业拥有一批懂新一代信息技术的高级专业人才，中小企业尤其是传统行业中小企业，薪资待遇普遍难以吸引和留住高端信息技术人才，导致中小企业在推进数字化转型时数字化人才支撑不足，普遍出现了企业懂信息技术的人少、具有信息技术思维的人更少等情况。尽管长三角地区吸引了很多高科技企业和创新项目，但由于数字化人才市场竞争激烈，人才流动性较大，企业往往面临引进和留住优秀数字化人才的难题。

3.数字化人才的多样性和综合能力也需要进一步提高

当前长三角地区数字化人才总体缺口在 2500 万人至 3000 万人，且仍在持续扩大。随着数字化转型进展深入，企业对拥有数字化能力的复合型人才需求更高。如工业互联网领域的核心人才需求，主要是对专业技术、企业管理等多层次、多维度的人才需求量较大。除了技术、管理方面，数字化转型所需的人才还应具备跨学科的综合能力和创新思维等方面的素养。这对于培养具备全方位数字化能力的人才提出了更高要求。

（五）数字化应用场景较少

数字化成效发挥与场景规模紧密相关，场景规模越大，数字化建设成效越容易显现。中小企业因场景规模有限，数字化建设效益难以像大型企业规模化应用一样立竿见影，这也使很多中小企业看不到数字化规模效益时，推进动力和积极性明显不足。

五　中国式现代化的长三角新景象：
专精特新发展之路

党的十八大以来，习近平总书记明确指出长三角一体化发展的重大使命，要推动长三角地区发挥先行探路、引领示范、辐射带动作用，在中国式现代化中走在前列。基于专精特新企业发展视角和政府保障视角，兼顾数字技术应用、数字协同发展，长三角提出差异化、立体式、综合性的推进策略。

（一）建设"适度超前"的数字基础设施，提供稳定的政策支持

数字基础设施建设是专精特新企业数字化转型升级的第一步，需要政府、企业和社会各方共同努力。政府可以加大资金投入，推动数字基础设施建设和技术创新；企业可以加强自身的数字化能力培养，提升组织架构和管理水平；社会各界可以加强合作，促进数字技术的普及和应用。只有各方齐心协力，才能推动长三角地区数字化转型迈上新的台阶。

由于数字化转型运用新技术的成本较高，长三角地区专精特新企业数字化转型的数字基础设施较弱，底层核心技术缺乏原创性、软硬技术适配程度不高、软件技术产品竞争力不强，多数专精特新中小企业难以购买能协同采集数据的新制造设备及软件，长三角地区亟须改善此种困境，为专精特新企业数字化发展提供有力的政策支持。

1.规范专精特新企业数字化转型数据要素标准

企业层面，专精特新企业内部要进行数据的标准化建设，建立统一的数据标准化体系，为实现企业内部各类数据的互联互通提供基础与保障。行业层面，要引导组织协会、单项冠军企业研究制定工业数据的行业标准、团体标准、企业标准，促进标准化数据的应用。国家层面，加快公共数据开放进程，促进数据资源的高效利用。

2.以数字基建普及支持专精特新企业数字化协同发展

进一步落实长三角地区专精特新企业"上云、用数、赋智"行动。当前以云原生为代表的新一代数字技术架构兴起正深刻改变着整个 IT 行业，也为制造企业低成本数字化转型提供了机遇。建议针对专精特新企业加强行动落实，长三角三省一市可重点采用向专精特新中小企业发放"用云券"等数字化扶持方式，降低企业数字化技术应用门槛，激活各类云平台数字基础设施的建设应用。

3."数智"单项冠军企业引领支持制造业数字化协同升级

重点鼓励并支持单项冠军企业通过工具集成、服务外包、培训共享、合作开发项目等方式强化技术溢出效应，根据不同细分行业需求深化云计算、大数据、区块链等新兴技术的集成应用，并与中小企业数字化、智能化改造专项行动相配合，以数字化共享平台作为大企业技术扩散与产能共享的载体，引导中小企业在产品研发、生产组织、经营管理、安全保障等环节加强对云计算、物联网、人工智能、网络安全等新一代信息技术的应用。

4.以大规模的平台化集成摊销创新研发成本

以包容性政策鼓励企业打造数字技术及应用工具平台，鼓励工具的开源、汇聚与集成，辅以政府采购、产品价格补贴等手段，用较大规模的场景应用摊销数字工具的创新研发成本，重点降低专精特新中小企业工具使用成本，并以通用型技术为入口带动垂直应用型工具的加载和市场导入，形成以工具拓展为抓手的数字化转型创新扩散机制。

（二）强化数字化平台建设，助力专精特新中小企业重塑竞争力

1.强化数字化平台建设，降低企业运营成本

除了强化核心价值链，企业还需要积极发展各个业务环节，调整战略思维，进而编制一张生态价值网。当出现供应链某个环节掉链时企业可以寻找另一条价值链来保证订单的按期交付，这就需要一个强大的数字化平台来支撑。通过数字化技术的加持，持续不断地提升各环节处理效率和价值链协同效率，持续降低各种应急反应所产生的库存成本，提高企业现金周转率。

2.打破企业边界，调整战略思维

专精特新企业在组织流程中要去中心化、去边界化，要将供应商和客户纳入组织流程。专精特新企业可以通过创新业务模式来拓展边界，包括寻找新的市场、开发新的产品或服务以及探索新的客户群体。同时，将数字化技术与创新思维相结合，打破企业边界。通过引入物联网、人工智能、区块链等新兴技术，高成长企业可以实现业务的创新和转型，提供更多样化、个性化的产品和服务。

3. 优化业务流程，提升企业运营效率

在系统支撑、数据驱动下，进一步优化现有流程。根据业务需求，使用项目管理软件、工作流管理系统等提高运营效率，使用数据分析工具监测和改进流程。同时加强内部沟通与协作，消除信息孤岛和沟通障碍，如采用企业社交软件、项目管理工具等提供团队协作和信息共享的平台。

（三）完善金融服务体系，提供多元化的金融支持

1. 优化价值评价，拓宽融资渠道

引导商业银行构建专精特新企业的价值评价方式，建立更科学的综合评价体系。同时，推动金融机构创新金融产品和服务，为专精特新企业提供定制化的融资方案，满足企业不同阶段的资金需求。鼓励社会资本参与专精特新企业的数字化转型，通过股权投资、债权投资、众筹等方式，为长三角三省一市的专精特新企业提供多样化的资金来源。

2. 设立专项基金，支持专精特新企业发展

设立专项基金可以为专精特新企业提供重要的支持和帮助，促进其技术创新和成长。通过资金和服务的结合，可以推动企业的快速发展，并为社会经济的可持续发展作出贡献。长三角地区存在许多正处于数字化转型初期的专精特新企业，应当设立专项基金，在专精特新企业进行数字化转型初期给予一定投入补助和创新要素购置补助。需要通过确定基金目标、筹集资金、资助标准以及提供支持服务来设定符合长三角地区"专精特新"企业发展特征的专项基金。

3. 优化奖补制度，提升转型积极性

对转型升级的专精特新企业通过政府集中采购、产品价格补贴、政府宣传推广、第三方转型绩效评估与奖励等手段，降低企业数字化转型不同步带来的摩擦成本，提高专精特新企业的投入积极性。同时，对于搭建数字化转型公共服务平台或数据交易流转平台的企业实施一定财政补贴，与股权、债权等金融政策协同起来，引导社会资源向数字化转型工具开发领域优先配置。

（四）加强复合型人才培养，为专精特新企业数字化转型提供智力支持

展望未来，数字化人才需求仍将持续高涨，这对数字化人才的供给提出了更高要求，也需要多方的共同努力。企业要运用多种用工模式，多渠道解决数字化人才供给问题。在这个大背景下，人力资源服务企业应在数字化人才生态链、社会化共享用工平台等方面发挥更大作用。为解决长三角地区数字化人才供给不足的问题，可以采取以下措施。

1.建立健全数字化人才激励机制

通过提高薪酬水平、完善福利待遇、加强职业发展规划等方式，激发数字化人才的工作积极性和创造力；为专精特新企业的数字化人才提供清晰的职业发展路径和晋升机会，建立一套完善的晋升制度和评价标准，让优秀的数字化人才有机会获得更高级别的职位和更广阔的发展空间。

2.建立健全数字化人才流动机制

通过建立人才市场、推进人才交流、简化人才引进和落户程序等方式，促进数字化人才的合理流动和配置；建立合理的薪酬体系，根据数字化人才的技能、经验、贡献和市场需求进行评估和调整。通过设定具有竞争力的薪酬水平，吸引高素质的数字化人才加入企业，并激励他们持续提升自己的技能和表现。

3.建立健全数字化人才培养机制

积极探索专精特新中小企业的人才培养体系。鼓励企业内部培养和发展数字化人才，可制定完善的培训计划，提供学习和成长的机会，吸引和留住优秀的数字化人才；通过加强与高校、科研院所、行业协会等单位和组织的合作，开展数字化技能培训和认证，培养一批具有专业知识和实践经验的复合型人才。

（五）丰富场景应用，驱动专精特新中小企业"智改数转"

1.加快基础数字化应用场景的建设和推广

首先，深入行业调研。通过深入的行业调研和市场分析，了解行业发展趋势和需求，探索行业内存在的痛点和问题，为数字化应用场景的探索提供基础数据和市场支撑。其次，发展先进技术。充分发展云计算、大数据、人工智能、物联网、区块链等先进信息技术，为数字化应用场景提供技术支撑和保障。最后，加强数字化应用场景的示范和推广，建立一批具有代表性的企业或产业园区作为数字化应用示范项目，重点推动其在生产制造、供应链管理、市场营销、人力资源等方面的数字化应用探索和实践，鼓励示范项目在数字化转型方面进行前沿技术的尝试和创新，形成可复制、可推广的成功经验。

2. 加强创新型数字化应用场景的探索和优化

首先，创新数字化技术应用，结合最新的数字化技术和创新，探索新的数字化应用场景。其次，创造多样化数字应用场景，鼓励企业充分利用数字技术和数据资源，结合自身的核心能力和优势，创造差异化和个性化的数字化应用场景，满足用户的多样化和个性化需求。最后，持续优化和完善数字化应用场景，持续跟踪和分析数字化应用场景的使用情况和效果，不断优化和完善应用场景的功能和服务，提升其市场竞争力和用户满意度。

3. 构建多元的数字化应用场景

首先，鼓励跨行业数字化合作创新，建立开放、包容和互信的合作氛围，鼓励不同行业的企业和组织之间进行交流和合作。其次，建立跨行业的数字化合作联盟或平台，通过搭建跨行业的数字化平台，推动企业之间的合作交流，促进不同行业之间的数字化融合与创新发展。最后，建立合作生态系统，建立跨行业数字化合作生态系统，促进各方共享资源和成果，形成良性循环和持续发展的合作模式。

B.13
金融支持长三角战略性新兴产业
高质量发展研究

蒋昭乙*

摘　要： 党的二十大报告明确指出，"推动战略性新兴产业融合集群发展，构建新一代信息技术、人工智能、生物技术、新能源、新材料、高端装备、绿色环保等一批新的增长引擎"。这为新征程上战略性新兴产业发展提出了明确要求和重要指引。本报告首先分析了长三角战略性新兴产业发展的总体情况方向以及重点发展领域，然后基于长三角地区战略性新兴产业发展现状分析了金融资金的投向，并分别提出积极打造长三角地区特色的战略性新兴产业信贷产品，建立健全风险管理体系，确保长三角地区战略性新兴产业信贷业务稳健经营和风险可控的具体建议。

关键词： 金融支持　长三角地区　战略性新兴产业

目前，我国已进入全面建设社会主义现代化国家的新发展阶段。全面建成社会主义现代化强国、实现第二个百年奋斗目标，创新是一个决定性因素。当前新一轮科技革命和产业变革蓬勃兴起，科技创新成为关键变量。习近平总书记强调，科技创新是发展新质生产力的核心要素，要在以科技创新引领产业创新方面下更大功夫[1]。产业是经济之本，是生产力变革的具体表现形式。新质生产力是以新产业为主导的生产力，战略性新兴产业和未来

---

*　蒋昭乙，江苏省社会科学院世界经济研究所副研究员，江苏省金融研究院副院长，研究方向为产业经济、国际金融。

[1]　任平：《以新质生产力强劲推动高质量发展》，《人民日报》2024 年 4 月 9 日。

产业是形成新质生产力的主阵地。

党的二十大报告明确指出，"推动战略性新兴产业融合集群发展，构建新一代信息技术、人工智能、生物技术、新能源、新材料、高端装备、绿色环保等一批新的增长引擎"①，这为新征程上战略性新兴产业发展提出了明确要求和重要指引。同时，在当前新一轮科技革命的时代背景下，不能忽视金融助力科技进步的重要作用。近年来，在新发展格局下长三角地区积极发展战略性新兴产业，并鼓励金融支持战略性新兴产业发展，取得了显著的成效。

一　长三角战略性新兴产业总体发展情况分析

（一）总体情况

长三角是我国经济发展最活跃、开放程度最高、创新能力最强的区域之一。2010年5月24日，国务院正式批准实施长三角一体化战略；2018年11月5日，习近平主席在首届中国国际进口博览会上宣布，支持长江三角洲区域一体化发展并上升为国家战略。自此以后，长三角内的三省一市（沪苏浙皖）各自发挥本地区的竞争优势，积极促进地区高质量发展。战略性新兴产业是建设现代化产业体系、抢占未来竞争制高点的重要环节，受到国内外广泛关注。据统计，2023年，上海、江苏、浙江和安徽的地区生产总值分别为4.72万亿元、12.82万亿元、8.26万亿元和4.71万亿元，总规模超过30万亿元，占全国经济总量的比重达到24.2%，对全国经济增长起到了重要支撑和引领作用。据统计，2018年以来，长三角地区生产总值占全国比重一直稳定在24%左右。

党的二十大报告明确指出，"推动战略性新兴产业融合集群发展"。长三角地区利用其人才富集、科技水平高、制造业发达、产业链供应链相对完备的优势，大力发展战略性新兴产业，尤其在先进制造业集群方面发展迅

---

① 《高举中国特色社会主义伟大旗帜　为全面建设社会主义现代化国家而团结奋斗——在中国共产党第二十次全国代表大会上的报告》，新华社，https://www.gov.cn/xinwen/2022-10/25/content_5721685.htm，2022年10月25日。

速，装备制造、新一代信息技术等战略性新兴产业已经呈现集群发展态势。截至 2023 年末，长三角地区共有 18 个先进制造业集群上榜，占全国总数的 40%。从战略性新兴产业发展规模来看，长三角地区发展速度较快，从表 1 反映的情况来看，除浙江省外，其他地区工业战略性新兴产业产值占规模以上工业产值比重都在 40% 以上，其中，上海市最高，为 43.9%。

2023 年，上海密集出台实施了汽车芯片、合成生物、人工智能大模型、智能机器人等领域创新发展支持政策。2023 年，上海市工业战略性新兴产业产值占规模以上工业产值比重为 43.9%。

2023 年，江苏大力推动制造业转型升级，制造业增加值 56909.7 亿元，占地区生产总值比重达 44.38%，制造业高质量发展指数达 91.9，居全国第一。工业战略性新兴产业、高新技术产业产值占规模以上工业产值比重提高到 41.3% 和 49.9%。

2023 年，浙江高新技术产业和战略性新兴产业增加值增长迅速，据统计，两个产业的增速分别是 7.0% 和 6.3%，高新技术产业和工业战略性新兴产业产值占规模以上工业产值比重分别为 67.1% 和 33.3%。

2023 年，安徽战略性新兴产业发展较快，"新三样"产品出口同比增长 11.6%。汽车出口 114.7 万辆，同比增长 80.1%。新能源汽车产量 86.8 万辆，同比增长 60.5%。光伏制造业营收超 2900 亿元，升至全国第三。锂离子电池制造业营收突破 1000 亿元，同比增长 15% 左右。

表 1 2023 年长三角地区各省市工业战略性新兴产业产值占比情况

单位：亿元，%

省市	GDP	制造业增加值	工业战略性新兴产业产值占规模以上工业产值比重
上海市	47218.7	11613.0	43.9
江苏省	128222.2	56909.7	41.3
浙江省	82553.0	33953.0	33.3
安徽省	47050.6	18871.8	42.9

资料来源：《浙江省 2023 年国民经济和社会发展统计公报》《江苏省 2023 年国民经济和社会发展统计公报》《上海市 2023 年国民经济和社会发展统计公报》《安徽省 2023 年国民经济和社会发展统计公报》。

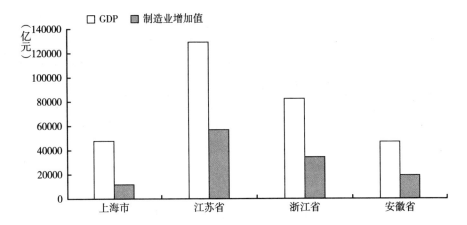

图1 2023年长三角三省一市制造业增加值及GDP分析

资料来源：《浙江省2023年国民经济和社会发展统计公报》《江苏省2023年国民经济和社会发展统计公报》《上海市2023年国民经济和社会发展统计公报》《安徽省2023年国民经济和社会发展统计公报》。

（二）长三角地区战略性新兴产业发展方向及重点发展领域

长三角地区经济发展速度较快，工业战略性新兴产业产值占规模以上工业产值比重都比较高，据统计，占比基本超过30%，长三角地区新的增长引擎都是以战略性新兴产业为主，主要是新一代信息技术、人工智能、生物技术、新能源、新材料、高端装备、绿色环保等高端产业（见表2）。

表2 2023年长三角地区主要省市战略性新兴产业发展方向

省市	战略性新兴产业发展方向
上海市	战略性新兴产业重点发展领域包括：集成电路、生物医药、人工智能三大核心产业，以及新能源汽车、高端装备、航空航天、信息通信、新材料、新兴数字产业六大重点产业
江苏省	集成电路、生物医药、人工智能等前沿领域，积极发展新一代信息技术、新材料、节能环保、新能源、新能源汽车等产业
浙江省	新一代信息技术、生物技术、高端装备、智能汽车、新能源、新材料、深海空天等产业

续表

省市	战略性新兴产业发展方向
安徽省	新一代信息技术、人工智能、新材料、新能源和节能环保、新能源汽车和智能网联汽车、高端装备制造、智能家电、生命健康、绿色食品、数字创意十大新兴产业

资料来源：《浙江省国民经济和社会发展第十四个五年规划和二〇三五年远景目标纲要》《江苏省国民经济和社会发展第十四个五年规划和二〇三五年远景目标纲要》《上海市国民经济和社会发展第十四个五年规划和二〇三五年远景目标纲要》《安徽省国民经济和社会发展第十四个五年规划和二〇三五年远景目标纲要》。

1. 上海战略性新兴产业发展方向及重点发展领域

（1）上海战略性新兴产业的发展方向①

目前，上海正重点打造以三大产业为核心的"9+X"战略性新兴产业和先导产业发展体系。其中，"9"个战略性新兴产业包括集成电路、生物医药、人工智能三大核心产业以及新能源汽车、高端装备、航空航天、信息通信、新材料、新兴数字产业六大重点产业。"X"是指前瞻布局一批面向未来的先导产业，重点布局光子芯片与器件、类脑智能等先导产业。2023年上海新的增长动力不断提升，主要体现在集成电路、生物医药、人工智能三大先导产业，据统计，三个产业规模为1.6万亿元，同时工业战略性新兴产业产值占规模以上工业产值比重也稳步提升，截至2023年末，该比重已达43.9%。

（2）上海战略性新兴产业的重点发展领域

上海在先进制造业方面具有一定的竞争优势，目前，上海积极利用长三角区域一体化发展的战略机遇，主动联动科技策源优势与长三角强大的产业创新优势，积极整合区域内创新资源，培育更多战略性新兴产业的龙头企业。

一方面，上海不断强化具有竞争优势的战略性新兴产业。目前，上海在新能源电池、汽车芯片、操作软件上都有比较优势，这些产业都陆

---

① 《上海瞄准"核爆点"和"新风口"培育新质生产力》，新华社，https：//baijiahao.baidu.com/s？id=1792285590377749559&wfr=spider&for=pc，2024年3月1日。

续出台了很多鼓励发展的有效措施，进一步推动这些产业高质量发展。另一方面，不断梳理和摸排有一定差距的战略性新兴产业，寻找产业链短板，在稳步发展的同时进行产业链招商，将引进增量和做强存量相结合。比如工业母机领域，这个产业链条较长，包括车、钳、刨、磨、铣等多方面，上海虽然有几个工种，但是不全，未来需要进一步通过产业链招商补齐短板。此外，上海也要布局类似轴承和航空发动机的叶片这样很小的核心部件，因为这些都是在高端产业链发展中的关键部件。

2. 江苏战略性新兴产业发展方向及重点发展领域

（1）江苏战略性新兴产业的发展方向

江苏重点打造物联网、高端装备、节能环保、新型电力（新能源）装备、生物医药和新型医疗器械等万亿级产业集群；重点聚焦集成电路、生物医药、人工智能等前沿领域，积极发展新一代信息技术、新材料、节能环保、新能源、新能源汽车等产业；着力培育50条重点产业链，做强30条优势产业链，提升10条卓越产业链。同时推动互联网、大数据、人工智能等融合应用，前瞻布局第三代半导体、基因技术、空天与海洋开发、量子科技、氢能与储能等领域[①]。

（2）江苏战略性新兴产业的重点发展领域

"十三五"以来，江苏战略性新兴产业呈现稳中向好、稳中有进的发展态势。战略性新兴产业总产值年均增长超过10%，占规模以上工业总产值的比重从30%上升到41.1%（截至2023年）。新材料、节能环保、医药、软件、新能源、海洋工程装备产业规模全国第一，新一代信息技术产业规模全国第二。2023年，江苏规模以上工业战略性新兴产业、高新技术产业产值占规模以上工业产值比重分别达41.3%、49.9%，比上年分别提高0.5个、1.4个百分点。新能源产业表现亮眼。全年规上光伏设备及元器件、新能源整车、汽车零部件制造业增加值分别同比增长33.3%、77.4%、

---

① 《江苏多点发力厚植新质生产力 与日俱新壮大新兴产业》，新华社，http://js.people.com.cn/gb/n2/2024/0313/c360301-40773954.html，2024年3月13日。

12.6%；光伏电池、新能源汽车、汽车用锂离子电池等"新三样"产品产量分别增长45.6%、46.3%、18.7%。

一是创新成效显著提升。"十四五"时期，江苏强化战略科技力量布局，创新投入持续加大，全社会研发投入占地区生产总值比重由2.53%增加到2.82%，十大战略性新兴产业发明专利授权量占长三角地区的44.91%，科技进步贡献率达65%，区域创新能力位居全国前列，标志性创新平台建设取得重大进展，苏州实验室获批建设，紫金山实验室纳入国家战略科技力量体系，太湖实验室、钟山实验室挂牌运行，国家集成电路设计自动化技术创新中心获批在南京市建设，苏南国家自主创新示范区建设成效明显，国家创新型城市创建在全国率先实现设区市全覆盖，关键核心技术攻关成果丰硕，累计获国家科学技术奖通用项目190项，居各省（区、市）之首。

二是企业实力明显增强。截至2023年，江苏高新技术企业总数达4.4万家、位居全国第二；科技型中小企业数量超过5.18万家、约占全国的1/8、居全国第一。江苏共有344家主板上市公司、190家创业板上市公司、108家科创板上市公司及39家北交所上市公司，位列全国第一。十大战略性新兴产业领域涌现了一批带动能力强的龙头骨干企业，恒瑞医药位居中国医药企业百强榜首位、全球第21位；苏州信达PD-1单克隆免疫肿瘤药物实现国内同类药物"只进不出"的历史性突破；中天科技跻身全球海缆最具竞争力十强；长电科技集成电路封装规模国内第一、全球第三；中信特钢承钢连续八年占据全球市场份额第一位。

三是集群效应不断增强。"十三五"期间南京软件与信息服务业、苏州纳米技术产业、连云港新医药产业等15个省级战略性新兴产业集聚区加快建设，徐州市生物医药产业集群获批国家级战略性新兴产业集群。无锡新型电力（智能电网）装备、苏州市纳米新材料、徐州市工程机械、常州市新型碳材料等6个产业集群入围国家先进制造业集群，数量位居全国第一。全省重大生产力布局持续优化，重大产业显示出整合效应，初步形成了创新引领、优势互补、协同发展的区域发展格局。

3. 浙江战略性新兴产业发展方向及重点发展领域

（1）浙江战略性新兴产业的发展方向

《浙江省第十五次党代会报告》明确提出，要大力培育新一代信息技术、生物技术、高端装备、智能汽车、新能源、新材料、深海空天等战略性新兴产业和未来产业[①]。优先发展 9 个快速成长的未来产业：未来网络、元宇宙、空天信息、仿生机器人、合成生物、未来医疗、氢能与储能、前沿新材料和柔性电子。探索发展 6 个潜力巨大的未来产业。同时，重点跟踪量子信息、脑科学与类脑智能、深地深海、可控核聚变及核技术应用、低成本碳捕集利用与封存、智能仿生与超材料 6 个领域的未来产业[②]。

（2）浙江战略性新兴产业的重点发展领域

总体来看，浙江省产业转型升级的方向就是加快推进发展战略性新兴产业。2023 年，战略性新兴产业较快增长，规模以上工业中，装备制造业、高新技术产业、战略性新兴产业产值分别增长 9.4%、7.0% 和 6.3%，占规模以上工业产值的比重分别为 46.2%、67.1% 和 33.3%，均高于上年。平板电脑（增长 74.5%）、工业机器人（增长 70.6%）、自动化监控设备（增长 53.2%）、太阳能电池（增长 53.1%）、服务机器人（增长 15.3%）、新能源汽车（增长 10.3%）等新产品产量快速增长。

一是积极实施"互联网+"战略，支持实体经济数字化和智能化改造。一方面，浙江以互联网新技术的应用为导向，围绕重点行业和企业，紧密结合产业转型升级的实际需要，持续支持实体经济数字化和智能化改造。浙江重点打造"硅谷天堂"的杭州高新区（滨江），区内聚集了网易（杭州）、华为杭州研究所等众多高科技企业，形成了从互联网技术研发到业务应用的完整产业链。另一方面，浙江积极促进一二三产业和大中小企业的跨界融通，不同规模的实体企业协同创新发展效果明显。截至 2023 年末，浙江已经创建 22 个省级信息经济示范区、37 个数字经

---

① 《为全省高质量发展打造新增长极》，《金华日报》2022 年 8 月 2 日。
② 《为全省高质量发展打造新增长极》，《金华日报》2022 年 8 月 2 日。

济类特色小镇、8 个国家级双创基地,基于"互联网+"的创业创新生态体系已初步构建。

二是积极搭建产创融合平台,构筑区域创新体系。一方面,重点培育新一代信息技术、生物技术、高端装备、智能汽车、新能源、新材料、深海空天等战略性新兴产业,积极打造企业孵化器,重点扶持科技型中小企业。以浙江台州为例,目前台州医药国家新型工业化产业示范基地等特色小镇已经形成一定规模,尤其在化学药品领域具备了完备的产业链。另一方面,高标准打造高新技术产融结合产业园。园区积极引资补链,区内企业积极进行数字化智能化改造,打造全国重点产业集群的产业集聚新平台。以医药工业为例,目前浙江规模以上医药工业总产值年均增速位于各工业行业前列。

三是加快构建众创空间、孵化器等科技创新载体,促进科技创新发展并进一步提高科技成果转化效率。一方面,发挥浙江各地区的协作优势,主动融入长三角一体化发展重要战略。以省级产业创新服务综合体建设为核心,积极整合各类创新资源,重点实现融合重点特色产业创新链、资金链、人才链和服务链。另一方面,加快构建众创空间、孵化器等科技创新载体,促进科技创新发展并进一步提高科技成果转化效率。以医药产业为例,截至2023 年末,浙江已经建成 27 家临床医学研究中心,吸纳了华东医药、启明医疗、医惠科技等一批生物医药创新型企业和阿里巴巴等互联网巨头企业,已推动 52 个新药注册上市,技术转让收入达 4.2 亿元。

4. 安徽战略性新兴产业发展方向及重点发展领域

(1) 安徽战略性新兴产业的发展方向①

安徽重点打造十条"黄金新赛道",即谋求高质量发展的十大战略性新兴产业:新一代信息技术、新能源汽车和智能网联汽车、数字创意、高端装备制造、新能源和节能环保、绿色食品、生命健康、智能家电、新材料、人工智能。截至 2023 年末,其中七个产业的产值已经突破千亿元。安徽重点

---

① 《厚植新动能,安徽制造加速进阶》,《人民日报》2023 年 9 月 1 日。

加强组织建设和体制机制保障。一方面，建立了由省领导牵头负责的十大战略性新兴产业省级专班推进机制，各个专班由各自相关的厅局负责，行业商会协会、龙头企业、资本机构和专家团队加盟；另一方面，各个专班不仅要谋划产业规划和政策制定，还要为企业投资和项目落地提供全过程、全要素的服务。据统计，安徽工业战略性新兴产业产值年均增长 19.8%，占比由 2012 年的 18.1%提高到 2023 年的 42.9%。

（2）安徽战略性新兴产业的重点发展领域

安徽培优育新，积极从"农业大省"转向"制造强省"，整体经济稳步发展。据统计，2024 年前 2 个月，全省规上工业增加值同比增长 8.3%，全省规上工业 41 个大类行业中有 36 个行业增加值同比增长，尤其是新能源汽车、新一代信息技术、新材料等一批战略性新兴产业发展迅猛。目前，安徽已拥有 5 家代表全球智能制造和数字化最高水平的"灯塔工厂"、居全国第3 位，创建国家级绿色工厂 240 家、居全国第 6 位。

一是安徽积极推进新质生产力对传统产业的转型升级。积极实施创新驱动发展战略，推动更多经营主体通过工业互联网、数字化应用等新技术加快产业链供应链整体优化。宝武马钢通过深化改革，以新技术新产品赢得市场，焕发新生机。

二是积极推进制造业数字化转型升级。安徽在推进实体经济数字化进程中，数智化供应链带动了整个链条不同部分的整合和一体化，不仅降低了协同成本，还提升了响应速度。预计到 2025 年，安徽将实现重点行业规模以上制造业企业数字化改造全覆盖、规模以下制造业企业数字化应用全覆盖。

三是加快培育壮大先进光伏和新型储能、集成电路、新材料、高端装备制造、医药健康、低空经济等战略性新兴产业。目前安徽省十大战略性新兴产业以不到 50%的规模以上工业企业数，贡献了 60%左右的产值、70%的利润。2023 年安徽机器人产业规模和企业数量均位居全国前列，其中六轴工业机器人产量居全国第 1 位。2023 年，安徽汽车产量达到 249.1 万辆、同比增长 48.1%；新能源汽车产量 86.8 万辆、同比增长 60.5%。合肥、芜湖等地在集聚多家整车企业的同时，还初步形成了安庆、宣城、滁州、马鞍山

等多个沿江汽车零部件特色产业集群，涵盖动力电池、电机电控、关键材料、销售维保、回收利用等汽车全产业链①。

二 长三角地区战略性新兴产业发展的
金融资金投向分析

（一）聚焦信贷资金投向，精准服务科创企业

1. 围绕不同类型科创企业，选择性进行信贷资金支持

一是重点扶持"三新一高"（新制造、新服务、新基础产业、高技术）领域以及战略性新兴产业，对于国家高新技术企业、制造业单项冠军、隐形冠军、专精特新"小巨人"等技术领先、成长性强的企业，给予融资等方面的便利。二是抓住制造业技术改造机遇，加大对技术改造的支持力度。三是对于"独角兽""瞪羚"等黑马企业通过设立各类投资基金，为客户提供定制化金融产品和服务，同时提供投贷联动、股权融资、并购撮合、员工持股计划等更多金融服务②。

2. 围绕"轻资产"经营模式，提供个性化的创新型信贷产品

根据创新型企业不同发展阶段的需求，提供多元化金融服务。比如，创新型企业都是"轻资产"经营模式，仅有知识产权可供抵押，但知识产权估值难度大，评估涉及技术、法律、会计等多方面知识。一方面，政府部门可以出台相关政策，支持知识产权抵押贷款，可以与公司的有形资产进行捆绑或者与法人代表的无限责任进行捆绑，同时借鉴重庆经验，在增信方面，建立政府与金融机构的风险分担机制；另一方面，金融机构可以建立差异化激励考核机制，适当提高知识产权质押融资贷款不良容忍度。

---

① 《创造史上最佳后，"首位产业"怎么干》，《安徽日报》2024年1月25日。
② 张杰：《政府创新补贴对中国企业创新的激励效应——基于U型关系的一个解释》，《经济学动态》2020年第6期，第91~108页。

3.构建"绿色通道",设立差别化信贷政策

针对科技型企业的特点,鼓励金融机构单列科技型企业贷款的信贷规模,放宽贷款准入条件,实施内部资金差别化转移定价机制,在授信审批、激励考核等方面实行差异化管理,利用人工智能等金融科技手段研究建立科技型企业贷款尽职免责负面清单机制,尽量降低科技型企业的融资成本。

4.围绕科创企业不同成长期,提供匹配企业全周期的金融服务模式

在种子期,加强与创投机构、政府产投基金的合作,加大对种子期科技型企业信用贷款投放力度,努力提升科技型小微企业首贷率;在初创期,积极运用人才支持贷、科创共担贷、认股选择权等产品服务好初创期科创企业,积极做好创业指导工作,为科创型企业提供市场等全方位的服务,同时从人才层次、股东结构、所属行业、知识产权、资质证书、投后估值、企业资金来源、企业所处阶段、企业盈利情况等多个维度51条标准,按照不同权重定量对企业评分。在成长期,企业创新能力强、发展前景好,金融需求以信用授信融资方式为主。一般来说,部分"专精特新""独角兽""瞪羚"企业处于成长期,加大信贷支持力度,为战略性新兴产业提供项目融资,通过专精特新贷、科创银投贷、知识产权贷等产品做好金融服务。在成熟期,科创企业进入平稳发展阶段,自身资金流稳定、金融服务合作稳固多样,金融需求更为多元化,依托上下游产业链开展供应链金融服务,甚至可以提供资本市场服务、供应链金融服务、流动性服务等,同时还可以提供 VIE 类跨境金融服务、极简报销、私人银行等全生命周期增值金融服务。

(二)优化金融机构布局,提升金融服务水平

金融机构可以积极加强与地级市政府部门联动,建立常态化沟通机制,始终把加大战略性新兴产业金融服务的支持力度摆在突出位置,结合长三角地区经济特色,持续加大对各地战略性新兴产业金融服务的支持力度。

第一,建议成立上海、南京、杭州和合肥科创企业金融服务中心,发挥省域内科创中心调查、审查、贷后一体化运营的优势,通过配套专

业队伍、专属机制、专项产品，为长三角地区战略性新兴产业发展提供充足的金融动力。

第二，建议金融机构扩大服务面，除了省会城市以外，再选择各自区域内主要城市设立科创分中心。充分发挥省会城市与这些分中心城市战略性新兴产业集群的资源优势和科创分中心的示范引领作用，加强实地调研，围绕细分领域、细分行业，提升金融服务水平。

第三，聚焦战略性新兴产业集群，建议金融机构加强金融服务，把握战略性新兴产业链式化和集群化发展趋势，依托长三角地区国家级和省级战略性新兴产业集群，按照产业图谱梳理行业龙头、上下游重点企业，加强供应链融资和场景化服务。聚焦科技创新重大项目、关键核心技术攻坚项目，与各级发展改革部门加强沟通合作，高效开展业务尽职调查和审查审批，做好项目对接落地。

第四，结合辖内产业发展特点，不断延伸金融服务触角，在长三角各地市的国家高新技术开发区、国家自主创新示范区等设立一批新市场特色支行，通过设立专业团队、配套专属政策，实行多样化、地区化的主营方向，以特色化加强行业研究，以点带面促进区域战略性新兴产业发展。

三 积极打造长三角地区特色的战略性新兴产业信贷产品

（一）着力打通科创信贷"补给线"

针对破解科创企业普遍缺乏抵押担保条件难以获得信贷融资的难题，以投行思维引入商业贷款模式，建议由政府部门联合各省市银保监局和省银行业协会开展科创企业"贷投联动批量对接"试点。一方面，以批量对接破解融资效率低的问题。按政府批量推荐、银行分级评估、银政合作授信方式，建立科创企业白名单，定期向金融机构推荐，改变商业银行逐客逐户信贷模式，以批量化提升信贷审批效率、降低单个企业贷款风险。对白名单企业低于 500 万元额度的申请，由试点银行自行评估、5 个工作日内审批。另一方面，以贷投联动破解风险收益不匹配问题。建议各省市在辖区内开展试点，由政府部门与试点银行合作创设"贷款+股权（期权）"投资模式。各地区担保公司承接部分贷款业务，单个企业可获得 3 年期以内 1000 万元信用贷，利率不高于 1 年期 LPR 加 50 个 BP。

（二）创新打造初创起步期金融服务"先遣连"

针对科创类企业在创建初期向金融部门申请金融服务时，由于信用等级不高、金融服务"门槛高"问题，建议金融机构创建"科创打分卡"模型，在识别科创类企业信用的同时，积极开展"初创起步期科创企业信用贷"试点。建议金融机构先选取上海、南京、杭州和合肥科创企业金融服务中心作为首家试点行，配备经验丰富的金融人才，积极对接区域内的科技园区、科研团队、科创企业，支持长三角战略性产业集群多元化融资；满足已进入上市辅导期或高成长的拟上市企业在上市进程中的流动资金贷款需求，将科创企业创始人团队信息、所研发的技术和转化成果等资料作为贷前审查的重点，在此基础上赋权重进行打分和授信评级，根据授信情况，给予"科创企业信用贷款"等上市贷款产品，重点关注初创类企业的融资难问题，将服务重点向科创成果以及上市要求的转化延伸。

（三）强力打造科创金融服务"战斗营"

一方面，支持长三角战略性产业集群横纵向做大做强做优，满足骨干龙头企业、集群领军企业以合并或实际控制目标企业为目的发起的并购交易（含股权收购、资产收购、认购新股、承接债务等）资金需求，建议金融机构积极开发并购贷款，根据标的企业盈利能力、并购方综合偿债能力合理确定融资金额及期限。另一方面，支持长三角战略性产业集群提升生产技术水平，满足持续生产经营 2 年以上制造业企业更新设备、工艺升级、环保改造、信息化改造或数字化升级等生产技术提升过程中所产生的固定资产投资需求；其他战略性产业集群、先进制造业领域的项目建设资金需求，建议金

融机构技改贷款，根据企业未来综合收益、项目建设进度、借款人综合偿债能力、生产经营周期等因素，合理确定融资额度。

（四）构建重点产业科技创新风险"保障团"

针对集成电路、新能源、新材料和生物医药等产业在产生重大风险时，金融机构提供保险服务供需不匹配问题，可以立足长三角区域内国家级和省级战略性新兴产业集群，通过统一管理、平台化服务、一揽子运作等方式，为链属企业提供"一对一"上门定制信贷方案服务，成为构建长三角地区自主、安全、可控的产业链供应链的"保障团"。

四　建立健全风险管理体系，确保长三角地区战略性新兴产业的信贷业务稳健发展和风险可控

（一）重点关注政策变化，及时调整相应信贷政策

根据战略性新兴产业的成长路径演变情况，战略性新兴产业的企业一般在创建期和成长期面临严峻的市场竞争风险，战略性新兴产业领域的相同产业产品之间存在竞争风险。基于部分战略性新兴产业的政策驱动因素，金融机构需要重点关注和跟踪国家与地方对于战略性新兴产业的政策变动，积极跟进分析，密切关注国家对其产能规模、产能利用率等规定的变动，及时对相应的金融政策作出快速调整，避免不必要的损失。

（二）积极做实贷后管理工作，控制集团客户、关联企业贷款风险

战略性新兴产业主要依靠领先技术活跃于该领域中，并把技术领先优势作为其核心竞争优势。然而，技术的优越性具有时间上的限制，经过一段时间后会有更先进的技术被研发出来，技术在更新换代的过程中会出现贬值现象。另外，技术研发成果难以预料，有可能新技术研发失败，有可能技术研发成果无法实现产业化。因此，金融机构要做实贷后管理工作，加强对战略

性新兴产业信贷资金使用的监控及流向的跟踪检查，尤其是关注集团大客户及其关联企业的贷款情况，防止授信不准确导致的经营损失。

（三）高度关注技术创新活动，增强部门间协同联动

由于成长周期、技术特点、配套设施、消费习惯等因素的影响，不少战略性新兴产业在未来相当长时间内的市场容量是有限的，需要警惕对战略性新兴产业的盲目投资和"概念投资"风险。许多金融企业投资战略性新兴产业等"新概念"后，会因为对市场各项风险的预测不足而陷入困境。金融机构尤其需要高度关注战略性新兴产业内企业的技术创新活动，分析其技术研发进度和资金投入情况，预判技术创新活动的未来发展趋势，分析战略性新兴产业内企业的技术创新活动的可行性，防范对战略性新兴产业的"概念投资"风险。同时，积极构建由业务经营部门、风险管理部门和审计部门"三道防线"构成的贷后管理框架。

参考文献

张杰：《政府创新补贴对中国企业创新的激励效应——基于 U 型关系的一个解释》，《经济学动态》2020 年第 6 期。

李莉、高洪利、陈靖涵：《中国高科技企业信贷融资的信号博弈分析》，《经济研究》2015 年第 6 期。

张帆、孙薇：《政府创新补贴效率的微观机理：激励效应和挤出效应的叠加效应——理论解释与检验》，《财政研究》2018 年第 4 期。

张杰：《中国政府创新政策的混合激励效应研究》，《经济研究》2021 年第 8 期。

B.14
长三角加快推进韧性城市建设研究

侯祥鹏*

摘 要： 韧性城市建设是中国特色社会主义新时代以习近平同志为核心的党中央为我国城市工作作出的重大战略部署，对推进中国式现代化具有重要意义。长三角地区人口规模大，城市能级高，加快推进韧性城市建设是当前和今后一段时期面临的重要任务。近年来，长三角三省一市充分践行"人民城市人民建、人民城市为人民"理念，通过一系列新政策、新举措推动韧性城市建设，不断提升城市治理现代化水平，满足人民日益增长的美好生活需要。无论是在长三角整体层面，还是省域层面抑或市域层面，长三角城市韧性都有显著提升。但也存在韧性城市理念不够深入、区域整体不够协同、市际韧性不够均衡等不足。长三角加快推进韧性城市建设需要统筹安全与发展，坚持理念先行，加强顶层设计；强化区域协作，统筹一体推进；发挥龙头示范作用，实现量质齐升；正视城际差异，因城谋划施策；均衡韧性维度，补强短板弱项，以高质量韧性城市建设为长三角在中国式现代化中走在前列提供支撑。

关键词： 长三角 韧性城市 经济韧性 社会韧性 基础设施韧性 生态韧性

韧性城市建设是中国特色社会主义新时代以习近平同志为核心的党中央为我国城市工作作出的重大战略部署，是中国特色新型城镇化道路建设的重要内容，对推进中国式现代化具有重要意义。习近平总书记 2023 年 11 月

---

* 侯祥鹏，博士，江苏省社会科学院经济研究所研究员，研究方向为区域经济、城镇化。

30 日在上海主持召开深入推进长三角一体化发展座谈会时强调长三角区域要着力提升安全发展能力，并指出长三角超大特大城市治理和发展还有不少短板，要坚持人民城市人民建，提升城市现代化治理水平，加快推进韧性城市建设。韧性城市建设是一项复杂的系统工程，要求城市在面对灾害时具有稳健性、可恢复性、冗余性、智慧性、适应性等特征。自 2002 年国际组织倡导地区可持续发展理事会（ICLEI）在联合国可持续发展全球峰会上提出"韧性城市"议题以来，韧性城市逐渐成为理论界关注的热点。2020 年 4 月 10 日，习近平总书记在中央财经委员会第七次会议上的讲话中，将打造韧性城市作为完善城市化战略的重点内容。之后，"韧性城市"被写入国家"十四五"规划和党的二十大报告这两个重要文件中。2023 年中央经济工作会议也专门提出打造宜居、韧性、智慧城市。2024 年政府工作报告部署打造宜居、智慧、韧性城市。可见，加快推进韧性城市建设是全国特别是长三角当前和今后一段时期面临的重要任务。

长三角以不到全国 4% 的国土面积，集聚了全国超过 16% 的人口，贡献了近 1/4 的经济总量。截至 2023 年，长三角共有 41 个地级及以上城市、50 个县级市，城镇人口达到 1.76 亿人，城镇化率达到 73.9%。根据国家统计局《经济社会发展统计图表：第七次全国人口普查超大、特大城市人口基本情况》和《2020 中国人口普查分县资料》，长三角拥有 1 个超大城市、2 个特大城市、5 个 I 型大城市、14 个 II 型大城市，特别是昆山、慈溪和义乌 3 个县级市也名列 II 型大城市。长三角城市群已跻身世界六大城市群。基于如此庞大的人口规模和超高的城市能级，长三角加快推进韧性城市建设，是贯彻总体国家安全观的重要体现，是提升长三角安全发展能力、夯实安全发展基础、保障人民群众安居乐业的重要举措，有助于支撑长三角在中国式现代化中走在前列，更好发挥先行探路、引领示范、辐射带动作用。

一　长三角韧性城市建设新实践

近年来，长三角三省一市充分践行"人民城市人民建"理念，通过一

系列新政策、新举措推动韧性城市建设，不断提升城市治理现代化水平，满足人民日益增长的美好生活需要。2023 年 11 月，上海、江苏、浙江和安徽共同发布《长三角建设科技高质量一体化发展倡议书》，以城市更新、绿色低碳、韧性城市、数字化转型等领域为工作重点，全力打造宜居、韧性、智慧城市。

（一）上海韧性城市建设新实践

上海作为长三角唯一的超大城市，人口密度大、建筑物密集，生产生活场景复杂，韧性城市建设任务繁重。上海"十四五"规划提出，提高城市治理现代化水平，共建安全韧性城市，全面提升城市运行的功能韧性、过程韧性、系统韧性。

上海聚焦城市公共安全、社区基础设施更新、城市应急管理等领域，开展了许多卓有成效的治理探索和改革创新，确保始终是全球最安全城市之一，不断探索中国特色超大城市治理现代化的新路。作为全国最早提出打造韧性城市的城市，上海在韧性城市硬件建设上，处于领先位置，大到海绵城市建设，小到桥梁、高架、隧道等基础设施的裂缝捕捉，乃至每一个窨井盖、消防栓、检测器的实时监测；在韧性城市软件建设上，上海不断强化数字赋能，推进数字化智能化场景应用。

一方面，以城市更新为抓手，聚焦硬件改造提升。2015 年上海出台《城市更新实施办法》，2021 年施行《城市更新条例》，2023 年发布《关于深入实施城市更新行动　加快推动高质量发展的意见》。2024 年 1 月 2 日新年第一个工作日，上海市举行城市更新推进大会，全力推动城市更新工作。在组织推动上，上海市城市更新中心作为全市统一的功能性平台，负责推进城市更新具体工作；在社会动员上，搭建上海城市更新开拓者联盟，作为跨学科、跨领域的社会多方合作开放平台，连接政府、企业、社会等各方资源；在责任机制上，探索建立责任规划师、责任建筑师、责任评估师"三师联创"机制，发挥专业团队的全流程统筹支撑作用；在谋篇布局上，加强战略谋划、业态策划、法定规划、项目计划"四划"联动，实现城市更新行动全周期贯通。根据《上海市城市更新行动方案（2023—2025 年）》，上海将重点开展城市更新六大行动：综合区域整体焕新行动、人居环境品质提升行动、公共空间设施优化行动、历史风貌魅力重塑行动、产业园区提质增效行动、商业商务活力再造行动，到 2025 年城市更新行动全面有序开展。

另一方面，以政务服务"一网通办"和城市运行"一网统管"为"牛鼻子"，牵引带动超大城市治理现代化。2019 年上海开始探索和建设城市管理"一张网"，并提出"一屏观天下，一网管全城"的目标要求；2020 年出台《上海市城市运行"一网统管"建设三年行动计划》，全力推进"一网统管"建设；2021 年和 2022 年先后出台《关于进一步促进和保障"一网通办"改革的决定》和《关于进一步促进和保障城市运行"一网统管"建设的决定》。"两张网"已成为政府与人民群众的联系纽带；2023 年"一网通办"累计推出 41 个"一件事"，200 个高频事项实现"智慧好办"，296 项政策服务实现"免申即享"，"一网统管"累计汇集各类应用 1466 个，"随申码"城市服务管理功能持续提升。目前，上海已经形成以城市运行管理中心为枢纽，市、区、街镇三级"1+16+16+215"（1 个市级指挥平台、防汛防台风等 16 个市级专项指挥平台、16 个区级指挥平台、215 个街镇指挥平台）平战一体、双向协同的融合指挥体系和"一线管战、市级管援"平台化运作机制，以"四早五最"（早发现、早预警、早研判、早处置，在最低层级、最早时间，以最小成本，解决最突出问题，取得最佳综合效益）为要求，不断提升城市运行管理水平和突发事件处置效率。

（二）江苏韧性城市建设新实践

江苏长期以来重视城市韧性建设，从政策文件指导到工程项目建设多维度推进韧性城市建设。2010 年《江苏省城乡规划条例》、2020 年《江苏省突发事件总体应急预案》、2021 年《江苏省"十四五"综合防灾减灾规划》、2022 年《江苏省关于实施城市更新行动的指导意见》、2023 年《江苏省城市更新行动指引》等政策文件均包含丰富的韧性城市建设内容。江苏在全国较早开展城市生命线安全工程建设，2002 年一期工程重点聚焦燃气

爆炸、城市内涝、供水爆管、桥梁倒塌、路面塌陷、地下管线交互风险、第三方施工破坏7个风险场景，以"综合监管+智慧监测"双向联动，为全国城市生命线安全监管提供"江苏方案"，并在南京、无锡、苏州、徐州、南通、宿迁、昆山7个城市试点先行。此外，镇江2015年入选国家级首批16个海绵城市试点，2019年顺利通过考核验收。无锡、宿迁、昆山、扬州入围"系统化全域推进海绵城市建设示范城市"。

南京作为长三角地区2个特大城市之一，韧性城市建设走在全省前列。南京人口规模在全国14个特大城市中位列第6，城区人口密度大，城市系统复杂性高，抵御风险挑战大。南京"十四五"规划把"建设高效能治理的安全韧性城市"作为重要目标。南京重视体系化推进韧性城市建设，其突出特点是建设"大安全大应急"框架，不断提升特大城市本质安全水平。一方面，加强城市内部管理。一是完善应急管理体系，建立"1+4+46+N"应急预案体系（1项总体预案，自然灾害、事故灾难、公共卫生、社会安全4大类46个专项应急预案，若干部门和企业预案），构建市、区、街镇、社区、网格五级应急指挥调度机制。二是健全基层组织体系，全市101个街道（镇）全部挂牌成立应急管理—消防一体化工作站。三是强化科技支撑，建成集风险感知、预警预测、监管执法、应急调度等于一体的应急管理"181"信息化系统（包括1个平台，即一屏览全域应急管理综合监管平台；8个系统，即风险防控网格化系统、预测预警智能化系统、应急预案数字化系统、指挥调度可视化系统、处置资源共享化系统、监管执法规范化系统、考核评估数据化系统和信息交互融合化系统；1个一站式终端，即满足应急管理全场景需求的一站式应用终端），汇聚承灾体、管线、桥梁等数据13.1亿余条。另一方面，加强城际合作。2022年12月，南京都市圈内的南京、滁州、马鞍山、宣城、芜湖5市签订跨区域应急联动协议，推动5市应急资源共享、应急响应联动，构建"全灾种、跨区域、大应急"突发事件应急联动工作格局。

（三）浙江韧性城市建设新实践

浙江同样重视韧性城市建设。在"十四五"规划中，浙江提出要增强重大风险防范化解能力、突发公共事件应急能力、防灾减灾救灾能力，建成和完善现代应急体系、平安建设体系，建设海绵城市、韧性城市。针对防汛防台风任务重的地区特点，浙江创立了"1833"联合指挥体系。"1"指1个联合指挥部；"8"指8个风险研判小组；第一个"3"指3张单，即风险提示单、预警响应单、管控指令单；第二个"3"指"3个一"，即通过一个短信、一个电话、一个视频，叫应叫醒关键人，激活全体系。"1833"联合指挥体系在2023年防御台风"杜苏芮""卡努""海葵"乃至应对低温雨雪冰冻灾害中发挥高效能作用，强化协同防御应对，有力有序做好保安全、保畅通、保供给、保民生、保稳定等各项工作。省内各地方也积极推进韧性城市建设，杭州、金华、衢州入围"系统化全域推进海绵城市建设示范城市"，2023年丽水入选首批联合国"创建韧性城市2030行动计划"，2024年诸暨成为继韩国仁川、菲律宾马尼拉、韩国蔚山之后亚太区第4个、全国首个"世界韧性示范城市"。

作为浙江的双子城，杭州和宁波在韧性城市建设上各有特色。杭州以解决城市问题为导向，统筹地上地下城市空间资源，协调地上地下空间功能，为建设韧性城市提供空间支撑。杭州2021年出台《地下空间开发利用专项规划（2021—2035年）》，2024年出台《竖向专项规划（2022—2035年）》，从规划源头夯实城市安全韧性，以高品质地上地下空间开发利用加快打造韧性城市。宁波根据当地台风、暴雨等自然灾害频发的特点，于2014年率先启动巨灾保险试点，经过10年实践，构建形成"1+3"保障体系（以自然灾害保险为主+突发公共安全事件/事故保险+突发公共卫生事件保险+见义勇为保险）、多跨协同组织体系和科技赋能服务体系，以巨灾保险保障体系托底韧性城市建设，被誉为巨灾保险的"宁波样板"。

（四）安徽韧性城市建设新实践

安徽亦较早关注韧性城市建设。2016年安徽即提出扎实推进"四创一建"（创新城市发展方式、创建城市特色风貌、创造城市优良环境、创优城市管理服务，着力打造城市生态文明建设安徽样板，建设绿色江淮美好家

园），提升城市治理能力现代化水平。安徽"十四五"规划明确要求提升城市发展质量，更好满足市民的经济需要、生活需要、生态需要和安全需要，并把建设安全韧性城市列为重要目标。安徽推进韧性城市建设的先手棋是全面开展城市体检，按照"一年一体检、五年一评估"要求建立常态化体检评估机制。2021年出台《安徽省城市体检技术导则》，围绕宜居、绿色、智慧、韧性、人文城市建设5个维度确定"78+X"城市体检指标体系（"78"为全省统一指标，"X"为部分城市特色指标），对全省16个地级市开展全面体检，形成"1+16"（《安徽省城市体检报告》和16个地级市城市体检分报告）体检评估体系，在全国率先实现城市体检地级城市全覆盖。此外，马鞍山、芜湖、六安入围"系统化全域推进海绵城市建设示范城市"。

合肥的韧性城市建设走在全省前列。合肥以系统观念构建城市安全格局，把城市生命线安全融入城市规划、建设、治理，形成以场景应用为依托、以智慧防控为导向、以创新驱动为内核、以市场运作为抓手的城市生命线安全工程"合肥模式"。目前，安徽正在全省推行"合肥模式"，已经建成省级城市生命线安全工程监管平台，形成覆盖省、市两级城市生命线安全监测"一张网"，基本实现主城区重大风险全覆盖，形成全国首个省域城市生命线安全监测网。合肥在推进韧性城市建设方面的一大特色在于，将韧性城市建设与安全产业发展相结合，将城市生命线拓展为发展安全带。一方面，继续深化城市生命线安全工程应用，建设完善"1+2+4+N+1"合肥模式。其中，"1"为建设合肥市城市安全风险综合监测预警平台；"2"为依托清华大学公共安全研究院监测中心和市应急管理局应急指挥中心，对风险进行监测预警和指挥调度处置；"4"为城市生命线、公共安全、生产安全和自然灾害应对；"N"指与城市安全相关的所有领域，包括燃气、桥梁、地下综合管廊、危险化学品、非煤矿山、消防等，做到全覆盖；最后一个"1"为建立城市安全风险监测"一张网"，真正做到风险隐患早发现、早预警、早处置。另一方面，集聚壮大城市安全产业。合肥市前瞻谋划，将城市安全产业作为全市重点产业链之一高位推进。2023年印发《加快推进城市安全产业发展工作方案（2023—2025年）》，为城市生命线拓展提供指引；

同时设立总规模 10 亿元的城市生命线产业基金，构建"基金+产业"城市生命线推进模式。同年成立合肥市应急协会，这是首个省会城市应急领域专业协会，发挥"产学研金服用"桥梁纽带作用。目前合肥已形成上、中、下游相对完整的城市安全产业链，在风险监测预警、安全防护防控、应急处置救援、安全服务等领域形成核心竞争力。

二　长三角城市韧性水平时空格局演进

加快推进韧性城市建设，首先需要客观把握城市韧性水平。为此，本报告通过构建评价指标体系对长三角城市韧性水平进行综合评价，从长三角整体、省域、市域三个层面以及时序演变和空间分布两个角度量化评估长三角城市韧性水平的发展趋势与特征。

（一）长三角城市韧性水平评价指标体系

城市韧性是城市在抵御多重外来冲击时具备减轻灾害、快速恢复并将影响降至最低的能力。具体而言，城市可能受到来自经济、社会、生态及基础设施等方面的多重冲击。鉴于此，参考相关文献，本报告从城市系统经济韧性、社会韧性、基础设施韧性、生态韧性 4 个维度选择 18 个指标，构建城市韧性水平评价指标体系，利用熵权 TOPSIS 分析法合成长三角城市韧性指数，以定量刻画长三角城市韧性水平的时空分异。具体评价指标见表1。

鉴于 2018 年是我国韧性城市建设大规模实践探索的开始，本报告选取 2018~2022 年数据对长三角城市韧性进行综合评价。原始数据来源于相关年份长三角三省一市统计年鉴、40 个地级市统计年鉴以及《中国城市建设统计年鉴》。在具体数据处理上，首先采用标准差标准化法对数据进行标准化处理。一是同趋势化，使不同性质的数据对评价结果的作用方向相同；二是无量纲化，以保证数据的可比性。然后根据熵权 TOPSIS 分析法计算城市韧性指数。指数值越大，表明城市韧性越强；指数值越小，表明城市韧性越弱。

表1　城市韧性综合评价指标体系

目标层	准则层	指标层	指标含义	指标单位	指标属性
城市韧性	经济韧性	人均GDP	经济发展	元	正向
		第三产业占比	经济结构	%	正向
		人均实际使用外资	经济开放	美元	正向
		人均一般公共预算收入	财政能力	元	正向
		人均社会消费品零售总额	市场规模	元	正向
	社会韧性	城镇居民人均可支配收入	居民收入	元	正向
		每万人在校大学生数	人力资本	人	正向
		每万人拥有卫生机构床位数	医疗设备	张	正向
		每万人拥有卫生技术人员数	医疗技术	人	正向
		人口密度	人口压力	人/公里^2	负向
	基础设施韧性	人均铺装道路面积	道路设施	平方米	正向
		建成区排水管道密度	排水设施	公里/公里^2	正向
		互联网普及率	网络设施	%	正向
		移动电话普及率	通信设施	%	正向
	生态韧性	建成区绿化覆盖率	城市自我净化	%	正向
		人均公园绿地面积	人地协调	平方米	正向
		污水处理厂集中处理率	污水处理	%	正向
		生活垃圾无害化处理率	垃圾处理	%	正向

资料来源：笔者自制。

（二）长三角城市韧性时序演变

基于2018~2022年长三角41个地级及以上城市的面板数据，根据前述指标体系和数据处理方法，求得城市韧性指数和经济韧性、社会韧性、基础设施韧性和生态韧性各维度指数，并利用城镇人口占比作为权重，将城市层面韧性指数加权为省域层面和长三角整体层面的城市韧性指数。

1. 长三角整体层面

长三角整体层面的城市韧性指数如表2所示。从整体层面来看，2018年以来，长三角城市韧性指数整体上呈较为显著的上升趋势，从2018年的0.4896上升至2022年的0.5284。城市系统的各维度韧性指数也呈现较为显著的上升趋势。其中，社会韧性、基础设施韧性和生态韧性指数呈现直线上升趋势，而经济韧性指数则上升缓慢，这主要是由于新冠疫情的影响（见表2）。

表2 2018~2022年长三角整体的城市韧性指数

年份	整体韧性	经济韧性	社会韧性	基础设施韧性	生态韧性
2018	0.4896	0.2595	0.4212	0.4885	0.6909
2019	0.4994	0.2741	0.4432	0.5030	0.6965
2020	0.5062	0.2710	0.4589	0.5075	0.7070
2021	0.5203	0.2965	0.4722	0.5317	0.7221
2022	0.5284	0.2926	0.4886	0.5493	0.7425

资料来源：笔者根据长三角地级市统计年鉴以及《中国城市建设统计年鉴》数据整理计算而得。

2. 长三角省域层面

长三角三省一市的城市韧性指数如表3所示。从省域层面来看，三省一市的城市韧性水平呈现上海>江苏>浙江>安徽的局面。上海作为长三角的龙头，其城市韧性保持领先。2018~2019年江苏的城市韧性落后于浙江，从2020年开始转变为超过浙江。安徽的城市韧性水平虽然最低，但是上升幅度较大，5年间上升了9.08%，与上海、江苏和浙江的差距逐渐缩小。

表3 2018~2022年长三角三省一市的城市韧性指数

年份	上海	江苏	浙江	安徽
2018	0.4954	0.4968	0.5017	0.4583
2019	0.5097	0.5068	0.5118	0.4641
2020	0.5183	0.5138	0.5111	0.4778
2021	0.5369	0.5292	0.5163	0.4988
2022	0.5426	0.5395	0.5279	0.4999
均值	0.5206	0.5172	0.5138	0.4798

资料来源：笔者根据长三角地级市统计年鉴以及《中国城市建设统计年鉴》数据整理计算而得。

3.长三角城市层面

长三角 41 个地级及以上城市的韧性指数如表 4 所示。从城市层面来看，绝大部分城市的韧性都有了明显提升，但同时城市间的韧性也存在较大差异。2018~2022 年长三角地区城市韧性指数均值最高的是无锡市，最低的是宿州市，前者是后者的 1.41 倍。从 2022 年的结果来看，城市韧性指数最高的是常州市，最低的是芜湖市，前者是后者的 1.47 倍。

表 4　2018~2022 年长三角地级及以上城市的韧性指数

城市	2018 年	2019 年	2020 年	2021 年	2022 年	均值
上海市	0.4954	0.5097	0.5183	0.5369	0.5426	0.5206
南京市	0.5400	0.5608	0.5553	0.5811	0.5913	0.5657
无锡市	0.5469	0.5610	0.5672	0.5808	0.5854	0.5683
徐州市	0.4756	0.4724	0.4742	0.4943	0.5088	0.4851
常州市	0.5024	0.5193	0.5197	0.5366	0.6023	0.5361
苏州市	0.5215	0.5278	0.5335	0.5443	0.5544	0.5363
南通市	0.4975	0.5005	0.5088	0.5233	0.5239	0.5108
连云港市	0.4557	0.4714	0.4783	0.4958	0.4980	0.4798
淮安市	0.4477	0.4605	0.4768	0.4885	0.5006	0.4748
盐城市	0.4309	0.4426	0.4608	0.4755	0.4704	0.4560
扬州市	0.4905	0.5000	0.5065	0.5183	0.5219	0.5074
镇江市	0.4941	0.4988	0.5080	0.5199	0.5217	0.5085
泰州市	0.4706	0.4762	0.5067	0.5162	0.5267	0.4993
宿迁市	0.4650	0.4756	0.4840	0.4962	0.4998	0.4841
杭州市	0.5682	0.5643	0.5495	0.5457	0.5592	0.5574
宁波市	0.4674	0.4893	0.5074	0.5220	0.5288	0.5030
温州市	0.4721	0.4785	0.4803	0.4850	0.4968	0.4825
嘉兴市	0.5063	0.5146	0.4999	0.5078	0.5226	0.5102
湖州市	0.5443	0.5509	0.5377	0.5431	0.5513	0.5454
绍兴市	0.4941	0.5035	0.5111	0.5183	0.5376	0.5129
金华市	0.5024	0.4948	0.4984	0.4980	0.5163	0.5020
衢州市	0.4699	0.6070	0.5173	0.5249	0.5334	0.5305
舟山市	0.5018	0.5067	0.5396	0.5427	0.5453	0.5272
台州市	0.4806	0.4841	0.4892	0.4988	0.5017	0.4909
丽水市	0.4857	0.4952	0.4871	0.4971	0.5076	0.4945

城市	2018 年	2019 年	2020 年	2021 年	2022 年	均值
合肥市	0.4917	0.5030	0.5087	0.5092	0.5340	0.5093
芜湖市	0.4894	0.4979	0.5146	0.5377	0.4086	0.4896
蚌埠市	0.4514	0.4682	0.4903	0.4987	0.5034	0.4824
淮南市	0.3668	0.4546	0.4591	0.4672	0.4987	0.4493
马鞍山市	0.4668	0.4795	0.5008	0.5144	0.5191	0.4961
淮北市	0.4683	0.4798	0.4925	0.5015	0.5007	0.4886
铜陵市	0.4832	0.4476	0.5148	0.5171	0.5226	0.4971
安庆市	0.4347	0.4518	0.4608	0.4842	0.4927	0.4648
黄山市	0.4871	0.5045	0.5202	0.5370	0.5345	0.5167
滁州市	0.4742	0.4994	0.4848	0.5192	0.5321	0.5019
阜阳市	0.4496	0.4493	0.4577	0.4747	0.4771	0.4617
宿州市	0.4291	0.3061	0.3530	0.4686	0.4613	0.4036
六安市	0.4240	0.4379	0.4606	0.4754	0.4984	0.4593
亳州市	0.4359	0.4490	0.4678	0.4791	0.4893	0.4642
池州市	0.4820	0.4967	0.5099	0.5198	0.5155	0.5048
宣城市	0.4666	0.4805	0.4591	0.5077	0.5095	0.4847

资料来源：笔者根据长三角地级市统计年鉴以及《中国城市建设统计年鉴》数据整理计算而得。

为了进一步探究长三角城市韧性的时序动态演化特征，本报告对 2018~2022 年长三角城市的韧性进行核密度估计，结果见图 1。从分布位置看，KDE 曲线呈现较为明显的右移趋势，表明长三角城市韧性在逐渐增强，指数提升幅度较大。从分布形态看，2020 年以来 KDE 曲线的波峰高度逐渐升高，波峰宽度逐渐收窄，意味着长三角地级市之间的城市韧性绝对差异在缩小。从极化趋势来看，KDE 曲线存在多峰分布，意味着长三角城市韧性存在多极化现象。

（三）长三角城市韧性空间分异

1. 空间分布

根据城市韧性指数均值及其上下 1 个标准差，将城市韧性水平划分为

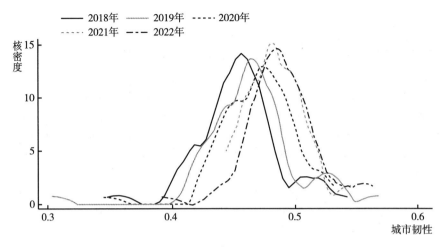

图1　2018~2022年长三角城市韧性核密度估计

资料来源：笔者自制。

4种类型，即高韧性水平、中高韧性水平、中低韧性水平和低韧性水平。以2022年为例，划分结果见表5。长三角地区高韧性城市有5个，中高韧性城市有16个，中低韧性城市有15个，低韧性城市有5个。其中，江苏省的常州、南京、无锡、苏州和浙江省的杭州5市处于高韧性等级，安徽省的大部分城市处于较低韧性等级，上海的城市韧性虽然在省域层面处于领先地位，但是在市级层面处于中高韧性等级，而不是高韧性等级，这主要因为与其他地级市相比，上海巨大的城市体量带来的城市韧性建设的复杂性和艰巨性。

表5　2022年长三角地级及以上城市的韧性等级分布

类型	上海市	江苏省	浙江省	安徽省
高韧性		常州市、南京市、无锡市、苏州市	杭州市	
中高韧性	上海市	泰州市、南通市、扬州市、镇江市	湖州市、舟山市、绍兴市、衢州市、宁波市、嘉兴市	黄山市、合肥市、滁州市、铜陵市、马鞍山市

类型	上海市	江苏省	浙江省	安徽省
中低韧性		徐州市、淮安市、宿迁市、连云港市	金华市、丽水市、台州市、温州市	池州市、宣城市、蚌埠市、淮北市、淮南市、六安市、安庆市
低韧性		盐城市		亳州市、阜阳市、宿州市、芜湖市

资料来源：笔者自制。

2. 空间相关性

为了进一步探究长三角城市韧性的空间集聚特征，本报告运用 Moran's I 即莫兰指数测度城市韧性的空间自相关性。Moran's I>0，表示空间正自相关，即高值与高值相邻、低值与低值相邻；Moran's I<0，表示空间负自相关，即高值与低值相邻；Moran's I=0，表示空间分布是随机的，即不存在空间自相关性。本报告使用 3 种空间权重矩阵，即邻接空间权重矩阵、地理距离空间权重矩阵和经济地理距离空间权重矩阵，进行测度，测度结果见表 6。不论是在何种空间权重矩阵下，Moran's I 均大于 0 且在 1% 的统计水平上显著，表明长三角的城市韧性具有正空间自相关性，即高韧性水平城市之间相互集聚，低韧性水平城市之间相互集聚，具有显著的空间溢出效应。比较 3 种空间权重矩阵的 Moran's I 大小可以发现，这种集聚在地理相邻的城市之间尤其明显，另外，叠加了经济因素的地理距离相对于纯粹的地理距离对空间集聚的影响更大，即在经济因素和地理因素的双重考量下城市韧性的集聚效应更强。

表 6　2018~2022 年长三角地级及以上城市的韧性 Moran's I

年份	邻接空间权重矩阵		地理距离空间权重矩阵		经济地理距离空间权重矩阵	
	Moran's I	z 值	Moran's I	z 值	Moran's I	z 值
2018	0.401 ***	4.709	0.155 ***	6.829	0.172 ***	6.469
2019	0.287 ***	3.641	0.109 ***	5.311	0.113 ***	4.662

续表

年份	邻接空间权重矩阵		地理距离空间权重矩阵		经济地理距离空间权重矩阵	
	Moran's I	z 值	Moran's I	z 值	Moran's I	z 值
2020	0. 209 ***	2. 718	0. 116 ***	5. 577	0. 136 ***	5. 427
2021	0. 401 ***	3. 462	0. 151 ***	6. 575	0. 183 ***	6. 790
2022	0. 316 ***	3. 802	0. 099 ***	4. 729	0. 131 ***	5. 162

注: ***表示 1%的显著性水平。
资料来源: 笔者根据长三角地级市统计年鉴以及《中国城市建设统计年鉴》数据整理计算而得。

三 长三角韧性城市建设的短板弱项

我国韧性城市建设始于 2008 年汶川特大地震灾后重建。此后, 国家层面虽然没有明确提出韧性城市理念, 但是已然开展气候适应型城市建设、安全发展示范城市创建、城市体检等韧性城市专项建设。2020 年韧性城市理念被纳入国家战略规划, 韧性城市建设进入全面推进阶段。长三角韧性城市建设走在全国前列, 但是比照其他先发地区, 结合其自身量化测度结果来看, 还存在短板弱项。

(一)我国韧性城市建设政策演进与地方实践

2008 年我国韧性城市建设起步。汶川特大地震发生后, 国务院先后出台《汶川地震灾后恢复重建条例》《汶川地震灾后恢复重建对口支援方案》《关于做好汶川地震灾后恢复重建工作的指导意见》《关于支持汶川地震灾后恢复重建政策措施的意见》《汶川地震灾后恢复重建总体规划》等一系列政策法规, 此举可视为我国韧性城市建设的初步尝试。2016 年, 国家发展改革委、住房城乡建设部共同印发《城市适应气候变化行动方案》, 从政策法规、体制机制、规划统筹、标准规范、建设管理等方面全面推进城市适应气候变化行动, 旨在全面提升城市适应气候变化能力, 并选取内蒙古自治区呼和浩特市等 28 个城市作为气候适应型城市建设试点。2017 年, 中国地震局印发《国家地震科技创新工程》，决定实施"透明地壳""解剖地震""韧性城乡""智慧服务"四项科学计划，由此韧性理念进入国家政策层面。

2018年开始我国韧性城市建设进入大规模实践阶段。2018年，中共中央办公厅、国务院办公厅印发《关于推进城市安全发展的意见》，提出把安全发展作为城市现代文明的重要标志，要求全面提高城市安全保障水平。2019年国务院安全生产委员会出台《国家安全发展示范城市评价与管理办法》，明确创建范围为副省级城市、地级行政区以及直辖市所辖行政区县，牵头开展"国家安全发展示范城市"创建与评价工作。南京、广州、昆明、西安、重庆等纷纷出台专项规划或实施方案，开展创建国家安全发展示范城市，这可视为我国首次韧性城市建设的大规模实践。2020年6月，住房和城乡建设部出台《2020年城市体检工作方案》，在天津、上海、重庆、广州、武汉等36个城市开展城市体检，将"安全韧性"列为城市体检8个方面之一，反映城市应对公共卫生事件、自然灾害、安全事故的风险防御水平和灾后快速恢复能力。

2020年开始我国韧性城市建设上升为国家战略。2020年10月，党的十九届五中全会审议通过的《中共中央关于制定国民经济和社会发展第十四个五年规划和二〇三五年远景目标的建议》，首次明确提出建设韧性城市。2021年和2022年，建设韧性城市相继被写入国家"十四五"规划和党的二十大报告。韧性城市理念被正式纳入国家战略规划。2022年国家发展改革委发布《"十四五"新型城镇化实施方案》，对建设韧性城市作出了部署。

随着我国韧性城市理念不断深入，在国家政策的引导、鼓励和支持下，地方开展了形式多样的韧性城市建设实践。"他山之石，可以攻玉"，兄弟省市的创新实践将为长三角三省一市加快推进韧性城市建设提供有益经验。一是规划引领。北京是全国第一个把韧性城市建设任务纳入城市总体规划的城市，2017年把韧性城市建设纳入《北京城市总体规划（2016—2035年）》，2021年印发《关于加快推进韧性城市建设的指导意见》，2024年出台《北京市韧性城市空间专项规划（2022—2035年）》，提出到2050年建成国际一流的韧性城市空间治理体系。此外，广州于2019年把韧性城市建设纳入

《广州国土空间总体规划（2018—2035 年）》；郑州于 2023 年底完成《韧性城市规划纲要》批前公示，提出到 2035 年将郑州打造成为国际韧性城市标杆。韧性城市建设专项规划为提升城市韧性提供了科学可行的规划指引，有利于郑州一盘棋推进韧性城市建设。二是项目建设。各地在韧性城市建设行动上都注重依靠项目推进。这些建设项目既有基于本地实情的自主探索，如北京《关于加快推进韧性城市建设的指导意见》提出，到 2025 年建成 50 个韧性社区、韧性街区或韧性项目，2024 年《北京市韧性城市空间专项规划（2022—2035 年）》提出，依托城市公园环、郊野公园环、环首都森林湿地公园环和重要的生命线环廊，构建首都功能保障环、城市运行支撑环和京津冀协同联络环 3 条韧性支撑环；也有国际合作项目的积极参与，如 2011 年四川成都、河南宝丰、河南洛阳、四川绵阳、海南三亚、陕西咸阳、青海西宁入选联合国减灾署"让城市更具韧性"计划，2014 年四川德阳、湖北黄石入选全球 100 韧性城市项目，2023 年四川成都、广元，天津中新天津生态城入选联合国减灾署"创建韧性城市 2030"项目。不论是具有地方特色的自主实践，还是融入国际韧性城市建设行动的项目合作，都有利于将先进的韧性城市理念嫁接到本地的韧性城市建设实践，切实提升城市韧性水平。三是科技支撑。大数据、云计算、物联网、人工智能等新兴技术在韧性城市建设中的应用日益广泛。其中，尚属新生事物的数字孪生城市也在部分城市得到了探索实践。如北京 2021 年出台《关于加快建设全球数字经济标杆城市的实施方案》，提出建设全感知城市、智能网联化城市道路、数字城市管廊等。目前北京 CBD 已经建成国内首个 L4 级别高精度城市级数字孪生平台"数字孪生 CBD 时空信息管理平台"，实现北京 CBD 的 1∶1 全要素、高拟真还原。2023 年深圳出台《数字孪生先锋城市建设行动计划（2023）》，提出建设一体协同的城市级数字孪生底座。2023 年底，深圳市龙华区发布"全域全信创"数字孪生城市平台，建成全国首个城区级物联感知平台。这些新兴技术的逐步推广应用，将极大提升城市感知能力，把城市变成新的生命体，有利于打造更具智慧、更具韧性的城市。

（二）长三角韧性城市建设存在的主要问题

通过纵横对比、时空演化分析，长三角韧性城市建设还存在一些问题。一是韧性城市理念不够深入，不像北京、郑州等地已经出台或将要出台韧性城市专项规划，长三角尚没有一个城市出台类似专项规划，对于韧性城市建设缺乏整体部署，部分城市甚至在"十四五"规划中都没有提及韧性城市建设。二是对韧性城市的认识大多较为狭隘，主要限定于应急管理领域，对经济韧性、社会韧性等维度的关注度不高。新冠疫情提醒我们韧性城市建设不能忽视经济、社会等方方面面，必须充分认识韧性城市建设的复杂性和艰巨性，统筹谋划，系统推进。三是区域整体不够协同，各自为政现象较为突出，区域协同效应发挥不够。除了南京都市圈内部分城市签订了跨区域应急联动协议，长三角鲜有韧性城市建设市际联动。反观其他城市，《北京市韧性城市空间专项规划（2022—2035 年）》就提出构建协同互补的京津冀区域韧性保障体系，在北京与津冀交界区域打造京津冀协同联络环，形成京津冀区域协同治理、互助联络的韧性支撑环。四是城市之间韧性建设不平衡，虽同处长三角，但城市韧性水平差异广泛存在，城市韧性指数高者是低者的约 1.5 倍，高韧性水平城市主要分布在中心城市、省会城市，如上海、南京、杭州、合肥及其周边城市，苏北、浙南、皖北等地的城市韧性水平较低。

四　长三角加快推进韧性城市建设的思路与对策

高质量发展是全面建设社会主义现代化国家的首要任务。长三角加快推进韧性城市建设需要统筹安全与发展，以高质量韧性城市建设为长三角在中国式现代化中走在前列提供支撑。

（一）总体思路

长三角加快推进韧性城市建设，需要紧扣一体化和高质量这两个关键

词，坚持理念先行，加强顶层设计；强化区域协作，统筹一体推进；发挥龙头示范作用，实现量质齐升；正视城际差异，因城谋划施策；均衡韧性维度，补强短板弱项。

（二）对策建议

1. 完善区域协同合作机制，加强韧性城市建设规划编制和韧性治理协作，一体推进长三角韧性城市建设

韧性城市建设不能"单打独斗"，而是要"抱团取暖"，以协同合作提升区域整体韧性。将韧性城市建设议题纳入长三角地区主要领导座谈会、长三角城市经济协调会等各个层级的长三角一体化合作机制，整体谋划和全局推进长三角一体化韧性城市建设，整合资源，优势互补，形成合力，实现城市之间韧性水平的协同演化，从而提升长三角整体城市韧性水平。加强宣传，深刻认识韧性城市建设事关城市的发展与安全，让韧性城市理念深入人心，让每个区域、每级政府、每家单位、每个个人都积极参与韧性城市建设，只有每一个微观单元都充满韧性，整座城市才真正具有韧性。制定专门的韧性城市规划，科学制定长三角、三省一市及各个城市的韧性城市建设总体战略规划或专项规划，做好上下层级规划之间的衔接和周边城市规划之间的对接，以规划指引韧性城市建设落地，助推韧性城市建设的常态化、制度化。

2. 发挥区域性中心城市带动作用，引领推进长三角韧性城市建设

区域性中心城市一般具有高城市韧性水平，韧性城市建设基础较好，应充分发挥这些区域性中心城市的辐射带动作用，驱动周边城市协同发展。将区域性中心城市建设韧性城市的经验制度化、体系化，在长三角其他城市复制推广。鼓励区域性中心城市与周边城市之间开展韧性城市建设项目合作，并给予政策、资金协助。人流、物流、信息流畅通对于提高城市韧性至关重要。加强区域性中心城市与周边城市的基础设施互联互通，建设现代化综合交通运输体系，形成安全可靠、综合立体的区域韧性交通系统，提高城际交通效率，强化人员、物资的集疏运保障。加强城市之间的信息联通，畅通信息传递渠道，完善信息共享机制，避免形成城市"信息孤岛"。

3. 正视城际差异与韧性维度差异，均衡推进长三角韧性城市建设

城际韧性水平差异以及不同维度韧性水平的城市发展不均衡是一个普遍现象。低等级韧性水平城市要借鉴与吸收国内外韧性城市建设的先进经验，积极接受高等级韧性水平城市的辐射，主动加强与高等级韧性水平城市在多领域、多层次的对接与合作，努力提高自身韧性水平。充分认识韧性城市建设的系统性、综合性，城市本身作为一个系统，可能遭受的外来冲击不仅来自自然灾害，还来自经济、社会等多领域。如由洛克菲勒基金会支持的"100 韧性城市"项目，将城市韧性分为健康与福祉、经济与社会、基础设施与环境、领导与策略 4 个维度，涉及 12 项指标。目前各地对于韧性城市建设基本停留在应急管理层面，主要应对自然灾害和安全事故。长三角不仅要从这一狭义视角入手，更要从广义视角理解韧性城市的多元性，韧性城市建设不仅是应急管理，更是一项系统工程，包含基础设施韧性、经济韧性、社会韧性、生态韧性、空间韧性乃至治理韧性等，要从多维度均衡推进韧性城市建设。同时各城市也要考虑自身特征，针对城市运行中存在的突出问题因城施策。自然灾害频繁的城市，要更注重生态韧性与应急管理；经济基础薄弱的城市，要注意加强经济韧性。

4. 加速培育新质生产力，提高产业链供应链稳定性和竞争力，提升长三角城市经济韧性

城市经济韧性对于城市发展起着重要的"压舱石"作用。增强城市经济韧性离不开经济高质量发展，而发展新质生产力已成为推动经济高质量发展的内在要求和重要着力点。新质生产力的特点是创新，关键在质优，本质是先进生产力。要坚持创新驱动，争取在关键环节和核心技术上取得突破，努力实现更多从 0 到 1 的突破，解决"卡脖子"问题，实现科技自立自强。加大知识产权保护力度，加快科技成果转化，不断将科学研究的最新发现和技术发明的先进成果应用到具体产业中，以科技创新推动产业创新，努力实现更多从 1 到 N 的推广应用。充分发挥长三角地区科技和产业优势，积极

布局战略性新兴产业和未来产业,加快传统产业智改数转网联,围绕新质生产力布局产业链,围绕产业链打通供应链,实现产业链、供应链、价值链升级。同时发挥地区超大规模市场优势,以国内大循环吸引全球优质要素资源,增强国内国外两个市场两种资源的联动效应。打造统一大市场,营造优质营商环境,让劳动、资本、技术、数据等一切要素资源充分涌动,让区域内外的要素资源引得进、留得住、用得好。从而在区域内外高效联动、国内国际双循环相互促进的格局中,构建自主可控、安全可靠、韧性强、实力足的长三角产业链供应链,为提升长三角城市经济韧性奠定坚实支撑。

5. 优化公共资源配置,健全灾害救助机制,提升长三角城市社会韧性

城市社会韧性直接关系城市居民,不仅需要应对非常时期的外部破坏性力量的冲击,而且需要保障城市居民的日常生活。这正如木桶定律,城市社会韧性底线既取决于城市中抵御风险能力最弱的群体,也取决于那些不易引人注意的领域。提高城市社会韧性,要防范"黑天鹅""灰犀牛"事件的发生。完善收入分配体系,通过合理运用初次分配、再分配和第三次分配工具,提高低收入群体的收入,扩大中等收入群体比重,扎实推进共同富裕,不断缩小收入差距。推进基本公共服务均等化,加大对欠发达地区和低收入阶层的转移支付力度,解决公共服务供给不平衡问题,筑牢兜底保障。建设韧性社区,打造 15 分钟社区生活圈,培育和激活城市社会韧性的社区细胞,提高社区在风险状态下的抗打击能力和平常时期的生活便捷性。贯彻落实《中共中央办公厅 国务院办公厅关于加强社区工作者队伍建设的意见》,打造一支政治思想坚定、素质优良、敬业奉献、结构合理、群众满意的社区工作者队伍,以"大数据+网格化+铁脚板"赋能城市社会治理,做到平战结合,打通服务城市居民的"最后一公里"。建立城市韧性教育体系,加大城市韧性宣传,通过多种形式、多种渠道把韧性城市理念形塑、应急常识教育、应急能力培养等融入城市居民日常生活,提高城市居民的城市韧性素养,形成人人践行城市韧性理念、人人参与城市韧性建设的良好氛围。

6.完善城市基础设施建设，增强城市安全风险感知预警能力，提升长三角城市基础设施韧性

城市基础设施是城市存在和发展的基本条件，是城市韧性的基本面。城市在完善市内交通体系的同时，更要重视市际交通体系建设，从全域范围统筹规划建设现代交通运输体系，实现区域交通一体化，做到平战结合，在任何情况下都能确保人员和物资进得来、出得去。强化数字赋能，充分利用物联网、大数据等现代科技手段，实现城市基础设施风险隐患的实时监测，提高对风险的评估研判、监测预警、处置应对能力，保障通信、燃气、桥梁、供水、排水、供电、供热、电梯、轨道交通、综合管廊等正常运转，保障城市生命线安全。有条件的城市率先探索建设数字孪生城市，借助孪生建模、仿真推演、机器学习、虚实交互等前沿技术，打造城市智慧大脑，不断拓展应用场景，实现城市物理空间的虚拟化、实时状态的可视化、决策治理的智能化，提升城市整体运行效率和安全性能，推动城市治理体系和治理能力现代化。

7.加强海绵城市、无废城市等新型城市建设，推动区域生态共建共享，提升长三角城市生态韧性

城市生态是城市居民生产生活等各种行为与城市自然环境相互交织形成的系统，城市生态韧性关乎城市可持续发展和城市居民生活品质。正如习近平主席2020年9月30日在联合国生物多样性峰会上发表的重要讲话中指出的，"尊重自然、顺应自然、保护自然，探索人与自然和谐共生之路，促进经济发展与生态保护协调统一"。提高城市生态规划水平，将生态韧性理念贯穿于城市规划、建设、管理的始终。持续推进海绵城市、无废城市等新型城市建设，从源头提高资源利用效率，实施工业绿色生产，鼓励绿色出行，减少废弃物产生量和污染物排放量，推动形成绿色发展方式和生活方式。在城市更新中注重留白增绿，预留未开发空间，扩大绿色生态空间，增加城市绿化面积，建设绿岛、绿带、综合公园、口袋公园、小微绿地，既涵养生态，为生态修复提供更多可能，又为城市居民提供更多休闲娱乐空间。城市并非一个个相互孤立的存在，提升城市生态韧性，需要从区域一体化出

发，建立和完善区域生态保护补偿机制，加强市际生态协同治理，促进正外部性，抑制负外部性，从长三角整体层面提升城市生态韧性。

参考文献

侯祥鹏：《中国城市群高质量发展测度与比较》，《现代经济探讨》2021年第2期。

王刚、吴嘉莉：《城市韧性：理论渊源、定位张力与逻辑转变》，《南京社会科学》2024年第2期。

王光辉、王雅琦：《基于风险矩阵的中国城市韧性评价》，《贵州社会科学》2021年第1期。

魏玖长、闫卓然、周磊：《中国五大城市群城市韧性水平时空演变研究》，《中国应急管理》2023年第8期。

吴佳忆、陈水生：《城市韧性治理的理论意蕴与构建路径》，《上海行政学院学报》2023年第6期。

朱正威、刘莹莹、杨洋：《韧性治理：中国韧性城市建设的实践与探索》，《公共管理与政策评论》2021年第3期。

B.15
构筑长三角现代化县域发展新动能研究

何雨 孟静 郭玉燕*

摘 要： 现代化是中国特色社会主义的主要使命，奋力在中国式现代化中走在前列是长三角的重大使命，而推动县域发展转向新动能始终是极具特色、极具潜力的重要方面。当前，县域发展新动能正在全面重塑长三角现代化新格局，主要表现在：基础设施一体化引领县市现代化协同发展新格局；经济体系现代化重塑县域现代化转型发展新格局；自主创新产业化赋能县域现代化高质量发展新格局；驱动路径多元化拓展县域现代化发展模式新格局。但构筑长三角现代化县域发展新动能也面临着一系列挑战：发展动能内涵需要更加丰富、发展目标约束更加趋紧，以及区域发展不平衡不充分等。为此，可采取的对策有：一是坚持"强政府"与"强市场"的双轮驱动；二是创新长三角省市带动县域协同发展的"带动"机制；三是推动县域发展园区模式迭代升级；四是深化县域发展治理机制改革；五是先立后破、因地制宜发展县域新质生产力。

关键词： 长三角 县域 新动能

　　中国式现代化，是中国共产党领导的社会主义现代化，既有各国现代化的共同特征，更有基于本国国情的中国特色，而县域单元的治理与发展

---

* 何雨，博士，江苏省社会科学院大运河文化带建设研究院专职研究员，研究方向为文化社会学、政策社会学与城市社会学；孟静，江苏省社会科学院社会政策研究所助理研究员，研究方向为城市发展与区域现代化；郭玉燕，江苏省社会科学院社会政策研究所助理研究员，研究方向为城乡规划与城市发展。

则是中国特色最为鲜明的标志之一，并在相当程度上沿袭"郡县治，天下安"的传统。改革开放后，工业化与城市化的开启，推动设区市地位急剧上升，特别是在增长极理论指导下，打造区域中心城市、提升首位度，成为各区市推进现代化的共同政策取向。长三角城市群之所以能够成为世界第六大城市群，长三角地区之所以成为我国科教文卫基础最为雄厚、经济活力最为强盛、创新能力最为厚实的地区之一，除了有一批引领区域发展的以上海为代表的全球城市，更重要的是它还拥有一批各具特色、实力强劲的县域城市集群，它们在与乡镇工业、民营经济的同频共振中与中心城市共同成长，携手推动长三角地区迈入现代化建设新阶段。当前县域经济已经成为上海大都市圈、苏锡常都市圈、南京都市圈、杭州都市圈、宁波都市圈、温州都市圈等最为显著的特色和最为强劲的支撑。"2023中国县域经济百强"（2023年7月发布）中，江苏和浙江包揽了前10强中的6个，全国百强县江苏、浙江和安徽分别有23个、16个和3个。其中，江苏GDP千亿县更是达到了21个。

一 长三角现代化新动能转换的县域发展新格局

伴随基础设施提档、产业转型升级、协同发展机制创新、竞争政策联动、统一市场建设等，长三角现代化的县域经济新动能正在呈现加速发展、全面发展、转型发展的新态势。特别是，强县域带动效应正在从传统的县域经济高地向区内城市群全域扩散，苏北、浙西南和安徽部分地区县域经济快速崛起，成为区内经济一体化发展、高质量发展的新亮点，并呈现出协同、创新、升级、多元化、高质量的现代化发展新态势、新格局。

（一）基础设施一体化引领县市现代化协同发展新格局

中国式现代化是全体人民共同富裕的现代化，必然要求中心城市与县域协同发展，确保一个都不掉队。交通运输是支撑经济社会高质量发展的血脉，兼具推动解放发展社会生产力、促进区域和城乡均衡发展的双重功能。便捷的交通网络提高了要素的流动效率，有利于优化要素配置和产业布局，使得经济强县可以充分利用中心城市的知识、创新溢出效应，进一步提升自身发展质效及其他县域的制造业、物流业、旅游业等取得突破发展，成为长三角经济增长的新节点，初步形成了县域与中心城市协同发展的格局。

一是地铁互联互通驱动县市协同发展迈入同城化新阶段。截至 2024 年一季度末，长三角地区有 11 个县（县级市）与周边中心城市实现了地铁互通，包括昆山市与上海、苏州，句容市与南京，江阴市与无锡，海宁市与杭州，乐清市、瑞安市与温州，义乌市、东阳市与金华，温岭市与台州，肥西县、肥东县与合肥等，已经进入同城化发展阶段，促使其突破县域空间限制立足都市圈的视角谋划自身发展。

二是密集的高铁网络赋能中心城市在县市协同发展中的带动作用。2023年 9 月随着沪宁沿江高铁开通，沿线太仓、常熟、张家港、江阴、武进、金坛、句容等县（县级市）均进入高铁时代，截至 2024 年一季度末已经有超过 3/4 的县（县级市）实现了高铁（动车）直达，大大缩短了县域与中心城市的时间距离，使得县域可以融入更大范围的经济圈，对经济交流、吸引投资、引进人才、拓宽市场等均起到积极的促进作用。

（二）经济体系现代化重塑县域现代化转型发展新格局

经济现代化是现代化的基础，是实现居民高质量就业、满足人民美好生活需要的保障。长三角经济强县数量多，"2023 中国县域经济百强"中长三角占 42 席，其中有 7 个县（县级市）进入前十强，31 个县（县级市）生产总值超过千亿，江苏、浙江、安徽三省县域生产总值占全省生产总值比重均超过40%，县域经济已成为长三角经济现代化的重要支撑。尤其是沿江、沿海的经济强县，自 20 世纪 90 年代便和周边城市同步进入经济发展的快车道，发展至今已经形成强大的优势产业，产业发展的韧性较强、新质生产力占比不断提高，已经成为长三角现代化产业链不可或缺的组成部分。

一是制造为主、实体为基的江苏县域经济格局。江苏县域的先进制造业和高新技术产业发展水平较高，拥有高端装备、电子信息、汽车制造、航空

航天、纺织服装、生物医药、新能源、新材料等主导产业，产业发展模式已经实现了由粗放向集约的转型，产业发展具有规模化集群化、创新能力强、智能化水平高、民营经济实力较强、对外开放水平高等特点。2023年百强县前十强中江苏占6席，分别为昆山市、江阴市、张家港市、常熟市、太仓市、宜兴市，2023年六县市地区生产总值、实际利用外资分别为20339.5亿元、46.59亿美元，分别占江苏省的15.86%和18.39%；2024年一季度进出口总额、社会消费品零售总额分别为3451.64亿元、1486.78亿元，分别占江苏省的26.61%和11.98%①。

二是市场取向、三产协同的浙江县域经济格局。浙江的县域经济发展具有市场化程度高、信息化水平高、民营经济占比高、三次产业协同度高、居民获得感高等特征，经济发展活力较强。2023年百强县前二十强中浙江占7席，分别是慈溪市、义乌市、诸暨市、余姚市、乐清市、海宁市、温岭市。2023年七县市分别实现地区生产总值2639.45亿元、2055.62亿元、1755.29亿元、1571.06亿元、1663.5亿元、1318.16亿元和1351.32亿元，且经济保持较高增速，义乌、诸暨、乐清、海宁四市的GDP增速均超过7.5%。浙江县域不仅轻工业、高端装备、电子信息、智慧医疗、新能源等制造业发达，而且现代服务业和现代农业发展水平高，实现了三次产业的融合发展，信息化对县域发展形成强劲支撑。2023年义乌市的电商主体超过60万户、占全省的1/3，2024年一季度新增41489家、同比增长27.39%②；诸暨市智能视觉产业产值于2023年突破150亿元，2024年一季度智能视觉产业规上工业总产值达54.8亿元、增长60.2%③；余姚市的数字安防与网络通信、高端新材料产业，乐清市的网络通信产业均入选"浙江制造"特色产业集群；2023年海宁市的数字经济核心产业制造业增加值增速较规上工业高15.2个百分点。

① 根据各市《2023年国民经济和社会发展统计公报》、《2024年政府工作报告》及人民政府网站公布数据整理。

② 《一季度我市日均新增680多个电商主体》，义乌市人民政府网站，http://www.yw.gov.cn/art/2024/4/23/art_1229187636_59477613.html。

③ 《全市经济运行实现首季"开门红"》，《诸暨日报》2024年4月24日。

三是后发争先、奋起直追的安徽县域经济格局。安徽县域发展的差距较大，2023 年位居 GDP 总量前三、进入百强县的肥西县、肥东县、长丰县和 2022 年位居人均 GDP 前三的当涂县、宁国市、天长市均是合肥都市圈、南京都市圈、杭州都市圈的成员。总体来看，安徽的县域在机械制造、纺织、建材等传统工业中积累了发展优势。近年来，大都市圈周围的县域抓住机遇、实现了工业的跨越式发展和转型升级，高端装备制造、智能汽车、新能源、新材料、生命健康、绿色食品等成为主导产业。2023 年肥西县工业投资同比增长 48.9%；肥东县工业总产值突破千亿元、实现了三年翻一番；长丰县规上工业总产值增长了 45.6%。现代农业也是安徽县域的优势产业，智慧农业、特色农业、休闲农业发展迅速，长丰县"中国菌物谷"在全国首创智慧菌房；天长市获评国家农产品质量安全县。服务业在县域经济中也扮演着越来越重要的角色，现代物流、电子商务等新兴服务业发展迅速。

（三）自主创新产业化赋能县域现代化高质量发展新格局

近年来，长三角县域把创新作为推动产业现代化转型的战略基点，一方面充分发挥其位于长三角的区位优势，积极利用上海、南京、杭州、合肥等市的创新资源，深入实施产业合作与校企合作；另一方面通过建设创新平台和引进高校等，集聚培育创新资源，不断提升自主创新能力。县域创新的特点是更加注重实用性，重视产业链与创新链、人才链的融合，创新为县域发展注入源源不断的新动能，已成为经济发展的"最大增量"。

一是坚持企业的创新主体地位。长三角县域经济体持续加大对企业创新主体能力的培育，以企业为主导推进产学研深度融合，通过对企业研发投入进行奖补、推进智改数转、孵化培育创新型企业等，经济强县已形成独角兽企业、瞪羚企业、专精特新企业发展矩阵。2023 年，昆山市、江阴市、张家港市、常熟市、太仓市、慈溪市、诸暨市、余姚市、乐清市、海宁市、肥西县、肥东县分别新增国家级专精特新"小巨人"企业 35 家、27 家、14 家、20 家、12 家、12 家、7 家、5 家、11 家、9 家、4 家、3 家。

二是地校合作导入创新资源。立足产业发展规划，通过建设创新平台、

加强与高校和科研院所的合作、引进头部人才等，集聚整合创新资源。近年来，清华、中科大、南京航空航天大学、南京理工、河海大学、西安交大、安徽理工大学、江苏科技大学、江南大学、温州大学、港科大、杜克大学等纷纷在长三角县域设立分校区、研究院、研发中心或联合创新中心，专业设置以精密光电、智能制造、新能源、网络安全等为主，与县域产业发展需求高度契合，形成了长三角特有的"县域大学群"现象。

三是营造创新驱动的友好环境。重点加强知识产权保护，打造有利于创新创业的环境。昆山市、义乌市、江阴市、常熟市、慈溪市、太仓市、余姚市、张家港市均跻身"中国县域知识产权竞争力百强（2022年）"前十强①，肥西县、天长市等亦获评国家知识产权强县建设示范县；张家港市的知识产权类资产证券化、余姚市的博士后创新联合体建设、诸暨市的海归小镇人才管理改革试验区建设、海宁市的"千博计划"、温岭市的青年发展型城市建设、肥西县的亿元人才发展资金池建设等鼓励创新的举措均取得显著成效。

（四）驱动路径多元化拓展县域现代化发展模式新格局

县域发展的基础、条件、机遇不同，必然会采取不同的发展路径。长三角县域的发展立足于自身的区位交通、产业基础、人力资源、自然资源等优势，因地制宜探索出多样化发展路径，形成具有自身特色的多元发展模式，为我国县域现代化发展积累了丰富经验。

一是"创新+开放"推动的制造业强县发展模式。此类县域已经与中心城市实现一体化发展，成为都市圈的核心区域，其特点是注重科技创新、人才引进、开放合作，彼此间产业交流联动紧密，产业实现集群化发展，高新技术产业占比高。如昆山市拥有1个千亿级IT产业集群和13个百亿级产业集群；江阴市被誉为"中国制造业第一县"，拥有上市公司61家、中国制造业500强企业12家；张家港市有9家企业入围中国民营企业500强；常

---

① 《2022年中国县域知识产权竞争力百强报告发布》，《交汇点新闻》2023年11月21日。

熟市高新技术产业产值占比达 45%；太仓市电子信息、装备制造、先进材料、生物医药四大产业集群产值占比达 77.6%。

二是"高度市场化+民营经济发达"的创业驱动模式。以义乌等市为代表，义乌市是我国商业贸易和电商发展的标杆，推出了全国首个"小商品质量指数"，2023 年拥有市场经营主体 105.46 万户、增长 17.4%，电商主体占浙江省的 1/3，网络零售额稳居全省第 1 位，快递业务量占全国的 1/12[①]。诸暨市的直播电商监管服务获评浙江省"最佳实践案例"，2023 年网络零售额突破 340 亿元。瑞安市是浙江省县域商业体系建设示范县，2023 年实现网络零售总额 270 亿元。

三是"产业培优育强+区域合作驱动"的跨越发展模式。此类县域发挥后发优势，强调企业的"招大引强"，重点招引引领型产业和链主型项目，重视与中心城市合作共建开发区及轨道交通的互联互通，实现了经济的跨越式发展，并维持较高增速。如肥西县采取支持国企平台做大做强、聚焦光伏产业招引独角兽企业等措施，2023 年其工业投资增长 48.9%、创历史新高；长丰县聚焦新能源与智能网联汽车"首位产业"做优做强，2023 年该产业产值增长 255%，县域生产总值增长 14.3%、增速领跑长三角；2023 年肥东县规上工业增加值增长 29.7%，工业总产值实现三年翻一番。

二 构筑长三角现代化县域发展新动能面临的挑战

现代化不是发展数量的简单累加，而是发展格局、发展质量、发展结构、发展动能的全面跃升，为县域发展提出了更高的要求。长三角县域的经济总量和发展质量均较高，经济强县已经形成自身的创新集聚优势和产业国际竞争力，经济将维持高位稳定增长，后发县域已经融入区域产业链、形成自身优势产业，可以预期，未来 3~5 年长三角县域经济将继续保持稳定增

---

① 资料来自《义乌市二〇二四年政府工作报告》。

长，共同在我国县域发展中发挥引领示范作用。但是，当前世界经济格局正处在深度调整中，长三角县域的发展同样面临产能过剩、需求不足的挑战，需要优化调整产能结构、发展新质生产力、构筑经济发展新动能。"携手书写中国式现代化长三角新篇章"，要求县域实现更高水平、更高质量、更加协调、更可持续的发展，经济强县已经率先起步，通过提升创新能力、增加居民收入、优化产业结构、提升治理水平等逐渐实现发展动能的转换，但是由于县域间发展差距较大，也有部分县域仍然存在产业结构单一、居民消费能力不足、人口流失等问题，需要予以改善。

（一）县域现代化发展动能内涵需要更加丰富

现代化发展过程中，经济发展与社会进步、居民素养提升、政府治理能力提升等更加紧密地联结在一起，企业更倾向于向配套服务能力强、市场环境规范、劳动者素质高、居民消费能力强、政府服务水平高的地方集聚。因此推动县域发展，不仅是经济的发展，还要实现包括社会、文化、科教、生态、法治等在内的全面发展。长三角各县域中，经济强县实际上已经发展成为大城市或中等城市，空间上已经与大都市圈融为一体，其社会、文化发展和治理水平也较高，义乌市、昆山市分别位列"2023 中国社会治理百强县（市、区）"第一、第二位，浙江诸暨市创造了基层社会治理的"枫桥经验"并在全国获得广泛推广。但是也有一些县域，受经济实力、人口规模、人口密度、消费能力、财政收入等因素影响，在公共服务、公共设施、公共产品和优质的科教、医疗、养老资源供给上总体仍弱于中心城市。如江苏县域常住人口占江苏省的 11.7%，但 2023 年地区生产总值、一般公共预算收入只占全省的 5.9% 和 3.7%，万人发明专利授权量、万人公共图书馆藏书量、万人拥有执业医师数分别约为全省的 1/5、2/5 和 17/20[①]。安徽县域土地面积占安徽省的 8.4%，但 2023 年地区生产总值、一般公共预算收入只占全省的 3.9% 和 2.5%，存在经济总量偏小、主导产业偏弱、缺乏龙头企业、

---

① 根据《江苏统计年鉴 2023》整理。

市场主体总量偏少、财政收支平衡压力较大、公共服务供给不足、人才引育留用难度大等问题[①]。需要持续激发发展新动能，发挥省域力量支持其产业发展，确保转移支付的透明、规范使用，实现县域与城市间、城乡间基本公共服务均等化，提升政府治理能力和服务水平，以规范的市场建设、公平的竞争环境、稳定的政策预期促使企业家精神的释放。在生态方面，县域常常被定位为中心城市的后花园，发挥着重要的生态本底、基本农田保护等职能，其生态功能是面向全区域的，需要用制度保护环境，加强环境统计、环境监测和绿色政绩考核体系的建设，落实生态保护补偿制度，并加快实现生态产品上市交易。

（二）县域现代化发展目标约束更加趋紧

中国式现代化是包括经济、社会、政治、文化、生态和人的现代化等在内的全面现代化，实现县域现代化，不仅要以发展新质生产力为目标，聚焦战略性新兴产业和未来产业的发展，构筑县域发展新动能，还要坚持人文经济学的引领，正确处理现代与人文的关系，让发展不仅有高度，更有温度。在出口主导的发展阶段，劳动力红利和自动化技术普及对提高产业国际竞争力要求降本增效发挥着重要作用，但对于大型经济体来说，出口主导的发展模式不确定性大、是不可持续的。现代化发展阶段需要培育新动能——以消费和创新为发展提供内生动力，在此阶段提高劳动者收入、实现共同富裕与促进经济发展的需求实现了一致。就长三角县域来看，其对人口的吸引力与经济社会发展水平具有正相关性：经济强县的产业发展水平高，可以提供更多就业岗位因而能够吸引人口集聚，产业发展带来的利润和财政收入被用于创新研发、技改升级、人才培养和城市建设、生活设施配套、福利保障提供等，实现了产城融合发展，能够留住人、进一步集聚人力资源，推动产业发展和消费能力不断提升，形成了发展的良性循环；经济发展水平相对较低的县域，则存在人口流失问题。据统计，江苏昆山市、江阴市、常熟市、沭阳

---

① 根据各市《2023 年 1~12 月份经济运行情况》资料整理。

县，浙江义乌市、慈溪市、瑞安市，安徽临泉县常住人口均超过150万，其中义乌、昆山、慈溪、常熟的省外流入人口均超过60万，为县域发展提供了有力支撑①。但是也有县域尤其是皖北、苏北的县域人口流失较严重，反映出县域发展动能和发展活力不足。需要进一步完善省域一体化、城乡一体化的民生保障制度，保障居民就业并提高劳动收入占GDP的比重，通过提高普通家庭收入水平、完善社会保障释放居民消费潜力，增强经济发展的韧性。

（三）县域现代化区域发展不平衡不充分

县域是长三角的鲜明标识与显著优势，但受区位条件、自然条件、产业基础、市场化程度等限制，在要素自由流动、资源优化配置的背景下，县域间的发展水平必然存在差距。长三角的经济强县主要集中在沿江发展轴、沿海发展轴和上海大都市圈、南京都市圈、宁杭都市圈、合肥都市圈、温州都市圈、金义都市圈内，与都市圈核心区距离较远的一些县域经济发展水平相对较低、产业基础较薄弱，某些县域在发展中依然面临被虹吸的处境，存在财政自给率不足，产业支撑力、人力资源支撑力和创新支撑力较弱等问题。江苏居民人均可支配收入较低的县全部位于苏北，以占全省15.8%的土地承载了全省10.5%的人口、创造了5.5%的GDP，一般公共预算收入、社会消费品零售总额、进出口总额、发明专利授权量分别仅占全省的3.7%、5.6%、1.1%和2.5%；居民人均可支配收入高的县全部位于大上海都市圈或南京都市圈，以占全省9.8%的土地创造了全省19.8%的GDP；人均GDP最低的丰县的面积是人均GDP最高的江阴市的1.5倍，但常住人口、GDP、人均GDP分别约为江阴的1/2、1/10和1/5。浙江的发展差距主要体现在山海之间，受地形地貌等自然条件影响较大，人均GDP较低的县域中有8个位于"清大线"西南，人均GDP最低的文成县的面积是人均GDP最高的岱山县的4倍，但其GDP、人均GDP、一般公共预算收入分别约为岱山县的

---

① 根据《江苏统计年鉴2023》《浙江统计年鉴2023》《安徽统计年鉴2023》整理。

1/5、1/10 和 1/2。安徽人均 GDP 较低的县域有 9 个位于皖北地区，这十个县域的三次产业比为 20.4：28.0：51.6，尚未形成优势产业；较强的县域全部位于南京都市圈、杭州都市圈及合肥都市圈的核心区；人均 GDP 最低的阜南县的人均 GDP 仅为最高的当涂县的1/5。

县域发展不充分的问题在苏北、皖北、浙西南有不同程度的显现，其主要原因有：一是经济体量不够大、传统制造业的产能升级尚未完成、产业基础偏弱、产品在质量和价格上均不具备竞争优势；二是居民收入较低，受县域发展不平衡不充分的影响，部分县域在现有收入水平下居民消费能力不足，导致发展的后续动力不足；三是创新资源难集聚，从总体上看，长三角虽然出现了"县域大学群"，但能级更高、效率更高的科教创新资源依然集中于中心城市，如何更好地连接、利用中心城市的创新资源，推动创新资源在县域实现产业化，借此形成新的经济增长点或实现突破发展，依然是现代化阶段需要重点关注的问题。

三 构筑长三角现代化县域发展新动能的对策建议

长三角地区是我国县域经济发展的高地，也涌现了一批县域经济高峰的代表。如何在百年未有之大变局下，积极拥抱新一轮科技革命、产业革命的浪潮，构筑发展新动能，领跑全国县域现代化，并为长三角在中国式现代化中走在前列作出新贡献，成为一个重大而现实的问题。大致来说，可采取的对策建议有以下几方面。

一是坚持"强政府"与"强市场"的双轮驱动。基础薄弱、发展滞后、发展动能单一，是县域经济发展面临的普遍问题。推动县域经济从起跑到起飞，离不开地方政府的敢作善为。要营造风清气正又能容错纠错的包容性干事创业机制。对于不具有主观恶意、未谋取个人私利的错误，要适度宽容；对于能力强、业绩优、口碑好的领导干部，要及时给予鼓励与支持。要持续提升领导干部干事创业的能力。通过政治学习、业务培训、国际交流等方式，拓展县域领导干部眼界，提升县域干部能力。要形成求真务实的工作作

风，切实减少官僚主义、形式主义，推动领导干部想在前头、干在实处，而不是纸上谈兵。与此同时，坚持县域营商环境的市场化、法治化改革取向，发挥"强市场"的内生作用：及时清理与市场化、法治化相背离的各种政策文件、地方做法；深化"放管服"改革，构建有利于发展的"亲商""友商"环境；坚持各类市场主体地位平等原则，充分调动民营企业家的积极性与主动性，发挥民营主体的生力军作用。

二是创新长三角省市带动县域协同发展的"带动"机制。不平衡性是长三角县域经济的一个突出问题，省际、市际差异很大。发挥县域高峰对县域洼地的带动作用，需要调动多方积极性，形成多方共赢的发展格局。当前，发达县域经济体在生态约束、用工成本、亩均产出上面临巨大的压力，正在全力推动转型升级，如何推动其产能向后发县域转移，是一个现实课题，也创新了省际、市际带动县域经济协同发展的"带动"机制。县域经济先发地区，如江苏、浙江带动安徽薄弱县区协同发展是长三角一体化的一个重要内容，但要想让这一"带动"机制具有持续性、实效性，不仅要让"被带动"的县域有获得感，同样要让"带动"的县域有获得感。要对"带动"的县域有荣誉上的肯定；要能够推动"带动"的县域转型升级；要构建合理的 GDP 核算、税收核算方法。

三是推动县域发展园区模式迭代升级。要在总结园区经验的基础上，加大体制机制创新，形成可复制可推广的模式，使之与新动能相匹配。发挥中心城市的辐射作用与溢出效应，打造长三角县域园区共建网络体系，有效提升省际、市际园区联系，深化县域园区一体化进程，融入长三角一体化发展网络。基于"飞地"经验，积极探索"反向飞地园区"的共建模式。鼓励长三角县域经济后发地区，充分利用相对低廉的劳动力与土地价格优势，主动与发达县域经济体合作，通过"飞地"代建代管的方式，构建更为广泛的县域经济发展成果共享机制。

四是深化县域发展治理机制改革。首先，要赋权赋能县域主体。目前，县域行政管理体制已经成为阻碍县域发展的重要因素。要进一步探索县域主体的行政权限，加大赋权力度，以赋权改革为县域发展赋能，调动县域活力。其次，打造县域发展锦标赛机制。以县域为主体，构建更加科学合理的激励机制，让县域干部"想干事，能干事，干成事"，以"四敢担当"激发县域发展新动能。最后，推动优质资源要素下沉县域。通过政治引领、市场化运作，推动资本、技术、项目、人才等资源要素向县域下沉，特别是积极引导城市人才进一步向县域下沉。

五是先立后破、因地制宜发展县域新质生产力。要打造县域现代产业体系，巩固提升主导产业、改造提升传统产业、前瞻布局新兴产业。要坚持实体为基、制造为本，厚植产业生态，打造能够在县域空间范围内"拆不散、搬不走"的特色产业集群。要坚持创新驱动，聚焦新型工业化，根据县域资源禀赋特点与发展阶段需求，按照先立后破的原则，在培育壮大新兴产业与未来产业的同时，高度重视传统产业内部新动能的培育，推动产业焕发新的活力。要建设现代物流体系，畅通县域发展脉络，对于有基础有条件的县域，可以规划建设区域综合性物流产业园，以更好地服务于以新形态新业态新模式为主的电商经济。

参考文献

付旻、楼小明、殷志军、沈锋、郑宜嘉：《浙江县域"交通+"发展模式的思考》，《综合运输》2024 年第 1 期。

贺雪峰、卢青青、桂华：《扩权赋能与县域发展的定位》，《社会发展研究》2023 年第 2 期。

刘广东、李子阳：《安徽区域创新与县域经济高质量耦合协调研究》，《科技和产业》2024 年第 3 期。

刘晴：《县域共同富裕与中国式现代化的路径模式研究——来自浙江山区共同富裕示范区县域样板缙云县的证据》，《中国软科学》2024 年第 S1 期。

沈玉青：《县域知识产权竞争力百强报告发布》，《江苏经济报》2022 年 11 月 22 日。

王春光：《地方性与县域现代化实践——基于对太仓与晋江持续近三十年的调查》，《社会学研究》2023 年第 3 期。

吴志祥、计小青、许泽庆：《区域一体化与县域经济发展活力——基于长三角扩容的准自然实验》，《华东经济管理》2024 年第 1 期。

B.16
解锁长三角地区领先"密码"
——长三角重点城市科技创新比较研究

罗如意 李明艳*

摘　要： 本报告对长三角地区重点城市的科技创新能力进行了比较研究。通过对各城市资源配置、研发投入产出和政策支持等软硬件条件进行比较，发现长三角城市间的科技创新的差异和互补性，提出加强协同创新、提升整体创新能力和成果转化效率等建议，为优化区域创新体系结构、推动长三角科技创新建设和高质量发展提供政策参考。

关键词： 科技集群　高质量发展　长三角

习近平总书记在江苏考察时指出，中国式现代化关键在科技现代化。强大的科技创新能力是实现科技现代化的重要体现。长三角作为中国经济发展最活跃、开放程度最高、创新能力最强的区域之一，肩负着中国式现代化"先行探路、引领示范、辐射带动"的重任。自长三角一体化发展上升为国家战略以来，长三角区域创新策源能力不断提升，现代化产业体系加快建立，长三角地区成为我国现代化发展的强劲增长极。本报告旨在对长三角地区重点城市科技创新能力进行比较研究，分析区域内各城市在科技创新方面的优势和特点，探讨其存在的差异和潜在的合作机会。通过深入分析长三角地区的创新生态，为优化区域协同发展战略和构建区域协同创新体系提供有益的参考。

---

* 罗如意，杭州市科技信息研究院副研究员，研究方向为城市科技创新、知识产权；李明艳，浙江省社会科学院经济研究所副研究员，研究方向为区域经济发展。

一 长三角创新能力情况

长三角城市群是我国经济最活跃的区域之一，2023年长三角生产总值破30万亿元，占全国总产值的24.2%。长三角拥有9座GDP万亿城市，数量位居全国前列；高铁里程突破7000公里，陆域所有地级市有动车通达；集聚全国约30%的高新技术企业。作为长三角地区的龙头城市上海经济总量保持全国首位，浙江、江苏和安徽三省经济增速也均跑赢全国平均水平，其中，浙江整体增速领跑长三角地区。长三角汇聚了国家"双一流"大学、国家级实验室、国家基础工程研究中心，长三角科技资源共享服务平台已集聚各类服务机构3000余家，科研经费投入和有效发明专利密集。长三角城市科技创新竞争力不断上升，带动长三角区域科技合作和创新一体化发展。

（一）《2023年全球创新指数》

由世界知识产权组织（WIPO）发布的《2023年全球创新指数》显示，中国有25个科技集群进入全球TOP100榜单，成为拥有全球顶级科技集群最多的国家。其中，长三角城市群为6个，分别为：上海-苏州、南京、杭州、合肥、镇江、无锡。长三角科技集群创新驱动发展成效显著，全球创新影响力逐步扩大。

（二）《机遇之城2023》

《机遇之城2023》是中国发展研究基金会与普华永道合作出版的对中国城市进行跟踪观察的研究报告，2014年发布首期，2023年是连续发布的第10期。该报告基于中国51个主要城市群的中心城市和节点城市，如京津冀城市群、长三角城市群、粤港澳大湾区、成渝城市群、长江中游城市群、山东半岛城市群、中原城市群和关中平原城市群等，评估工具包括十个观察维度，涵盖经济发展、社会民生、城市基础设施、自然环境、人口、城市治理及城市影响力等多个方面。十个观察维度下设5个变量，共计50个变量。

《机遇之城 2023》观察结果显示,最具领先优势的三大城市群分别是京津冀城市群、长三角城市群、粤港澳大湾区;长江中游经济带、成渝双城经济圈等区域也在中心城市的带动下快速崛起。

(三)《2023全球科技创新中心评估报告》

《2023 全球科技创新中心评估报告》由上海市经济信息中心编制,该系列报告以全球主要创新城市或都市圈为评估对象,已连续发布 6 年。报告在沿袭过去 5 年评估框架的基础上,加入了人工智能等反映创新发展的新指标。报告显示,我国 5 个城市跻身全球前 20 强——合肥、杭州、天津、深圳和西安。合肥科技资源正不断集聚,出现中国科学技术大学、中国科学院合肥物质科学研究院等在全球具有影响力的高校院所,科创资源不断扩容。

(四)《长三角区域协同创新指数2023》

2023 年 1 月,安徽省科技情报研究所联合上海市科学学研究所、江苏省科技情报研究所、浙江省科技信息研究院共同发布《长三角区域协同创新指数 2023》(以下简称"指数报告")。指数报告以提升长三角区域协同创新策源力、支撑长三角高质量一体化发展为评价对象,构建了包括资源共享、创新合作、成果共用、产业联动和环境支撑 5 项一级指标、20 项二级指标的指标体系,研究以 2011 年为基期,测算评估了 2011~2022 年长三角区域协同创新发展进程。

在三省一市 41 个城市协同创新能力评估中,上海持续发挥龙头引领作用,带动长三角区域科技合作和创新一体化,杭州、南京、苏州、合肥紧随其后,成为长三角协同创新的重要枢纽。与 2018 年相比,2022 年嘉兴协同创新水平提升最快,紧随其后的有安徽的阜阳、六安和宣城,后发追赶势头强劲,尤其在创新要素集聚、科技成果共享、产业体系布局等方面跑出了发展"加速度"。

二　长三角重点城市科技创新综合实力分析

科技创新水平与社会经济发展水平密切相关，通常情况下，地区的社会经济发展水平越高，科技创新水平也越高。本报告选取上海、杭州、南京、苏州、合肥、宁波、无锡、常州、南通9个长三角GDP超万亿城市以及绍兴、温州、徐州等城市，结合北广深等一线城市以及副省级城市，研究城市之间发展特色和差距。

（一）科技创新资源

1.国家重点实验室

一座城市、一所高校发展后劲如何，科研实力无疑是一个重要评价标准。国家实验室和国家重点实验室的布局是评价科研实力的重要指标。长三角城市中，上海拥有45家国家重点实验室，南京拥有31家，杭州18家，合肥8家，与科教中心城市北京（128家）相比仍然差距很大。

国家实验室中，上海拥有张江实验室、临港实验室和浦江实验室；苏州实验室成为国家在江苏布局建设的规格最高、规模最大、产业影响最广泛的大型综合研究基地，紫金山实验室纳入国家战略科技力量总体布局，太湖实验室初步建成世界级海洋装备性能与总体技术试验设施群；合肥异军突起，主要依托于中科大的贡献，全国首个国家实验室落户安徽，其国家实验室包括：量子信息科学国家实验室、国家同步辐射实验室（NSRL）、合肥微尺度物质科学国家实验室、磁约束核聚变国家实验室。

2.大科学装置

大科学装置是指通过较大规模投入和工程建设，实现重要科学技术目标的大型设施，是催生原始创新和尖端科研成果的"利器"，能显著提高我国自主创新能力，提升国际科研话语权。

合肥已有正在建设和预研的大科学装置总数达13个，如中国聚变工程实验堆（CFETR）于2017年在合肥启动工程设计，并推出中国核聚变研究

"分三步走",最终解决人类终极能源问题的发展路线图;全超导托卡马克核聚变实验装置(EAST),即"东方超环",也被誉为中国的"人造太阳",是世界上第一个实现稳态高约束模式、运行持续时间达到百秒量级的托卡马克核聚变实验装置;稳态强磁场实验装置(SHMFF),使我国成为继美国、法国、荷兰、日本之后第五个拥有稳态强磁场实验装置的国家;合肥先进光源(HALS),其发射度及亮度指标世界第一,在软X射线光谱区横向完全相干,将是全世界最先进的衍射极限储存环光源、大气环境立体探测实验研究设施(AEOS)、强磁光综合实验装置。

3. 综合性国家科学中心

综合性国家科学中心处于"金字塔"顶端,是对全球科学技术创新具有示范引领和辐射带动作用的城市或区域。综合性国家科学中心作为国家科技竞争力的象征格外引人注目,四个综合性国家科学中心(北京怀柔、上海张江、粤港澳大湾区、安徽合肥)一半分布于长三角地区。目前,长三角已部署建设上海张江、安徽合肥综合性国家科学中心,支持杭州创建综合性国家科学中心。这将有力支撑上海建设全球科技创新中心,推进长三角成为世界级创新高地,攀登战略制高点,为建设科技强国贡献更大力量。

长三角一体化发展战略提出并实施以来,上海张江综合性国家科学中心与合肥综合性国家科学中心携手实施"两心同创",围绕原始创新能力提升、科技与产业创新深度融合、构建开放创新生态等探路科技创新共同体建设,两大科学中心创新策源能力不断提升,创新合力不断增强,创新生态不断优化。

合肥综合性国家科学中心聚焦信息、能源、健康、环境四大领域,吸引、集聚、整合全国相关资源和优势力量,推进以科技创新为核心的全面创新,成为国家创新体系的基础平台、科学研究的制高点、经济发展的原动力、创新驱动发展先行区。

4. 高校及学科建设

大学是一座城市科技创新综合实力的重要评价指标,也是基础研究实力的直观体现。世界一流大学和一流学科,简称"双一流",是中国高等教育领域继"211工程""985工程"之后又一国家战略,有利于提升中国高等教育综合实力和国际竞争力。"双一流"高校数较多的城市分别为北京（35）、上海（15）、南京（13）、武汉（7）、西安（7）、广州（7）、成都（7）、天津（6）、长沙（4）、哈尔滨（4）。

北京独当一面，上海和南京处于第二梯队。无论高校、本科高校还是"双一流"大学，北京都是断崖式领跑。作为首都，北京集全国教育文化资源最多，成为名副其实的第一教育强城。长三角重点城市中"双一流"高校主要集中在上海和南京。上海不仅拥有复旦大学、上海交通大学等历史悠久的名校，还拥有华东师大、华东理工、上海财经大学等国内一流大学，是除北京以外高校资源最富集的城市。江苏共拥有16所"双一流"高校，其中南京13所，包括南京大学、东南大学等知名985高校；苏州的苏州大学和人大（苏州校区）、无锡的江南大学。浙江拥有3所"双一流"高校，其中杭州2所（浙江大学和中国美术学院），宁波1所（宁波大学）。

从图1来看，杭州拥有2所"双一流"高校，与深圳和苏州一致，相比南京和广州差距明显。拥有"双一流"高校较少的城市还有合肥，浙江省应争取更多的扶持政策支持教育的发展。深圳、苏州等经济强市，虽然教育水平不算发达、一流高校不多，但经济发达、财政充盈，有大量资金来支持高等教育。无锡、宁波、南通等万亿级经济强市的"双一流"高校数量也较少。

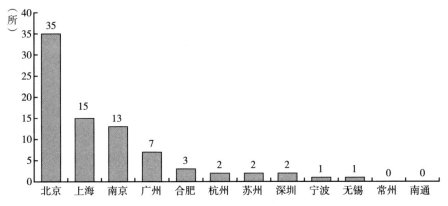

图1 长三角重点城市、北广深城市"双一流"高校数量分布

资料来源：教育部官网。

5. 智力资源

院士队伍是引领我国科学技术进步的重要资源。截至 2023 年，中国科学院院士总数 873 人，中国工程院院士总数 978 人。从 2023 年两院院士籍贯城市来看，宁波市以 121 人遥遥领先，苏州 105 人，无锡 95 人。由此可见，长三角城市两院院士比重较高，宁波和苏州是全国仅有的两个院士数量过百的城市。

在校大学生人数作为一个城市人才评价的指标，与城市创新息息相关。而大学本科及以上文化程度人口，更是一个城市高学历人才的终极衡量指标。高学历人才（大学本科文化程度人口，包含在校大学生）数量较多的 20 个城市中，长三角城市占据 5 个（占比 25%）（见图 2）。

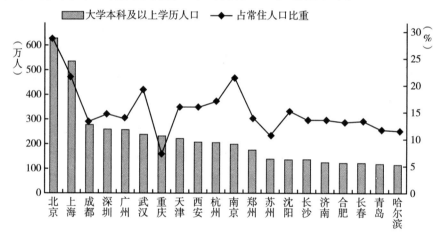

图 2　2022 年部分城市高学历人才情况

资料来源：第七次全国人口普查统计年鉴。

（二）科创资源投入

1. R&D 经费投入

R&D 经费投入是评价一个地方发展势能和竞争优势的重要观察指标，2022 年长三角省市该指标均居于全国前列。在全国 R&D 经费投入超千亿的 12 个省市中，广东、江苏、浙江和山东稳居第一梯队，体现出强大经济实力支撑的创新能力。北京、上海、安徽凭借自身作为综合性国家科学中心的优势，R&D 经费投入持续扩大，北京达 2843 亿元、上海达 1982 亿元、安徽达 1153 亿元。

2022 年 R&D 经费投入额中，超过千亿的城市为北京（2843 亿元）、上海（1982 亿元）、深圳（1880 亿元），与 2021 年一致；长三角城市分别为上海 1982 亿元、苏州 961 亿元、杭州 723 亿元、南京 645 亿元和无锡 487 亿元（见图 3）；全国 R&D 经费投入额居前的城市为北京、上海、深圳、广州、苏州、成都、杭州、武汉、南京和西安，长三角城市占 4 个，可见长三角对科研投入的重视。

2022 年 R&D 经费投入强度中，北京（6.83%）、深圳（5.81%）和上海（4.44%）仍处于领先地位，长三角城市中投入强度较高的为上海（4.44%）、苏州（4.01%）、合肥（3.91%）、杭州（3.86%）和南京（3.82%）；从全国范围看，投入强度较高的城市为北京、深圳、西安（5.23%）、上海、东莞（4.1%）、苏州、合肥、杭州、南京和武汉（3.61%），长三角城市占 5 个。

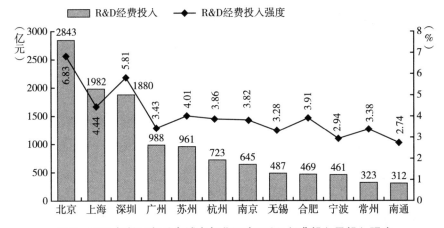

图 3 2022 年长三角重点城市与北深广 R&D 经费投入及投入强度

资料来源：各个城市《科技统计年鉴》。

2. 财政科技投入

科学技术成为城市财政重点支出项目的趋势愈加明显。2022 年地方财政科

技投入超 300 亿元的城市为北京（488.7 亿元）、深圳（459 亿元）、上海（386.3
亿元），200 亿~300 亿元的城市均来自长三角，为合肥、苏州和杭州（见图 4）。

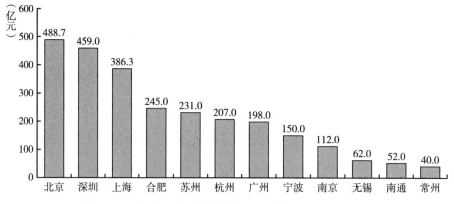

图 4 2022 年长三角重点城市与北深广地方财政科技投入

资料来源：各个城市《科技统计年鉴》。

3. 规上工业企业 R&D 经费投入

2022 年规上工业企业 R&D 经费投入超千亿的城市为深圳（1491.4 亿
元），长三角城市 R&D 经费投入较高的城市为苏州、上海、杭州、无锡和宁
波。苏州规上工业企业 R&D 经费投入为 807.0 亿元，仅次于深圳（见图 5）。

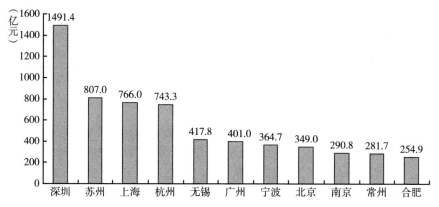

图 5 2022 年长三角重点城市与北深广规上工业企业 R&D 经费投入

资料来源：各个城市《科技统计年鉴》。

（三）科技创新产出

1. 输出技术合同成交额

输出技术合同成交额是衡量地区科技成果转化、反映科技创新活跃度的重要指标，能最直观地反映一座城市的科研成果转化情况。2022 年长三角城市技术输出合同额较高的为上海、南京和杭州（见表 1）。

表 1　2022 年长三角重点城市和北深广输出技术合同成交额比较

单位：亿元

项目	上海	北京	深圳	广州	苏州	杭州	南京	宁波	无锡	合肥	南通	常州
金额	3882.1	7947.5	1236.9	2474.8	391.6	691.7	831.4	345	—	647.4	278.5	—

资料来源：科技部火炬中心网站。

2. 知识产权

2022 年专利授权量中，深圳市国内专利授权量为 275774 件，作为创新领头羊，遥遥领先于其他城市，有效发明专利五年以上维持率 73.81%；专利授权量较多的城市有深圳、北京（203000 件）、上海（178323 件）、苏州（164972 件）、广州（146854 件）、杭州（121302 件）、佛山（106422 件）、东莞（95581 件）、南京（86900 件）和成都（83616 件），其中长三角城市占 4 个，可见，专利授权量居前的城市大多分布于粤港澳大湾区和长三角等地区。2022 年每万人口发明专利拥有量较多的城市为北京（219 件）、深圳（138 件）、南京（121 件）、杭州（103 件）、上海（82 件），长三角城市同样占较高比例（见图 6）。

PCT 国际专利申请受理量是衡量技术创新能力和知识产权保护力度的重要指标，为城市产业技术创新提供保障。2022 年 PCT 国际专利申请受理量较多的省市分别为广东（24290 件）、北京（11463 件）、江苏（6986 件）、上海（5591 件）、浙江（4316 件）、山东（3380 件）、福建（3055 件）、安徽（1880 件）、湖北（1371 件）、四川（826 件）。长三角城市 PCT

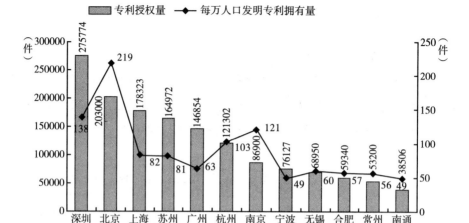

图 6　2022 年长三角重点城市和北深广专利授权量及每万人口发明专利拥有量

资料来源：各个城市《科技统计年鉴》。

专利申请量与粤港澳大湾区存在明显差距，特别是深圳拥有华为、腾讯等大型企业。截至 2022 年底，广东省 PCT 国际专利申请受理量累计 24290 件，占全国总量的 35.14%，其中，深圳 15892 件（见图 7），约占全国总量的 22.99%，连续 19 年居全国大中城市第一。

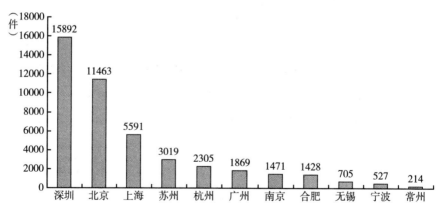

图 7　2022 年长三角重点城市和北深广等城市 PCT 国际专利申请受理量

资料来源：各个城市《科技统计年鉴》。

（四）创新驱动发展

1.国家高新技术企业

国家高新技术企业认定是对企业的核心技术、创新能力、自主知识产权、技术人才占比、研发投入、企业综合实力等多项指标的认可，也是评价国内企业科技综合实力的权威标准，是我国科技创新型企业的重要荣誉之一。

长三角城市中，2022年国家高新技术企业数超过2万家的仅有上海（见图8），仅次于北京；超过1万家的为苏州和杭州，与武汉（12654家）、广州（12341家）、成都（11510家）、天津（10824家）、西安（10337家）等城市居全国前列。综合来看，长三角城市创新能力处于领先地位，其中杭州在副省级城市中最强，在新旧动能转换的跑道中，杭州正跑出加速度。

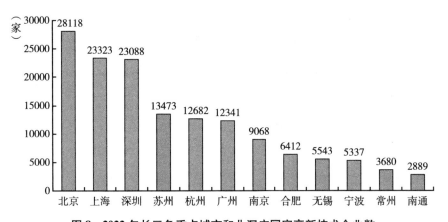

图8 2022年长三角重点城市和北深广国家高新技术企业数

资料来源：各个城市《科技统计年鉴》。

2.独角兽企业分布

独角兽企业一般是指创立时间短、拥有核心技术、增长迅速并且商业估值超过10亿美元的企业，它代表着强大的科技创新活力和发展潜力。独角兽企业是引领区域新技术、新产业、新业态、新模式发展的新兴力量，也是体现一座城市乃至一个国家科技创新实力和核心竞争力的重要指标。美国与

中国在独角兽企业数量上处于遥遥领先的位置，美国和中国 2023 年拥有的独角兽企业数量分别达到 703 家和 340 家，而第三名的印度拥有的独角兽企业数量只有 67 家。

根据胡润研究院《2024 全球独角兽榜》，坐拥硅谷的旧金山独角兽企业数量位居榜首（190 家），是世界"独角兽之城"。位列旧金山之后的是纽约（133 家）、北京（78 家）、上海（65 家）和伦敦（46 家）。上海作为中国的一线城市，拥有优越的地理位置和完善的基础设施，为创业者提供了更为便捷的条件。中国独角兽企业数前十城市中，长三角城市占 5 个，分别为上海、杭州、苏州、南京、合肥（见表 2）；除了入围全球前十的 4 家独角兽企业（字节跳动、杭州蚂蚁集团、shein、微众银行），上海米哈游、Oppo、Vivo、京东科技、滴滴、广汽埃安、上海小红书入围中国十大独角兽企业。

表 2　2023 年度中国各城市独角兽企业数量

单位：家

城市	独角兽企业数量	城市	独角兽企业数量
北京	78	成都	9
上海	65	武汉	8
深圳	34	合肥	6
广州	24	青岛	6
杭州	24	其他	64
苏州	12	总数	340
南京	10		

资料来源：胡润研究院《2024 全球独角兽榜》。

一个地方的独角兽企业越多，创业生态就越好。中国的独角兽企业字节跳动市场估值高居第一，达到 14480 亿元；来自美国的独角兽企业 SpaceX 市场估值位居第二，达到 10150 亿元；来自中国的独角兽企业蚂蚁集团市场估值位居第三，为 5670 亿元。

2023 全球独角兽企业 500 强中，较强的为美国（205 家，占比 41%）、中国（166 家，占比 33.2%）、印度（33 家，占比 6.6%）；从城市来看，美国旧金山入围最多，达 65 家，中国上海（38 家）和北京（37 家）居其后；接下来的是美国纽约（25 家）、中国深圳（24 家）、印度班加罗尔（17 家）、中国杭州（14 家）、英国伦敦（12 家）、美国洛杉矶（10 家）、韩国首尔（9 家）。这十座城市拥有的全球独角兽企业 500 强数量达到 251 家，占比超一半，约占总估值的 54.26%。上海、杭州居全球和长三角独角兽城市前列。

2023 全球独角兽企业 500 强中国 Top10 企业市场估值合计为 4.02 万亿元，约占中国独角兽企业市场总估值的 40.08%。其中，杭州有 4 家独角兽企业，分别是蚂蚁集团、阿里云、口碑、菜鸟网络，市场估值合计为 1.28 万亿元；北京有 2 家独角兽企业，分别为字节跳动、京东科技，市场估值合计为 1.68 万亿元；此外，深圳、南京、珠海、东莞各有 1 家独角兽企业。

3. A 股上市企业数量

上市企业数量代表了该城市的企业活力、优质企业存量。同花顺数据显示，截至 2023 年，A 股上市公司总数已经突破 5100 家，其中，上海证券交易所 2263 家，深交所 2844 家。

从地区来看，长三角一枝独秀，占据半壁江山。全国上市企业数量前 20 名城市中，长三角占 10 席，在前 10 名中占据 6 席。相比之下，京津冀、粤港澳大湾区与成渝地区在上市公司数量上稍显逊色，都只有 2 个城市上榜。

从城市来看，北京拥有 A 股上市公司 475 家，数量高居全国榜首，充分展现了其作为首都的经济实力和吸引力。上海则以 440 家的数量紧随其后，领跑长三角地区。深圳作为粤港澳大湾区的龙头城市，拥有 424 家上市公司，与上海相差无几，显示了粤港澳大湾区的经济活力和潜力。

此外，长三角地区的杭州市和苏州市也表现抢眼。杭州市拥有 227 家 A 股上市公司；苏州市则以 218 家的数量紧随其后。这两个城市的 A 股上市公司数量均超过了一线城市中的广州，充分展现了长三角地区经济的强劲增长势头（见表 3）。

尽管长三角地区城市在上市公司数量上表现出色，展现出强大的经济实力和企业活力，但也存在一些挑战和风险。例如，一些地级市的企业可能存在外流现象，导致本地培育的企业流失到省会或大总部城市。因此，如何留住本地优质企业、促进地区经济持续发展仍是长三角地区需要面对的重要课题。

表3　2023年末A股上市企业数量15强地市

单位：家

城市	2023年末A股上市企业总数	城市	2023年末A股上市企业总数
苏州	218	烟台	52
无锡	122	南通	50
绍兴	81	珠海	40
台州	68	金华	40
常州	68	湖州	37
嘉兴	65	温州	37
东莞	58	汕头	33
佛山	53	淄博	33

资料来源：同花顺。

4. 世界500强和国家专精特新"小巨人"企业分布

根据2023年《财富》杂志，世界500强企业中，中国共有142家公司上榜（含台湾地区），其中长三角城市23家，分别为上海（12家）、杭州（7家）、苏州（3家）、温州（1家）。

截至2023年，国家专精特新"小巨人"企业总数12895家，浙江省1454家（占比11.3%）、江苏省1410家（占比10.9%），仅低于广东省。2019～2023年，国家专精特新"小巨人"认定企业数，北京（829家）、深圳（709家）、上海（702家）居前列，接下来是苏州（399家）、杭州（324家）和南京（211家）。

（五）科技创新生态

城市是创新的载体，创新是城市的动力。促进城市创新生态系统的涵养培育和演进发展，已经成为新时代我国城市发展的普遍共识和战略抓手，是城市创新发展能级提升的必由之路。

1.地区生产总值（GDP）

2023 年我国"万亿 GDP 城市俱乐部"已扩大到 26 个，其 GDP 全国占比已经达到 39.4%；上海实现 GDP 47218 亿元，经济总量继续保持全国经济中心城市首位；随着常州 2023 年经济总量突破万亿元，长三角 GDP 超过万亿的城市占据 9 个，个数约占全国总量的 35%（见图 9），远高于珠三角城市（4 个）。江苏拥有 5 个万亿城市，分别为苏州、南京、无锡、南通和常州；在长三角城市中，经济总量超 5000 亿的城市有 20 个，其中 10 个属于江苏省，占长三角的一半。

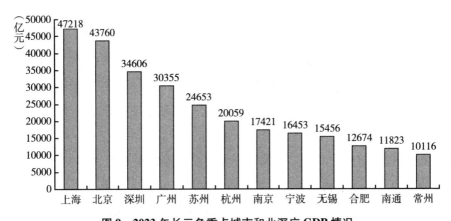

图 9　2023 年长三角重点城市和北深广 GDP 情况

资料来源：各个城市《科技统计年鉴》。

2.国家级科技企业孵化器数量

国家级科技企业孵化器属于科创载体，衔接就业市场、面向大众创新，一定程度上可以看成衡量基层创新活跃度的"晴雨表"。

2022 年，国家级科技企业孵化器数量较多的为苏州（76 家）、北京（72 家）、上海（68 家）、杭州（65 家）和广州（63 家），长三角城市占据 3 席，长三角城市群领先于其他地区，特别是超过粤港澳大湾区和成渝城市群。

三 长三角城市科技创新发展的特色与挑战

未来城市的竞争，是创新能力的竞争。长三角城市不断推进一体化发展，创新能力、产业竞争力、发展能级不断提升，长三角地区以占比不足4%的国土面积，贡献超24%的经济总量，成为多个新兴产业科技创新的重要阵地。长三角城市科技创新在全国处于领先地位，但与旧金山、北京、深圳等科教强市相比，仍存在较大发展空间。

（一）发展特色

一是全球创新能力稳中有升，各项创新指标位居全国前列。全球科技集群中长三角城市创新能力呈现上升趋势，且城市数量占比同样呈现增长趋势；《机遇之城2023》报告中，杭州、南京和苏州继续发挥优势；全球科创中心城市综合评估中，合肥科技创新竞争力不断上升；《长三角区域协同创新指数2023》报告显示，上海持续发挥龙头引领作用，带动长三角区域科技合作和创新一体化，实现经济总量继续保持全国首位。长三角城市万人有效发明专利拥有量、全社会R&D经费支出、国家级科技成果奖励、中国500强企业总部入驻数、独角兽企业数、国家级科技企业孵化器总数等关键科技指标均居全国前列。"国家高新技术企业破万家"城市中，北京遥遥领先，上海超过深圳，苏州和杭州也位居前列。

二是长三角城市作为经济最活跃、开放程度最高的区域之一，敢于不断加大R&D经费投入。截至2022年底，长三角R&D经费投入达到9386.30亿元，相比2018年增长57.70%，占全国比重达30.49%。山东和浙江相比较，尽管山东多年GDP总量超过浙江，但浙江R&D经费投入一直领先且与山东差距逐渐拉大，这跟浙江的主导产业与当地"龙头"企业的带动不无关系。以高新技术产业和现代服务业为主导的浙江，其钱塘江三角洲地区已成为全国性的创新中心，阿里巴巴、网易等互联网龙头企业正逐步崛起成为浙江创新发展的领军力量。与此同时，安徽在R&D经费投入上亦展现出不容小觑的能力，2022 年更是以 1153 亿元的投入成功跻身全国前列。在规模以上工业企业 R&D 经费投入中，苏州投入 807 亿元，仅次于深圳。

三是科创金融与经济发展的深度融合为科创研发提供了源源不断的动力。上海首次进入全球科创中心城市金融支持 20 强榜单，外汇交易中心、上证所、中金所等重要金融基础设施的科技子公司纷纷落户上海。2023 年，杭州金融业增加值达到 2490 亿元。此外，金融科技独角兽企业也取得了显著成绩，万得信息、银联商务等企业成功入围全球金融科技独角兽企业榜单。上海正致力于建设卓越的全球城市，并带动长三角世界级城市群形成具有全球竞争力的新格局。杭州作为民营经济发展的先行者，2023 年民营经济增加值占其的 GDP 比重超过 60%，连续 21 次居中国民营企业 500 强数量国内城市首位，近五年常住人口年均增量位居长三角首位，正致力于打造面向世界的创新高地。苏州作为实力强劲的地级市，已从"世界工厂"成功转型为"创新高地"，被誉为"全球工业大市"。南京致力于打造"创新名城"，并因独特的地理和人文因素成为江苏和安徽之间的桥梁纽带。

四是世界级大科学设施集群初步形成，加速推动新质生产力的发展。四大综合性国家科学中心分别是北京怀柔综合性国家科学中心、上海张江综合性国家科学中心、深圳综合性国家科学中心和合肥，长三角地区占据两席。合肥聚变堆主机关键系统综合研究设施的竣工标志着该领域的重要突破；上海拥有全国最多的建成和在建大科学设施数量，随着安徽 X 射线自由电子激光实验装置等新一批科学设施的规划与建设，预计将形成全球规模最大、种类最全、综合服务功能最强的大科学设施群。安徽成为全国唯一实现创新型省份、自创区、全创改、综合性国家科学中心"全覆盖"的省份。合肥综合性国家科学中心作为唯一的以城市命名的综合性国家科学中心，依托中科体系孵化的科研平台，致力于将现有的科创基础及应用研究实力快速转化为规模化的先进生产力。

五是优质的营商环境和开放包容的城市气质为企业发展提供了肥沃的土壤和适宜的生态环境。长三角科技创新共同体建设成效显著，创新生态能量持续显现，重点领域的科技创新突破层出不穷。例如，上海脑科学与类脑研

究中心联合苏州脑空间信息研究院，建立了一套国际领先的全脑神经连接图谱研究方法和流程。科技投入的稳步增长为三省一市提供了持续支持科技创新合作和发展的资源基础和经费保障，为重点产业的快速发展营造了优质的环境和平台。2022 年，长三角三省一市技术合同成交额总计达到 13351. 22 亿元，占全国 27. 94%。长三角科技创新发展合作正逐渐成为推动我国科技经济发展的重要力量。

（二）面临的挑战

在科技创新发展的道路上，长三角地区仍面临一系列挑战。首先，科技创新资源和驱动因素存在较大的发展空间。杭州、宁波等城市在科技创新资源领域中的指数相对落后，包括国家级科创平台、高校及学科建设等指标仍需进一步提升。创新驱动发展领域表现一般，与深圳、北京等城市相比存在明显差距，包括"双一流"高校数量、R&D 经费投入、地方财政科技投入、专利申请等指标有待加强。对标旧金山等国际大都市，长三角重点城市的科技创新压力依然较大。

其次，长三角城市科技创新资源建设与重点产业发展布局不够匹配，制造业产业发达的地区科技创新资源相对较少，一定程度上制约了科技与产业的协同融合发展。此外，关键核心技术仍受制于人，基础研究仍需突破。长三角城市在重点领域关键环节仍存在"卡脖子"问题，汽车芯片、发动机等关键基础零部件存在供应风险。同时，杭州、宁波的"双一流"高校数量与北京、武汉、西安等城市相比存在差距，影响了基础研究的发展。国家实验室、大科学装置建设等重要创新载体的建设也是长三角地区需要追赶的方向。

最后，尽管长三角地区经济强市众多，但地区发展不平衡问题依然存在。高校优势方面，上海、南京优势突出，而杭州、无锡、宁波等城市则相对不足。在"国家高新技术企业破万家"前十城市中，上海、苏州、杭州占据前三席，长三角其他城市则处于需发力追赶的阶段。此外，苏州在工业总产值方面虽仅次于深圳，但仍面临教育、医疗资源不足等问题。杭州、苏州、无锡、常州人口集聚能力逐渐增强，而南京的辐射能力和人口集聚能力有减弱的趋势。

四　促进长三角城市科技高质量发展的对策建议

长三角在"破圈"，珠三角在"织网"，中国两大超级城市群正在加速"进化"。如何推进长三角一体化进程，发挥每个城市的产业优势，将长三角三省一市发展成为一个超级经济共同体，科技创新对长三角城市高质量发展、促进新质生产力发展具有重要作用。

（一）完善体制机制改革，找到全球创新重要着力点

一是建立以企业为主体、竞合有序、符合国际规范的创新经济发展机制。对标纽约、伦敦、东京、巴黎等全球城市，制定"政府引导、市场主导"的实施办法，推动长三角地区科技创新共同体内部优势互补、错位发展。二是设立海外人才预孵化基地及海外人才工作站，借鉴新加坡人力部设立国外代表处的经验，共建共享上海、江苏、浙江等与美日欧互通有无的资源和平台，"定点、定制、精准"招揽特定人才，集聚一批在全球有影响力的科学家、技术专家、企业家，发挥长三角区域整体的资源和平台优势。三是建设全球创新策源地、国家实验室，拓宽创新之城的国际视野。通过创新载体，为未来五到十年创新成为这座城市群最大驱动要素找到赛道。四是建立区域一体化知识产权服务共享和保护机制，对知识产权侵犯零容忍，切实保护共建区域科技创新共同体的科技成果。引入专业高效的科技创新中介服务体系，参考旧金山湾区整合管理信息咨询、人力资源、金融资本、技术转移、财务和法律等多种服务，提升当前机构专业化服务化水平，提高长三角城市科技创新成果转化效率。

（二）加快关键核心技术突破，为城市创新发展注入源头活水

一是建立"产业界出题、科技界答题"的机制，围绕基础材料、核心

零部件、重大装备等"卡脖子"环节，努力破解一批产业链重大技术难题。二是构建企业全生命周期发展支持体系，支持产业链"链主"企业牵头，凝心聚力在战略性、颠覆性技术领域实现突破。三是通过塑造战略科技力量、激发创新主体活力、壮大基础研究人才队伍为创新策源提供有力支撑。四是构建战略科技力量矩阵，主动融入国家战略科技力量布局，打造使命驱动、任务导向的新型实验室体系，推动更多"国之重器"落户长三角，解决科技创新资源不足、高教资源不存在优势等痛点。五是坚持市场化方向，将科研活动融入产业经济发展，激活各类创新要素。六是学习深圳打造"基础研究+技术攻关+成果产业化+科技金融+人才支撑"的创新生态链的经验，实现创新发展大跨越。

（三）均衡布局长三角城市创新资源，打造产业技术新优势

一是加强科技创新和产业创新跨区域协同。加快建设具有全球影响力的科技创新共同体，促进科技创新和产业创新深度融合，连接北京、深圳等先进区域高端资源要素，各城市携手参与全球分工与合作，携手长三角各城市打造世界级城市群。二是以打造现代产业集群和现代化产业体系为新动能。根据创新要素评价区域竞争优势来进行产业分工和布局，共同打造包括集成电路、人工智能、生物医药、高端装备、新材料、新能源汽车等产业在内的多个世界级产业集群，通过构建科技创新共同体，推动创新链、产业链、价值链"三链合一"。三是推动更多"从0到1"的突破、"从1到100"的转化，坚持基础研究与应用研究并重，发挥长三角产业科创基础和应用研究协同优势，将更多创新成果转化成为先进生产力，前瞻性谋划未来产业发展，加快形成新质生产力。

（四）构建全球最优创新生态系统，打造更多全球创新活力之都

一是建立创新成果评价机制推动科技成果转化。学习深圳通过建立联合攻关与成果转化机制，鼓励企业、科研机构、高校建立产业技术联盟，基于企业技术需求开展联合技术攻关、协同创新，推动创新成果快速转化。二是

参考美国旧金山经验改善创业生态系统，形成长三角创新有效合力。旧金山作为世界最繁荣的创新中心，拥有全球最好的高校和科研机构，形成创业公司与孵化器之间、独角兽企业与高校之间密切的合作关系，促进了资源信息高效流通。三是继续建设以企业为主体、市场为导向的产学研深度融合的科技创新体系。市场经济越发达的区域，企业科研投入就越有积极性，也能更好地服务于当地整体产业的创新发展，形成具有全球吸引力影响力的万众创新的活力文化和宽容氛围。四是从国家战略的高度推动长三角城市高质量发展。形成一批对全球有影响力的科技创新成果，率先打造世界重要人才中心和创新高地战略支点，争取进入国家战略科技力量第一方阵，加速建设全球创新策源地。

参考文献

世界知识产权组织（WIPO）：《2023 年全球创新指数（GII）报告》，2024。

中国发展研究基金会、普华永道：《机遇之城 2023》，2023。

上海市经济信息中心信息化研究所：《2023 全球科技创新中心评估报告》，2024。

浙江省科技信息研究院、上海市科学学研究所、江苏省科技情报研究所、安徽省科技情报研究所：《长三角区域协同创新指数 2023》，2024。

胡润研究院：《2024 全球独角兽榜》，2024。

罗如意：《杭州与全国重点城市科技创新能力比较分析》，《杭州科技》2023 年第 4 期。

B.17
长三角出口高质量发展研究

陆海生　冯春鸣　刘易宣*

摘　要：　本研究从规模、结构、质效、竞争力、创新五个方面对长三角地区（三省一市）出口高质量发展水平进行了量化评估并和全国不同区域进行比较研究。通过对各省市、各区域近5年（2019～2023年）五方面指标数据的分析评估，并结合实地调研，揭示了长三角出口高质量发展的特点、优势、不足及成因，提出通过全力提升质效水平、着力增强综合竞争力、聚力赋能创新驱动、合力推进协同发展等，进一步提升长三角出口高质量发展水平，巩固其在全国区域协调发展中的领先优势和头雁地位。

关键词：　长三角　出口贸易　高质量发展

外贸是改革开放的重要组成部分，在构建"双循环"新发展格局中处于重要地位，外贸高质量发展对全面推进中国式现代化具有重要意义。长江三角洲地区是我国经济发展最活跃、开放程度最高、创新能力最强的区域之一，在国家现代化建设大局和全方位开放格局中具有举足轻重的战略地位。对长三角三省一市的出口高质量发展状况进行比较研究，深入分析长三角出口高质量发展的成因，进而研究以高水平开放推进外贸高质量发展的路径，对推进长三角现代化建设、以中国式现代化实现中华民族伟大复兴具有重要的意义。

---

* 陆海生，杭州海关统计分析处二级巡视员、二级关务监督，研究方向为国际贸易、宏观经济；冯春鸣，杭州海关统计分析处分析科科长、一级主任科员，研究方向为政策法规、进出口统计分析；刘易宣，舟山海关统计分析科副科长、三级主办，研究方向为大数据分析、进出口监测预警。

一　长三角出口高质量发展现状

本报告首先从规模、结构、质效、竞争力、创新 5 个方面、17 个二级指标、37 个三级指标，对 2019~2023 年全国主要区域①出口情况进行综合量化评价。可以看出，长三角外贸出口规模持续扩大，出口商品结构不断优化，市场多元化拓展成效显著，民营企业占据主体地位，出口质量总水平稳居全国首位。

（一）总指数稳居首位，领跑优势稳固

2019~2023 年，长三角出口量增质升，总指数年度得分、累计增幅均居全国首位。出口高质量发展总指数从 2019 年的 82.34 提升至 2023 年的 83.30，发展总水平始终领跑全国。同期，珠三角从 80.05 提升至 80.17，京津冀从 73.87 提升至 74.28；中部从 77.43 降至 75.07，西部从 76.46 降至 75.55，东北从 75.20 降至 74.90（见表1）。2023 年，受全球经贸形势、地缘政治、外需疲软等因素影响，全国主要区域出口高质量发展总指数升少降多（见图1）。

表1　2019 年与 2023 年全国主要区域出口高质量发展总指数及分项指数对比情况

指数类别	长三角	珠三角	京津冀	中部	西部	东北
2023 年总指数	83.30	80.17	74.28	75.07	75.55	74.90
较 2019 年变化	0.96	0.12	0.41	-2.36	-0.91	-0.30
2023 年规模指数	89.55	79.45	64.99	66.30	66.93	62.58
较 2019 年变化	0.07	-1.43	-0.25	0.57	0.64	-0.11
2023 年结构指数	88.89	81.89	79.79	86.27	78.77	84.24

---

① 全国主要区域是指长三角、珠三角、京津冀、中部（除安徽）、西部、东北，长三角包括上海市、江苏省、浙江省、安徽省；珠三角包括广州市、深圳市、珠海市、佛山市、江门市、肇庆市、惠州市、东莞市、中山市；京津冀包括北京市、天津市、河北省；中部包括山西省、江西省、河南省、湖北省、湖南省；西部包括内蒙古自治区、广西壮族自治区、重庆市、四川省、贵州省、云南省、西藏自治区、陕西省、甘肃省、青海省、宁夏回族自治区、新疆维吾尔自治区；东北包括辽宁省、吉林省、黑龙江省。

指数类别	长三角	珠三角	京津冀	中部	西部	东北
较2019年变化	-0.73	0.35	2.13	-1.17	-0.92	-3.72
2023年质效指数	79.87	81.97	77.66	77.22	78.46	77.18
较2019年变化	2.68	0.36	-0.72	0.44	1.82	-0.58
2023年竞争力指数	81.69	81.78	75.14	72.01	74.70	74.85
较2019年变化	-0.52	-1.88	-1.59	-8.23	-5.34	0.82
2023年创新指数	75.98	75.19	74.39	74.56	79.80	76.80
较2019年变化	3.50	3.70	3.02	-3.44	-0.72	2.10

资料来源：根据海关总署公布的2019~2023年《统计月报》数据以及国家统计局公布的2019~2023年《主要城市年度数据》进行汇总计算。

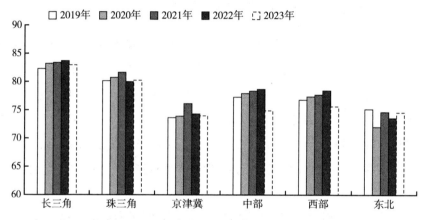

图1　2019~2023年全国主要区域出口高质量发展总指数对比

（二）规模指数大幅领先，消费品指标表现亮眼

规模指数从整体规模、主要市场份额、主要产品份额3个二级指标、6个三级指标衡量区域出口规模在全国的比较水平。近5年，长三角规模指数稳居全国首位，2023年得分89.55，较上年提升0.21（见表2），指数得分领先其他区域10分以上。分三级指标来看，长三角除货源地出口依存度指标低于珠三角，出口总值全国份额、对主要发达市场①出口全国份额、对

———————————

①　主要发达市场是指美国、欧盟、日本。

共建"一带一路"国家出口全国份额、消费品出口全国份额、中间品出口全国份额 5 个指标均高于其他区域（见表 3）。其中，2023 年消费品出口全国份额较 2019 年提升 2.2 个百分点至 35.0%（见图 2），创 5 年来新高，较其他区域领先优势进一步扩大；中间品出口全国份额稳定在 41.8% 以上。

表 2 2019~2023 年长三角出口高质量发展总指数及分项指数概览

年份	总指数	规模指数	结构指数	质效指数	竞争力指数	创新指数
2019	82.34	89.48	89.62	77.19	82.21	72.48
2020	83.14	89.41	89.66	79.84	83.09	72.84
2021	83.40	89.08	89.40	78.62	84.70	74.47
2022	83.91	89.34	89.69	80.18	84.31	75.36
2023	83.30	89.55	88.89	79.87	81.69	75.98

资料来源：根据海关总署公布的 2019~2023 年《统计月报》数据以及国家统计局公布的 2019~2023 年《主要城市年度数据》进行汇总计算。

表 3 2019 年与 2023 年全国主要区域出口规模指数对比情况

指数类别	长三角	珠三角	京津冀	中部	西部	东北
2023 年规模指数	89.55	79.45	64.99	66.30	66.93	62.58
较 2019 年变化	0.07	-1.43	-0.25	0.57	0.64	-0.11
2023 年出口总值全国份额	90.96	77.62	64.42	66.26	67.65	61.66
较 2019 年变化	-0.04	-1.49	-0.48	0.40	0.50	-0.11
2023 年货源地出口依存度	79.50	93.52	67.25	65.49	65.29	66.45
较 2019 年变化	0.95	-2.35	0.95	1.37	0.83	0.34
2023 年对主要发达市场出口全国份额	94.62	77.21	63.39	66.33	65.29	61.64
较 2019 年变化	-0.95	0.30	-0.02	0.42	-0.60	-0.24
2023 年对共建"一带一路"国家出口全国份额	90.17	73.70	65.37	66.31	70.23	61.83
较 2019 年变化	-0.25	-1.19	-1.23	0.47	1.42	-0.04
2023 年中间品出口全国份额	93.56	74.87	64.54	65.87	67.48	62.02
较 2019 年变化	-0.56	-1.08	-0.64	0.50	0.50	-0.46
2023 年消费品出口全国份额	88.04	78.13	65.01	68.14	66.24	61.16
较 2019 年变化	1.79	-3.30	-0.35	-0.23	1.66	-0.07

资料来源：根据海关总署公布的 2019~2023 年《统计月报》数据以及国家统计局公布的 2019~2023 年《主要城市年度数据》进行汇总计算。

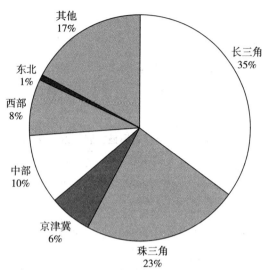

图2　2023年主要区域消费品出口全国份额对比

资料来源：根据海关总署公布的2019～2023年《统计月报》数据以及国家统计局公布的2019～2023年《主要城市年度数据》进行汇总计算。

（三）结构指数高位波动，市场结构保持优势

结构指数主要从贸易方式结构、商品结构、主体结构、市场结构4个二级指标、9个三级指标衡量区域出口的结构均衡性，是体现出口发展协调性的重要指标。整体来看，2019年以来，长三角出口结构指数始终在89水平高位波动（见表4）。分三级指标来看，长三角出口市场结构合理，2023年对主要发达市场出口比重和出口市场集中度指数均较高，虽然对主要发达市场出口比重趋于下降，但仍高达38.3%，较中部高3.7个百分点（见图3）。5年间，综合体现市场多元化及安全性的出口市场集中度指标得分在95附近波动，2023年得分为95.20。主体结构方面，民营和外资企业出口比重指标区域差异明显，除京津冀与东北的民营和外资企业出口比重指标较低外，其他区域的民营和外资企业出口比重指数均在90以上。其中，长三角民营和外资企业出口比重指标较2019年提升0.96至94.31（见表4）。

表 4　2019 年与 2023 年全国主要区域出口结构指数对比情况

指数类别	长三角	珠三角	京津冀	中部	西部	东北
2023 年结构指数	88.89	81.89	79.79	86.27	78.77	84.24
较 2019 年变化	-0.73	0.35	2.13	-1.17	-0.92	-3.72
2023 年一般贸易出口比重	89.16	85.46	97.81	90.39	68.49	85.72
较 2019 年变化	3.93	10.35	4.65	3.85	4.86	4.76
2023 年特殊监管区内加工贸易出口比重	75.01	60.38	62.16	79.58	82.12	62.82
较 2019 年变化	-7.86	-9.22	-3.48	-18.96	-13.74	-28.56
2023 年中间品出口比重	78.81	68.02	76.26	72.25	74.03	84.99
较 2019 年变化	2.01	2.51	1.32	4.68	2.52	-4.92
2023 年出口产品集中度	99.39	83.90	90.34	87.28	79.28	99.74
较 2019 年变化	1.88	0.45	5.09	5.68	6.47	0.03
2023 年非"两高"产品出口比重	93.61	96.21	66.94	89.04	95.44	86.76
较 2019 年变化	-1.39	-0.72	4.26	-2.55	1.03	2.33
2023 年民营和外资企业出口比重	94.31	96.05	74.96	93.96	94.38	86.74
较 2019 年变化	0.96	0.78	6.53	0.05	1.02	0.74
2023 年企业出口规模分布	92.78	84.05	83.89	88.36	71.48	92.83
较 2019 年变化	-1.32	-4.01	-2.35	-2.23	-6.10	-1.30
2023 年对主要发达市场出口比重	84.46	77.99	68.38	79.59	64.90	78.50
较 2019 年变化	-5.68	0.85	0.61	-3.76	-9.16	-7.45
2023 年出口市场集中度	95.20	85.68	92.11	95.11	87.43	84.04
较 2019 年变化	0.20	-2.51	1.77	1.64	5.59	-0.20

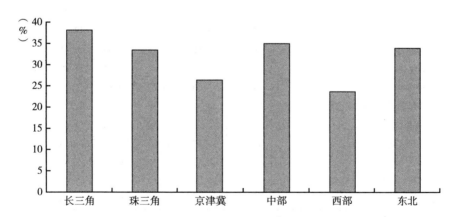

图 3　2023 年主要区域对发达市场出口比重对比

（四）质效指数增幅居首，产品附加值提升

质效指数主要从价格水平、质量成本、产品高度化 3 个二级指标、6 个三级指标衡量区域出口产品品质，是体现出口效益水平的重要指标。2019～2023 年，长三角质效指数得分整体波动提升，2023 年得分为 79.87，较2019 年提升 2.68。

分三级指标来看（见表 5），长三角整体出口价格水平、贸易条件指标得分整体呈波浪式上升，5 年得分分别提升 7.30、6.00；一般贸易出口产品高度化得分近 5 年提升 1.95 至 77.19；加工贸易出口产品高度化指标得分近 5 年增加 0.41 达 88.67。同期，长三角自主品牌出口比重从13.5% 上升至 18.8%（见图 4），指标得分连续 4 年上升，得分从 67.58上升至 72.27。

表 5　2019 年与 2023 年主要区域出口质效指数对比情况

指数类别	长三角	珠三角	京津冀	中部	西部	东北
2023 年质效指数	79.87	81.97	77.66	77.22	78.46	77.18
较 2019 年变化	2.68	0.36	-0.72	0.44	1.82	-0.58
2023 年整体出口价格水平	79.97	83.64	76.58	71.34	69.64	77.51
较 2019 年变化	7.30	-0.38	-1.85	-8.59	-8.47	-1.35
2023 年贸易条件	81.97	84.26	82.28	76.92	79.06	82.85
较 2019 年变化	6.00	-1.95	2.47	-6.60	0.41	0.28
2023 年自主品牌出口比重	72.27	72.86	81.67	75.84	74.79	77.70
较 2019 年变化	4.69	2.08	4.27	3.82	5.00	6.73
2023 年出口企业综合成本	79.36	80.58	77.36	76.84	81.28	83.24
较 2019 年变化	-2.44	2.24	-8.50	10.68	4.86	-10.86
2023 年一般贸易出口产品高度化	77.19	82.17	65.83	72.51	73.19	67.59
较 2019 年变化	1.95	-0.17	3.52	0.97	7.51	4.23
2023 年加工贸易出口产品高度化	88.67	88.20	84.41	91.08	92.61	72.96
较 2019 年变化	0.41	0.08	-2.29	-0.81	-0.60	0.79

资料来源：根据海关总署公布的 2019～2023 年《统计月报》数据以及国家统计局公布的 2019～2023 年《主要城市年度数据》进行汇总计算。

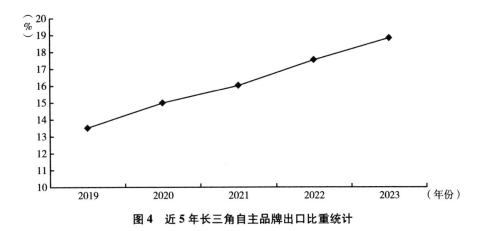

图4 近5年长三角自主品牌出口比重统计

（五）竞争力指数韧性较强，头部企业贡献突出

竞争力指数主要从企业竞争力、市场竞争力和产品竞争力3个二级指标、8个三级指标来衡量区域出口的竞争力，是体现各区域间相对竞争力的重要指标（见表6）。近年来外部环境复杂严峻，全国主要区域竞争力指数先升后降，其中长三角得分从2019年的82.21上升至2021年的84.70，后回落至2023年的81.69，呈现较强韧性。分三级指标来看，长三角头部企业出口贡献突出，5年间，全国500强企业出口份额逐年提升，稳居全国首位，成为全国出口稳规模的中坚力量，其中2023年超过1/3，达到33.6%（见图5）。同期，长三角出口值前50种产品份额，从34.23%提升至35.81%，创近5年新高，稳居全国首位，领先优势进一步扩大。

表6 2019年与2023年主要区域出口竞争力指数对比情况

指数类别	长三角	珠三角	京津冀	中部	西部	东北
2023年竞争力指数	81.69	81.78	75.14	72.01	74.70	74.85
较2019年变化	−0.52	−1.88	−1.59	−8.23	−5.34	0.82
2023年出口值1亿元以上企业数增速	75.92	77.77	75.23	64.13	80.73	76.67
较2019年变化	−4.19	2.42	−1.49	−20.32	−2.61	−1.90
2023年全国500强企业出口份额	93.60	86.87	67.46	69.61	72.71	61.60

续表

指数类别	长三角	珠三角	京津冀	中部	西部	东北
较 2019 年变化	1.64	-3.08	-0.58	1.52	-1.63	0.22
2023 年 AEO 企业出口比重	70.29	86.86	89.52	81.90	80.76	77.90
较 2019 年变化	-2.48	-11.81	-5.14	-5.71	-6.10	-1.33
2023 年对主要发达市场出口增速	72.42	74.07	71.97	67.18	63.54	72.38
较 2019 年变化	-1.64	-1.56	-1.88	-12.20	-12.71	2.28
2023 年对共建"一带一路"国家出口增速	77.77	77.30	75.77	70.13	82.14	82.35
较 2019 年变化	-3.26	-0.22	1.80	-15.02	0.75	3.48
2023 年出口市场覆盖率	94.54	96.10	87.50	90.62	86.72	73.44
较 2019 年变化	1.18	-1.42	-2.54	2.24	-7.48	-6.64
2023 年全国出口值前 50 种产品份额	95.81	86.62	65.39	68.62	72.22	61.17
较 2019 年变化	1.58	-2.74	-0.90	-0.12	-0.43	0.01
2023 年全国出口值前 50 种产品出口增速	74.10	73.14	74.48	69.73	67.05	91.26
较 2019 年变化	1.24	2.47	-1.62	-14.98	-11.08	6.74

资料来源：根据海关总署公布的 2019~2023 年《统计月报》数据以及国家统计局公布的 2019~2023 年《主要城市年度数据》进行汇总计算。

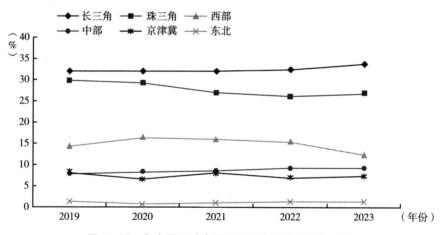

图 5 近 5 年主要区域全国 500 强企业出口份额对比

资料来源：根据海关总署公布的 2019~2023 年《统计月报》数据以及国家统计局公布的 2019~2023 年《主要城市年度数据》进行汇总计算。

（六）创新指数逐年提升，高技术产品出口、新业态①发展、自贸区建设成效显著

创新指数从高技术产品、新业态、开放平台和新增主体4个二级指标、8个三级指标衡量区域出口新质生产力，是体现区域出口发展潜力的重要指标。2023年长三角该指标得分较2019年提升3.50达75.98（见表7）。分三级指标来看，长三角高技术产品出口比重、新业态出口比重、自贸区港出口比重均连年攀升（见图6），指标得分五年累计分别提升5.14、9.09和2.37。此外，海关备案企业净增数增速得分大幅提升12.06至80.93，外贸主体活力强、潜力大（见表7）。

表 7 2019 年与 2023 年全国主要区域创新指数得分对比情况

指数类别	长三角	珠三角	京津冀	中部	西部	东北
2023 年创新指数	75.98	75.19	74.39	74.56	79.80	76.80
较 2019 年变化	3.50	3.70	3.02	-3.44	-0.72	2.10
2023 年高技术产品出口比重	73.92	69.80	72.92	82.71	73.22	73.90
较 2019 年变化	5.14	-1.59	3.11	-3.86	0.57	2.23
2023 年高技术产品出口增速	74.45	72.02	70.51	71.00	68.87	74.41
较 2019 年变化	0.40	1.61	0.49	-3.16	-10.42	-0.29
2023 年新业态出口比重	77.34	92.73	68.76	77.39	71.87	67.91
较 2019 年变化	9.09	18.30	7.05	14.70	11.55	7.24
2023 年新业态出口增速	78.54	75.69	82.02	64.42	68.39	88.64
较 2019 年变化	-1.81	0.78	-11.10	-35.58	-31.61	-11.36
2023 年自贸区港出口比重	75.43	64.75	74.89	71.35	92.13	75.75
较 2019 年变化	2.37	2.12	2.51	2.47	-2.15	-1.47
2023 年海关特殊监管区出口比重	70.19	65.99	63.88	73.51	89.54	67.97
较 2019 年变化	-0.80	1.09	1.89	-0.94	-0.30	-1.62
2023 年出口实绩企业数增速	78.80	84.21	79.26	78.78	93.01	79.01
较 2019 年变化	1.47	2.23	4.52	-7.07	11.45	2.31
2023 年海关备案企业净增数增速	80.93	74.34	88.75	73.66	91.27	94.98
较 2019 年变化	12.06	3.19	18.62	1.83	17.49	23.68

资料来源：根据海关总署公布的 2019~2023 年《统计月报》数据以及国家统计局公布的 2019~2023 年《主要城市年度数据》进行汇总计算。

---

① 此处新业态主要指市场采购和跨境电商。

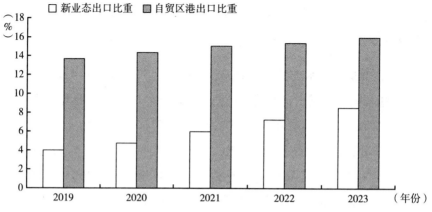

图6 近5年长三角新业态、自贸区港出口比重统计

资料来源：根据海关总署公布的2019~2023年《统计月报》数据以及国家统计局公布的2019~2023年《主要城市年度数据》进行汇总计算。

（七）三省一市各具特色

2019年以来，上海市创新平台建设成效突出。上海市自贸区建设走在全国前列，自贸区出口比重逐年提升，由2019年的32.7%大幅上升至2023年的44.7%，占比和增速均远高于其他区域。此外，上海市加工贸易出口产品高度化水平连年处于高位，一般贸易出口产品高度化水平逐年提升；出口产品价格指数和贸易条件指数趋于优化。

江苏省结构优势更为明显。2019~2023年的5年间，江苏省中间品出口比重提升3.3个百分点至52.4%；非"两高"产品出口比重维持在95.7%以上的高位；出口产品集中度趋于优化；民营和外资企业出口比重提升4.3个百分点至93.1%。

浙江展现外贸大省担当，出口规模持续扩大，新业态发展明显领先，产业发展动能强劲。出口总值占全国份额逐年扩大，2023年较2019年累计提升1.6个百分点至15.0%，首次跃居全国第二。民营经济发达，2023年民营企业出口占其总出口比重高达84.8%。外贸新业态持续快速发展，出口占比逐年提升，2023年较2019年累计提升6.9个百分点至18.2%，居东部沿海主要外贸省市首位。产业发展水平进一步提升，货源地出口依存度持续保持高位，2023 年较 2019 年累计提升 3.8 个百分点至 41.3%。

安徽竞争力和质效水平提升较快。自主品牌出口比重大幅提升，5 年累计提升 14.4 个百分点至 50.8%；对共建"一带一路"国家出口增速除 2020 年受疫情影响外，其余四年均保持 20% 以上的高增长。

（八）部分指标表现平平，少数指标存在短板

长三角出口企业综合成本指标得分震荡下跌，显示企业综合成本呈上升趋势，从 2019 年的 81.80 下降 2.44 至 2023 年的 79.36。2023 年出口实绩企业数增速指标得分虽较 2019 年小幅提升 1.47 达 78.80，但横向对比仍处于较低水平。

长三角年出口值 1 亿元以上企业数增速放缓明显，指标得分从 2019 年的 80.11 下降至 2023 年的 75.92，年出口值 1 亿元以上企业数占全国份额也从 2019 年的 40.8% 下降至 2023 年的 39.3%。自主品牌出口比重偏低，尽管自主品牌占长三角整体出口比重从 2019 年的 13.5% 上升至 2023 年的 18.8%，但相较 2023 年京津冀的 29.4% 和东北的 24.9% 存在显著差距。

二　长三角出口高质量发展原因分析

习近平总书记和党中央对长三角发展高度关注、寄予厚望，总书记亲自谋划和推动长三角一体化发展。长三角能在外贸高质量发展中起到引领示范作用，既有客观因素也有主观原因，根本在于习近平新时代中国特色社会主义思想的理论指引，在于中国式现代化的战略引领，在于长三角地区切实贯彻落实党中央、国务院各项决策部署，勇于担当、敢于创新、善作善成。长三角基于自身政治优势、经济优势、科技优势、人文优势、区位优势等有利条件，充分调动各方面的积极性，发挥主观能动性和创造性，紧扣"一体化"和"高质量"两个关键词，扩大开放，深化合作，攻坚克难，协同高效，发挥"1+3>4"效应，奋力书写中国式现代化的长三角外贸高质量发展新篇章。

（一）因势利导，积极开拓，稳中求进上规模保份额

客观条件上的优势为长三角高质量发展和高水平开放打下坚实基础。如长三角位于长江经济带和"一带一路"重要交汇点，拥有通江达海、承东启西、连南接北的区位特点，口岸资源得天独厚，拥有46个开放口岸，宁波舟山港货物吞吐量连续15年位居全球第一，上海港集装箱吞吐量连续14年位居全球第一，在构建"双循环"新发展格局、辐射带动全国经济循环方面具有独特的区位优势和开放优势。产业支撑强、经济基础好、国际化程度高，长三角区域是全国工业经济最发达、产业体系最齐全、产业链最完备的区域之一，区域经济总量约占全国1/4，人口密度超过全国平均水平，全员劳动生产率位居全国前列，强劲活跃增长极功能不断巩固提升。主观上务实进取，长三角区域主动扛起勇挑大梁的政治责任，勇当全国改革开放排头兵、创新发展先行者。如浙江深入实施"八八战略"[①]，统筹推进创新深化、改革攻坚、开放提升三个"一号工程"[②]，全面推进稳外贸促发展各项工作。长三角区域面对困难挑战，不等不靠，转变观念和方式，打好外贸"稳拓调"组合拳，聚焦拓市场增订单、促进新业态新模式发展、主体培育等方面先后出台多轮次稳外贸政策，在展会支持、金融信保、通关便利等方面持续优化服务保障。如组织疫情防控转段后全国首个政府和企业经贸团组，开展"千团万企拓市场增订单行动"，支持企业深耕传统市场、拓展新兴市场，优化海外市场布局，保存量抓增量，在稳住外贸基本盘、抢抓发展新机遇和保市场份额方面成效显著。2019~2023年，浙江省有四年对全国外贸出口增长贡献率居各省区市首位，出口规模从第3位上升到第2位。2023年，长三角出口美欧日市场占比38.3%，对共建"一带一路"国家出口比重提升至44.0%。

---

① 2003年7月，时任浙江省委书记习近平提出浙江面向未来发展的战略，即进一步发挥"八个方面的优势"，推进"八个方面的举措"。

② 三个"一号工程"是指数字经济创新提质"一号发展工程"、营商环境优化提升"一号改革工程"、外贸经济提能升级"一号开放工程"。

（二）因地制宜，主动作为，优势互补不断优化外贸结构

从主体结构看，长三角是我国民营经济最发达、外商投资和中小企业最活跃的地区之一，在贯彻落实国家有关政策措施方面走在全国前列，率先出台一系列鼓励、支持、引导民营经济和中小企业高质量发展的具体举措。如浙江省分别于 2020 年和 2023 年出台《民营企业发展促进条例》和《促进中小微企业发展条例》，持续提振民营企业和中小企业发展信心。2022 年，浙江省外贸进出口实绩企业首次超过 10 万家，2023 年达到 11 万家，同比增长8.3%。长三角也是外资企业发展高地，近年来出台一系列稳外资、引外资政策措施，在放开制造业外商投资准入、进一步压缩外商投资负面清单等方面先行先试。如江苏实施《关于鼓励支持外商投资设立和发展研发中心的若干措施》等，鼓励外商投资和创新。2023 年，长三角外资企业出口占比达30.9%，占全国份额达 41.8%。从贸易方式看，长三角是市场采购、跨境电商等新业态的发源地和发展高地，新业态成为外贸重要增长点。如杭州海关率先开展"市场采购+一般贸易"拼箱出口转关、"市场采购小额小批量出口检验检疫自动审单""先查验后装运"等创新试点，让义乌广大中小企业在家门口实现"一站式"便捷通关。2023 年，浙江省市场采购占比达 13.2%，占全国份额达 58.9%。从区内主体结构看，长三角三省一市整体发展渐趋均衡，互补协同发展形成了四大优势产业集群。2023 年，长三角"新三样"产品、电子信息产品①、生物医药产品和劳动密集型产品出口占全国份额分别为 51.2%、35.1%、49.4% 和 44.3%。外贸规模相对较小的安徽加快融入长三角一体化新格局，打造"科大硅谷"等科技成果转化服务平台，共建具有全球影响力的长三角科技创新共同体，出口规模连续 5 年快速提升，从全国第13 位上升至第 10 位，与长三角其他省市差距不断缩小。

（三）深化改革，先行先试，数字赋能全面提升出口质效

长三角资源要素不足，企业综合成本不占优势，但坚持走改革路、走开

---

① 电子信息产品包含手机、自动数据处理设备、集成电路。

放路，着力以数字赋能区域提质增效，协同推进，先行先试红利持续释放。一是政策发力持续优化营商环境。三省一市全面对标打造国际一流营商环境，共签《长三角地区市场准入体系一体化建设合作协议》，统筹建立统一、透明的市场准入政策，推进统一大市场建设，帮助市场主体降低制度性成本。如浙江、安徽通过地方立法将优化营商环境的探索实践成果进一步巩固；上海 2018 年以来每年出新招，出台《关于进一步降低制度性交易成本更大激发市场主体活力的若干措施》等政策，持续推动营商环境优化升级。二是部门协同不断提升贸易投资便利化水平。长三角海关积极践行"三智"① 理念，持续深化通关一体化改革，不断优化监管服务。深化长三角国际贸易合作，提高一体化、数字化、国际化水平，为企业进出口提供 24 小时全天候在线一站式集成服务。上海港与长江流域 12 个港口建立"联动接卸"外贸货物物流服务新模式，推广"两步申报""提前申报"、无陪同查验作业改革，深入推进"船边直提""抵港直装"试点，扩大"联动接卸""离港确认"试点范围，切实提升通关效能，减负增效。如嘉兴海关发挥嘉兴港海河联运枢纽港功能，创新开展"联动接卸"叠加"离港确认"试点，引导和支持长三角外贸集装箱通过水路方式运输至上海港、宁波舟山港，运输时长较陆路运输减少一半，每个出口标箱可节约运输成本约 400 元。三是提质创优深入推进自主品牌建设。如杭州海关与浙江商务厅合作，在全国率先开展自主品牌出口量化评价，品牌培育和管理更加精准有效，自主品牌出口占比逐年提升；安徽建立"皖美品牌示范企业"培育、认定、宣传和管理工作机制，开展"千企百城"商标品牌价值提升行动，创建产品质量提升示范区，自主品牌出口占出口总值的一半以上。

（四）头雁引领，创优争先，坚持不懈长期保持竞争力优势

长三角一体化协同发展，国际竞争合作新优势不断增强。一是外贸头部企业茁壮成长，引领作用大。长三角十分重视培育雄鹰企业、专精特新

---

① "三智"即智慧海关、智能边境、智享联通。

"小巨人"企业等产业链关键企业,如浙江实施"雄鹰行动",将其作为打造世界一流企业、支撑经济高质量发展的重要载体加以推进,一批产业领航型、技术领航型企业脱颖而出,2023年,68家雄鹰企业和1432家国家级专精特新"小巨人"企业贡献了全省9.0%的出口值。二是促进民营企业协作,构建区域发展特色优势。长三角民营企业集中,民营经济发达,形成以要素禀赋、比较优势为基础的分工协作体系。如上海民企更具有科技化、都市化、总部化、外向化特征,浙江民企则具有规模化、多元化、数字化特征,江苏民企呈现集群化、新型工业化等特征,安徽民企后发优势明显、活跃度较高。长三角民营企业积极发挥各自优势,抱团形成大集群优势,有利于构建更加完整、更具竞争力、更有韧性的区域供应链产业链。近年来,上海的汽车、江苏的手机和船舶、浙江的劳动密集型产业和机械设备、安徽的空调和笔记本电脑等产业在全国民营外贸领域竞争优势不断提升,已成为长三角各区域的标志性产业。三是加大高技术含量、高附加值产品研发,打造产品竞争新优势。长三角出口产品逐渐从低附加值、劳动密集型的传统生产模式向高附加值、技术密集型的现代生产模式转变。近年来,太阳能电池、新能源汽车、锂电池等外贸"新三样"产品成为拉动长三角外贸出口的"新引擎"。如江苏出台《关于推动外贸稳规模优结构的若干措施》,推动贸易数字化、绿色化发展,支持"新三样"等新锐产品研发和出口,"新三样"产品出口比重稳步提升,全国份额稳居前列。

(五)协同创新,共建共享,久久为功持续释放发展潜力

长三角深入实施创新驱动发展战略,走"科创+产业"发展道路,持续推进创新链与产业链融合,不断加大科技创新投入和合作力度,提升产品技术含量和附加值,不断向价值链上游攀升,为区域高质量一体化发展持续注入强劲动能。一是自贸试验区全覆盖,共建高能级开放平台。长三角实现自贸试验区全覆盖,并成立长三角自由贸易试验区联盟,推进共商共建共享。如沪浙共建长三角期现一体化油气交易市场,打通期货市场服务实体经济"最后一公里"。以油气全产业链为特色的舟山自贸片区,保税船用燃料油

加注量超过 700 万吨/年，跻身全球四大加油港。近 5 年，长三角自贸试验区出口比重逐年提升，占全国份额稳居首位。二是共促外贸新业态发展，共享发展新机遇。充分利用虹桥国际开放枢纽、进博会和丝路电商的溢出效应，共同培育外贸竞争新优势。如在共建共享海外仓方面，浙江迭代完善海外智慧物流数字化平台，吸引江苏、安徽等企业入驻；合肥与杭州等 10 市共同发起成立"全球跨境电商品牌研究中心"，与宁波等 9 市共同举办"共创跨境新势能·首届华东产业带跨境出海线上峰会"，提升区域跨境电商知名度及影响力，为企业提供展示和拓展机会。三是协同创新，共拓发展新空间。上下左右，主动对接，多维拓展，共创发展新局面。如嘉善县发挥其地处长三角核心区域、毗邻大上海的优势，通过政府联动、平台协作、人才支撑、政策衔接，增强对高端产业、先进技术和优秀人才的吸引力，建设长三角一体化示范创新园区，探索形成县域创新驱动高质量发展新模式，开创高水平开放新格局，同时为上海发展拓展了新空间。近 5 年，嘉善县高新技术产品出口比重大幅提升 29.2 个百分点至 34.3%。

三　深入推进长三角出口高质量发展的对策建议

2024 年 4 月 30 日中共中央政治局会议对长三角下一步发展又提出新要求，明确指出"推动长三角一体化发展取得更大突破，更好发挥先行探路、引领示范、辐射带动作用"。强调"要始终紧扣一体化和高质量两个关键词，着力推进长三角一体化发展重点任务"。

长三角出口高质量发展虽然已经取得良好进展和巨大成就，但与党中央的要求和人民群众的期待还有差距，与中国式现代化的发展目标还有差距，与国内国际先进区域比还有短板。因此，长三角出口高质量发展要坚持目标导向、问题导向、结果导向，围绕贸易强国建设目标，聚焦发展新质生产力要求，坚持以高水平开放促进高质量发展，扬优势补短板，着力抓好以下四方面 10 项针对性工作。

（一）全力提升质效水平

从出口高质量评估结果看，长三角面临综合成本上升、自主品牌出口占比不高等压力，为此提出以下建议。

1. 不断提高全要素生产率，降低生产成本

进一步优化调整扶持政策，鼓励企业加大研发投入，依靠科技进步提高生产效能；进一步完善要素市场化配置机制，畅通内外循环，促进要素自由流动和高效配置；加快现代化产业体系建设，充分发挥自贸区、综合保税区等高能级平台优势，提升服务能级，为外贸高质量发展提供有力支撑。

2. 大力培育自主品牌，提高产品品质和附加值

进一步加强对企业创建自主品牌的支持力度，鼓励企业以收购、兼并等方式加快自主品牌培育，促进跨境电商等新业态新模式发展和自主品牌出海，加快构建高附加值的供应链产业链；切实加强知识产权保护，严打假冒伪劣侵权等违法违规行为，维护企业正当合法权益、市场秩序和国家形象。

3. 进一步为企业减负降本，提高企业效益

对标国际先进水平，不断提升跨境贸易便利化水平，持续营造市场化、法治化、国际化一流营商环境；进一步清理收费项目，优化结构性税收优惠政策，切实减轻企业税费负担，增强企业获得感。

（二）着力增强综合竞争力

长三角在促进企业转型升级、稳定外资企业出口份额等方面面临挑战，为此提出以下建议。

1. 打造企业雁阵，完善产业生态

大力培育优势行业和头部企业，壮大雄鹰企业，持续扩大"腰部企业"、制造业单项冠军、"小巨人"企业，注重发展专精特新企业，在各细分赛道形成较强竞争力；加强产业生态建设，更有针对性地持续推进补链、延链、强链行动，进一步优化供应链产业链，提升价值链创新链，形成稳定强大的产业集聚优势和辐射带动能力。

2.进一步深化改革扩大开放稳外资、增信心

长三角要在制度型开放、高水平开放方面继续走在全国前列，成为以高水平开放推进高质量发展和中国式现代化的引领者、示范区，加强招商引资引智，讲好"投资中国"故事，增强投资合作信心；促进民营企业持续稳定发展，大力培育 AEO 企业、跨国企业，不断提高企业规范化、国际化水平。

（三）聚力赋能创新驱动

长三角在高技术产品出口、新业态持续发展等方面还有较大潜力可挖掘，为此提出以下建议。

1.加快数字化、智能化、绿色化发展，锻造长板优势

统筹推进传统产业升级、新兴产业壮大、未来产业培育；鼓励企业广泛应用数智技术、绿色技术，促进数字赋能、机器换人和绿色低碳发展；促进创投基金发展，创新创投机制，加大创新投入，加快突破关键核心技术。

2.支持外贸新业态新模式持续创新发展

大力拓展中间品贸易，促进新型易货贸易发展；支持传统贸易方式与跨境电商等新业态叠加融合，促进货物贸易与服务贸易、数字贸易创新发展。

（四）合力推进协同发展

长三角在推进一体化协同方面还需要突出以下重点。

1.要提高站位，提高贯彻落实党中央决策部署的自觉性

胸怀"国之大者"，正确领会党中央决策意图，增强大局意识，统一思想认识，坚决做到"两个维护"，主动对接国家战略，积极推进一体化协同发展。

2.守正创新，统筹兼顾各方利益

坚持政府引导、市场主导、企业主体，统筹好发展与安全，着重体制机制创新，平衡好有关各方的责任、贡献、利益关系，有效破解区域经贸合作、生态环境共保联治中利益矛盾难题，充分调动各方的积极性、创造性。

3. 全面整合资源，坚持共同发展

坚持优势互补，错位发展，协同共治，合力打造出口高质量发展先行区、示范区，为中国式现代化作出更大贡献。

B.18
浙江丘陵山区加速农业机械化推进农业现代化研究

闻海燕*

摘　要： 浙江是典型的丘陵山区省份，加快丘陵山区农业机械化发展、推进丘陵山区农业现代化进程是浙江打造现代化先行者的重要内容。近年来，浙江全力建设丘陵山区农业机械化发展先导区，积极探索"机械强农"有效路径，取得了明显成效。但浙江丘陵山区农业机械化发展水平与平原地区仍存在较大差距，仍面临一些制约因素，如农业机械化发展不均衡，购机补贴精准度及导向性、现行农地宜机化改造政策支持方式与山区农机化高质量发展的新要求不相适应，农户分散且多元化需求与农机社会化服务内生动力不足的矛盾加大，推广普及先进农业机械的效率不高。应精准施策，加快推进丘陵山区农业机械化：一是建立针对性更强、更为完善的差异化购机补贴机制；二是加快农机装备研发推广，推进"机器换人"；三是开展高标准宜机化农田整治，打通机器进田的"最后一公里"；四是创新政府支持方式和支持重点，鼓励探索多种形式的农机社会化服务；五是加大分类精准培训力度。

关键词： 丘陵山区　农业机械化　农业现代化　浙江

农业现代化是中国式现代化的重要方面，而实现农业现代化首先要实现农业机械化。随着城市化进程的加快，农村劳动力人口呈不断下降趋势，据统计，浙江从事第一产业的人数由 1999 年的 1078.16 万人降到 2021 年的

---

* 闻海燕，浙江省社会科学院经济研究所研究员，研究方向为农业农村发展、区域经济。

206.00 万人①。农业从业人口老龄化趋势日趋明显，"谁来种地"的问题将成为阻碍浙江农业现代化进程的重要因素。因此，为破解农业人口老龄化问题，提高农业效率，浙江必须大力发展农业机械化。

浙江省"七山一水二分田"，是典型的丘陵山区省份。在 41 个丘陵山区县（市、区）中，有 27 个县（市、区）为山区县（市、区），14 个县（市、区）为丘陵县（市、区）②。长期以来，浙江丘陵山区因其地形复杂，比平原地区更难推广使用农业机械，导致农业机械化发展较慢，是浙江农业农村现代化发展的短板之一。2022 年以山地为主的丽水市农作物综合机械化率为 68.0%，以平原为主的湖州市则为 89.9%，两者相差 21.9 个百分点。因此，浙江应加快丘陵山区农业机械化发展，推进丘陵山区农业现代化进程是浙江打造现代化先行者的重要内容。

一 浙江丘陵山区农业机械化实践取得的成效

近年来，浙江把加快发展农业机械化特别是丘陵山区农业机械化作为实现中国式农业现代化进程中的重要方面，全力建设丘陵山区农业机械化发展先导区，积极探索"机械强农"有效路径，取得了明显成效。

（一）农业机械化水平提高

2022 年，浙江省农作物耕种收综合机械化率 78.4%③，41 个丘陵山区

---

① 根据 2022 浙江统计信息网、2022 年浙江统计年鉴整理。
② 根据国家统计局农村社会经济调查司《中国县（市）社会经济统计年鉴 2012》（中国统计出版社 2012 年 12 月版）的相关内容整理：浙江丘陵山区县（市、区）包括 14 个丘陵县（市、区）和 27 个山区县（市、区），丘陵县（市、区）：象山县、宁海县、奉化区、洞头区、长兴县、兰溪市、义乌市、永康市、龙游县、江山市、岱山县、嵊泗县、玉环市、三门县；山区县（市、区）：桐庐县、淳安县、建德市、富阳区、临安区、永嘉县、文成县、泰顺县、安吉县、新昌县、嵊州市、武义县、浦江县、磐安县、东阳市、常山县、开化县、天台县、仙居县、青田县、缙云县、遂昌县、松阳县、云和县、庆元县、景宁畲族自治县、龙泉市。
③ 数据及资料来源：浙江省农业农村厅。下文中如无特别标注，数据及资料均来自浙江省农业农村厅。

县（市、区）农作物耕种收综合机械化率达 69.2%，比 2020 年提升 6.5 个百分点。丘陵山区县（市、区）与平原地区的农作物耕种收综合机械化率差距由 2021 年的 14.6 个百分点降至 2022 年的 14.1 个百分点。其中，机耕率与平原地区差距由 2021 年的 3.8 个百分点降至 2022 年的 1.9 个百分点；机收率差距由 2021 年的 21.8 个百分点降至 2022 年的 21.5 个百分点。2022 年山地较多的丽水市机耕率 95.0%，高于全省平均水平 3 个百分点；金华市畜牧养殖机械化程度达 79.5%，高出全省 1 个百分点；衢州市设施种植机械化率 57.8%、丽水市 56.7%，分别比全省高 5.6 个、4.5 个百分点。特色产业如丽水茶叶生产机械化率 83.3%、食用菌机械化率 81.4%。农产品初加工机械化水平丽水市为 62.1%，高出全省 13.2 个百分点。

（二）农业机械化效益稳步提升

1. 劳动生产效率不断提升

2022 年浙江省劳均农机作业面积为 681.4 亩，衢州 908.6 亩，高于全省平均水平；劳均农机作业面积衢州、丽水、舟山分别比 2021 年高出 103.2 亩、48.5 亩、37.0 亩。

2. 对农民增收贡献率不断提升

2022 年浙江省农机经营服务对农民增收贡献率为 4.99%，同比提升 0.13 个百分点；台州为 11.12%、金华为 6.31%，分别高出全省平均水平 6.13 个、1.32 个百分点；金华、丽水、台州分别比 2021 年高出 0.28 个、0.17 个、5.49 个百分点。

3. 农业生产规模化水平不断提升

2022 年浙江省农业生产规模化水平为 65.4%，同比提升 2.8 个百分点；舟山和丽水农业生产规模化水平分别为 71.0%、76.4%，分别高出全省平均水平 5.6 个、11.0 个百分点，分别比 2021 年高出 1 个、7.9 个百分点。

（三）农业机械化管理服务水平提高

浙江很多丘陵山地县（市、区）农业机械化管理服务水平不断提高，入选国家级典型案例或获得全国性表彰。如丽水市庆元香菇市场有限公司的"两头集中　中间分散　努力打造食用菌专业化服务平台"案例，入选2022年全国社会化服务典型案例；台州市天台县入选全国第七批率先基本实现主要农作物生产全程机械化示范县；仙居县入选全国"平安农机"示范县；黄岩区蔬菜设施栽培模式入选2022年全国设施蔬菜机械化生产先进模式；临海市台州翼龙绿色农产品有限公司"机器换人绿色生产推进西兰花产业链延伸"入选农业农村部2022年蔬菜初加工机械化典型案例；"浙江安吉白茶机械化加工模式与典型案例"入选全国第三批特色经济作物适宜品种全程机械化生产模式与典型案例。

二　主要做法

（一）加快机制创新

一是构建专班推进机制。分管省长担任农业"双强"（科技强农、机械强农）行动专班总召集人，定期研究部署工作；11个设区市和88个涉农县全部成立相应工作专班，围绕丘陵山区农机化先导区建设目标及各地丘陵山区特点因地制宜制定工作方案，如实施"机器换人"高质量发展先行县工程等。衢州市将宜机化改造、农事服务中心建设等列入市委打造十个领域"桥头堡"分工抓落实任务清单。

二是建立农机创新联合攻关机制。联合45家产学研机构组成农机创新研发推广联盟；启动建立省级现代农机装备技术创新中心，注册资金18亿元；中国农业机械化科学研究院浙江分院正式实体化运行。

三是探索跨省协同机制。浙江省提出浙黔滇农机化发展合作方案，向云南推介农机企业14家，与贵州签署合作意向18项，举办永康丘陵山区农机展。

（二）强化农机装备支撑，推动现代农机装备产业智能化、特色化、集聚化发展

现代农机装备是农业高质量发展的重要保障。浙江重点围绕丘陵山区农

机制造和农机化发展短板，以项目化攻坚强力推进补短板。一是按区域、产业、品种、环节进行分析梳理，2023 年共梳理出问题清单 175 项、推广清单 258 项、研发清单 179 项，7 项研发需求列入农业农村部农机装备补短板需求目录，50 项需求分批列入省科技厅尖兵、领雁等攻关榜单。二是集中支持一批核心攻关项目。组织杂交稻精量机插秧等 9 个机械强农重点突破性项目攻关，认定 7 项首台（套）农机产品，16 个农机装备列入首台（套）产品推广应用指导目录。2023 年研制农机新产品 70 余种，新增农机装备产品 16 个被纳入省首台（套）推广应用指导目录，农机购置补贴机具种类增加到 155 个，增长 56.6%。三是推动创建农机研发制造推广应用一体化试点省。重点支持丘陵山区 25 马力小型智能拖拉机等突破性产品研发、熟化。

经过几年的发展，全省共有 4200 余家农机制造企业，植保机械、园林园艺机械、微耕机、排灌机械等产量位居全国前列；已形成了杭州嘉兴设施农业装备、宁波农机动力装备、绍兴衢州茶叶机械、台州植保机械及水泵与渔业养殖机械、永康农林装备、丽水食用菌机械等现代农机装备产业集群；培育十余家农机产业链上市企业，如杭齿前进、利欧股份、大叶股份、新界泵业、万里扬、大元泵业、中坚科技、东音泵业、绿田股份等；共有茶叶机械、收获装备、排灌机械、植保机械、园林机械、食用菌机械、山地丘陵特色机具等 10 大类特色农业机械产品；创新生产出履带式拖拉机、四行乘坐式插秧机、白茶智能化高产能加工生产线等一批丘陵山地特色首台（套）农机装备。2022 年，全省农机装备制造业年产值超 700 亿元，居全国第四，农机装备出口额居全国首位[①]。

（三）加大农机购置补贴力度

浙江省农机补贴政策实施 18 年来取得了很大成效，推动浙江省主要农作物综合机械化率提高到 2022 年的 78.4%。各市结合本地实际出台特色补

---

① 《丘陵山区农机装备短板怎么补？国家明确浙黔滇"牵手"共创国家级先导区》，浙江经信微信公众号，2023 年 6 月 14 日。

贴政策。宁波推动新型特色农机装备应用，把特色产业、高性能农机购置列入市级财政补贴，把热风炉、牧场空气综合治理设备、单轨运输机等成熟农机具推动列入国补品目录，鼓励各区县（市、区）对引进填补当地空白的农业机械装备实施"首台（套）"专门补贴政策；2023 年丽水市庆元县对列入省农机购置补贴机具一览表 20 万元以下的粮油、养殖业生产机械，按照上级补助资金的 50% 进行配套补贴，合计补贴不超过发票金额的 60%，对新建运输轨道，在上级补助基础上额外给予 20 元/米补助；丽水经济开发区对已列入中央、省级补贴目录的农业生产机械，按上级（中央和省级）购置补贴资金进行 1：1 等额累加补助，最高补助不超过 60%，对新建山地轨道车项目，在上级资金补助的基础上再补助 40 元/米，单体项目年度最高补助不超过 100 万元；温州乐清市 2023 年发放农机购置和报废更新补贴约900 万元，机插秧、机械烘干、无人机植保等作业环节机械化补贴约 580 万元，新增农机具 1200 台（套），农机总动力达到 18.15 万千瓦。

（四）加大农事服务中心及农业机械应用基地建设

1. 加快现代化农事服务中心建设

农事服务中心是指以粮油等主要农作物全程机械化服务为重点，集成式提供农业产前产中产后服务、科技推广应用、农业数字化智能化管理等功能的农事服务综合体。建设农事服务中心，有利于促进小农户与现代农业发展有效衔接，变革重塑农业社会化服务体系，推动农业现代化先行。农事服务中心是浙江省率先推出的保障粮食生产安全、重要农产品供给的新型社会化服务组织，是小农户与现代农业有效衔接的桥梁。浙江实施现代化农事服务中心"百千"工程，出台建设导则，实行规划布局、功能定位、规范管理、标识管控"四个统一"，2022 年布局建设省级服务中心 156 个、区域中心363 个、服务站点 1380 个，启动 31 家省级、103 家区级服务中心创建，省级中心服务半径 10 公里以上，2023 年底全省涉农县全部建立现代化农事服务中心。2023 年金华市共建成农事服务中心 10 个，其中，省级现代化农事服务中心 3 个，区域农事服务中心 7 个，有效服务多个主粮区乡镇、数千户

种粮农户，服务面积达到 30 万亩以上。

2022 年台州黄岩区建设了两个省级农事服务中心，于院桥镇建成一家应用于粮油产业全程机械化服务的临湖高标准农机服务中心，实现为粮食功能生产区内的农户提供育秧、机耕、机插、机收、烘干、高效植保等环节的全程机械化服务，年作业服务面积达到了 18000 亩；于澄江街道建成一家工厂化、自动化的果蔬育苗服务中心，主要服务于全市乃至全国外出瓜农的种苗供应，在种子处理、基质准备、精量播种、播后管理以及成苗管理等环节基本实现机械化作业，年供果蔬苗 1400 万余株，年销售额达到 1000 余万元。2023 年衢州市财政投入资金 1200 万元扶持 6 个农事服务中心建设项目。丽水市经济开发区对成功创建省级"机械强农"示范农机服务中心或全程机械化应用基地（含农机创新试验基地）的给予 1 万元/个奖励。安吉县已创建 6 个农机服务中心。

2. 加快全程农业机械化应用基地建设

2022 年浙江新建全程农业机械化应用基地 395 个，总结推广适用农艺农机融合生产技术 119 项。加强农机创新试验基地建设。遴选试验基地 100 个，常态化开展新产品、新技术试验示范，承接省部共建东南丘陵山地农业装备重点实验室等科研基地落地运行。支持建成农机创新试验基地 22 个，获得农业农村部长三角特色优势蔬菜全程机械化科研基地在浙江授牌。创新农机鉴定协作机制，通过政府购买服务方式扩大鉴定能力，有效满足企业鉴定时效要求。

2023 年台州黄岩区立项实施两个省级农艺农机融合试验基地，其中，针对柑橘产业的高山灌溉、除草、中耕、运输、分级等各环节提供了一套适宜丘陵机械化生产模式的装备。黄岩区推进绿沃川果蔬农艺农机融合示范试验基地等 3 个农艺农机融合示范基地建设项目，推进研发茭白小型适用农机装备 4 种，全程机械化应用基地 2 个。湖州市安吉县已创建 13 个全程机械化应用基地、4 个农机创新试验基地和 9 个数字农机应用基地。常山县游胜家庭农场列入国家第一批丘陵山区农机装备熟化应用基地名单。

（五）提升数字农机装备水平

2022 年浙江省数字农机装备水平为 13.1%，同比提升 6 个百分点；山地较多的衢州、台州和丽水市高于全省水平，分别比 2021 年提升 7.5 个、9.3 个、4.3 个百分点。台州温岭市开发上线"温岭掌上农机"数字化农机应用场景，落地社会化服务、政府服务和农机在线监理三大场景，实现农户"购机、用机、管机"全过程数字化，有效解决农机作业市场信息不对称和供需不平衡的问题。湖州安吉县数字农机应用基地已全部接入"浙江乡村产业大脑"数字平台，实现主要作业环节实时监测。温州乐清市拓展"互联网+农机作业"应用场景，在机耕、机插、机收等环节开展无人驾驶，在水肥一体、饲喂、环境调控等环节开展远程数字化操控等示范应用，建成数字农机应用基地 7 个，其中铁枫堂、聚优品 2 家石斛基地创建成省级数字农业工厂，有效推进机械化数字化融合。

（六）加强高标准农田改造和宜机化改造

2011 年以来，黄岩区加强农田水利、农业综合开发、粮食功能生产区建设和土地整理等，农田基础设施水平得到显著提高，田间道路通达 95% 以上，基本达到"旱能灌、涝能排、路相通、渠相连"的建设标准。截至 2022 年底，黄岩区已建成高标准农田面积 13.7 万亩，改造提升高标准农田 1 万亩，粮食主产区改造提升 0.306 万亩。衢州市将宜机化改造作为垦造耕地、建设高标准农田及绿色农田等土地整治项目的重要内容和验收要求。农业"双强"行动工作专班专门设立基础设施宜机化改造组，统筹推动山地丘陵宜机化改造，并把机耕路、沟渠等配套设施建设列入农田宜机化改造范围给予重点扶持。

三 浙江省丘陵山区农业机械化发展面临的主要问题

（一）浙江丘陵山区农业机械化发展不平衡

一是浙江丘陵山区农业机械化发展水平与平原地区仍存在较大差距，总

体上呈现为杭嘉湖、宁绍、温黄平原与金衢盆地的机械化水平较高,丘陵山区和海岛地区机械化水平低的格局。2021 年浙江农作物耕种收机械化率为 74.9%,浙江平原地区为 82.5%,高于全省水平 7.6 个百分点;江浙 41 个丘陵山区县(市、区)为 67.9%,低于全省水平 7 个百分点,低于浙江平原地区 14.6 个百分点(见表 1)。

表 1 2021 年浙江农作物耕种收综合机械化水平

单位:%

区域	耕整地环节	插栽环节	收获环节	综合机械化
全国	86.4	60.2	64.7	72.0
浙江	95.7	45.1	77.1	74.9
浙江平原地区	97.3	58.8	86.5	82.5
浙江丘陵山区 41 个县(市、区)	93.5	36.9	64.7	67.9

资料来源:根据 2021 年度全国及浙江省农机统计年鉴整理。转引自俞逸敏等《浙江省"四分"农业机械化发展调研报告》,《2022 年度浙江省农业农村厅"三农"优秀调研报告汇编》。

二是农业几大产业间机械化发展不平衡。茶叶、畜牧、水产等有较高附加值的产业机械化水平较高,设施种植蔬菜、林果等以鲜食产品为主的产业机械化水平相对偏低。金华、丽水茶叶机械化程度较高,分别达到 81% 和 78.59%。种植面积较小的经济作物如花生、油料等机械化水平明显高于玉米、大豆等粮油作物。2020 年全省蔬菜耕种收综合机械化程度为 35.2%,低于全国水平 2.4 个百分点,浙江丘陵山区 41 个县(市、区)蔬菜耕种收机械化程度为 30.1%,低于全省平均水平 5.1 个百分点(见表 2)。

表 2 2020 年浙江蔬菜耕种收综合机械化水平

单位:%

区域	耕整地环节	插栽环节	收获环节	综合机械化
全国	75.0	28.0	8.0	37.6
浙江	81.9	3.5	4.7	35.2
浙江平原地区	99.4	7.5	7.1	44.1

续表

区域	耕整地环节	插栽环节	收获环节	综合机械化
浙江丘陵山区 41 个县（市、区）	71.3	1.9	0.2	30.1

资料来源：根据 2020 年度全国及浙江省农机统计年鉴整理。转引自俞逸敏等《浙江省"四分"农业机械化发展调研报告》《2022 年度浙江省农业农村厅"三农"优秀调研报告汇编》。

三是粮油生产的三大环节机械化率丘陵山区低于平原地区。其中，耕整地环节丘陵山区机械化率为 93.5%，分别低于全省平均值及平原地区 2.2 个、3.8 个百分点；插播环节丘陵山区机械化率为 36.9%，分别低于全省平均值及平原地区 8.2 个、21.9 个百分点；收获环节丘陵山区机械化率为 64.7%，分别低于全省平均值及平原地区 12.4 个、21.8 个百分点。如山区种植较多的、以传统手工接种作业为主的香菇和黑木耳机械化水平较低，其接（播）种、发菌与育菇、采收分级与包装环节机械化率分别为 5%、55% 和 30%。

（二）购机补贴精准度、导向性与山区农机化高质量发展的新要求不相适应

浙江省农机补贴政策实施 18 年来取得很大成效，推动浙江省主要农作物综合机械化率提高到 2022 年的 78.4%。近年来，虽根据形势变化不断调整丘陵山区农机化发展的补贴政策，但购机补贴精准度、导向性未能适应山区农机化高质量发展的新要求，"无机可用"或"有机难用"的结构性问题仍比较突出，如水果、中草药采收环节机械化率几乎为零。水产养殖采捕环节设备缺乏，农产品初加工还缺少分级、包装和预冷等装备。

一是现阶段购机补贴政策优先考虑粮油业的高性能、高效率、复合型的大中型农业机械，而丘陵山区水产、果蔬、设施农业发展急需的小型农机具补贴额度偏低甚至未被纳入补贴范围。如比较受广大农户欢迎的适合山地果园履带式运输车"爬山虎"单价为 3 万元，但一直未列入浙江省农机补贴目录，部分农户与较小规模的经营主体因考虑成本而放弃购买。二是引导购置智能农机产品机制不够完善。特别是价格在 1000~3000 元区间的适宜于

中小型、老龄化农户应用的智能化农田监测设备，未被列入补贴目录，难以对数字农业发展形成有效推动。

（三）现行农地宜机化改造政策支持方式与山区农机化高质量发展的新要求不完全适应

推动农田地块小并大、短并长、弯变直和互联互通是丘陵山区农业机械化发展的基本前提。目前浙江省山区农地宜机化改造存在的主要问题：一是农田宜机化改造没有统一标准，不利于机械化操作，效率较低，农机与农艺无法融合。二是农用地综合整治与宜机化改造结合不紧密。目前浙江省农用地综合整治及宜机化改造支持资金都是以项目制形式下达，这种形式有效促进了土地集中整治和规模经营，但在资金支持形式上是以省级资金引导，辅以市县配套资金，村集体自筹40%以上。但由于多数山区县财政资金紧张，部分村级集体经济薄弱，配套资金不足，宜机化改造与土地整治难以同步进行，改善丘陵山区机械化作业条件难度较大。

（四）农户分散且多元化需求与农机社会化服务内生动力不足的矛盾加大

一是丘陵地区的分散且多元的农机服务需求无法在较大服务半径下聚合形成足够大的市场规模，容易导致农机服务需求孤岛化，导致供需双方信息不对称、搜寻成本高。二是农机服务组织运行成本高，收益回收慢。据统计，丘陵山区获得农机投资收益的周期较平原地区延迟一倍以上，导致农户开展农机社会化服务动力不足。三是农机服务领域主要集中在粮食产业及少数水果贮藏，中药材、蔬菜、畜牧、水产等产业几乎是空白的。

（五）推广普及先进农业机械的效率不高

一方面，丘陵山区的农村青壮年劳动力流失较为严重，老龄化程度较高，使推广普及先进农业机械的难度增大。另一方面，培训方式有待改进。多数地区采取集中培训方式推广新型农机使用方法，并未根据个体对新农机、新技术的接受程度进行分类培训，使农机新技术转化率较低。

四　精准施策，加快推进丘陵山区农业机械化

应结合浙江省丘陵山区农村经济发展特点，围绕机具购置、加快农机装备研发、农田宜机化改造和农机社会化服务、农机从业人员培训等主要方面加快政策集成创新，充分发挥政策实施的导向作用。

（一）建立针对性更强、更为完善的差异化购机补贴机制

一是重点支持薄弱环节、绿色高效机械装备以及智能农机与信息化装备等的推广应用，对研发清单中首台（套）新产品、推广清单中农机新产品实行"优机优补"，适当提高先进、高端、智能农机产品和丘陵山区急需产品的补贴标准。对适合山区小农户与人口老龄化特点的、易操作的、价格适中的农田管理智能化系统及设备给予适当补贴。二是统筹运用购置补贴、贷款贴息、融资租赁承租补助、作业补贴等方式，对有利于农机化发展的机械种类提高补贴额度或累加地方补贴。市县可利用地方财政资金选择一些当地农户急用的、农机化发展急需的特色产品开展新产品补贴。三是进一步拓宽补贴资金使用范围，对当地主推的农机化技术以及有利于重点产业机械化的重点环节，实行资金补贴引导，允许突破政策多用途使用政策资金，提高补贴资金的收益水平和利用效率，对为小农户提供服务的农机服务组织提供一定补贴，促进小农户与现代农业机械的有效衔接。

（二）加快农机装备研发推广，推进"机器换人"

一是加大核心技术攻关力度。编制丘陵山区农机技术发展路线图和任务书，以实施农机研发制造推广应用一体化试点项目等为抓手，强化科研攻关。以"农机装备创新研发推广联盟"为载体，鼓励农机装备产业链上下游企业和科研院所联合开展技术攻关，推动产学研一体化发展，鼓励中小型制造企

业聚焦丘陵山区适用农机，加快研制一批适用于丘陵山区的急需、好用、绿色、高效的农机装备。二是拓展提升农机鉴定能力，提升农机创新试验基地，支持推动农机创新产品的实验熟化和示范推广，拓宽新产品认定路径。

（三）开展高标准宜机化农田整治，打通机器进田的"最后一公里"

一是将宜机化作为高标准农田建设的主要内容并逐步提高投入标准，将丘陵地区高标准农田建设资金优先用于宜机化改造。将田间道路、下田坡道、土地平整度等纳入高标准农田整治范围，与土地整治、农业综合开发、农田水利、高标准农田建设、宜机化改造等同规划、同建设、同实施，改善农机作业条件。二是建立政府投入、农户参与的宜机化改造工作机制。村级集体经济组织和新型经营主体既是农田改造工程实施主体也是改造后农田使用主体，为有效提高项目执行效率和效果，应全程参与设计、施工、监督检查、验收和后期管护。因此，在资金扶持机制上可以借鉴重庆等地经验，在加大政府投入的同时，采取"先建后补、定额补助、差额自筹"机制，有利于简化项目程序、节约资金、科学设计施工和得到更好的后期维护管理。

（四）创新政府支持方式和支持重点，鼓励探索多种形式的农机社会化服务

一是同步推进农机社会化服务共享平台建设和农机社会化服务质量标准体系建设。两者同步推进有助于降低农机服务供需双方信息不对称问题导致的搜寻成本，也有助于降低农机服务质量"扯皮"问题引发的交易成本。二是建立具有适度作业半径的内生型农机服务市场，推进农机社会化服务和服务规模化，提高面向小农户的农机社会化服务能力。重点培育壮大村级农机服务组织和农业服务企业。探索"村集体+合作社+农户"方式，培育包括种植大户在内的农机大户，使其成为农机公共服务在偏僻乡村的延伸。种粮大户建德建坤农业开发有限公司在通过购置农机形成自我服务能力的同时，为周边农户提供农机服务，既确保了农户不误农时，又提高了农机利用

效率、增加了农机服务收入。衢州龙游县"米老大"共富工坊依托浙江红专粮油有限公司企业平台开展"合作社购买+农民租用"的农机装备共享体系，推行共享农机、共享农资、共享技术，组建农机服务团，为周边农户提供"一条龙"农机服务，实现了从种到收的全程机械化作业。"米老大"共富工坊投资 5000 万元引进粮食加工设备流水线，有效降低小规模种粮主体成本支出，服务山区 2 万余农户，为小规模种粮主体单项服务 3.3 万亩以上，全程（耕插收烘全程）服务 2 万亩以上[①]。三是设立政府农业生产社会化服务保险补助资金，出台保险支持政策，提高农机社会化服务"抗风险"能力。既创新了政府财政资金的使用方式，符合农业补贴政策转型的国际趋势，也有利于畅通农机社会化服务实施机制，降低制度实施的成本风险。可借鉴嘉善县的做法，出台农业龙头企业、家庭农场、专业合作社务农人员意外伤害保险和家庭农用机械综合保险政策，以农业生产业主承担 30%保费、县财政给予 70%保费补贴的方式提高农业抗风险能力。

（五）加大分类精准培训力度

对农村劳动力群体进行细分，实现精准分类培训农业机械使用技术。由浙江大学、省农科院、浙江农林大学等 13 家单位共同参与"三农九方"科技联盟，构建专业农机人才培育体系。依托各类平台，因地制宜培育农机技术骨干、农机操作骨干、人岗适配型员工等多类型骨干，提升农机从业人员素质。一是开展青年群体农机培训，如农用拖拉机、植保无人机培训，达到考核标准的颁发驾驶证。二是，对有一定劳动能力的老年群体开展简单易操作的农用机械培训。

---

① 《"米老大"共富工坊，让粮农尽享机械化"红利"》，http://www.qzdj.gov.cn/news/show-8189.html，2022 年 10 月 14 日。

B.19

推进人的现代化：浙江的实践与启示

陈 刚*

摘 要： 浙江推进以人为核心的现代化，始终坚持把增进人民福祉、提高人民生活水平和生活质量，满足人民对未来美好生活的向往，作为现代化建设的根本出发点和落脚点。浙江全面梳理以人为核心的现代化的基本内涵，以"发展第一、民生优先"为主线贯穿现代化建设的全过程，努力将以人为核心的现代化事业推向前进，在教育、就业、社会保障、医疗、居住、环境、精神文化生活等方面逐一补足短板，实现高质量的发展和人的全面的提升。

关键词： 以人为核心 现代化 人的全面发展

习近平总书记在党的十九大报告中明确指出，坚持和发展中国特色社会主义总任务是实现社会主义现代化和中华民族伟大复兴，在全面建成小康社会的基础上，分两步走在本世纪中叶建成富强民主文明和谐美丽的社会主义现代化强国。人民是历史的创造者，人民是推动发展的根本力量，人民对美好生活的向往是党奋斗的目标。党的二十大报告指出，要深入贯彻以人民为中心的发展思想，在幼有所育、学有所教、劳有所得、病有所医、老有所养、住有所居、弱有所扶上持续用力，人民生活全方位改善。中国特色社会主义现代化，本质上是以人为核心的全面现代化。顾名思义，以人为核心，本质上是促进人的全面发展。人的全面发展，包括人能力的全面发展和社会

---

* 陈刚，浙江省社会科学院经济所副研究员，研究方向为产业经济、世界经济。

关系的全面发展。人能力的全面发展是指人在社会生产活动中掌握全面发展的技能，并且可根据社会环境变化的需要以及个人兴趣特长发掘自身的能力和潜力，适应和改变工作，在社会生产、交换和分配等环节中获得满足生活和发展的物质资料。人的社会关系的全面发展则囊括的范围更为广泛，人的社会关系的全面发展既是人与人、人与自然、人与社会的协调发展，也是人对物质文明和精神文明追求相统一的发展。人在满足衣食住行等基本生活需求的基础上，还有对更高水平物质生活的需求以及对文化、艺术等精神生活的需求，还有对美好生态环境的更高层次的需求，这是人的精神追求递进式的跨越。以人为核心的现代化，便是把人的全面发展和提高，作为现代化建设的核心目标，构建包括思想观念、教育程度、知识结构、行为方式等在内的人的现代化，是通过人的全面发展提升整个经济社会的发展水平，这是现代化的本质核心所在。可以看到的是，在整个国家的"十四五"发展目标以及2035年远景目标中，人的因素被放到突出的位置，体现了促进人的全面发展在现代化建设中的核心地位。以人为核心的现代化，便是把人民置于中心地位，一切围绕如何实现人民利益来展开，更多地增强人民群众获得感，满足人民日益增长的美好生活需要。建设以人为核心的现代化，是突出强调人在现代化进程中的核心地位，是物的现代化服从并服务于人的现代化，以人的现代化引领科技现代化、社会现代化、生态文明现代化和治理现代化，最终实现人的全面发展以及社会的全面进步。

一 浙江推进以人为核心的现代化存在的短板

2020年3月29日至4月1日，习近平总书记考察浙江并发表重要讲话，为浙江高水平推进社会主义现代化指明了方向。2021年6月，《浙江高质量发展建设共同富裕示范区实施方案（2021—2025年）》明确强调，坚持以满足人民日益增长的美好生活需要为根本目的，以改革创新为根本动力，以解决地区差距、城乡差距、收入差距为主攻方向，更加注重向农村、基层、相对欠发达地区倾斜，向困难群众倾斜，在高质量发展中扎实推动共同富

裕，加快突破发展不平衡不充分问题。共同富裕，是基于人的全面发展和社会的全面进步。浙江的共同富裕示范区建设，旨在打造综合实力、人口素质、科技创新、社会建设、生态文明和省域治理均有明显提升的现代化省域样板区。到2035年全省全面的经济实力、科技实力和发展的质量效益跻身世界先进行列，人民平等参与与平等发展的权利得到充分保障，各方面制度更加完善，率先实现省域治理现代化，社会文明程度达到新的高度，基本实现全体人民共同富裕、社会既充满活力又和谐有序的现代化省域样板区。到21世纪中叶，物质文明、政治文明、精神文明、社会文明、生态文明得以全面建设，综合实力和国际竞争力名列前茅。

浙江秉持着"以人为核心"的理念，以"发展第一、民生优先"为主线贯穿现代化建设的全过程，努力将以人为核心的现代化事业推向前进，在教育、就业、社会保障、医疗、居住、环境、精神文化生活等方面取得卓越的成效；但也存在着不足，这有待今后补齐短板、优化提升。

教育方面。目前浙江的教育依然存在着资源分配不均衡等问题，不仅表现在区域间，也反映在学校间。当前，浙江学前教育缺口依然存在，在运行保障、经费投入、教师队伍等机制体制的建设方面相对滞后，面临着进一步优化提升的压力。区域、城乡、校际发展不均衡问题依然存在，资源供给呈现出结构性短缺的问题。群众的教育获得感不强，满意度不高。另外，学位点与研究生教育设置以及职业教育培育方式与浙江新时代对创新型人才的需求不匹配，技能型人才资源流动的刚性约束比较大，影响科研人员创业创新的体制障碍尚未完全消除。

就业方面。随着生产技术的提升，在后人工智能时代，人类社会架构、职业模式乃至经济运转模式，都将发生改变，这让目前的就业市场在很长一段时间内承受很大压力。高质量就业岗位和优质人力资源配置过程中的市场信息不对称，人力资源服务行业发展相对滞后，人力资源服务中介在高层次人才、高技能人才配置中的作用相对较弱。浙江以互联网为基础平台的电子商务、快递物流、网约车等新业态蓬勃发展，这些新业态用工关系灵活化、工作碎片化、工作安排去组织化等特征较为明显，导致其从业人员未能参加社保，就业稳定性和劳动权益难以得到有效保障。此外，城乡差距表现出新的形式，与城镇居民财产性收入相比，农村居民的财产性收入依旧较低，城乡分化依旧明显。

社会保障方面。长期以来，社会保障制度供给的碎片化问题一直比较突出，城乡区域和群体之间都存在着一定程度的制度分割和差异，各项制度自成体系，损害了社会保障的公平性，同时也阻碍了整个社保制度运行效率的提升。此外，社会保障体系不健全。目前，浙江依然是以第一层次的基本养老保险为主，涉及企业年金和个人储蓄性养老的其他层次发展呈现明显不足的问题，这与浙江经济发展水平严重不匹配，无法有效地满足人民群众的保障需求。

医疗方面。医疗卫生服务的发展依然不充分，这主要表现在医疗资源供给总量不足，并且存在着分布不均衡的状态。例如，浙江优质医疗资源供给总量不足，大多数三甲医院的病床使用率超过100%，全省78%的省级医院集中布局在杭州，加剧了优质医疗资源分布不均衡的现象。另外，医疗质量水平的提升还有很大的空间。在2022年中国医院排行榜中，浙江仅有一家医院进榜。华东地区医院综合实力前十中，浙江仅有两所省级医院入围。从制度角度考察，目前浙江卫生健康体系建设依旧比较滞后，改革资源碎片化、部门化，高效统一的改革领导机制亟待建立和健全完善。

居住方面。尽管城乡居住条件不断改善，但是人才住房保障体系仍不完善。过去数年城市房价的快速上涨也使得住房问题解决难度较大，特别是浙江购租并举的住房体系尚未完全建立，租赁住房有效供给不足，尤其是中小型刚需住房供给不足。另外，人才优先的住房保障体系也不健全，人才专项租赁住房保障机制亟须加快推进。目前，诸如杭州高层次人才保障住房实际覆盖率低，这不利于城市持续大规模吸引年轻的高科技人才。

环境方面。尽管浙江城市人居环境明显改善，但是老旧小区改造推进缓慢。由于前期规划阶段缺少前瞻性，再加上设计不合理，社区住房供需矛盾凸显，在功能配套方面也与居民对品质生活的需求不匹配。尤其是一些老旧小区通行道路狭窄，行车难和停车难等问题比较突出，环境绿化较差，多层

老旧公寓普遍未装电梯,老旧线路甚至还存在安全隐患,无法满足老年人口日常最基本的居住需求。

精神文化生活方面。文化建设融入经济社会发展不充分,这表现在文化孤岛现象比较突出,未能将文化元素融入社会建设的方方面面、融入人民生活当中。文化与旅游、科技等关联产业的融合还不密切,有待今后深度融合,发挥彼此之间的联动作用。文化软实力有待进一步加强,公共文化服务供给还存在着种类单一及供需不匹配的现象,公共文化产品与服务存在同质化现象,服务质量有待进一步提升。另外,基于大数据的群众文化需求反馈机制尚未建立,与群众文化需求缺乏有效对接,无法满足当前日渐多元化的公共文化需求。

二 以人为核心的现代化建设的国际启示

所谓"他山之石,可以攻玉",现代化先发国家和地区曾采取积极介入的方式对人进行全方位的"生存照顾",寻求社会公平。建设以人为核心的现代化,考察研究现代化先发国家和地区的发展路径,具有极其重要的借鉴启示意义。不可否认的是,经过比较,当前浙江以人为核心的现代化建设与现代化先发国家和地区相比存在较大的差距,有必要在充分总结其成功经验的基础上,有重点地予以借鉴吸收。

推动教育的现代化。如何培养需要的人才以及如何满足广大人民群众对于教育的要求,完善教育需兼顾效率和公平。这突出表现在如下几个方面。建立健全以公立教育为主、私立教育为补充的教育体系。许多现代化先发国家和地区采取公私混合并辅以发达完善的私立的课外辅导和职业技能培训机构的教育体系,即利用公立教育体系为绝大多数国民提供最基本的教育服务,同时拓展多元化和专业化教育。以人为核心的现代化意味着要满足社会对教育的多元化和专业化的要求,以德国为代表的欧洲国家在强化职业教育和专业化细分上颇下功夫。德国教育体系从中学阶段就开始分为文理中学、实科中学和职业中学。此外,注重终身教育机制的建立和健全以满足社会快速发展所需要的知识更迭。许多欧洲国家教育系统中设有公立教育中心的成人教育和终身教育，在社区公立教育中心内提供各种收费低廉的外语学习、计算机学习等技能课程，并且给予相应的资质证明。

推进高质量就业和居民增收。现代化先发国家和地区均注重立法和政策层面促进就业，重视劳动立法。在公共就业服务方面利用法律法规，构建全面、缜密的就业促进法规体系。在立法促进普通劳动力就业的基础上，还特别关注特殊人群、行业的权利保护。如日本积极推进职业型正式职工雇佣制度改革、民间人才市场的规制改革、充实作为安全网的职业培训，旨在消除正式雇佣与非正式雇佣两极化的现状、创造与劳动价值相联系的新型雇佣制度，所要达到的效果是通过多样化、灵活化的雇佣政策，实现充分就业下的劳动力自由流动，通过市场竞争促进高质量就业。另外，现代化先发国家和地区重视就业服务机构建设。如美国在就业服务方面，建立了三级就业组织体系，包括成立劳工部、在各州成立劳工局负责本州就业工作、建立"一站式"服务中心为所有劳动者提供免费直接的就业服务。此外，现代化先发国家和地区还重视开展多项就业促进措施提高就业服务质量，如依托互联网建立了网络就业服务系统体系，以此为平台开展劳动力与雇主的自助服务。更重要的是，现代化先发国家和地区充分重视劳动性收入，通过对分配和再分配体系进行更为合理和公平的设计，尽可能地缩小收入水平的差距。

健全现代化社会保障体系。社会保险体系主要分为国家为主的强制保险与私人为主的商业保险。现代化先发国家和地区通过最低限度的社会保险保障人民群众的基本利益，通过发展和规范商业保险保障人民群众进一步的利益。首先，推行全民保险、全民养老金制度。日本是以国家为主导进行全民保险的典型。第二次世界大战后，作为完善社会保障的一环，日本在医疗领域实施了全民保险、全民养老金制度。半个多世纪来，医疗保险制度业已成为日本国民生活中不可或缺的一部分，它是日本"二战"后实现世界最高的平均寿命和较高的医疗保健水平的制度支撑，在日本社会保障体系中占有极其重要的位置。美国因为缺乏官方为背景的统一和强制性的社会保险体系，故而以个人自主购买商业保险为主，这也导致其没有强制性的基本保险

体系作为托底，对社会底层缺乏覆盖。其次，多种形式互补形成完善的相互支撑体系。如美国经过几十年的发展完善，已经建立了完善的社会保险体系，其三大支柱包括政府主导的社会保险、雇主资助的私营养老金和个人养老保险计划，多种形式形成互补关系，完善了社会保险的覆盖网络。最后，建立健全社区养老模式。英国在第二次世界大战后，在全国范围内推行以社区养老服务为主的养老服务模式，并且在社会服务领域建立"准市场"机制，形成以私人部门和社会部门为主要供给者的社会养老服务体系。社区养老服务体系以人为本，具有社区化、多样化、专业化、官办民助等特征。如根据老年人的身体状况、经济状况以及需求提供居家养老服务、日间照护服务、老年公寓、护理院等不同的服务内容。同时，形成多种服务体系的互补和增进。例如长期照料服务机构细分为居家养老、养老社区、专业护理机构，针对不同的服务主体，开展不同形式、费用各异、强度不等的专业服务，在满足不同老年人服务需求的基础上，实现了服务体系的不断健全和覆盖面的扩大。

提高医疗卫生服务质量。现代化医疗卫生服务体系的专业性更高，需要大量资本与人力的投入，因此如何进行科学规划设计兼顾公平和效率就显得极为重要。西欧国家的医疗保险覆盖率非常高，但是公立医院因为效率低下而难免被诟病，而私立医院则收费高昂只有富人能够消费。由于不能完全实现对医疗卫生事项全覆盖，因此现代化先行国家采取了建立健全公立医院为托底、发展私立医院为补充的对策。首先，优化分级诊疗制度。在分级诊疗方面，日本注重优化医疗卫生资源配置、缓解医患供需矛盾。日本医疗机构主要有三种：医院、一般诊疗所及牙科诊疗所。对医疗机构按所有制、等级及功能分类，可分为特定机能医院、地域医疗支援医院、结核病医院、精神病医院、中小型医院等。特定机能医院主要功能为：提供高精尖医疗，高精尖医疗技术研修和先进医技引进、开发及评价。地域医疗支援医院主要功能为四个中心：分级诊疗中心、医疗中心、应急救助中心及教育培训中心。日本重视对医疗机构及其功能的精细分类，同时对医疗机构和患者开展双向激励措施，以期解决医患供需矛盾；开展医疗领域的规制改革。日本着力创建本土版的国立卫生研究院，将生物医学的基础研究和临床研究有机联系，根据综合战略，确定研究的重点和目标，集中生物医学研究项目，发挥集成效应，加快推动科技的产出。为了保证这一计划的顺利实施，日本加快推进产学官与医疗机构之间的合作，尤其是构建包含中小企业在内、面对医疗机构需求的健康和医疗支援体系。其次，加快医疗制度改革。如扩大民间第三方机构的认证、创设附有期限的早期审批制度；强化负责审批的行政法人医药品医疗器械综合机构的职能；加强对出售后药品质量和安全对策的关注，提高审查的效率，确保医药品、医疗器械的质量等。

完善住房保障。其一，重视完善住房保障体系中多元化的住房保障供应体系。欧美发达国家在住房保障体系建设中，重视政府、社会、市场在住房保障体系中发挥各自优势。例如英国、瑞典在完善住房保障体系中所强调的去商品化程度，很大程度上反映了这些发达国家充分发挥三大主体各自的优势，补足社会组织在住房保障中作用的缺失。英国政府还把持续供应可负担住宅列为重要的施政目标，完善租赁法规和中介市场，保障租赁双方的权利义务关系。其二，完善和规范住房金融服务政策。美国在这个领域采取的措施包括完善住房融资体系，如颁布《联邦住宅贷款法》、设立联邦国民抵押协会，建立抵押贷款二级市场，为完善健全住房保障体系提供资金支持。德国实行住房储蓄制度，这种封闭运转的融资系统的特点为先储蓄后贷款、贷款利率固定及低息互助。其三，对低收入群体实行支持政策。例如美国设立各项补贴政策，为解决低收入者住房问题，制定了完善的住房补贴制度。在日本，官办的住房金融公库直接面向中低收入者发放低息或无息贷款。

打造更优美的生态环境。生态环境涉及人民的基本环境以及可持续发展，世界上许多发达国家均重视这方面的工作。其一，开发与保护相结合，文化与自然相结合。许多发达国家都非常注重城乡特色历史文化的传承和保护，注重文化的延续和体现，尊重自然演变与顺应潮流，打造精致的地域景观，形成富有特色的城乡生活环境。例如意大利传承人性化的场所精神，充分利用既有的地域景观资源，借助空间改造，实现功能复合化，打造出宜居宜游舒适惬意的生活环境。日本的京都古城保护等也值得我们借鉴。其二，

探索环境治理和生态修复的成功模式。发达国家在工业化时期，都发生过严重的污染事件，如英国与美国的烟雾事件、日本的水俣病。针对此类问题，发达国家开始通过社会立法探索生态修复之路，如积极加大大气环境和水体环境治理，经过长期整治，目前世界上主要的发达国家空气和水体质量均已达到优良水平，成为宜居宜业之地。其三，以城市转型为动力，推动污染严重的地区开启蝶变之路。诸如英国的格拉斯哥、利物浦等城市原本都是重工业城市，通过重工业的转型升级已成为宜居城市。瑞典第三大城市马尔默曾是钢铁、造船业和汽车制造业的聚集地，污染严重，但经过治理改造后成为绿色环保城市建设的"大实验室"，最终获得联合国最佳人居城市奖。

创造更丰富的精神文化生活。从现代化先发国家和地区的发展路径可以看到，创造更丰富的精神文化生活是更高层次的需求，是以人为核心的现代化建设的重要形式。更重要的是，针对多元形式的群众文化需求，现代化先发国家也较早地确立了文化需求的反馈机制，有效地提升了市民的参与度与获得感。以柏林、戛纳、威尼斯等全球著名的国际电影节为例，丰富的观影形式带动市民参与，尤其是通过设计多种互动环节增强趣味性，可以让广大市民群众深度融入其中。此外，现代化先发国家通过创新方式丰富市民生活，包括成立各种艺术节实现多方主体的互动，吸引观众参与其中。各种艺术节不仅成为市民生活的一部分，也成为该国最重要的文化输出品牌。

三　浙江实现以人为核心的现代化的突破路径

浙江推进以人为核心的现代化，始终把增进人民福祉、提高人民生活水平和生活质量、满足人民对未来美好生活的向往，作为现代化建设的根本出发点和落脚点。站在全面开启现代化新征程的历史新起点上，浙江要全面梳理以人为核心的现代化的基本内涵，奋力打造中国式现代化的重要窗口。如前文所述，浙江推进以人为核心的现代化，离不开教育、就业、社会保障、医疗、居住、环境、精神文化生活等多方面的有力支撑，这些领域的总体发展水平是衡量以人为核心的现代化的重要表征。因此，实现以人为核心的现代化，就要围绕着这一揽子目标，逐一补足短板，实现高质量的发展和人的全面的提升。

教育方面。深化教育体制改革，全面提升教育现代化水平。优化布局提升教育质量，促进教育资源的均衡配置，满足人民群众对优质均衡教育的热切期待。优质均衡的教育是实现教育公平的先导，是实现人的全面发展的最基本的要求。为此，有必要扩大城镇教育资源的高质量供给，进一步提升农民工子弟学校教育质量，加大投入力度建设一支高素质的教师人才队伍。针对教育存在的"乡弱城挤""公弱民强"等现状，浙江积极谋划乡村教育提质工程和义务教育强校工程，实行义务教育教师"县管校聘"，引导优秀教师和校长向薄弱地区和学校流动。加快实施省重点建设工程和省一流学科建设工程，促进浙江省域范围内高水平大学建设，争取一批优势学科能够进入世界一流学科前列。同时，着眼于建立合理的高校学科布局教育体系。

就业方面。其一，加大就业创业政策扶持力度。进一步激发就业创业活力，突出创业带动就业，重点是加大创业担保贷款支持力度，加快建设大学生等重点群体创业孵化基地，为各类人才自主创业提供场地和服务。深化就业创业服务品牌建设，充分挖掘新产业、新业态、新商业模式的创业空间和就业潜力，并在就业状况、劳动关系认定、新业态劳动用工、新就业形态就业保障等方面着力进行制度和政策上的创新，以适应浙江灵活就业和以互联网为基础平台的电子商务、快递物流、网约车等新业态的蓬勃发展；大力促进浙江居民收入水平的提高，通过资本替代劳动提高全要素生产率、提升人力资本水平等途径，有效促进社会劳动生产率的提高，同步实现居民收入增长和经济发展同步、劳动报酬增长和劳动生产率提升。积极创造良好的政策环境，让经济的每个参与主体都享有公平的人力资本培育和获得公共服务的机会，破除劳动力在区域、城乡、产业和企业间流动的体制性障碍，使劳动者能够通过辛勤劳动实现自身的发展。其二，精准扶贫分类施策。浙江充分利用政府和保险公司各自的优势，构建政保合作平台，探索多种方式创新扶贫机制，例如引导和鼓励工商资本进入贫困地区，发展新产业，培育新业态。建立健全利益联结机制，着力于强化相对落后的地区经济发展的内生动

力。创新扶贫方法，探索加快脱贫和防止返贫的新机制。例如建立扶贫动态信息平台，为防止返贫，按照政策、数据、资源对接的要求，搭建"互联网+扶贫"信息平台，对扶贫、脱贫进行动态精细管理。

社会保障方面。扩大社会保障的覆盖面，切实有效地实现社会保障从人人享有向人人公平享有迈进。重视贫困人口的社保扶贫，解决基本养老和医疗保险的参保问题，扩大社保扶贫的范围，尤其是将低收入农户、低保边缘户也纳入社保扶贫范围，扩大社会保障制度的无盲区覆盖；推进灵活就业人员、新业态就业人员的全体参保扩面，切实解决社会保障存在的碎片化问题；加强和改善管理，以"最多跑一次"改革为契机，打破不同部门层级和地区之间的信息孤岛，推动数据和信息共享，改进和优化服务流程，促成服务标准化、信息化和规范化，促进社会保障治理现代化；加快推进互联网与社会保障管理之间的深度融合，实现社会保障管理的高效性和便捷性，改善人民群众的满意程度。

医疗方面。加大提升基本医疗服务能力，着力建设杭州、宁波、温州和金华—义乌四个省级医学中心，设立区域专病中心，完成在多数县（市、区）建立临床检验、影像诊断和消毒供应等区域共享中心等。打破行政区划限制，明确发展目标、主体功能、辐射区域和特色优势，围绕舟山群岛新区省级医学副中心建设，推动浙北地区与长三角中心城市的对接与合作。注重提高区域学科均衡发展水平，形成浙江全省以区域专科中心为支撑的高质量医疗体系；进一步完善医疗卫生服务体系，2019年正式启动"医学高峰"计划——打造国家传染病医学中心等8个国家医学中心和国家区域医疗中心，重点培育包括器官移植、康复医学、微创技术在内的10大重点专科；加快基层医疗服务能力升级达标，全面加强基层医疗卫生机构建设，着力破解看病难、看病贵的问题；推进医养结合发展。鼓励有条件的医疗卫生机构，根据服务需求设置老年养护、临终关怀床位，支持有条件的养老机构开展医疗服务，推进医疗卫生服务，进而延伸至社区家庭，建立医疗机构与养老机构相结合的合作机制，为老人提供健康养老服务，形成集医疗、康复、护理、关怀于一体的医疗养老服务体系。

居住方面。浙江积极着力完善多主体供给、多渠道保障、租购并举、管理有效的住房制度。加大住房用地供应，加大住房有效供给，优先落实保障性住房和人才住房用地，缩小房价和居民收入水平之间的差距，尽可能地提升人才吸引力，维持人才的逐年流入之势；继续增加租赁住房供给，促进租购并举；加快推进城市的有机更新，浙江更重视关注环境承载力下的老旧小区改造和棚户区改造，积极探索包括原拆原建在内的多种形式、灵活的城市自主更新，促进现代城市修补的微型改造和提升；多层次、多渠道发展住房租赁市场，充分发挥住房租赁市场高效灵活的特点，有效扩大受益面，满足不同层次人群多元化的市场需求；优化城市空间布局以实现职住平衡，也就是确保在一定地域范围内，职工的数量与住房的数量大体保持平衡状态，大部分居民可以就近工作。例如，以 30 分钟通勤圈为重点，用以实现创新地区的职住平衡，打造更具韧性、可持续发展的城市。顺应居民对美好生活的追求，大力推行在全寿命期内能够最大限度地实现人与自然和谐共生的绿色建筑，强化环境保护和生态修复，打造既宜居又宜业的社区。大力提升城市新型社区品质，打造能够吸引创新青年居住的社区环境，配套知识技术共享型的生活、休闲设施，满足年轻人多元化的居住需求。

环境方面。其一，打造更加优美的环境。生态文明是人与自然、人与人、人与社会协调发展的人类文明新形态。浙江在建设以人为核心的现代化的进程中，充分发挥"千万工程"示范带动作用，高质量推动大花园建设，打造具有浙江特色的人与自然和谐共生的实践样板。打造更加优美的环境，着重于强调"宜居"元素。以人为核心的现代化，宏观上是让城市常住人口公平享受公共服务，促进城乡一体化发展，实现共同富裕；微观上是要使居住环境成为让群众生活舒心舒适、安居乐业、高品质生活的空间。为实现这一系列的目标，浙江大力推进城市的有机更新，例如推进老旧小区改造和棚户区改造，开展美丽乡镇和美丽园区建设工程。城市更新由最初大拆大建式整体改造向注重环境承载力、实施环境整治、功能改变、生态修复、城市修补的微改造转变。其二，推动未来社区建设。未来社区是以人为核心的城市现代化、高质量发展、高品质生活的新平台，强调归属感、

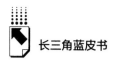

舒适感和未来感。浙江充分发挥智慧应用的新优势，推进未来社区建设，围绕社区全生活链服务需求，坚持以人为核心，以数字化为价值导向，构建以未来邻里、教育、健康、创业、建筑、交通、能源、物业和治理等多元场景创新为引领的新型城市功能单元。其三，推进以人为核心的新型城镇化，破除城乡二元结构，推动城乡要素有序流动，注重经济发展与生态保护相协调，侧重城市文化传承与基础设施建设相融合，以满足人民日益增长的生态宜居环境和精神文化追求的需要，在动态化的以人为核心的新型城镇化建设中不断向实现人的全面发展的现代化目标迈进。这不仅有助于释放内需潜力，促进产业结构升级，加快推进和拓展中国式现代化，而且有助于加快促进发展模式由传统、粗放型向绿色、低碳型转变，提高人居环境质量，保证经济社会发展的可持续性，实现人与社会、人与自然的和谐共生。

精神文化生活方面。其一，采取多种方式丰富人民群众的精神文化生活，满足人民群众日益增长的文化生活需求。建设以人为核心的现代化，必须坚持以人民为中心的创作导向，深度挖掘浙江丰富独特的历史文化资源、创造活力，推动优秀传统文化的创造性转化，提高质量，促进文化事业和文化产业的繁荣兴盛，增强文化自觉和文化自信；继续深化文化体制改革，创新机制，不断激发文化创造的活力，完善现代文化体系和市场体系，培育新型文化业态和新的文化消费模式。其二，加强公共文化设施建设，丰富服务载体、拓展服务空间，创新服务形式，完善服务体系。促进公共文化服务重心下沉，大力发展校园文化、社区文化、企业文化、乡土文化，打造和培育群众文化活动品牌；整合全省公共文化数字资源，横向打通多部门，同时纵向实现省、市、县、乡镇、村五级贯通，多跨协同；打造特色文化基地，做强特色文化企业，深入实施文化惠民工程，提高人民群众参与度，切实提升其对精神文化需求的获得感，完成从初级物质生活需求向更高级的多元精神文化需求的跃进，实现文化产业的高质量发展。

B.20
中国式现代化城市建设的杭州范例

吴晓露*

摘　要： 本报告在回顾杭州市创建中国式现代化城市范例的背景及总结两年来在经济发展、人口结构、民生福祉及城市品质等方面主要建设成就的基础上，提出杭州市未来应重点从坚持高质量发展让城市基础更稳固、坚持以人民为中心让城市更惠民、坚持数字赋能让城市更智慧三方面入手加快推进中国式现代化城市建设。

关键词： 杭州　中国式现代化城市　高质量发展

党的二十大报告提出以中国式现代化全面推进中华民族伟大复兴，强调高质量发展是全面建设社会主义现代化国家的首要任务，并把实现高质量发展作为中国式现代化的本质要求之一。城市作为区域经济、政治、社会、文化、科技发展的核心与枢纽，其现代化建设对于全面实现中国式现代化意义重大，尤其中心城市更是中国式现代化的主要空间载体，超大城市、特大城市在不断推动高质量发展过程中承担着中国式现代化建设的先行示范任务。杭州市作为国家中心城市、长三角区域一体化的核心城市和高质量建设共同富裕示范区（浙江省）的龙头城市和核心引擎，具有建设中国式现代化先行示范城市的良好基础。2023年9月，习近平总书记在浙江考察指导时，赋予浙江"中国式现代化先行者"的新定位和"奋力谱写中国式现代化浙江新篇章"的新使命。杭州市明确提出"加快打造世界一流的社会主义现

---

* 吴晓露，浙江省社会科学院经济研究所研究员，研究方向为区域经济学、产业经济学。

代化国际大都市""争当浙江高质量发展建设共同富裕示范区的城市范例"
"为中国式现代化提供城市范例"。两年来，杭州市围绕高质量发展的首要
任务和高水平打造"数智杭州·宜居天堂"的建设目标，稳步推进全面深
化改革和高水平对外开放，在科技自立自强能力提升、现代化产业体系建
设、城乡区域协调发展等方面继续走在全国前列，中国式现代化城市范例建
设取得重大进展。

一 杭州建设中国式现代化城市范例目标的提出

21 世纪以来，杭州市在"八八战略"引领下，从市域层面对中国特色
社会主义进行了持续不断的理论探索和实践创新，不仅在推进市域经济社会
高质量发展、产城融合联动等领域取得显著成效，而且在丰富城市形态、提
升城市现代化治理等方面硕果累累。尤其 2020 年 10 月，《中共中央关于制
定国民经济和社会发展第十四个五年规划和二〇三五年远景目标的建议》
出台，开启全面建设社会主义现代化国家新征程。杭州市全面贯彻和落实党
中央和浙江省委、省政府的战略部署，不仅在 2021 年 3 月出台了《杭州市
国民经济和社会发展第十四个五年规划和二〇三五年远景目标纲要》，还在
2021~2022 年密集出台了《杭州市新型城镇化"十四五"规划》《杭州市高
端装备制造业发展"十四五"规划》《杭州市城市管理"十四五"规划》
《杭州市推进"一带一路"建设和城市国际化"十四五"规划》等数十个
专项规划和《杭州城西科创大走廊发展"十四五"规划》等多个区域规划，
为杭州市高水平打造"数智杭州·宜居天堂"，加快建设社会主义现代化国
际大都市及各行业、各部门全面推进中国式现代化建设提供了政策指引。
2022 年 12 月 26 日，杭州市委十三届三次全体（扩大）会议暨市委经济工
作会议上提出"加快打造世界一流的社会主义现代化国际大都市""率先探
索具有普遍意义的共同富裕和现代化路径""为中国式现代化提供城市范
例"等城市建设目标，标志着杭州市在新的发展阶段开启了中国式现代化
城市建设的新征程。

二 杭州建设中国式现代化城市范例的主要进展

2023年以来，杭州市围绕打造"世界一流的社会主义现代化国际大都市"和建设"中国式现代化城市范例"等城市发展目标，以"八八战略"为指引，在全面深化"奋进新时代、建设新天堂"一系列变革性实践基础上，始终坚持干在实处、走在前列、勇立潮头，不仅成功推进了共同富裕和幸福杭州建设，更在中国式现代化城市范例建设上取得重大进展。

（一）经济综合实力稳步提升

1. 经济总量迈上新台阶

2023年，杭州市实现地区生产总值20059亿元，成为全国继北京、上海、广州、深圳、重庆、苏州和成都之后的第8个"2万亿"城市，比2022年前移了1位，超越了武汉（见图1）；亦成为长三角地区经济总量仅次于上海和苏州的城市，GDP比上年增长了5.6%，高于全国GDP平均增速0.6个百分点和低于长三角地区0.1个百分点。

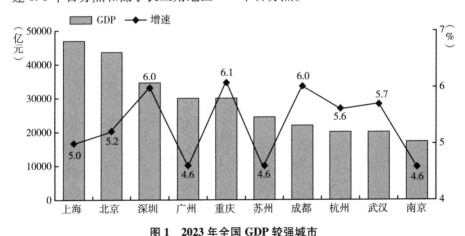

图1 2023年全国GDP较强城市

资料来源：各城市2023年国民经济和社会发展统计公报。

2. 经济结构持续优化

2023 年，杭州市第一、二、三产业增加值分别为 347 亿元、5667 亿元和 14045 亿元，分别比上年增长 3.7%、1.8%和 7.2%。

工业运行平稳，成为支撑全市经济增长的重要动力。2023 年，杭州市的工业增加值为 4984 亿元，比 2022 年增长 2.4%，占全市生产总值比重为 24.85%。其中，高新技术产业、战略性新兴产业、装备制造业的增加值分别增长 1.3%、2.6%和 7.8%，占规模以上工业的 70.0%、45.6%和 53.8%；重点行业中，数字经济核心产业制造业、计算机通信和其他电子设备制造业、电气机械和器材制造业、汽车制造业的增加值分别增长 4.5%、3.8%、16.3%和 9.7%；八大高耗能行业增加值占比下降 0.6 个百分点，新旧动能转换加速推进。

服务业贡献突出，重点行业活力充沛。服务业是杭州市经济增长的主要动力，2023 年对经济增长的贡献率达 89.0%，拉动生产总值增长 4.9 个百分点，且各行业均保持较快增长。其中，以信息软件业为主体的营利性服务业增加值增长 9.3%；批发和零售业、交通运输仓储和邮政业、住宿餐饮业、金融业的增加值分别增长 2.5%、25.0%、11.0%和 7.7%；升级类商品消费增长较快，家用电器和音像器材类、金银珠宝类、可穿戴智能设备、智能家用电器和音像器材零售额分别增长 24.2%、19.6%、93.7%和 20.8%。

3. 内生动力不断增强

市场主体量增质升，民营经济优势突出。市场主体量增质升。2023 年，全市新设立各类市场经营主体 36.5 万户，比 2022 年增长 26.7%；年末在册市场经营主体 187.5 万户，比 2022 年增长 11.7%，其中，企业和个体工商户分别是 96.1 万户和 90.9 万户；新增上市公司 22 家、总数达 302 家，在全国所有城市中排名第四，仅次于北京、上海和深圳；19 家企业入选浙江省首批"雄鹰"企业；新增专精特新"小巨人"企业 117 家、总数达 321 家；新认定国家级高新技术企业 3195 家、总量超过 1.5 万家。民营经济优势突出。2023 年，全市民营经济增加值占生产总值比重为 61.2%；年末拥有私营企业和规模以上工业民营企业 87.0 万家和 6132 家，分别占企业总数和规模以上工业企业总数的 90.6% 和 88.5%；"中国民营企业 500 强"数量连续 21 年居全国城市首位；全市 75.8% 的货物出口和 51.9% 的固定资产投资由民营经济创造，分别比上年提高了 1.2 个和 4.0 个百分点，增速亦分别快于全市货物出口和固定资产投资平均增速 5.7 个和 2.6 个百分点，呈现出较强的韧性和活力。

创新能力持续增强。杭州市已连续 3 年获浙江省"科技创新鼎"。一方面，杭州市的全年研究与试验发展（R&D）经费支出持续加大，2023 年 R&D 经费支出占生产总值的 3.9%；财政一般公共预算支出中科技支出占比 9.2%，比 2022 年提高 1.0 个百分点；市本级新增财力的 17.7% 用于科技投入等。全年新增发明专利授权量和年末有效发明专利拥有量分别是 3.2 万件和 15.3 万件，分别比 2022 年增长 6.2% 和 24.8%，后者居全国省会城市首位。另一方面，创新实现新突破，加快推进完善科技成果转化全链条服务，启动运行杭州技术转移转化中心，承办全国颠覆性技术创新大赛总决赛，新布局概念验证中心 15 家等，全年技术交易额达 1589 亿元，比 2022 年增长 49.8%；以城西科创大走廊为主平台，高能级科创载体提能升级，首家国家实验室挂牌运行，中国科学院杭州医学所获批直属所，新增全国重点实验室 7 家，承担国家、省重点研发项目 278 项，实施市重大科技创新项目 100 项，13 项"卡脖子"技术实现国产替代等。同时，杭州市还通过实施科技企业"双倍增"计划，新认定国家高新技术企业 3195 家，新增国家级孵化器 8 家。

数字经济加快领跑。2023 年，全市数字经济核心产业增加值为 5675 亿元，对生产总值的贡献率上升至 28.3%，尤其数字经济核心产业制造业增加值增长 4.5%，明显高于规上工业平均增速。目前，数字经济不仅成为全市经济的主引擎，而且在原有的软件和信息服务业优势基础上，通过打造万亿级的智能物联产业集群，成功带动新兴产业、未来产业加快发展，形成新动能，融合带动传统产业转型升级，形成一批智能制造新模式，激发跨境电商、直播电商、新零售、数字贸易等服务业加快发展。

新质生产力加快发展。近年来，杭州市加快推进互联网、大数据、人工

智能与实体经济深度融合,不仅制造业逐步转型升级,而且越来越多的创新成果正逐渐转化为新质生产力。2023 年,全市新产业、新业态、新模式为主要特征的"三新"经济增加值约占生产总值的 40.0%,其中,工业机器人、锂离子电池、太阳能电池等新产品产量分别实现 118.6%、39.8% 和147.2% 的增长。杭州市还于 2022 年开始布局打造智能物联、生物医药、高端装备、新材料和绿色能源五大产业生态圈,作为推进全市产业基础再造和产业链提升的主要抓手,加快发展先进制造业集群。2023 年,杭州市五大产业生态圈实现营业收入 18282 亿元,比上年增长 2.8%。

4. 经济循环更加通畅

投资结构优化,高新技术产业投资增速加快。2023 年,杭州市固定资产投资比上年增长 2.8%,其中,工业投资增长 29.9%,尤其制造业投资增长 30.0%;高新技术制造业和高技术服务业投资分别增长 39.3% 和 6.5%。从投资主体看,民间投资增长 5.4%,扣除房地产开发投资,民间项目投资增长 8.6%;实际利用外资 88.3 亿美元,比 2022 年增长 13.0%,其中,制造业利用外资 45.4 亿美元,总投资 3000 万美元以上项目 108 个。

消费逐步回稳,升级类消费表现活跃。2023 年,杭州市社会消费品零售总额比上年增长 5.2%;尤其升级类商品和智能绿色产品增长较快,家用电器和音像器材类、金银珠宝类分别增长 24.2% 和 19.6%;可穿戴智能设备、智能家用电器和音像器材及新能源汽车分别增长 93.7%、20.8% 和 18.9%。

对外开放持续扩大,贸易结构更加优化。2023 年,杭州市新引进外商投资项目 1066 个,其中,世界 500 强企业投资项目 5 个,累计已有 137 家世界 500 强企业来杭投资 239 个项目;年末全市设立各类境外投资企业(机构)3411 家,比上年增长 13.6%;境外总投资 99 亿美元,其中,中方投资 38.5 亿美元;国际经济合作完成营业额和离岸服务外包合同执行额分别为 21.4 亿美元和 93.6 亿美元,分别比 2022 年增长 48.4% 和 6.2%。全市货物进出口总额 8030 亿元,比 2022 年增长 6.1%,其中,出口总额和进口总额分别为 5339 亿元和 2691 亿元,分别比 2022 年增长 3.7% 和 11.3%,出口总额占全国出口的份额提升至 2.25%。尤其电动载人汽车、锂离子蓄电池、太阳能电池出口总额大幅增长，分别增长 557.9%、37.3% 和 55.0%；对共建"一带一路"国家出口总额增长 11.4%，高于全部出口 7.7 个百分点；对俄罗斯出口总额增长 38.6%。

（二）人口结构不断优化

1. 人口长期净流入，城镇化率持续上升

杭州市是国内少数多年来一直保持较高的人口净流入的城市之一，第七次全国人口普查结果显示，2010~2020 年，杭州常住人口增加 323.56 万人，增量居长三角第一位，年平均增长 3.21%；2023 年末，全市人口达 1252.2 万人。近年来，随着城市建设的不断推进与持续优化，常住城镇人口比例不断提升，从图 2 可见，杭州市常住人口和城镇化率分别从 2019 年的 1036 万人和 78.5% 快速上升至 2023 年的 1252.2 万人和 84.2%，后者分别高出长三角地区和全国平均水平约 14.2 个和 18 个百分点。2023 年，杭州市不仅城区人口首次突破 1000 万，实现了从特大城市到超大城市的跨越，成为长三角地区继上海之后的第二个超大城市，而且区域内的 10 区 2 县 1 个县级市中，除临安区、建德市和淳安县，其他地区的城镇化率均高于 70%，市内各区域间的人口城镇化水平差异进一步缩小。

2. 劳动年龄人口占比较高

2023 年，杭州市 16~59 岁劳动年龄人口为 847.4 万人，占总人口的 67.7%，分别高于浙江省和全国平均水平 2.6 个和 6.4 个百分点，是长三角地区劳动年龄人口占比较高的中心城市之一。

3. 居民学历结构不断优化

第七次全国人口普查数据显示，杭州市每 10 万人中拥有大学文化程度的人上升为 29317 人，拥有高中、初中及小学文化程度的人分别下降为 15366 人、26227 人和 20642 人。近年来，受杭州市城市竞争力快速提升和人才政策不断迭代升级影响，杭州市已连续 13 年入选"外籍人才眼中最具吸引力的中国城市"，人才净流入率居全国前列。截至 2023 年，杭州市人才

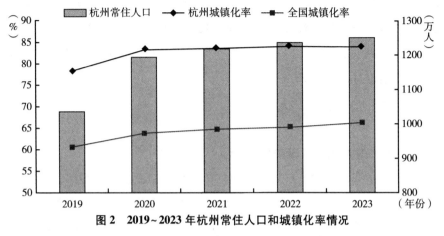

图 2　2019~2023 年杭州常住人口和城镇化率情况

资料来源：由《2023 年杭州市统计年鉴》《中国统计年鉴 2023》相关数据整理而得。

总量已超过 300 万，在流入的人才中，大专及以下学历仅占 0.12%，本科占 80.19%，硕士占 19.13%，博士占 0.56%；2023 年，新入选省顶尖人才和新认定高层次人才分别为 11 名和 3.5 万名，新引进 35 岁以下大学生 39.7 万人。

（三）居民生活水平稳步提高

2023 年，杭州市人均地区生产总值为 161129 元，分别是全国和浙江省平均水平的 1.8 倍和 1.3 倍，比 2022 年增长 5.6%，经济高速发展带动居民生活水平稳步提高。

1. 收入水平稳步提高

2023 年，杭州市居民人均可支配收入 73797 元，比 2022 年增长 5.0%；城乡居民人均可支配收入倍差 1.67，比 2022 年缩小 0.04，低于全国平均水平 0.72（见图 3），是全国城乡收入差距最小的城市之一。同时，杭州市亦积极探索"共富提低"新路径，有效拓宽低收入农户增收渠道，全市低收入农户人均可支配收入达 25520 元，比 2022 年增长 11.7%，高于全省平均水平 4080 元。

2. 消费回暖向好

2023 年，杭州市居民人均消费支出 50129 元，同比增长 7.9%，与 2019 年相比，不仅城镇居民和农村居民的人均消费支出分别从 44076 元和 26296 元上升至 54103 元和 35133 元（见图 3），而且食品烟酒消费支出占人均消费支出的比重（恩格尔系数）为 24.4%，比 2022 年下降了 0.7 个百分点，教育文化娱乐类、医疗保健类、化妆品类、智能绿色产品类、金银珠宝类、家用电器和音像器材类等升级类商品的消费比重明显上升。

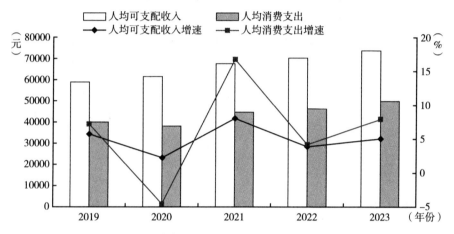

图 3　2019~2023 年杭州市的人均可支配收入和人均消费支出

资料来源：由《2023 年杭州市统计年鉴》相关数据整理而得。

3. 民生福祉持续改善

2023 年末，杭州市职工基本养老保险、医疗保险、工伤保险、失业保险参保人数分别为 846 万人、803 万人、716 万人和 587 万人，分别比 2019 年提高 20.1%、23.7%、28.6% 和 20.6%。城乡居民养老保险基础养老金和最低生活保障标准分别统一提高到每人每月 1259 元和 350 元；最低生活保障对象为 8.7 万人，比 2019 年下降了 15.1%。同时，高质量推进十方面民生实事落地取得重大进展。2023 年末，杭州市拥有各类养老机构 250 个、儿童福利机构 8 个，城乡社区居家养老服务中心 2722 家，新增认知障碍照护专区床位 1744 张，为独居老年人安装"安居守护"智能安全监测设备

5435 台；新增照护托位 6870 个（其中普惠托位 5505 个），新建成中小学和幼儿园 98 所，新增学位和城乡义务教育共同体 8.4 万个和 85 个等。

4. 生活环境大幅改善

居住条件明显改善。2022 年，杭州市城镇居民和农村居民的人均住房建筑面积分别为 40.7 平方米和 77.4 平方米，比 2019 年分别提高 2.5 平方米和 3.3 平方米。

耐用消费品拥有量不断增加。2022 年，杭州市城镇居民和农村居民平均每百户年末分别拥有家用汽车 68.9 辆和 60.6 辆、空调 256.4 台和 217.7 台、移动电话 258.9 部和 272.1 部，分别比 2016 年提高 16.7 辆和 18.2 辆、29.8 台和 49.5 台、16.8 部和 6.9 部。

环境条件不断改善。2023 年，杭州年市区空气质量优良天数 308 天，优良率 84.4%，比 2019 年提高 5.8 个百分点；市控以上断面水质Ⅲ类以上比例保持 100%，比 2019 年提高 1.9 个百分点；首获浙江省"五水共治"大禹鼎金鼎、"无废城市"清源杯。

（四）城市品质大幅提升

2023 年，杭州市成功实现两大跨越——特大城市到超大城市的大跨越（城区人口跨越千万台阶）和"1 万亿方阵"到"2 万亿方阵"的大跨越（经济总量上新台阶）；在《世界城市名册》排名跃居全球第 73 位、创历史新高，连续 17 年获评"中国最具幸福感城市"，品质城市建设取得显著成效。

1. 城市空间布局和形态不断优化

"一主六辅三城"城市空间格局不断优化，主城区的经济和人口承载能力及资源优化配置等核心功能日益增强，萧山、良渚、临平、钱塘、富阳、临安六个辅城和桐庐、淳安和建德"三城"间产业协同、协调联动与特色发展成效凸显。而且，作为浙江省的省会城市及龙头城市，近年来杭州与宁波携手成为推动浙江经济高质量发展的"领头羊"和"双引擎"，辐射杭甬都市圈、都市圈引领城市群、城市群带动区域高质量发展的空间增长动力新机制加快形成。第一，规划先行。省级和市级层面共同编制杭州市国土空间总体规划，加快构筑"一主六辅三城"的多中心、网络化、组团式、生态型特大城市新型空间结构，形成东西并进、南北互动的市域一体化格局。第二，杭州都市圈和杭甬一体化融合发展。以杭州都市圈和杭甬"双城记"为抓手，谋划基础设施一体化、产业分工协作、统一开放市场、公共服务共建共享、生态环境共保共治、城乡融合发展六大领域的重点任务，都市圈、城市群合作共建机制进一步健全与完善，杭州与宁波、嘉兴、湖州、绍兴四城间的合作共建稳步推进，都市圈一体化、同城化不断增强，成为浙江省经济高质量发展的策源地和动力源。第三，构建美丽空间发展格局。实施规划编制攻坚年行动，完成重要规划195个，新（改）建城市公园65个，分别建成未来社区和城乡风貌样板区134个和33个，新增城市绿地和新（改）建绿道822万平方米和333公里。全市30个现代化美丽城镇建设项目入选浙江省示范镇名单，累计建成绿道4800余公里，基本实现"主城区范围5分钟可达绿道网"，新改建农村生活污水处理设施463个，行政村出水达标率93.37%。顺利推进全国首个现代化国际大城市减污降碳协同创新试点，深化蓝天碧水净土清废行动，连续8年获美丽浙江考核优秀，入选首批国家碳达峰试点城市，省级生态文明建设示范区实现全覆盖等。第四，主动融入国家战略。全国首创23项数字自贸区制度型开放举措，数据开放综合评价指数和服务外包示范城市综合评价均居全国首位，成功创建国家物流枢纽、国家对外文化贸易基地；主动融入长三角经济带，推进168项长三角一体化重点工作和12个数字长三角标志性事项。

2. 城市功能更加完善，公共服务保障能力持续增强

城市更新顺利推进。重点实施迎亚运城市品质、城市治理、城市文明三大提升行动，深入推进"匠心提质绣杭城"专项行动，精心绣好"美丽家园""杭韵街巷""畅行交通""花满杭城"4条风景线，完成城市环境品质提升项目1741个、打造无障碍特色场景1400个，优化39个入城口、139条亚运通勤道路和200条重要保障道路周边环境，整治环境问题521万个。钱塘快速路全线贯通，京杭运河杭州段二通道建成通航。完成城镇老旧小区改

造 269 个、回迁安置 23251 户，新开工保障性住房 150.9 万平方米；推进老旧小区住宅加装电梯 1118 台，创建"美好家园"住宅示范小区 113 个。完成城区交通堵点治理 50 处，建设可变车道 500 处；新优化地铁接驳、开辟社区及城乡公交线路 130 条，新建和改造公共领域新能源汽车充电桩 2535 个。连续 3 年获评全国健康城市建设样板市。

智慧城市建设领跑全国。杭州市自 2012 年 4 月被正式列为"中国智慧城市"试点城市后，始终坚持以"八八战略"为指引，强调科技铺路、数字赋能。一方面，2014 年以来，相继全面实施以发展信息经济、推进智慧应用为重点的"一号工程"，奋力推进数字经济创新提质"一号发展工程"等，数字经济快速发展，不仅撑起了杭州经济的半壁江山，而且成为全市经济转型升级的动力引擎，在电子商务服务、云计算、第三方支付等方面全球领先；数字发展、数字治理指数均居全国城市首位。另一方面，2018 年，杭州市在以"城市大脑"建设推进城市数字化改革重要探索基础上进一步提出，围绕"全国数字经济第一城"建设目标，全面推进数字产业化、产业数字化和城市数字化协同融合发展过程中，将城市大脑建设作为推动城市数字化的主要抓手和重要内容。经过多年实践探索，杭州市连续多年荣获智慧数据之城、中国领军智慧城市等称号。

绿色城市建设顺利推进。杭州市认真学习贯彻习近平总书记在全国生态环境保护大会上的重要讲话精神和考察浙江重要讲话精神，全面深化新时代美丽杭州建设，聚焦生态文明体制改革，推动全面绿色转型，在高质量发展和高水平保护的共生共促中加快打造人与自然和谐共生的中国式现代化城市范例。2023 年，杭州市以"治气攻坚 20 条""五水共治"等为抓手，扎实开展蓝天、碧水、净土、清废等专项行动，累计淘汰国四及以下柴油汽车和国二及以下柴油叉车 6.2 万余辆，地表水市控以上断面水质优于Ⅲ类比例、功能区达标率、饮用水水源地水质达标率连续三年 100%。稳妥推进碳达峰碳中和和制定实施碳达峰三年行动计划，成功入选首批国家碳达峰试点城市；全面推进全国首个现代化国际大城市减污降碳协同创新试点；全域推进"无废城市"建设，荣获"无废城市"清源杯。推动全域生态文明示范创建，新建国家级示范区 2 个、绿水青山就是金山银山实践创新基地 1 个。成立全民绿色行动促进会，推进全民绿色行动规模化、常态化等。

3. 城市治理水平大幅提升

城市空间治理不断优化。随着《杭州都市圈发展规划（2022—2035）》获国家发改委正式批复实施和杭甬"双城记"工作专班实体化运转，杭州市进一步明确了未来发展的空间战略格局、空间结构优化方向及重大生产力布局安排，科学的城市和都市圈发展规划在城市空间治理中的引领作用得到进一步强化。

数字赋能城市治理提质增效。近年来，杭州市依托"城市大脑"，聚焦群众"急难愁盼"问题和推进城市治理现代化，不仅持续推动城市治理模式转变，实现治理模式的变革与创新，形成解决城市治理新情况新问题的穿透力，还持续推动城市服务模式转变，推动城市服务进入精准和高效时代，并尝试把政务服务增值化改革作为推进浙江省首批政务服务增值化改革试点，创新打造"亲清在线·政策超市"，线上兑付资金 255 亿元、惠及企业 11.9 万家。此外，杭州还建立健全了数字治理安全保障和风险管控的制度规则、防护体系和技术保障，提高预警和处置能力；积极营造城市网络安全保障生态环境，形成全社会共同参与的网络安全协同机制。

城市安全韧性治理进一步提升。贯彻落实国家粮食安全战略，严格落实耕地保护，建成高标准农田 7.8 万亩，落实粮食生产功能区储备区 7351 亩，发展新型综合种养面积 10.8 万亩。响应国家碳达峰、碳中和目标，针对杭州亚热带季风气候和超大城市人口高密度等特征，对气候变化、生态环境、防洪排涝、地质安全、供水安全、公共卫生等关键风险进行全面评估并制定关键规划措施。同时，开展深化安全生产隐患大排查大整治专项行动，整改问题隐患 62.5 万处；生产安全事故起数和死亡人数分别比上年下降了 7.9%、4.5%。杭州还荣获省首批"安全发展鼎"和首批全国社会治安防控体系建设示范城市等称号。

4. 文化软实力不断增强

"两个亚运"的精彩绽放，全方位展示了杭州的历史文化底蕴和现代文

化特征，实现"天下从此重杭州"到"天下再识新杭州"的大跨越，国际知名度和城市美誉度大幅提升。

深挖西湖、良渚、大运河三大世界文化遗产内涵，推进大运河国家文化公园等项目建设，重塑西博会百年品牌，成功举办中国国际茶叶博览会、中国国际动漫节、杭州文博会等文化盛会。

实施文旅深度融合工程。建成杭州书房 14 家、文化驿站 16 家、"15 分钟品质文化生活圈" 537 个。2023 年，杭州市文化产业增加值 3211 亿元，比 2022 年增长 11.3%。

三　加快推进中国式现代化城市杭州范例建设的对策建议

中国式现代化不同于以往的现代化概念，是习近平总书记结合中国的实际国情及未来的发展方向，提出的人口规模巨大、全体人民共同富裕、物质文明和精神文明相协调、人与自然和谐共生及走和平发展道路的现代化。城市现代化作为中国现代化目标的一部分，必须能够体现中国式现代化的特征和内涵。而且，杭州市作为中国高质量建设共同富裕示范区的浙江省的龙头城市和省会城市及中国最大城市群和增长极长三角地区的中心城市，必须以习近平新时代中国特色社会主义思想为引领，按照党的二十大报告所阐述的新时代新征程中国共产党的中心任务及其分解的各项任务和实施要求，贯彻落实习近平总书记考察浙江省和杭州市时的重要讲话、重要指示精神，立足新征程、新定位、新使命，紧扣"深化改革、强基固本"主题主线，从以下几方面入手加快持续推进中国式现代化城市范例建设。

（一）坚持高质量发展，为中国式现代化城市范例建设奠定坚实基础

城市现代化离不开雄厚的物质基础。改革开放 40 多年来，杭州经济飞速发展，2023 年人均 GDP 为 16.11 万元，仅次于上海、北京和苏州，但也长期存在一些制约城市进一步发展和提升的短板。

一是区域发展不平衡问题制约城市现代化进程。杭州市各个区县之间存在明显的经济差异，2023年，上城区、拱墅区、西湖区、滨江区、萧山区、余杭区生产总值均超过2000亿元，而临安区、桐庐县、淳安县和建德市生产总值却都不到700亿元，排名首位的余杭区生产总值是排名末位的淳安县的10.5倍。

二是经济总量和人均GDP与全国头部城市及长三角经济强市相比仍有一定差距。2023年，杭州市生产总值和人均生产总值分别只有上海和苏州的42.47%、81.35%和84.48%、84.39%。区域内和城市间的差距不仅体现在经济总量上，还表现在产业结构、基础设施建设等方面，杭州市未来要在现有的产业基础上，结合自身资源禀赋，继续加快推进产业升级和高质量发展，为城市发展和能级提升构建完善的、富有创新活力的现代化产业体系支撑，进而为城市现代化奠定坚实的经济社会基础。

1. 持续推进深化改革，破除制约高质量发展的体制机制障碍

及时破除各种不利于高质量发展的体制机制障碍和政策僵化，着重在夯实基础、产业转型、资源利用、科技创新、大城市治理等方面出实招立新规，为高质量发展提供制度保障、打开发展空间、释放新动能。同时，对标世界银行标准和国际惯例，加快营造市场化、法治化、国际化的一流营商环境，着力破解目前营商环境中遇到的堵点痛点问题。

2. 始终立足强基固本，补齐制约高质量发展的突出短板

补齐科技"硬核"支撑力度不足的短板，加大对一流高等院校、科研院所、国家重点实验室等在基础研究方面的支持力度；鼓励企业增加创新投入，向产业链顶端有持续竞争力的创新型头部企业奋进。创新人才引进机制体制，既要引得进人才，又要留得住、用得好人才，为各类创新人才集聚提供全面保障。围绕五大产业生态圈，聚焦数字经济、生物医药、智能制造等重点产业进行关键核心技术攻关等。

3. 加快培育发展新质生产力，为高质量发展注入新动能

及时把握新科技革命的历史发展机遇，率先探索生产要素投入少、资源配置效率高、资源环境成本低、经济社会效益好的创新发展路径，为杭州赢得发展新质生产力、系统重构现代化产业体系格局、提升产业国际竞争力的先机和主动权。加快打造适应新质生产力发展需要的创新人才队伍，不仅要培厚铺肥人才引留的土壤、健全人才激励机制、打造满足创新人才长远发展的一流环境、营造和谐向上的良好氛围，更要发掘并培育一批能够创造和掌握新质生产力的战略应用型人才。大力发展战略性新兴产业，布局未来产业。顺应中国新兴产业战略整体布局，加强基础科学研究、强化科技赋能，积极培育发展新一代信息技术、新能源、新材料、高端装备、绿色环保等新兴产业；超前布局人工智能、高端新材料、节能与新能源汽车、集成电路、现代医药与器械、智能机器人、脑科学与脑机接口、未来网络、低空经济等未来产业。

（二）坚持"以人民为中心"，让中国式现代化城市范例建设成果公平惠及全体人民

1. 做大共富蛋糕、增进民生福祉

围绕共同富裕目标，依托高质量发展，加快在增强经济实力、缩小城乡差距、优化公共服务和提升人居环境等方面的路径探索和改革创新。一方面，提升基本公共服务和城市发展规划水平，优化城市分区功能空间布局。既持续推进中心城区的改造更新与保护修复，优化主城区土地空间，配套完善设施，提升城市功能，又进一步完善非中心区县的基础设施建设，加快产城融合发展，增强城市服务能力、人口聚集能力和人口承载能力。另一方面，积极推进基础教育资源城乡共享共用、医疗卫生服务均等化，鼓励"家门口"养老服务、"乐业杭州"系统化就业创业等方法和模式的探索与创新，加快推进百姓办事、教育、就医、养老、就业等民生实事和民生工程项目逐步落地，进一步完善便民服务体系等。

2. 全面提升流动人口公共服务保障水平

加快落实流动人口在子女教育、医疗、交通、生活、就业等基本公共服务方面享有与本地市民同等待遇，确保流动人口"进得来、留得下、稳得住"。

3. 提升城市发展的包容性

在满足城市居民多样化、高水平的生活需求的同时，亦为城市居民素质提升、全面发展提供更多的发展机会与发展空间，适时推动城市与居民间的"双向奔赴"。

（三）坚持数字赋能，让中国式现代化城市范例建设更加智慧

1. 继续推进"城市大脑"的迭代升级

依托和集成人工智能与大数据、云计算、物联网、地理信息、移动互联网等新一代信息技术的强大驱动力，在切实保障数据安全的条件下，不断扩大智慧城市的应用场景和服务范围。一方面，加快消除"信息孤岛"和推进公共数据资源共建、共享、共维护，通过人工智能技术的应用让城市治理更精细化和高效化，加快推进城市大脑在经济、文化、社会、生态等领域的全方位、全市域的综合应用，提升城市管理和应急处置能力与政府的运行效率。另一方面，引导和鼓励企业、民众等以多种方式参与推进智慧城市建设，提高民众体验的满意度。

2. 高度重视数字化治理

加快推进数据采集、开发、利用及数据治理、数据安全等领域的体制机制创新和数字技术与城市治理的深度融合，既要抓住机遇，又要重视并积极解决问题，力争把数据优势和制度优势转化为治理效能，充分释放城市数据要素活力。当前尤其要加快完善涵盖数据采集、开发、使用、共享、监管与安全保障等各环节，以及各环节相关主体的权益保障的智慧城市建设规划与实施细则，高度重视数字化治理对数据精确度、时效性的要求，解决政务服务和城市主要领域治理中的数据方面的"卡脖子"问题。

B.21
加快推进安徽国资国企改革研究

程惠英　吴寅恺　程霞珍　吴华明　王　微*

摘　要：　国有企业是全面建成社会主义现代化强国的战略性力量，是带动我国产业体系全面升级的引领性力量，更是推动国家经济社会发展的支撑性力量。安徽作为国资大省，国企改革三年行动中129项重点改革任务全面完成，获评优秀等次。当前，新一轮国企改革深化提升行动全面展开。安徽将以提高国有企业核心竞争力和增强核心功能为重点，在国企改革"大深化"、公司混改"大重组"、资本布局"大优化"、科技创新"大突破"、国资监管"大提升"、党建业务"大融合"等重点领域持续发力，为建设现代化美好安徽做出新的更大贡献。

关键词：　国资国企　深化改革　核心竞争力　核心功能　安徽

党的二十大是开启全面建成社会主义现代化强国新征程的起点，是国企改革三年行动圆满收官和新一轮深化提升行动开启的节点，也是推动长三角一体化和中部崛起两个国家区域战略的要点。在此背景下，国有企业作为国民经济的"压舱石"，需要在建设现代化产业体系、构建新发展格局中发挥更大作用，为服务和构建新发展格局贡献更大力量，为全面建成社会主义现代化强国作出更大贡献。

---

* 程惠英，安徽省社会科学院经济研究所所长、副研究员，研究方向为产业经济学；吴寅恺，博士，安徽省社会科学院经济研究所副所长、副研究员，研究方向为金融学；程霞珍，博士，中共安徽省委党校（安徽行政学院）教授，研究方向为产业经济学；吴华明，安徽省社会科学院经济研究所助理研究员，研究方向为政治经济学；王微，安徽省社会科学院经济研究所助理研究员，研究方向为产业经济学。

一 安徽国资国企改革三年行动的举措与成效

党的十八大以来安徽省深入贯彻落实习近平总书记关于国资国企改革的重要指示精神，以提升打造现代新国企为目标，深化国资国企改革，做强做优做大国资国企，推动国资国企高质量发展。截至 2022 年底，安徽国资监管企业资产总额达 6.9 万亿元，其中省属企业资产总额达 2.2 万亿元；省国资委监管省属企业31 户，分布于农业、工业、建筑业、贸易、投资及金融、社会服务六大行业。

（一）深入开展重大战略性重组和专业化整合

一是重点推进与央企、世界一流企业的战略合作。安徽把深化与央企、世界一流企业合作作为安徽的特色品牌。国企改革三年行动期间，成功实施马钢集团与中国宝武战略重组，有力提升了我国钢铁产业集中度和企业核心竞争力，助推"新马钢"实现跨越式发展。推进安徽军工集团与兵器装备集团战略重组落地实施，力争将安徽军工打造为军民融合发展的百亿级军工企业。大力推动江汽集团与德国大众战略合作，成为全国在省属企业集团层面引进世界 500 强外资企业实施混改的范例，也成为安徽省打造万亿级汽车产业集群的重要支撑。

二是深入开展省属企业间的重组整合。着眼全省港口一体化、港航协同化发展，组建省港航集团并持续推进全省港航资源整合；成功组建省引江济淮集团、省通航集团、数字安徽公司、省粮食集团等一批专业化公司；谋划实施省属煤电资源整合，着力打造在全国拥有话语权和较强竞争力的世界一流综合能源企业和国有资本投资公司；谋划组建省文化旅游投资控股集团，引导国有资本向事关战略安全、产业引领、公共服务等领域布局。

（二）持续优化国有经济布局

一是加快优势产业转型升级。在 2022 年 6 月 17 日召开的安徽省属企业"高端化、智能化、绿色化"发展现场推进会上，安徽再次明确坚持高端化

引领、智能化驱动、绿色奋力推动，实现省属企业高质量发展。安徽重点打造绿色建材、有色金属、能源化工3个现代化产业集群；制定实施省属企业工业互联网创新发展行动计划（2021～2023年）和省属企业数字化转型专项行动计划（2021~2025年）2个方案，打造羚羊工业互联网平台，成为全国首家国资作为第一大股东的国家级双跨平台；出台《省属企业碳达峰碳中和工作举措》，省能源集团开展国内首例大型煤电机组大比例掺氨燃烧实验；海螺集团研发推广碳捕集纯化技术，年减排二氧化碳750多万吨。

二是实施省属企业布局新兴产业行动。2022年，安徽省国资委出台《推动省属企业布局新兴产业行动计划（2022—2025年）》，重点推进新材料产业巩固提升、新能源和节能环保产业发展壮大、新能源汽车和智能网联汽车产业扩能升级、高端装备制造产业提质扩面、数字经济产业培育赋能、绿色食品产业突破跃升"六大工程"，力争到2025年培育打造10个左右具有重要影响力和竞争力的新兴产业基地。截至2022年底，省属企业完成新兴产业投资402.8亿元、同比增长90.7%。

（三）有序实施国有资产资本化和证券化

一是系统推进国有资产资本化证券化进程。安徽率先在省级层面开展国有资产资本化证券化顶层设计和系统推进，不断完善监管资本的方式和手段，持续优化国有资本投向和布局。截至2022年，安徽已组建4户省属国有资本投资运营公司，省属企业控股上市公司增至24户，资产证券化率达到50%以上，省属国有资本股权基金总数达120多只、总规模达2500亿元以上，"两类公司"① 的功能作用和资本实力得到进一步提升。交控集团成功发行目前国内规模最大的公募REITs项目，发行规模108.8亿元。千亿规模的7只省级国资股权投资基金成功组建，已组建运营或正在设立子基金31只，认缴规模358亿元，引入社会资本225亿元②，在全国资本市场引起

---

① "两类公司"指国有资本运营公司和国有资本投资公司。
② 国资委提供资料，《安徽省深化国资国企改革情况》。

广泛关注和热烈反响。

二是深入推进国有企业混合所有制改革。截至 2022 年底省属企业集团层面混改和股权多元化企业已达 6 户。安徽省对新设立的企业宜混则混，新组建的省通航集团吸收合肥市、芜湖市积极参股，在集团层面实现股权多元化；新组建的数字安徽公司，省属企业持股 51%、科大讯飞持股 49%，在集团层面实行混合所有制；印发《省国资委党委关于加强省属企业混合所有制企业党建工作的指导意见》《省国资委履行多元投资主体公司股东职责暂行办法》《关于省属国有相对控股混合所有制企业差异化管控的指导意见（试行）》，支持混改企业更好发挥多元股东作用；首次举办全省国有企业混改项目推介会，集中推介项目 99 个、涉及引资规模 470 亿元；10 户员工持股试点有序实施。

（四）着力完善中国特色现代企业制度

一是党的领导与公司治理实现深度融合。省国资委党委联合省委组织部、省委宣传部等先后印发《关于落实省属企业党委研究讨论"前置程序"要求的指导意见》《安徽省国有企业党委前置研究讨论事项清单示范文本（试行）》《关于国有企业在完善公司治理中加强党的领导的意见》。出台《加强省属企业混合所有制企业党建工作的指导意见》，分类抓好绝对控股、相对控股和参股企业党建工作；开展省属企业"基层党组织建设质量提升行动"，创建党建特色品牌近 700 个；持续开展专项整治行动，严肃查处一批违规违纪问题，推动省属企业政治生态向上向好。

二是健全市场化经营机制。完善契约化管理，做到干部能上能下。省属企业全面实行公开招聘、全部签订劳动合同、全员开展绩效考核，省属企业集团及各级子企业已实现经理层成员任期制和契约化管理全覆盖，各级企业董事会严格按照相关要求与 3500 多名经理层成员签署"两书一协议"；实施市场化用人，做到员工能进能出。截至 2022 年底，省属企业管理人员竞争上岗占比 57.6%，新聘任管理人员竞争上岗比例 89%，管理人员末等调整和不胜任退出占比 5.2%，均高于全国地方企业平均水平。

（五）建立健全国资监管体制

一是持续完善"三位一体"监督格局。按照监管资本为主的要求，完成内设机构调整和智能优化，制定完善《关于加强省属企业国有资本经营预算支出项目管理的通知》等制度文件近20件，统筹推进业务监督、综合监督、追责问责"三位一体"监督管理体系，加强对省属企业重大决策、投资、担保、招投标的监督检查，强化总会计师、外部董事监督作用，督促省属企业对涉及违规经营投资问题的责任人进行追责问责。2022年对审计移送的5户企业问题线索进行核查督办，追责问责166人。

二是不断加强国资监管法治化建设。着眼厘清与监管企业权责边界，在全国较早建立运行省级国资委权责清单。着眼授权放权激发活力，印发实施《安徽省国资委授权放权清单（2022年版）》，这是目前全国省级国资委授权放权事项最多的清单之一。针对"两类公司"试点企业、"双百企业""科改示范企业"及特定企业、其他省属企业开展分类授权放权和差异化监管，对境外投贷项目、楼堂馆所建设从严管控。

三是持续深化"两类公司"试点。在前期选择省投资集团开展国有资本投资公司试点、省国控集团开展国有资本运营公司试点的基础上，选择省交控集团、省能源集团开展国有资本投资公司试点，目前已形成3户国有资本投资公司+1户国有资本运营公司+24户产业集团公司，功能鲜明、分工明确、协调发展的国家出资企业格局。

二 存在的问题

（一）国资布局结构不优，自主创新能力不强

一是战略性新兴产业布局较少。目前安徽省大部分国有企业为资源类的上游产业，战略性新兴产业布局较少，主要集中在新材料和高端装备制造业，国有企业在新兴产业领域的引领作用有待发挥。高端设备的关键零部件

仍然严重依赖进口，"卡脖子"现象比较突出。体现在产品持续升级基于基础技术及部件的创新与突破，部分企业对基础技术研究力度不够大，在新技术、新材料、新部件技术研究上有待进一步加强，在产学研合作深度与广度方面也有待拓展。例如，2023年上半年江淮汽车合计研发投入8.19亿元，是比亚迪的5.92%、上汽集团的10.29%、长安汽车的27.61%，无论投入总量还是投入占比，与蔚来、理想、小鹏等造车新势力品牌以及比亚迪、特斯拉等传统新能源车品牌相比均差距较大，投入强度需进一步加大。

二是数字化智能化应用场景不足。虽然大部分企业通过工业互联网建设降低了企业运营成本、提高了运行效率，但是仍然存在"高速公路上开拖拉机"的投入回报比问题，数字化智能化应用场景不足。此外，在国企改革中还存在数据孤岛问题。部分企业反映，在国企改革背景下，为了集团多元化发展，多数企业采取了"集团+业务子公司"的发展模式。在该运营模式下，由于下属的各子公司业务独立、区域分散，子公司信息系统的数据存储服务多数为独立运行，这就造成各个子公司之间、子公司与集团之间的"数据孤岛"，内部数据共享融合困难较大。

（二）资本配置效率不高，企业效益有待提高

一是资本证券化力度需要加强。从混改情况看，省属企业混改面达到71%，但省交控集团、能源集团、国控集团等混改面大幅低于全省平均水平，产权多元化改革步伐有待加快。从资产证券化率来看，省属企业资产证券化率为50.6%，但省投资集团、省交控集团的资产证券化率较低。此外，省属企业利用REITs、ABS、CMBS、ABN等新型金融工具开展投融资手段不多，利用多层次资本市场开展资本运作不够，低效、无效资产及僵尸企业处理以及盘活存量资产扩大有效投资手段相对传统和单一。

二是企业效益不稳定。部分省属企业在资产规模上已经比肩同行业先进水平，但企业盈利能力较弱，利润波动幅度较大。部分省属企业历史包袱较重、富余人员多、人员安置难度大，给公司效益带来了很大影响。此外，省工业企业利润不高，与江苏、上海等发达地区相比差距明显。2020~2022年，

安徽省国有控股工业企业平均利润分别为 0.82 亿元/家、0.87 亿元/家、0.85 亿元/家，企业利润不稳定。

（三）三项制度改革不到位，公司治理能力有待提升

一是三项制度改革力度不够。在人事制度改革上，董事会、经理层的有效监督机制尚未完全建立，企业内部劳动、人事及分配制度有待完善。在劳动用工制度改革上，有的省属企业仅对考核不合格的员工进行内部岗位轮换、调整，达不到岗位及人力资本优化利用的目的，"铁饭碗"的现象还明显存在，没能真正意义上实现市场化的专业人才引进和退出机制。部门间还存在人才结构性矛盾，部分企业和部门存在人才冗余而另一些企业和部门则人才不足。在分配制度改革上，有的省属企业内部分配制度仍存在平均主义现象，紧缺人才、管理层人才工资低于市场平均水平，缺乏技术、管理等生产要素参与分配的有效人才管理机制。人才资源收入分配未能与市场、企业经营效益挂钩，还存在收入"能高不能低"的现象。

二是管理制度不完善。虽然部分企业制定了一些内部管理制度，但相关制度动态修订更新较慢，不能匹配市场发展对企业管理制度的要求。部分企业对管理制度执行还不到位。省属企业领导人员年龄结构趋于老龄化，70后占比为 17.6%，80 后占比为 0.2%，有 14 家企业领导人员平均年龄在 55岁以上。此外，省属企业外部董事来源渠道不宽，外部董事专业性还不够强，日常管理和考核评价机制有待完善。

（四）监管效能有待提高，"廉洁国企"建设有待提升

一是国企监管效能有待提高。由于企业类型和发展阶段的不同，对省属企业的监管并未体现出差异性，尤其在国有资本监管上仍然采用粗暴的"一刀切"的方式，不利于国资监管水平的提升。部分省属企业在落实国资监管任务时，往往侧重于事后问责，而问题发生后再追究相关人员的责任无法从源头上解决国有资产流失的问题。

二是党的领导建设有待加强。省属企业相对控股或具有实际控制力、省

属企业参股的混合所有制企业缺乏全面性、系统性的党建制度和引领路径。对于混改后国有资本不再绝对控股的企业，在坚持党的领导前提下，开展差异化管理、合理授权放权、实施更加灵活高效的市场化经营机制等方面还有待加强。部分省属企业党支部在公司中的作用发挥不足，对具有人财物重大事项决策权定位把握不准确。有的党支部所在的生产经营主体是项目部、施工队、生产车间等，仅具备安全生产职能，党支部不能发挥战斗堡垒作用。

三是廉洁文化建设有待加强。省属企业对廉洁文化建设重视程度不一，有些企业在潜意识里还没有把廉洁文化建设作为自身建设要求；部分企业对廉洁文化建设没有长远打算，缺少相关规划，难以形成有效的内部协同机制，工作目标不明确、工作路径不清晰；少数省属企业违纪违法案件仍有发生，党风廉政建设和反腐败斗争任务仍然严峻。

三　对策建议

（一）推动公司混改"大重组"，打造转型发展"升级版"

实施内部混改重组、加强外部战略合作，提升企业高质量发展能力。一是支持省属企业与国内外一流企业合资合作。组织开展省属企业混改项目推介活动，打造国资国企"双招双引"重要载体；鼓励实施一批混改项目，支持省属企业集团及其子公司加大混合所有制改革和对外合资合作力度，与民企进一步深化协同，通过双向混改等多种方式"强链""补链"，实现省属企业高质量发展。二是分层分类深化混合所有制改革。支持具备条件的省属企业或集团公司探索开展混合所有制改革，或引入其他国有资本实现股权多元化，规范并有序推进省属公益类企业投资主体多元化。三是大力提升混合所有制企业运营管理水平。贯彻落实《省国资委党委关于加强省属企业混合所有制企业党建工作的指导意见》《省国资委履行多元投资主体公司股东职责暂行办法》《关于省属国有相对控股混合所有制企业差异化管控的指导意见（试行）》，支持混改企业更好发挥多元股东作用，支持符合条件的

企业稳慎开展混合所有制员工持股试点。

奋力打造世界一流企业，构建一流企业培育体系。一是瞄准世界一流企业。总体来看，世界一流企业规模实力超大，经营能力极强，国际化水平和核心竞争力全球领先；产品质量好，配套服务优，技术水平高，管理机制活，资源配置和创新发展影响力全球领先，人才队伍和企业文化卓越。二是打造国内一流企业。立足优势企业，推动改革创新，确保综合管理能力、市场竞争力、品牌影响力处在国内领先位置。三是构建行业一流企业。立足某个细分领域，推动企业高质量发展，提升其产品核心竞争力，推动其技术行业领先。四是培育专精特新企业。立足企业成长性，大力培育其创新性，形成特色化产品或服务，在专业化、精细化、特色化、新颖化成果领先等方面有所作为。

（二）推动资本布局"大优化"，夯实自主发展"基本盘"

大力布局发展战略性新兴产业。聚焦新能源汽车和智能网联汽车发展趋势，鼓励和支持符合投资方向的资本投入，推动现代汽车产业做大做强。立足研发、制造和服务全价值链环节，提升产业集聚发展水平，打造万亿级新能源汽车产业集群龙头企业；立足工艺设计、产品制造和销售服务全过程，超前布局前沿科技和产业化应用，培育未来发展新引擎；加快对外开放，谋划一批试点示范项目，形成合资合作领域的深度融合、纵深拓展、特色发展格局；聚焦有色金属、新型建材、化工新材料等领域，拉长长板，加大高端前沿新材料研发和技术成果转化，抢占发展制高点。

加强省属企业工业互联网建设。加快工业互联网应用推广，促进企业数字化创新发展，努力形成一批工业互联网 App，培育一批有效的应用场景解决方案；构建一批企业生产线设备联网采集平台，带动一批中小企业关键设备上云；选树一批"用数赋智"典型，打造一批具有全国影响力的工业互联网示范平台，全面推动制造业数字化转型。

加快省属企业绿色化发展。一要着力推动传统产业智能化发展，尤其是要大力推动制造业与服务业深度融合，加快制造业向服务型制造转型，推动产品更新迭代。二要促进优势产业高端化发展，特别是要发挥龙头企业"链长"带动作用，加快传统优势产业转型升级，实现集群化发展、精品化制造。三要推动传统制造业绿色化发展，以可持续发展为目标，以供给侧结构性改革为抓手，实现能源、经济、生态一体化高质量发展。

（三）推动国企改革"大深化"，把牢变革发展"方向盘"

加快完善中国特色现代企业制度。一是加强党的领导和完善公司治理相统一。切实完善企业党委前置研究讨论重大经营管理事项清单，切实厘清党委会、董事会、经理层等治理主体的职责权限，确保党委"把方向、管大局、保落实"的领导作用、董事会"定战略、做决策、防风险"和经理层"谋经营、抓落实、强管理"作用有效发挥，做到重大经营管理事项"党委前置不决定、董事会授权不免责、经理层行权要报告"。二是持续加强董事会制度建设。深入推进省属企业董事会规范化差异化建设，建立健全董事会办事机构和专门委员会，严格执行董事会工作规则，完善董事会和董事评价办法，加快形成权责对等、运转高效、有效制衡的决策执行监督机制。三是有效保障经理层依法行权履职。建立管理制度，依法明确授权程序、权限条件和事项范围，有效保障经理层依法行使职权，充分发挥经理层经营管理作用。

构建更加灵活高效的市场化经营机制。一要抓住契约化管理"牛鼻子"，实现干部能上能下。在具备条件的省属企业商业类子公司加快推行职业经理人制度，真正实现干部能上能下。二要抓住市场化用人"关键点"，实现员工能进能出。推进省属企业全面实行公开招聘、全部签订劳动合同、全员开展绩效考核；全面建立实施以劳动合同管理为关键、以岗位管理为基础的市场化用工制度；全面推进管理人员竞争上岗、末等调整和不胜任退出机制。三要抓住差异化考核"指挥棒"，实现收入能增能减。省属企业要实施市场化薪酬分配机制改革，以能力定岗位，以贡献定薪酬，创新有为者多酬，贡献突出者高薪，并努力向一线岗位倾斜。四要落实"三个区分"，要真容错敢纠错。探索失误与违法乱纪的关系，探究过失与谋取私利的关系，

要勇于把真容错、敢纠错落实到省属企业改革发展各项具体工作中去，制定经营投资尽职合规免责事项清单。

大力提升国有资产资本化证券化水平。一是大力推进省属企业上市和直接融资。以提高国有资产资本化证券化水平为重点，推动具备条件的省属企业加快整体上市，积极培育优强子公司上市，将更多企业改造成专精特新企业、独角兽企业。鼓励支持具备条件的省属企业并购重组境内外上市公司，探索开展市值管理。二是用足用好多种金融工具，提升企业投融资能力。支持具备条件的企业通过发债和使用 REITs、ABS 等金融工具直接融资，通过增发、配股、资产注入、发行债券及利用多种金融工具等方式再融资。三是开展国有资本股权投资基金运作。立足省属企业不同平台公司优势，结合服务全省重大战略和省属企业改革发展实际，组建国有资本股权投资基金，通过主导或参与设立若干只子基金，引导更多社会资本聚集安徽，为全省重大产业项目提供多元资本支持。

（四）推动科技创新"大突破"，引领创新发展"活力源"

强化原创性引领性战略科技力量，形成"策源效应"。将科技创新作为"头号任务"，集中资源和力量，把更多国有企业打造成原创技术策源地。推动海螺集团、省能源集团、淮北矿业集团、铜陵有色集团、江汽集团、皖维集团等省属企业围绕新材料、新能源、高端装备制造、新能源汽车和智能网联汽车等 3~5 个新兴产业领域，攻关掌握一批关键核心原创技术。推行国有企业重大科技项目自主攻关，加快形成涵盖核心技术、关键装备、标准规范等自主可控产品和技术体系。动态调整省属企业"尖30"关键核心技术和产品攻关清单，积极承担集成电路、工业母机、关键软件等国家重点攻关任务，努力在更多重点领域和关键环节实现自主可控，以硬核科技实现"弯道超车"。

培育建设创新联合体，形成"溢出效应"。以省属国资企业为龙头，以国有企业中具有技术细分领域优势的领军企业或行业龙头企业为核心，聚焦产业链供应链的关键环节，梳理"卡脖子"关键短板技术和产品，以关键共性技术、前沿引领技术、现代工程技术、颠覆性技术的创新等为突破口，增强"独门绝技"产品服务及相应的技术、工艺的不可替代性和议价能力，依托其在国内外的"标准制定""话语权"等先发优势，打造创新联合体，主导创新联合体的决策、投入、转化等各个环节。支持省属企业与高校科研院所共建一批创新联合体，坚持面向世界科技前沿、面向经济主战场、面向国家重大需求、面向人民生命健康，集中力量突破产业发展的关键核心技术，探索开展校企科研人员"双聘"试点，牵头或参与建设一批行业研究院、产业研究院等创新平台，充分发挥省属国有企业的主体作用，充分发挥创新联合体的"溢出效应"。

促进科创成果转化，形成"裂变效应"。支持国有企业主导或参与重大科技和产业创新工程建设，积极参与安徽省科技成果中试基地组建，主动服务"科大硅谷"等创新创业孵化平台建设。探索建立企业需求张榜、科技成果拍卖双向"揭榜挂帅"机制，解决需求不聚焦、研发不落地、生产不集约等难题，实现科技成果商业化转化。开展国有企业职务科技成果赋权改革试点，完善成果转化的市场化机制。支持省属企业建立完善科技成果转化收益分享机制，稳步推进创新领域跟投试点。

（五）推动国资监管"大提升"，把好安全发展"总开关"

持续优化国资监管手段。建立出资人监督和派驻监督、巡查监督、审计监督、社会监督的大监管格局，坚定不移优监管、强规范、促发展，构建全面覆盖、制约有力的国资监督贯通协同机制体制，积极推动国资监管机制体制良好运转。完善业务监督、综合监督、责任追究"三位一体"监督体系，更好发挥外部董事、委派总会计师监督作用，健全完善监管制度体系。严格对企业制定或修改"三重一大"决策制度进行事前核准，规范企业决策行为、提高决策水平、防范决策风险。在授权放权的同时加强监督，组织开展授权放权成效评估，对获得授权放权但未能规范行权或出现重大问题的，收回相应企业授放权事项。开展省属企业合规管理提升行动，指导企业加强法治建设和合规管理，结合实际探索设立首席合规官，全面护航国资监管大格局。

科学制定分类考核体系。完善企业功能界定和分类指导，根据监管企业行业特点和功能定位，与竞争目标充分融合，实施"一企一策"精准考核，不断优化考核指标体系。市场竞争类企业重点考核企业经济效益、资本回报、科技创新和市场竞争能力，特殊功能类企业以落实省委省政府重大部署、发挥特定功能以及服务质量、保障能力考核为主要目标，重点考核专项任务完成情况、资本回报水平和成本控制。对"两类公司"，加大对国有资本运营效率、资本回报和服务全省发展战略考核力度，提高监管效能。

推进国资监管数字化行动。实施国资监管数字化智能化提升专项行动，建成横向到边、纵向到底、全面协同的实时动态监管体系，不断提升国资监管效能，实现在线监管和"数字监管"。进一步共享省、市国资监管平台数据，完善国资国企智慧监管服务系统，建设区域内国资国企数据共享服务平台，及时全面获取驻皖央企、省属企业、市（区）属国有企业的国资信息。

（六）推动党建业务"大融合"，强化赋能发展"主引擎"

强化顶层设计，增强机构融入。以"便于工作开展、发挥最大作用"为原则，结合各级党组织换届选举和实际工作需求，抓好混合所有制企业党建工作，充分发挥党组织在企业改革发展中的领导核心作用。

强化制度建设，增强体系融入。积极开展"省属企业基层党建融合发展年"活动，推动党的领导和公司治理有机融合，集中力量构建"党建+生产经营"的发展模式，确保国企党委"把方向、管大局、保落实"作用充分发挥。动态修订党委会、董事会、经理层议事规则，厘清优化治理主体权责边界，形成权责法定、权责透明、协调运转、有效制衡的治理机制。进一步细化完善党组织议事规则、议事范围，优化党组织议事决策制度体系，严格落实党组织研究讨论作为重大事项决策前置程序，在各级党委（总支）建立起分析重大问题、督促落实重点工作的常态化机制，规范决策行为，提高决策效率。

强化选优配强，增强队伍融入。加强企业领导人员队伍建设，深入推进"人才强企"战略。坚持党管干部、党管人才原则，持续优化企业领导班子年龄结构、专业结构，不断提高干部综合素质和履职能力，畅通管理、专业技术、技能操作等人才成长通道和序列转化通道，优化干部队伍结构。制定充实省属企业外部董事人才库的工作方案，加强外部董事人才储备。

参考文献

习近平：《高举中国特色社会主义伟大旗帜　为全面建设社会主义现代化国家而团结奋斗——在中国共产党第二十次全国代表大会上的报告》，人民出版社，2022。

安徽国资委：《布局优化　创新驱动　机制激活　发挥"江淮柱石"战略支撑作用》，《国资报告》2022 年第 5 期。

原诗萌：《国务院国资委召开地方国资委负责人会议　聚焦推进高质量发展　着力建设现代新国企》，《国资报告》2023 年第 2 期。

安海波：《国企党建工作与生产经营深度融合的实践与探索》，《中国煤炭工业》2023 年第 6 期。

冯宗宪：《加快建设世界一流企业的国际比较与启示》，《人民论坛》2023 年第 14 期。

张晓梅、吴明等：《赋能高质量发展　安徽省国企改革三年行动成效显著》，《中国企业报》2022 年 12 月 27 日。

国务院国资委党委：《国企改革三年行动的经验总结与未来展望》，《人民论坛》2023 年第 3 期。

B.22

后工业化时期安徽劳动力就业结构性
矛盾应对策略*

林 斐**

摘 要： "招工难"和"就业难"并存，表现出劳动力市场供给与需求
不匹配矛盾，在区域现代化经济转型发展阶段表现最为突出。安徽曾是劳动
力资源大省，享有劳动力要素禀赋优势和人口红利，但随着经济发展转型升
级，尤其从工业化向后工业化推进，劳动力数量和质量、劳动力流动与经济
增长及产业结构调整、城乡资源配置等不适应的矛盾加大，需要积极应对。
为此，笔者通过实地调研与部门和企业座谈，结合安徽"六普""七普"数
据分析，梳理了最近十多年来安徽省劳动力就业结构性矛盾的主要表现，剖
析了劳动力就业结构性矛盾产生的主要原因，提出后工业化时期安徽省劳动
力就业结构性矛盾的应对策略。

关键词： 劳动力就业 结构性矛盾 安徽省 后工业化

　　"招工难"与"就业难"并存，表现出劳动力市场供给与需求之间的不
匹配。安徽曾是劳动力资源大省，享有劳动力要素禀赋优势和人口红利，这
些优势为全省现代化建设与工业化推进提供了重要支撑。然而，随着安徽省
进入后工业化时期，经济转型发展，安徽省产业结构发生转变，劳动力供需
发生变化，劳动力就业结构性矛盾表现尤为突出，对全省现代化进程中的经

---

　　* 本文为2023年安徽省领导圈定课题"安徽省劳动力就业结构性矛盾的成因与对策研究"（项
目编号：SQKT23-12）研究成果。
　　** 林斐，安徽省社会科学院经济研究所研究员，研究方向为区域经济、就业、城镇化等。

济高质量发展、现代化产业体系建设以及社会大局的稳定产生影响。劳动力就业结构性矛盾已成为亟待解决的问题。

笔者通过实地调研，了解各地就业、企业用工需求以及高校教育和技校培训等情况，结合安徽省"六普"和"七普"数据分析，与沪苏浙对比，剖析了安徽省劳动力就业结构性矛盾的主要表现及其背后的深层次原因。在此基础上，提出后工业化时期安徽省解决劳动力就业结构性矛盾的应对之策。

一 安徽省劳动力就业结构性矛盾的主要表现

自"十三五"时期以来，安徽省后工业化的社会特征开始显现，经济转型发展、产业升级和城镇化等与劳动力就业在结构、供需、知识技能、职业分布等方面的矛盾加大，主要表现为以下六个方面。

（一）劳动力供给与经济增长的不适应

2020年安徽省人口增长迎来"拐点"，突破6000万，但劳动力总量供给出现转折。从表1来看，其一，劳动年龄人口数量下降。2020年安徽省常住人口6100万人，15~59岁年龄人口3780万人，占总人口比重为61.97%，与2010年相比，2020年安徽常住人口增加了149.04万人，劳动年龄人口减少了218.81万人，劳动年龄人口占比下降了5.23个百分点，呈现下降趋势（见图1）。其二，人口老龄化加重。2010~2020年60岁及以上人口占比上升了3.8个百分点，65岁及以上人口比重上升了4.78个百分点；15~34岁人口占比下降了4.14个百分点，35~59岁人口占比下降了1.09个百分点。其三，全省新生人口数量减少。全省新生人口出生率12‰~13‰，在低位徘徊，生育率持续走低，出现少子化现象。总体上来看，安徽劳动年龄人口数量减少，占比呈下降趋势，这与经济增长不相适应。全省生产总值从2010年的1.3万亿元增加到2020年的3.87万亿元，经济总量显著提升，生产总值增速平均为8%，说明经济增长并未如预期带动就业人口增加。由于劳动年龄人口减少，劳动

力总量供给收缩，劳动力市场求人倍率上升至1以上，劳动力供需失衡加剧，无法满足经济增长需求的矛盾显现。

表1 2010年、2020年安徽省人口年龄构成变化

单位：万人，%

分年龄段人口结构	2010年		2020年	
	人口数	比重	人口数	比重
0~14岁	1059	17.8	1173	19.23
15~34岁	1728	29.04	1519	24.9
35~59岁	2270.81	38.16	2261	37.07
60岁及以上	893.15	15.00	1147	18.80
总计	5950.96	100.00	6100	100.00

资料来源：2010年和2020年《安徽省人口普查年鉴》。

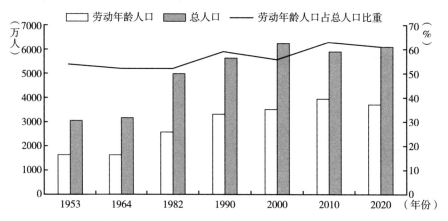

图1 1953~2020年安徽省劳动年龄人口数量及占比变化

资料来源：历年《安徽统计年鉴》。

（二）产业结构与就业结构的不协调

随着工业化进程加快，农村富余劳动力从农业向非农产业转移，农村富余劳动力逐渐减少，当后工业化到来时，服务型经济占据主导地位，职业分布也从工业向服务业转移，两者需要更好保持一致步调。进入后工业化时期，安徽省产业结构与就业结构变化较大。2016年安徽三次产业结构实现从"二三一"到"三二一"的转变，此时，服务业增加值占比超过工业增加值，服务型经济形态占据主导地位，劳动力从第一产业向第二、第三产业转移，就业结构随着产业结构改变。第一产业增加值占GDP比重下降，从2010年的13.99%下降至2020年的8.2%，下降了5.79个百分点，就业人数也随之从2010年的1583.6万人减少到2020年的815万人，减少了768.6万人，就业比重从2010年的39.1%降至2020年的25.1%，下降了14个百分点；2022年第一产业就业比重进一步降至24.9%，但仍比江苏和浙江分别高出11.3个和19.7个百分点。第二产业就业人口主要在制造业和建筑业，第二产业增加值比重从2010年的52.08%降至2022年的41.3%，下降了10.78个百分点，就业比重则从25.1%上升到32.1%，上升了7个百分点，可见第二产业对就业起着重要支撑作用。第三产业增加值比重从2010年的33.93%大幅提升至2022年的50.9%，提高了16.97个百分点，同期就业人数占比从35.8%升至43%，提高了7.2个百分点。从表2可看出，2010~2020年第二、第三产业就业人数及占比都在上升，虽然2022年疫情使服务业增加值占比略有下降，但服务业增加值占比已过50%，就业比重仍保持在43%左右，第二、第三产业结构占比相差9.6个百分点，就业结构占比相差10.9个百分点，第三产业就业弹性小于第二产业就业弹性，产业结构与就业结构的偏差拉大，两者之间的发展不协调也就显现。

表2 2010年、2020年、2022年安徽省三次产业结构与就业结构比较

单位：%

年份	产业结构			就业结构		
	第一产业	第二产业	第三产业	第一产业	第二产业	第三产业
2010	13.99	52.08	33.93	39.1	25.1	35.8
2020	8.2	40.5	51.3	25.1	31.5	43.4
2022	7.8	41.3	50.9	24.9	32.1	43.0

资料来源：《安徽统计年鉴》（2011年、2021年、2023年）、《安徽省国民经济和社会发展统计公报》（2011年、2021年、2023年）。

（三）劳动力素质技能与产业升级的不匹配

进入后工业化时期，产业转型升级加快，就业空间拓展，但对劳动力素质和技能要求提高。2020 年安徽省 15 岁及以上人口中，学历以初中和小学文化程度为主、占全省总人口的 69.5%，大专及以上文化程度的为 810.5 万人、占比 13.29%，占比较 2010 年增长了 1 倍左右，但低于全国的 16.5%，也低于江苏的 19.76% 以及浙江的 17.9%。全省人均受教育年限由 2010 年的 8.28 年提升至 2020 年的 10.4 年，2023 年上升至 10.8 年，仍低于我国人均受教育年限（10.93 年），整体未达到高中水平（12 年）。虽然近年来安徽省技能人才总量持续扩大，但是技能人才总量仍偏少。2023 年安徽省专业技术人才总量 503.3 万人，其中高层次人才 53.0 万人，较 2016 年增加 3.3 万人；专业技术人才总量与江苏、浙江相比分别少 500 万人、153 万人，高层次人才总量较江苏、浙江分别少了 784.4 万人、431.8 万人。当下全省从业人员主要集中在制造业、商务零售业等低技术行业，从"四上"企业①分行业就业看，安徽省制造业就业人数占比为 42%，建筑业占比为 25%，服务业为 33%，其中，租赁与商务服务业占比 7%、批发和零售业占比 6%。从"四上"制造企业的产业技术层次看，安徽省低技术产业就业占比进一步上升，2010~2020 年低技术产业就业比重上升了 1.87 个百分点，中低、中高技术产业就业比重分别上升了 1.42 个、1.24 个百分点，高技术产业就业比重仅上升 0.96 个百分点，产业技术层次越高，就业比重上升越少（见图 2）。可见，低素质、低技能劳动力难以满足产业升级需求，会加剧劳动力技能素质与产业升级之间不匹配的矛盾。

（四）劳动力流动与区域发展的不平衡

安徽是劳动力输出大省，人口流出数量和强度均居全国前列，是全国人

---

① "四上"企业是规模以上工业企业、资质等级建筑业企业、限额以上批零住餐企业、国家重点服务企业的统称。

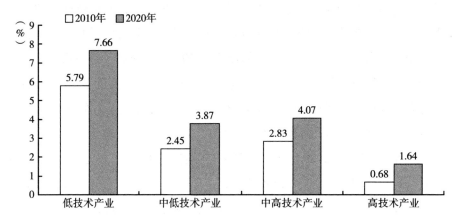

图 2　2010 年、2020 年安徽省"四上"制造企业行业分技术层次就业比重

资料来源：根据安徽省统计局公布的数据整理。

口净流出最多的省份之一。一直以来安徽省人口外流，以青壮年劳动力为主，导致一些地区用工短缺。一方面，跨省流出人口数量较多，占流动人口的1/3，跨省流出人数从 2011 年的 1199 万人，达到峰值之后，开始缓慢下降，下降到 2020 年的 1152 万人，再到 2022 年的 1145 万人，2022 年安徽流出人口占全省常住人口比重为 18.7%。安徽省流出人口主要流向沪苏浙地区，2020 年总计 864.6 万人，比 2010 年增加了 93.4 万人，占跨省流出人口的 75.1%，上升了 0.7 个百分点，其中流向浙江、江苏、上海的分别为 313.9 万人、308.1 万人、242.6 万人。2020 年全省跨省流出人口速度放缓，人口开始回流，2020 年回流 2 万人，2021 年回流 9.7 万人，2022 年为 12.6 万人，人口总量止跌企稳。同时，外省流入人口总量较少。如 2020 年省外流入安徽人口为 155.1 万人，比 2010 年增加了 83 万人。在流入人口来源中，居前三位的省份为河南、江苏、浙江，共流入 66.4 万人，占安徽省省外流入人口的 42.8%，反映出安徽省对外来人口吸引力还不够。另一方面，省内流动人口集中流向合肥，占省内流动人口数量的 2/3。大量年轻人，包括高素质、高技能人才等，主要流向省会合肥，合肥市成为全省第一人口大市，其常住人口占全省总人口比重不断上升。2023 年合肥市常住人口 985.3 万人，占安徽省总人口比重升至

16.1%。自 2010 年以来合肥市流入人口累计 204.8 万人，占安徽省流动人口比重为 46.4%，接近省内跨市域流动人口的一半。随着高学历人口向合肥集聚，合肥市大专及以上人口占全市的比重为 30%，居安徽省第一位。这种人口流动模式使得省内各城市人口规模差距进一步拉大。在安徽省 16 个地级市中，芜湖市常住人口规模虽居全省第二位，但 2010 年以来人口净流入 38.6 万人，仅为合肥市人口流入规模的 1/5。阜阳、亳州、六安、宿州、安庆 5 个皖北、皖西城市，2010~2020 年流向省外人口累计分别为 231.7 万人、135.2 万人、113.2 万人、112 万人、100.4 万人，多年来人口持续流出。用工形势与各地人口流动密切相关，对于合肥、芜湖等人口净流入城市，就业机会多，企业用工状况相对较好。皖北地区都是人口大市，近年来相继承接长三角产业转移，落地一批重大项目，就业岗位增加，但加重了用工不足问题。安徽省人口流失过多、大规模跨省流动与省内集聚流动并存，劳动力资源分布不均衡，导致劳动力供需不平衡的矛盾。

（五）劳动力转移和城镇化趋势的不匹配

随着进入后工业化时期，安徽城镇化也进入后半程，农村劳动力向城镇转移速度持续放缓。近年来安徽省常住人口城镇化率不断提高，由 2015 年的 50.5%提高到 2023 年的 61.5%，居住在城镇的人口为 3765 万人。2010~2020 年安徽省农村劳动力转移至城镇的数量增长了 674 万人，每年平均 67 万人左右。城镇从业人数从 2010 年的 973.6 万人提升到 2020 年的 1791 万人，增长了 84%，年均增长约 80 万人。同期，乡村从业人数从 3076.5 万人下降至 1452.07 万人，减少了 1624.4 万人，下降了 52.8%。通过社会关系、劳务招聘等方式，安徽省大量劳动力从农村向外省和合肥等大城市转移就业，近年来省内城镇新增就业人数并没有大幅增长，2020 年 66.26 万人、2021 年 62 万人、2022 年 63 万人，已从高峰时期进入平稳时期，向城市（镇）转移就业人数保持相对稳定。省内合肥、芜湖、马鞍山 3 市城镇化水平已超过 70%，长三角地区城镇化率接近 70%，其中，上海 89.46%、江苏 75.04%、浙江 74.23%，从以上数据也可看出，安徽已进入城镇化后半程。

新增就业岗位多半来自县域，2010~2020年安徽省60个县域就业人口规模占县域总人口的1/4。但安徽农业、农村仍有富余劳动力，需要向沪苏浙和合肥等省内省外大城市转移，走城市化之路，但是难度会越来越大，尤其要消化县域内低技能、年龄偏大的劳动力，不得不转为存量内部消化，农村劳动力转向小城镇就业是一个重要方向。

（六）劳动力就业取向与区域配置岗位的不同步

近年来高校大规模扩招，高等教育普及，安徽省高校毕业生数量不断增加，高校毕业生就业问题受到关注。2021年安徽高校毕业生为23.9万人、2022年41.9万人、2023年48.46万人。安徽高校生选择在毕业后省内就业的约占70.22%。2023年在皖高校毕业生在沪苏浙地区就业人数占比为18.65%，其中江苏、浙江和上海吸引在皖高校毕业生就业占比分别为8.4%、5.65%、4.60%，表明长三角沪苏浙对皖高校毕业生虹吸效应较强，2018~2023年来保持在18%以上（见表3）。同时，安徽省技校毕业生本地就业率约为1/3，这个比例偏低且各地之间的差距较大。省内仅合肥对高学历人才和年轻人有较强吸引力，2023年合肥市城镇新增就业14.9万人，占全省20.6%，就业形势远好于其他地级市。2022年亳州市中职与高校毕业生25737人，其中，中职学校毕业生为1.73万人，高校毕业生为8437人；中职和高校毕业生直接就业的仅有8718人，其中2856人选择在外地就业，占直接就业人数的32.8%。如合工大宣城校区的高校毕业生留在本地的比例约为20%，皖南某市3所高校毕业生2022年本地就业率仅为12.23%。这反映出安徽不同地区和不同类型的高校毕业生在就业选择与区域需求匹配上出入较大。

表3　2018~2023年安徽省高校毕业生长三角就业情况

单位：%

年份	安徽省	江苏省	浙江省	上海市	长三角
2023	70.22	8.40	5.65	4.60	88.87
2021	70.22	9.83	5.72	5.76	91.53

年份	安徽省	江苏省	浙江省	上海市	长三角
2020	67.56	10.57	6.50	7.03	91.66
2019	68.44	10.30	6.09	7.53	92.36
2018	67.41	10.58	6.35	8.29	92.63

资料来源：根据安徽省教育厅发布的各年度《安徽省普通高校毕业生就业状况报告》整理。

二 安徽劳动力就业结构性矛盾的主要成因

后工业化时期安徽省劳动力就业结构性矛盾突出的主要成因，不仅有产业转型升级、技术创新、教培体系、市场作用等主要因素，也有企业需求和劳动者的就业选择等其他因素。

（一）经济增长波动改变劳动力需求

自 2008 年以来，我国面临需求收缩、供给冲击、预期转弱三重压力，出口与基建、制造投资受冲击，加之疫情对生产和消费活动的影响，内外需求显著下降，企业订单不足，制造业及外贸企业用工收缩，企业扩大再生产的动力不足。为应对经济增长波动，地方加大出口和基建投资，制造业规模扩张，但是各行各业都受经济下行的影响，尤其是房地产受到更大的冲击而萎缩，而一些制造业行业发展虽处在上升通道，但起伏较大。劳动力需求受经济增长和行业波动的影响较大。为对冲经济下行的影响，近年来安徽省加大"双招双引"力度，大力发展新兴产业，支持高科技产业发展，激发经济发展新动能，就业岗位总量增加，但与处在经济增长的上升时期相比，就业岗位的增量明显减少，并且就业岗位的要求提高，加之就业存量持续调整，整个劳动力市场用工需求的变化较大。

（二）产业转型升级提高劳动力素质与技能要求

后工业化时期消费升级给传统商业模式带来了巨大的变革。一方面，新经济吸纳就业能力较强，对劳动力技能与素质要求提高。新技术、新业态、新模式催生了新职业，创造出新的就业岗位。大多数劳动力不再从事农业或制造业，而是转向服务业，涵盖了商业、财经、交通、卫生、娱乐、科研、教育和行政工作等领域。此外，金融、信息传输、计算机服务、咨询、软件设计等服务业的就业机会增多。另一方面，产业技术层次提高，对劳动者技术技能和职业素养也有更高要求。安徽省制造业由低端向中高端发展，2010~2020年劳动密集型产业占比下降幅度在长三角地区是最大的，资金密集型、技术密集型产业占比上升，专业技术人员的增长率超过了从业人员总数的增长率。技术创新成为推动经济发展的关键。知识和信息技术在经济中占据主导地位，随着人工智能、信息技术、区块链、大数据等新技术层出不穷，数字化转型、"机器换人"、互联网工业平台应用，传统制造程式化工作岗位、流水线作业被自动化技术、智能制造、柔性生产替代，从事简单、重复性劳动的工人减少，低端就业岗位受挤压，而化解产能过剩和淘汰落后产能又不可避免地导致职工转岗失业。各地区新兴产业需求和传统产业转型切换，都会导致劳动力需求结构变化加剧。

（三）教育培训体系不能满足企业用工需求

安徽省高校毕业生总数持续攀升，就业结构性压力增大。由于他们自身的职业定位以及缺少经验和技能，难以满足用人单位的需求，就业群体面临着更大挑战，反映在理论教育与实践能力之间、高等教育体系与市场需求之间存在"脱节"现象。尽管专业设置每年都在调整，但调整的难度大、阻力大、动力不足，以致专业调整速度仍跟不上就业需求的变化。尽管技校毕业生的就业情况较好，他们更受企业欢迎，但是技校生供给严重不足。调研发现，安徽省内中职生由于年龄偏小、学历偏低以及社会对学历要求提高，毕业时他们大多选择继续升学，直接就业率相对较低。如2022年宣城市11所中等职业学校，共有全日制中职毕业生6681人，直接就业人数为939人，占比仅为14.05%。目前安徽省培养应用型技能人才和中高级技工仍存在不少困难。如职业学校的师资力量薄弱，缺少复合型、综合型的"双师型"

教师，办学特色不鲜明，职业培训发展不够成熟、公共实训基地储备不足、谋划不到位，校企合作不紧密、企业参与意愿不强、学校合作能力较弱，企业对产教融合的重视程度不够、缺乏对产教融合型企业的培育以及相关制度、政策的缺失等问题，产教融合有待进一步加强。

（四）人力资源和人才资源地区竞争加剧

各地上演"抢人大战"，引人引才竞争日趋激烈，人才政策层层加码，导致引人引才政策边际效应递减。安徽省二三线城市人才吸引力严重不足，收入待遇偏低，无法满足高层次专业人才与技能人才的需求。安徽省部分城市在长三角地区吸引劳动力和留住人才方面不具有竞争力。为解决用工短缺问题，一些地市专门建立人力资源服务产业园、专业服务机构、协会等，帮助企业开展用工招聘。目前，安徽省有各类人力资源服务机构1241家，其中民营人力资源服务机构1096家，固定招聘场所1805个、人力资源服务网站549个。与沪苏浙相比，安徽省人力资源服务机构数量相对较少，比例偏低，人力资源服务机构服务能力有限，在人才职业谋划、晋升、管理、咨询等中高端服务方面，对技术工、熟练工的培训专业性、针对性、特色性方面都存在不足，就业公共服务体系不健全。人才市场、劳动力市场、零工市场各自独立运行，并且区域之间市场没有相互衔接，线上线下人力资源市场信息不同步，导致企业对人才和劳动力供需信息掌握不全面。对本地或外来务工人员、新就业形态人员统计不全，利用信息化手段不足，亟须提升就业岗位匹配度。为满足本地用工需求，各地政府投入了大量精力，到云贵川等内陆省份招工，建立"三公里"家门口就业圈以及下到镇村招工，由于镇村没有专职人员负责招聘，只能靠行政指令让基层干部到村入户"一对一"走访，这种传统招工方式效率不高，加之基层人力财力不足，无法长期持续下去，需要寻找更加有效的方式来解决当地企业用工问题。

（五）就业创业环境难以满足劳动者的要求

安徽省多数企业招工倾向于实践经验丰富的大专职校生，而非高校毕业的本科生，原因是大专职校毕业生往往具备更强的实践能力和动手能力，能更快地适应工作环境，并且跳槽概率较小，可以降低企业用工风险。但是多数小企业是根据订单需求来招聘员工，导致劳动关系不稳定。大企业的就业相对稳定、工资收入和社会保障有明显优势，用工情况通常比中小企业好得多。一些中小企业存在创新能力弱、产品结构转型缓慢等问题，不得不采取低价竞争策略，对用工成本压得过低，导致工作环境恶化、工时较长、工资待遇偏低等，"缺工"时有发生。当然，还有一些问题，如薪酬没有完全与职业技能等级挂钩，职业技能资格证书的认可度低，使得员工晋升通道不畅，归属感偏低，加之对当地用工环境不满意，员工会选择跳槽，导致企业高层次人才、技能人才、熟练技术工人流失较多。同时，创业就业环境不佳，在注册手续、融资渠道和市场准入等方面仍不便利，政策的落实尚有不足，企业和个人对政策了解程度不高，地方创业就业政策执行仍有较大的改进空间。

（六）劳动者就业选择和岗位期望的改变

青年群体文化教育程度普遍提高，就业观念、择业方式、收入期望、权利意识及行动能力等发生了很大改变，调研中不少企业反映年轻人的就业理念与上一代已大不相同，尤其90后、00后对工作期望值更高，看重就业环境质量、更高的收入以及灵活的就业方式，倾向在大城市等发达地区工作和生活，因为那里有更多的就业选择机会和更高的收入，尤其是数字经济、互联网产业、服务众包、兼职工作、平台零工、岗位外包等新业态能帮助大城市吸纳更多的劳动者，这是小城市无法比拟的。调研时安徽省许多企业表示招工难、用工难的主要原因是薪资待遇与发达地区差距较大。2022年安徽省城镇非私营单位就业人员平均工资为98649元，城镇私营单位就业人员平均工资为57095元，分别比全国平均水平低15380元、8142元，江苏、浙江城镇非私营单位就业人员平均工资分别为121724元、128825元，私营单位就业人员平均工资为71835元、71934元，均明显高于安徽省。可见，劳动报酬水平偏低是安徽省对人力资源和人才吸引力不足的重要原因。

三 安徽劳动力就业结构性矛盾的应对之策

要解决后工业化时期安徽省劳动力就业结构性矛盾，需要从供需端出发，适应经济转型发展、产业结构调整、技术创新变革、城镇化趋势，积极采取应对之策。

（一）从劳动力供给看，把稳经济发展就业导向

应对复杂多变的国内外经济形势与不确定性，各地要把稳就业摆在更加突出的位置，采取以就业为优先导向促进经济高质量发展的务实举措，坚持底线思维，加大逆周期调节力度，在财政预算中安排就业专项资金用于促进就业。保持必要的财政支出强度，强化就业与金融、投资、消费、产业、财政政策协同，发挥政策协同组合效应，防范化解大规模的失业风险隐患。为了更好地促进就业，要深入分析经济发展对地方就业的多方面影响，做好促进就业中长期规划，建立全面促进就业政策评估体系，确保就业形势稳定。制定地方经济发展规划要考虑就业扩容，确保新增就业目标达成，建立起经济增长与就业扩容互促的良性循环机制。发挥地方促进就业的积极性，强化地方政府促进就业的责任，县级以上地方人民政府坚持以经济发展带动就业为导向，建立经济政策、公共投资和重大项目带动就业的评估机制，优先安排就业岗位多、岗位质量好的项目，构建地方政府促进就业目标达成的工作协调机制，加强政策执行和效果评估。研究地方促进就业立法，探索就业立法体系。通过制定地方促进就业法规和规章制度，明确政府、企业、个人在促进就业中的权利和义务，规范和引导就业市场的发展。加强就业政策宣传和促进就业政策落地，推动经济高质量发展与就业扩容提质协同联动，形成全省共促就业充分、经济高质量发展的合力。

（二）从劳动力需求看，持续增加灵活性就业机会

针对"有人无岗"与"有岗无人"的状况，应当以岗适人，加强专业

人才的培养以满足社会实际需求。多渠道拓展就业新空间，大力发展新产业、新业态和新模式，利用互联网平台，支持微商电商、网络直播等新业态，发展数字经济、网络经济、平台经济、共享经济。支持新消费场景带动个体服务业发展，创造更多的新个体就业机会及新的消费需求。完善营商环境和加强政策扶持，加大对创新创业人员的支持力度。吸引和鼓励外出务工人士回乡创业，开展返乡入乡合作创业、乡村合作创业带头人培训。设立省推进返乡创业工作领导小组以及市、县（区）返乡创业综合公共服务中心，为创新创业人员提供融资渠道、纳税减免、创业培训等服务，搭建创业孵化园和建立创新创业基金等。针对特定就业群体，增设公益性岗位与储备岗位，落实好政策性岗位开发责任。开展离校未就业高校毕业生服务攻坚行动，鼓励高校毕业生到县区、城乡社区等基层从事专职工作，开展和实施"三支一扶"（支教、支农、支医和帮扶乡村振兴服务）等高校毕业生基层服务项目。

（三）从劳动力技能看，提供技能指导和培训

应对经济新旧动能转换，随着产业技术层次提升，对高技能劳动力的需求增加，政府应积极提供技能指导和培训。开展高等院校、职业院校、技工院校就业技能状况评估，制定与人力资源市场需求相适应的教育政策和职业教育发展计划，支持高校专业设置调整与市场需求对接，制定专业设置调整优化激励措施。深化高校创新创业教育改革。新设一批适应新技术、新产业、新业态、新模式的学科专业，创建特色专业，开设就业指导、就业咨询等课程，围绕本地主导产业和企业用工需求，与企业联合开展技能适应性、储备性培训。加强实践教学和应用型人才培养，优化技工院校、职业学校的专业设置，针对新业态构建新型技能人才培养体系，加快建设一批地方科技型大学或基础应用型职业院校。构建全省"1+5+N"公共实训基地，推进企业与职业院校共建生产性实训基地和产业人才培养培训基地，构建三方协同培育培训体系，提高公共实训基地运行质效。搭建政府、园区、企业、学校四位一体的产教融合信息平台。完善兼职教师聘用制度，培养"双师型"

教师，建立省级职业技能培训师资库。打造叫得响的徽字号劳务品牌，将行业特征、区域特色、经营服务模式结合起来，完善劳务品牌建设的保障机制和政策支持体系。

（四）从劳动力流动看，力促区域就业岗位均衡增长

科学引导省内劳动力跨区域流动，防止人口过度向省会城市集聚，充分发挥合肥都市圈、芜湖省域副中心、区域性中心城市作用，通过产业项目合理布局，在城市设立夜校，帮助外来流动人员学习知识和技能，更好融入大城市，从而扭转人口持续流失的局面。深化长三角一体化产业分工，招引长三角协作企业来皖发展。加快皖西皖北地区人口大市、劳务输出大市产业振兴，发展吸纳就业能力强的劳动密集型产业，支持皖西革命老区发展吸纳就业效果好的优势富民产业。推进以县城为人口城镇化重要载体的新型城镇化，深化农村一二三产业融合发展，引导劳动密集型加工制造业向县域和有条件的经济强镇布局，支持和鼓励城市企业将生产实体向县域转移，将制造加工流通重心下沉，农产品加工向中心镇和物流节点聚集。促进特色产业在县城发展，培育专业功能的县城和小城镇。支持城市资本下乡，整合资源，带动地方就业。丰富乡村经济业态，发展文旅特色产业，根据地方旅游资源禀赋优势，培育文化体验、休闲度假、民宿、养生养老等产业，为当地农民提供更多的就业岗位，消化富余劳动力。

（五）从劳动力配置看，发挥市场调节和政府服务作用

把握就业数据和信息，掌握各类企业用工需求，建立用工需求动态台账。加强青年群体就业导向，做好全省就业失业情况普调工作，完善就业失业统计调查制度，健全全口径的就业失业统计指标，建立更加可信的失业预警制度。强化劳动力市场的信息传导，推出一站式就业服务系统，为毕业生就业提供岗位精准匹配，提高就业岗位搜寻率和匹配率，将省内各地人力资源产业园联网，建立全省劳动力资源信息共享机制，构筑经信、人社、教育和企业用工需求的反馈机制，促进皖江地区与皖北地区人力资源供需对接，

搭建省级人力资源服务共享平台。在云南、贵州、四川、河南等劳务大省建立安徽省劳务基地和驻点，招人来皖就业。加强长三角地区劳务输出地与输入地协作，开展就业技能培训资源共享，推进学历与职业技能等级双证书跨省（区、市）互认。建立符合本地实际的人力资源市场运作模式，实现企业招工与岗位需求精准对接。借鉴浙江的数字求职经验，提升就业服务智慧化水平，提高毕业生求职效率与留皖率。搭建就业服务大数据库，加强就业招聘网、线上直播，及时发布用工需求信息，做到"对人""对岗"精准推送。健全社区就业服务中心，推动家门口就业，实行"三公里"就业圈全省覆盖，建立城乡、镇村一体的公共就业信息平台，完善人员配备和经费保障，提升就业服务质效。

（六）从劳动力择业看，进一步优化地方就业环境

后工业化的到来伴随着完善的社会保障与就业环境，新生代要结合自身实际进行适当的目标调适，适应就业择业要求，企业也需要通过岗位津贴和安家补贴、增加人文关怀、提高员工的工资和福利待遇、关心员工健康等方式，构建和谐劳动关系，推进地方企业提高应届毕业生的本地就业率。通过开展访企识岗线上直播等方式，加强本地企业宣传推介。开展企业就业环境评价，完善企业留工用工措施和用工规范制度，引导企业改善提升就业环境。建立企业职工技能培训制度，推动企业把员工从"普工"变"技工"，将职业技能等级和薪酬挂钩，拓展晋级晋升通道。改善劳动条件，加强开发园区配套设施，提升园区的服务水平。维护好新就业形态劳动力的劳动权益，完善灵活就业和新就业形态的用工和社保制度，建立公正、平等、和谐的就业环境，确保年轻人在当地"稳下来""住下来""留下来"。

参考文献

安徽省政府办公厅：《关于进一步优化调整稳就业政策措施全力促发展惠民生的通

知》，https：//www. ah. gov. cn/szf/zfgb/564268951. html。

安徽省发展和改革委员会：《安徽省"十四五"人口发展规划》，https：//www. ah. gov. cn/public/1681/554130271. html。

安徽省人力资源和社会保障厅：《安徽省人力资源服务业发展专项规划（2021—2025年）》，https：//hrss. ah. gov. cn/public/6595721/8482562. html。

《安徽：打好"组合拳" 破解"招工难"》，中国人大网，http：//www. npc. gov. cn/c2/c30834/202308/t20230824_431138. html。

B.23
人与自然和谐共生理念下深化
安徽省集体林权制度改革研究

吕 成 李双全 曹晴晴*

摘 要: 集体林权制度改革在我国林业建设总体布局中经历了漫长而曲折的发展历程。新一轮集体林权制度改革以来,安徽省取得了可资推广借鉴的改革成果和示范经验。当前,安徽省集体林权制度改革主要存在确权登记工作不规范、经营权流转不活跃、产业发展不充分等突出问题。为全面贯彻习近平生态文明思想,牢固树立和践行"绿水青山就是金山银山"的理念,应进一步深化安徽省集体林权制度改革。总结历次改革的经验和教训,深化安徽省集体林权制度改革应突出问题导向,统一规范林权类不动产登记工作、规范集体林地经营权流转市场、培育新型林业经营主体、加强集体林业产业发展规划引领等,着力推进农民农村共同富裕,实现生态保护和林业发展有机统一。

关键词: 集体林权制度 改革 林权流转 安徽省

党的二十大报告指出,中国式现代化是人与自然和谐共生的现代化。人与自然和谐共生理念对深化集体林权制度改革具有重要指导意义。集体林权制度改革是新中国成立以来事关农村土地关系调整的重大改革。2008 年,《关于全面推进集体林权制度改革的意见》的发布标志着新一轮集体林权制

---

* 吕成,安徽省社会科学院法学研究所副研究员,研究方向为行政法学;李双全,安徽省社会科学院科研处副研究员,研究方向为社会学;曹晴晴,安徽省社会科学院法学研究所助理研究员,研究方向为环境法学。

度改革的开始。站在新的历史起点上，习近平总书记在党的二十大报告中从推动绿色发展，促进人与自然和谐共生的高度再次提出了深化集体林权制度改革的要求。作为南方集体林区的重点省份，安徽省林业用地面积约占我国林业用地总面积的32.07%，达到6740万亩，其中集体林地占比高达93%，在林业生产中占据重要地位。因此，深化集体林权制度改革对于提高林业生态系统质量和稳定性、增强生态产品供给能力和林业碳汇能力、推动乡村振兴战略的有效实施具有重大战略意义。本报告基于安徽省集体林权制度发展历史和改革进展，结合对滁州、六安、宣城等集体林权制度改革重点区域的实地调查，总结归纳其改革成效及经验，分析安徽省集体林权制度改革实践中存在的问题，为下一步深化安徽省集体林权制度改革提出对策建议。

一　安徽省集体林权制度改革发展历程

自新中国成立以来，安徽省高度重视集体林地的发展，集体林权制度改革在国家林业建设总体布局中经历了漫长而曲折的发展历程，主要分为以下几个阶段。

（一）集体林权的形成与发展（1949~1978年）

20世纪50年代初，《中华人民共和国土地改革法》和《关于适当地处理林权，明确管理保护责任的指示》出台，明确没收地主所有的山林并折合成普通土地统一分配给农户。此时，农户拥有的山林私人产权主要通过土地改革运动建立。1951~1958年，随着计划经济时代的到来，林权由分散走向集中，安徽省林业和农业发展走向了合作化的道路，山林入社统一经营。1961年，《中共中央关于确定林权保护山林和发展林业的若干政策规定（试行草案）》提出，"谁种谁拥有"，开展山林权属确定工作。

此阶段，安徽省林业各项工作刚刚起步，林业政策处于不稳定状态，并且伴随着新秩序的建立，对林业发展道路仍在摸索中，为后续经济发展摆脱林业资源桎梏奠定了良好的基础。

（二）集体林权"分与统"的迂回改革（1979~2003年）

改革开放以来，伴随着农村家庭联产承包责任制的探索，1981 年我国确定了集体林承包责任制的改革方案，林权制度改革迈上新台阶。同年，中共中央、国务院颁布《关于保护森林发展林业若干问题的决定》，安徽省委、省政府部署稳定山林权、划定自留山、确定林业生产责任制的林业"三定"工作，尝试进行集体所有权和使用权相分离。之后由于乱砍滥伐，未实现林业"三定"改革目标。

1987 年，中共中央、国务院出台《关于加强南方集体林区森林资源管理坚决制止乱砍滥伐的指示》，明确停止分林到户工作，收回已分林到户的集体林地，鼓励集体和较大规模的经营主体统一经营，对农民生产的木材实行统一管理和进山收购，并要求严格执行采伐限额制度。此时，林业"三定"改革出现停滞。

1988 年修改后的《中华人民共和国宪法》承认了集体林权流转的合法性，并且随着市场经济体制改革目标的进一步确立，集体林权向市场化改革方向发展。1995 年，《林业经济体制改革总体纲要》出台，允许通过招标、拍卖、租赁、抵押、委托经营等形式，使森林资产变现。1998 年修改后的《森林法》提出，森林、林木、林地可作为资产有偿转让或者作价入股。

此阶段，安徽省集体林权制度改革呈现出分与统的迂回改革路径，为更好保护森林资源，林权改革政策更加偏好集体统一经营模式，林业产权主体与经营形式向多元方向发展。

（三）新一轮集体林权制度改革（2003年至今）

2003 年，中共中央、国务院出台《关于加快林业发展的决定》，开始林权改革试点，启动了新一轮的集体林权制度改革工作，通过主体改革下放林权，重点是分林到户。自 2006 年起，安徽省获选成为集体林权制度改革试点省份后，选择了山区、丘陵和平原三种类型县（市、区），分别在宁国市、黄山区、南谯区、怀远县 4 个县（市、区）开展试点。2007 年，安徽

省集体林权制度改革正式启动，省委、省政府在国家林业局的指导下结合试点情况制定出台《关于全面推进集体林权制度改革的意见》。按照安徽省林改方案，2007 年完成勘界确权，把此前的自留山、责任山、承包山以及尚为村组集体经营管理的山林通过法定程序分给农户经营管理，以法律的形式保障林农的处置权、收益权。

随着主体改革内容的推进，林业管理、流转等问题开始显现，这些问题关系集体林权制度改革的成效。2008 年，中共中央出台《关于全面推进集体林权制度改革的意见》，全面推进集体林权制度改革，配套措施也被提上议程。国家林业局相继发布了一系列配套改革文件以解决主体改革后仍存在的集体林地流转、社会化服务、林权抵押贷款等方面的问题。安徽省以集体林产权利用为核心，全面推进集体林权制度配套改革，着力打造统一规范的林权管理信息平台、林权流转交易平台和林权融资服务平台，不断创新体制机制，为现代林业发展提供坚实保障。截至 2010 年底，安徽省基本完成集体林权制度改革的确权发证任务，完成集体林权勘界面积 5291 万亩，确权发证到户率为 91.73%，确权发证面积 4853.43 万亩，颁发林权证 286.56 万本，基本完成集体林地明晰产权、承包到户的改革任务。

此外，2014 年，我国开始进行"三权分置"改革①。2016 年，国务院办公厅公布的《关于完善集体林权制度的实施意见》明确，集体林地"三权分置"，规范林权有序流转，有效推动林地集体所有、家庭承包、多元经营。2017 年 4 月，安徽省人民政府办公厅印发《关于完善集体林权制度的实施意见》，率先在全国推进集体林权"三权分置"和"三变"改革，探索放活林地经营权，对林业发展进行适度规模化经营，促进小农户融入现代农业，培育林业新业态。

与前两个阶段相比，这一时期对集体林地进行确权并颁发林权证，林权流转更加规范，并且针对产权无法单独发挥作用的情况，出台了一系列的配

---

① 实行集体林地所有权、承包权、经营权"三权分置"是继所有权和承包经营权"两权"分置后的重大改革举措。

套政策。安徽省在探索集体林地"三权分置"运行机制的同时，在林业绿色金融、森林经营管理、林业产业发展等领域进行了诸多实践和制度探索。

二 安徽省集体林权制度改革的主要做法及成效

安徽省新一轮集体林权制度改革，源于党中央、国务院对林业发展的高度重视。自 2006 年起，安徽省获选成为集体林权制度改革的试点省份后，各级政府积极探索和实践，不断推出新政策和新措施，推动林业发展转型升级，取得了可资推广借鉴的改革成果和示范经验。

（一）稳定承包关系，保护合法权益

2017 年 5 月，安徽省政府办公厅印发《关于完善集体林权制度的实施意见》，明确安徽省集体林权"三权分置"运行方向。全省各地积极贯彻落实深化集体林权制度改革的工作要求，继续明晰集体林地产权和确权颁证，依法保护林农对林地所拥有的各项权能，在稳定承包关系的前提下，积极完善"三权分置"运行机制，引导林农依法采取转包、出租等方式流转林地经营权，逐步推动"三变"改革。截至 2020 年底，安徽省集体林地确权发证面积约为 5298 万亩，其中，林权流转面积 1102 万亩，占确权面积的20.8%，全省集体林权确权发证到户率为 91.73%。

为适应林业发展改革需要，规范林权类不动产登记工作，2020 年 7 月，安徽省林业局联合省自然资源厅共同印发《关于进一步做好林权类不动产登记工作的通知》和《关于进一步规范林权类不动产登记工作的通知》，进一步明确职责分工，全面实施林权类不动产统一登记。

（二）活化林地经营权，加快林业产业发展

一是培育新型经营主体。新型经营主体经营水平较高、市场竞争力较强，是推动林业发展的主要力量。集体林权制度改革以来，安徽省通过提供各类金融产品、财税、"互联网+"林业行动等措施加强对新型经营主体的

扶持，推动林业产业向规模化方向发展。截至 2020 年，全省共培育新型林业经营主体 30503 个，其中，林业企业 8270 家、林业专业合作社 6336 个、家庭林场 3084 个；成功申报国家林业重点龙头企业 34 家、国家级农民林业专业合作社 35 家；评选省级林业龙头化企业 814 家、省级农民林业专业合作社示范社 451 家、省级示范家庭林场 139 家；宁国市被国家林业局评为农民林业合作社国家级示范县。

二是发展林下经济。在对森林资源进行有效保护的同时，安徽省积极推动林业生态产品价值实现，统筹林业资源与产业共同发展。充分利用林业资源，发展林下经济，呈现出"林业＋"的发展模式，促进林与药、林与禽、林与粮等的结合，创新林业发展业态。安徽省发展林下经济面积近 2000 万亩，林下经济产值由 2012 年的 108 亿元增加到 2020 年的 750 亿元，农民发展林下经济年均收入增加到 1500 元左右。通过典型示范，涌现出一批以旌德、广德、青阳、岳西、金寨、亳州谯城区等为代表的林下经济示范县和示范典型。黄山等 15 个县（区）被国家林业局命名为"国家林下经济示范基地"；石台县等 26 家单位被国家林业局评为"服务精准扶贫国家林下经济及绿色产业示范基地"。

三是打造林业产业集群。针对各地差异化的林业资源状况，安徽省对林业发展格局进行重新布局，同步推进传统产业和新兴产业，打造木材加工、苗木花卉、生态旅游等林业产业集群。2023 年安徽省林业产业保持稳定增长的良好态势，林业总产值达 4705 亿元，迈入全国第一方阵。皖北皖中薄壳山核桃、沿江江淮苗木花卉、皖西油茶、皖南特色经济林产业集聚度明显提升，三次产业呈现加速融合的发展趋势，产业结构不断优化。

（三）突破林权融资瓶颈，推动金融支持林业

一是拓宽林权融资渠道。安徽省积极推进林权抵押贷款，加强与金融部门沟通协调，争取其支持，拓宽林权融资渠道。通过"五绿兴林·劝耕贷"、"皖林邮贷通"、林业贷款贴息等惠林金融产品，帮助解决林业发展资金难题。在此过程中，各地也积极创新林权融资实践，促进林业发展。如宣

城市积极创新林权抵押贷款模式，组织绩溪、宣州、郎溪对公益林（含天然商品林）补偿资金开展调查分析并在绩溪县瀛洲乡仁里村首次探索实践。安庆市则推出林长制项目贷款，建立林业贷款风险补偿金制度，破解林权抵押贷款问题。截至 2020 年，安徽省累计完成林权抵押贷款 233.2 亿元，共落实融资担保贷款 3.65 亿元。

二是健全森林保险服务机制。安徽省高度重视森林保险在林业发展中抗风险的作用，通过强化政策宣传和规范理赔流程，积极引导各项林权主体参与森林保险，保障林业发展收入，推动扩大生产。截至 2020 年，安徽省政策性森林保险实现全省覆盖，投保面积 2.47 亿亩，保费 4.7 亿元，基本做到应保尽保，商品林做到愿保尽保。

（四）加强林权管理服务，有效化解林权纠纷

一是完善林权管理服务体系。在登记确权颁证的基础上，安徽省稳步推进林权流转、林权交易服务并加强林权档案管理，建立"省市共建、市县一体"的公共资源交易平台。为促进林权管理服务体系规范化建设，安徽省印发了《关于完善县级林权管理服务中心规范化建设的实施意见》。安徽省各地建成县级林权管理服务中心 95 个，其中通过市县编委批准成立的约占 20%，其余多数为林业部门自己组建。2018 年，安徽省林业局和省工商局共同向社会发布《安徽省集体林权流转合同（示范文本）》，在全省范围内推广使用。安徽省林业局联合省档案局在滁州市南谯区开展林权流转档案管理试点，为规范全省林权流转档案管理作示范。2011 年，经安徽省政府同意，在黄山市组建江南林业产权交易所，截至 2020 年，江南林业产林交易所已在 9 个市建立了 17 家分中心、6 家授权服务机构、69 个林权流转咨询服务站，交易额突破亿元。同时，为了强化公共服务功能，安徽省对林权服务事项探索出市场化发展的道路，通过由社会组织承担部分森林防火、资产评估等工作，有效提升了服务能力和服务水平。

二是健全林权纠纷调处机制。针对集体林权承包经营纠纷，各地成立林权纠纷调解中心或调解领导小组，同时规范调解程序、依法调解，并做好案

件卷宗的立卷归档。同时,把有效预防林权纠纷发生和化解调处辖区内林权承包经营纠纷作为考核的主要抓手,加大纠纷调处力度,提高纠纷调处率。综合安徽省基本情况来看,安庆市林权纠纷较多,截至 2020 年,安徽省共调处林地承包经营纠纷 196 件,基本实现纠纷调处属地管理、属地调处。

三 安徽省集体林权制度改革存在的主要问题及成因

安徽省自全面实施集体林权制度改革以来,率先完成了集体林权确权登记发证工作,取得了显著成效。其中,宣城市的林地股份制经营、宁国市的山核桃林托管经营等改革经验被作为集体林权综合改革试验典型案例在全国推广,为推动安徽省乃至全国的林业发展和生态文明建设作出了重要贡献。然而,由于集体林权制度改革是一项涉及面广、影响深远的社会变革,纵深推进过程中也面临着历史遗留问题、内在制度困境以及复杂现实情境等诸多问题。通过对宣城、六安、滁州等地实地调研发现,安徽省深化集体林权制度改革仍存在以下问题。

(一)林权类不动产登记工作不完善

林权类不动产权证相对于原有的林权证而言,更有利于产权界定清晰,对集体林权流转、推动林业适度规模化经营、发展林业产业具有促进作用,但在林权新证换发具体过程中面临诸多现实难题,如何厘清不动产登记部门与林业管理部门关于林权管理的权力边界问题是改革过程中难以回避的现实问题。

一是林权地籍调查费用高。林权类不动产登记需要开展林权地籍调查,同时地籍调查基本由指定的机构开展,其标准参照房产等不动产登记地籍调查进行收费,且根据面积以及林地复杂程度的收费标准浮动较大,如滁州南谯区办理林权登记收取测绘费约 40 元/亩,而六安市霍山县则高达 120 元/亩,谁来承担高昂的林权地籍调查费用是难以回避的现实难题。

二是林权信息共享不顺畅。《关于进一步规范林权类不动产登记做好林权登记与林业管理衔接的通知》明确，各级登记机构和林草部门应建立信息共享机制，实现林权审批、交易和登记信息实时互通共享。实地调研发现，对于林业部门和自然资源部门分设的地区，部门之间的信息共享、业务衔接等方面仍然存在诸多不便。

三是林权抵押登记不便捷。按照《林权类不动产登记办理问答》第10条，林地经营权、林木所有权抵押登记，需承包方出具同意抵押的书面证明，但现实情况下，承包方可能面对数十户乃至百余户林农，在劳动力大量外出的农村地区很难提供同意抵押的相关材料。此外，林权不动产权证上的宗地图跟传统林业部门管理所使用的地形图差异较大，对林业部门日常管理带来新的问题。

（二）集体林地经营权流转不活跃

集体林权流转是推动林业适度规模化经营的重要基础。根据林业部门相关数据，笔者发现安徽省集体林地的经营权流转还不够活跃，流转规模和范围还较小，集体林地经营权流转市场还不够成熟。如安徽省林业重点地区安庆市流转率26.31%，六安市也仅为13.20%，造成集体林地经营权流转率不高的原因主要有以下几个方面。

一是集体林地承包权细碎分散。尽管安徽省集体林权基本实现了"明晰产权、承包到户"的改革目标，但受制于历史原因和现实困境，集体林地承包权碎片化、分散化的问题仍较为普遍。林地承包关系细碎化、分散化，增加了集体林地经营权流转的直接成本和间接成本，特别是在集中连片的规模化流转过程中只要少数林地承包户不同意流转将直接影响项目整体推进。此外，由于政策性不强，市场化投入不高，特别是与农村田地流转收益相差甚大，林农流转林地积极性不高。

二是林权流转市场化体系滞后。虽然安徽省已经建立了省、市、县三级林权流转服务平台，但由于缺乏相关的法律法规、规范性文件、操作指南等，林权流转市场主体不明确，流转方式单一，流转价格不透明，流转风险不可控。部分地区缺乏专业化的林权交易服务机构和社会化服务机构，如评

估、担保、收储等，导致流转成本高、流转效率低；且部分农户对流转林地经营权缺乏信心和动力，担心流转后失去收益或者难以收回，进一步加剧了集体林地经营权流转难的困局。

三是林权流转合同规范性差。虽然安徽省林业局联合相关部门已经制定了《安徽省集体林权流转合同示范文本》等文件，规范了林权流转合同的内容和格式等，但由于缺乏相关的合同登记、合同备案、合同公示等，林权流转合同规范性差，存在着内容不完整、格式不统一、公开不充分等问题，制约了集体林地经营权流转的规范性、公平性。

（三）集体林业产业发展不充分

安徽省林业产业总产值保持持续增长态势，但缺乏相关技术支持、市场引导、品牌建设等，导致林业产业发展存在结构不合理、质量不高、效益不显著等问题。据统计，2022年安徽省林业总产值达到了5300亿元，其中以林木生产为主要组成部分。实地调研发现，部分地区集体林业产业发展多为家庭式、作坊式经营，主要卖原木、生产半成品，规模化经营加工、深度加工利用较少，集体林业特色产业规模化、产业化、集约化程度不高，辐射带动力弱。林下经济正处在探索发展初期，林业专业化合作组织成立不久，处于产业链低端，经济效益普遍低。

一是林业产业规模效益有待提升。受集体林地经营权流转效率低下的影响，安徽省集体林业经营主体以小规模的家庭林场为主，缺乏规模效益和竞争力。尽管各级政府积极出台政策，鼓励农民通过入股分红等方式参与农村集体经济组织，享受林业发展带来的收益，但由于缺乏相关的收益分配、风险分担、退出机制等，农民对发展林业的积极性不高，存在着观望、消极参与、轻易放弃等问题。

二是林业投融资难题未有效解决。林业生产经营周期长、风险大，受抵押物监管难、处置难等因素的影响，金融机构对林权抵押贷款的积极性不高，贷款年限与林业生产周期严重不匹配，林权抵押贷款难以落地。金融企业考虑自身利益和承担的风险，使得林权抵押贷款期限短、利率高，有时甚至收取不菲的评估费、担保费，对部分林业主体来说负担较重，单个农户和规模较小的经营组织更无法获得林权抵押贷款，林业融资问题未得到根本解决。

三是财政资金支持林业产业不足。多年来中央和省级财政给予了一定资金扶持，但标准太低、要求太高，比如相关政策规定，政府对一定规模的林下经济经营主体给予奖励、补助，但地方因财政困难基本没有资金扶持，有些财政奖励、补助落实较慢，实际兑现时间较长。林业技术推广资金不足，导致林业产业建设过程中必需的设备落后或配备不足，财政投入资金欠缺致使林改工作推进滞缓。

四 深化安徽省集体林权制度改革的政策建议

回顾新一轮集体林权制度改革进展，不断调整具体方式和重点内容，通过产权改革引入市场化机制，试图破解集体林业经营管理的困局，激发集体林业产业活力，以实现促进国民经济、生态、社会协调发展的终极目标。总结历次改革的经验和教训，深化安徽省集体林权制度改革应以"权属清晰、责权利统一、保护严格、流转有序、监管有效"为改革目标，不断完善集体林权制度和政策体系，实现生态保护和林业发展的有机统一。

（一）统一规范林权类不动产登记工作，完善集体林权信息管理系统

有序推进集体林权不动产登记工作，加快数据整合，解决权属交叉、重叠问题，进行不动产登记平台管理，确保集体林权的权属清晰、保护严格。完善集体林权信息管理系统，建立健全集体林权的动态更新、变更登记、监督检查等机制，提高集体林权的信息化水平和管理效率。

一是对林权类不动产登记信息要素进行优化。结合森林资源"一张图"和国土"三调"成果，持续开展林权调查登记试点工作，试点开展公益林调整，摸清林业资源"家底"。对宗地图进行优化完善，既要符合不动产登

记相关要求，又要有利于林业管理。定期开展林权确权登记工作的质量检查，对存在数据不准确、证件不完整、纠纷不清楚等问题进行核查和纠正，对负有责任的单位和人员进行问责和处罚。

二是市场化推进林权地籍调查。林权地籍调查不应由指定机构开展，推进市场化地籍调查。不动产登记部门实施购置地籍调查社会化服务，减轻林农、林企负担。定期开展林权确权登记工作的证件补发，根据农民群众的申请，及时补发或换发丢失或损坏的林权证件，保障农民群众的合法权益。

三是加快构建林权类不动产信息共享机制。从省级层面推动形成林权类不动产信息共享机制，推进林权信息矢量化工作，与国土"三调"成果和森林资源"一张图"相结合，减少林权纠纷发生。定期开展林权确权登记工作的数据更新，根据林权流转、变更、继承等情况，及时调整和更新林权确权登记数据，保持数据的时效性和一致性。

（二）激发农户和社会资本的参与积极性，规范集体林地经营权流转市场

放宽经营权流转的条件和范围，简化审批程序和标准，提高审批效率和透明度，保障农户和社会资本的合法权益。要加强经营权流转的政策扶持和服务保障，提供流转补贴、税收优惠、金融支持等措施，降低流转成本和风险。要建立健全经营权流转的监管和评估机制，加强对流转过程和结果的监督检查和评价考核，防止流转过程中出现违法违规行为和损害林业资源的现象。

一是引导林权有序流转。积极稳妥推进集体林权制度创新，完善承包林地"三权分置"和林地经营权证制度。鼓励农户和各类市场主体依法依规参与林权流转，发展林业适度规模化经营。推动有条件的县区组建和完善林权管理中心、森林资源资产收储中心、林权交易中心、森林资源资产调查评价中心等资源流转平台，提高抵押林权的变现能力。

二是加强林权保护机制建设。建立和完善林权保护的执法监督、赔偿救助、惩罚激励等约束机制，保障林权保护机制的执行力和效果。加大对林权

侵害行为的查处力度，依法追究侵害者的法律责任，维护林权人的合法权益。建立和完善林权侵害赔偿救助基金，及时对受到林权侵害的农民群众进行赔偿救助，减轻农民群众的损失。建立和完善林权保护惩罚激励制度，及时对积极参与和支持林权保护工作的单位和个人进行表彰和奖励，对违反和破坏林权保护工作的单位和个人进行通报和处罚。

三是发展绿色金融。完善林权抵押登记管理制度，加强与金融机构的沟通联络，共同做好林权抵押贷后管理，建立监督检查的长效机制。在持续开展现有林权抵押贷款的同时，创新"政银担企"模式，鼓励金融机构针对油茶、毛竹等开发专项林业金融产品，如"油茶贷"；探索开展林地预期收益质押贷款，推进林权收储担保和公益林补偿收益权质押贷款。

（三）培育新型林业经营主体，创新发展林业适度规模化经营

鼓励农户通过联合、入股、合作等方式实现适度规模化经营，推动林业生产发展。培育新型林业经营主体，如合作社、联合社、专业公司等，提高林业经营规模和竞争力。探索建立适应适度规模化经营的制度安排和机制创新，如林权资产折资量化的林票运行机制、林业融资机制、林业保险机制等，提高林业资金投入和保障水平。

一是打造利益联结共同体。以林农增收为核心，鼓励发展股份制合作社，引导农户与龙头企业、专业合作社、家庭林场、种养大户等经营主体依法依规通过各种形式参与林权流转，合作经营，规模发展。建立完善利益联结机制，鼓励新型林业经营主体以合作、托管与入股等模式，与林农构建多种形式的利益共享分配机制，使农户在林业经营中获益。

二是做强林业经营主体。持续加大对林业龙头企业和农民林业专业合作社的扶持力度，强化财政金融扶持，开发更多符合林农需求的特色经济林险种，充分发挥行业协会作用，吸引更多社会组织、群众广泛参与林业建设。

（四）加强集体林业产业发展规划引领，提升集体林业产业附加值

根据不同地区的自然条件、资源禀赋、市场需求等因素，制定科学合理

的产业发展规划，培育具有特色和优势的支柱产业。加强对集体林业产业发展的技术支持和服务保障，提供种苗、育苗、管护、病虫害防治等技术指导和培训服务，提高农户的技术水平和能力。加强集体林业产业的加工与深加工能力和市场开拓能力，提供加工设备、品牌建设、市场推广等服务支持，提高产品附加值和销售收入。

一是培育发展优势产业。变资源优势为产业优势，推动林业产业集聚发展，形成苗木花卉、油茶、生态旅游等林业产业集群。加大加强"三品一标"和森林生态标志产品培育，立足安徽省资源禀赋和自然优势，因地制宜，对全省林业产业发展进行规划布局，开发不同区位优势的林业产业。此外，开展招商引资，引入实力雄厚、技术先进的林业企业，推动农林产品精深加工，促进林下经济、森林旅游休闲康养等新兴产业发展，探索符合安徽林情的碳汇交易模式，推动林业产业升级发展。

二是加强林业产业指导。加强政策引导，鼓励林产业深加工等新型产业的发展，积极培育市场前景好、科技含量高、带动农户多、综合效益好的林业龙头企业，有效推动经济林、木材加工、野生动物开发利用、森林旅游、林下经济等各项产业发展。

三是强化科技服务体系建设。加强林业科技人才培养，建立适应现代林业发展的林业科技服务体系。充分发挥科技人员和本土专家作用，大力开展技术培训、继续教育等，提升基层林业工作人员专业技术能力，提高良种使用率，提升科技服务水平。

B.24
以创造性转化、创新性发展为旨归，构建多元包容的安徽文化标识体系

刘莲莲*

摘　要：　近年来，安徽省文化标识培育工作取得丰硕成果，各地、各行业均先后完成了文化标识的征集和确定，但总体来看，安徽文化标识体系尚未完善，表现出地域、经济、时代三种偏向，未能形成线上线下推广合力。为此，需要明确构成安徽省文化标识体系的重要元素，确立体系构建的理念与基本内涵，以"现代化美好安徽"为核心，实现历史文化资源的现代转化，构建多元包容的安徽文化标识体系。同时，利用新媒体优势，实现线上宣传与线下推广的互动，打造安徽文化品牌新形象。

关键词：　安徽文化标识体系　现代转化　多元包容

文化现代化是中国式现代化应有之义。2023 年 6 月 2 日，习近平总书记在文化传承发展座谈会上的讲话指出，"文化自信就来自我们的文化主体性。这一主体性是中国共产党带领中国人民在中国大地上建立起来的；是在创造性转化、创新性发展中华优秀传统文化，继承革命文化，发展社会主义先进文化的基础上，借鉴吸收人类一切优秀文明成果的基础上建立起来的"。[1] 在当前全球化和信息化的背景下，中华优秀传统文化的创造性转化、

---

* 刘莲莲，安徽省社会科学院新闻与传播研究所新闻与媒介研究室主任、副研究员，研究方向为传播社会学、新媒体。

[1] 《在文化传承发展座谈会上的讲话》，求是网，http://www.qstheory.cn/dukan/qs/2023-08/31/c_1129834700.htm。

创新性发展是文化自身发展的需要，也是构建具有时代特征的文化标识体系的旨归。随着社会经济的发展和全球化的加速，构建一个全面、准确、具有代表性的安徽文化标识体系，对于推动安徽省经济社会可持续发展、增强文化软实力、推进文化产业创新发展，提升安徽省文化形象具有重要的现实意义和深远的历史意义。

一 安徽文化标识的发展现状

（一）文化发展与文化标识建构有了政策保障

2017 年，中共中央办公厅、国务院办公厅印发《关于实施中华优秀传统文化传承发展工程的意见》，提出"规划建设一批国家文化公园，成为中华文化重要标识"①。

安徽省一直高度重视文化建设，多项政策文件相继出台。2021 年发布的《安徽省"十四五"文化和旅游发展规划》提出了"使我省成为文化传承与生态文明建设样板区、文旅融合发展示范区、文化旅游高质量发展先行区，具有徽风皖韵文化特色的一流旅游目的地，基本建成创新型文化和旅游强省"②的目标。2021 年底，安徽省文化和旅游厅《关于印发安徽省"十四五"文物保护利用规划的通知》，明确提出构建安徽地域文化标识体系，强调会同省社科院、省社科联、安徽大学等科研单位，研究建立包括徽文化（新安江文化）、长江文化、淮河文化、大运河文化、红色文化等安徽地域文化标识体系理论框架③。

---

① 《关于实施中华优秀传统文化传承发展工程的意见》，中华人民共和国中央人民政府官网，https：//www.gov.cn/zhengce/2017-01/25/content_5163472.htm。
② 《安徽省"十四五"文化和旅游发展规划》，安徽省人民政府官网，https：//www.ah.gov.cn/public/1681/554102001.html。
③ 《关于印发安徽省"十四五"文物保护利用规划的通知》，安徽省文化和旅游厅官网，https：//ct.ah.gov.cn/public/6595841/8480937.html。

（二）构建了以徽文化、红色文化等为核心的文化标识

安徽省的文化标识以徽文化、红色文化等为核心。徽文化源远流长，以其独特的艺术风格和深厚的历史底蕴而闻名于世，是安徽作为文化大省的重要标识。红色文化也是安徽省的一大特色，它是在中国共产党领导下形成的一种文化形态，强调革命精神和英雄主义，体现了中国人民在革命斗争中的英勇斗争精神和无私奉献精神。近年来，安徽省加大力度，挖掘整理、弘扬安徽地方历史文化，推进优秀传统文化创造性转化、创新性发展，不仅为塑造价值观和提升软实力作出了重要贡献，也使安徽的文化影响力得以不断提升。

（三）初步形成了"地理标志+旅游"的推广模式

"地理标志+旅游"的推广模式是将地理标志产品与旅游业相结合形成的推广模式。这种模式通过推广地理标志产品来推动旅游业的发展，同时也通过旅游业的发展来提升地理标志产品的知名度和影响力，扩大其市场份额，吸引更多的游客来安徽旅游。具体来说，首先，通过举办地理标志产品展览、美食节等各种活动，展示和推广安徽地理标志产品。同时，这些活动也可以吸引游客参与，增加旅游业的人气。其次，将地理标志产品融入旅游线路中，让游客在旅游过程中了解和接触到这些产品。例如，在介绍黄山的同时，介绍黄山毛峰茶的制作过程和品饮方法；在参观徽州古城的同时，介绍徽州砖雕的艺术价值和文化内涵。最后，通过建立地理标志产品专卖店、电商平台等销售渠道，让游客在旅游结束后，还能方便地购买到自己喜欢的地理标志产品。

总的来说，安徽省初步形成的"地理标志+旅游"的推广模式，是一种将地理标志产品与旅游业相互融合、相互促进、共同发展的有效方式。这种模式的实施，不仅可以提高地理标志产品的知名度和市场份额，还可以推动旅游业的发展，吸引更多的游客来安徽旅游，实现经济和社会的双重效益。

二 安徽文化标识体系建构中存在的问题

尽管安徽文化标识的使用总体上是积极的，但也存在一些问题和挑战。具体表现在两个方面。

（一）文化标识体系构建中存在的问题

在构建安徽文化标识体系的过程中，由于人们对其认知的差异，出现一些问题。这些问题主要体现在地域偏向、经济偏向和时代偏向三个方面。

1.地域偏向：重代表性文化，轻多元化文化

地域偏向是指在构建安徽文化标识体系时，可能过于强调某些地区的文化特色，而忽视了其他地区的文化价值。这种偏向可能导致安徽文化的多元性被削弱，使得整个文化标识体系缺乏全面性和包容性。

具体而言，安徽省文化标识体系主要包括如下几种类型的文化：第一，历史遗址文化，如合肥的三国遗址、寿县的古城墙、黄山的古代建筑等，都是安徽历史文化的重要组成部分。第二，徽州文化。独特的徽派建筑、徽剧、徽菜等都代表了安徽的文化特色。徽派建筑以其精致的木雕和砖雕而著称，徽剧则是中国传统戏曲的重要流派之一。第三，皖南文化。皖南地区，如宣城、池州等地，有着丰富的民间艺术和传统文化。其中，皖南山歌、皖南民居等都是皖南文化的代表。第四，皖北文化。与皖南相比，皖北地区的文化更加粗犷和豪放。皖北人擅长歌舞，有着丰富的民间艺术和传统节日。第五，红色文化。安徽有着包括淮海战役、渡江战役等主战场在内的丰富的红色文化遗产。第六，自然与人文相结合的景观文化。安徽的自然风光与人文景观完美结合，如黄山、九华山等风景名胜区，不仅是自然美景的代表，也是人文历史的见证。这些类型的文化，共同构建了安徽省多元文化的格局。

然而，对于其他地区的文化，它们的影响力不够显著，在文化标识体系构建过程中往往被忽视，可能导致安徽省的文化标识体系缺乏包容性和全

面性。

2. 经济偏向：重文化的经济效益，轻社会效益

传统文化产品作为安徽省的文化瑰宝，无疑是应该得到充分开发和利用的。这些产品承载着丰富的历史和文化信息，是传承和弘扬安徽优秀传统文化的重要载体。因此，在文化标识体系构建中，注重传统文化产品的开发和利用是必要的也是合理的。然而，在许多情况下，实现社会效益和经济效益往往是冲突的。一些能够带来高经济效益的文化项目可能无法带来显著的社会效益，反之亦然。在构建安徽文化标识体系时，可能过于关注经济发展对文化的影响以及文化遗存的经济价值，而忽视了文化本身的价值。这种偏向可能导致安徽文化标识体系过于商业化、表面化和浅薄化。

为此，进行文化体制改革需要找到一种平衡，既能够带来经济效益，又能够实现社会效益。

3. 时代偏向：重文化的物质遗存形态，轻价值内涵

在安徽省文化标识体系构建过程中，对于历史遗存的保护和研究，存在着一个明显的问题，即过于关注这些历史遗存的物质形态，而忽视了对其时代内涵的深入理解和挖掘。

历史遗存的物质形态是指那些可以被我们直接看到、触摸到的历史遗迹，如古代建筑、文物、遗址等。这些物质形态的历史遗存，无疑是我们了解和研究历史文化的重要依据。然而，如果我们仅仅停留在对这些物质形态的关注上，那么就可能会忽视历史遗存的真正价值、时代内涵，不仅包括当时的文化观念、科技水平、艺术风格等，同时也包括当时人们的日常生活细节。

安徽文化的物质遗存形态不仅具有深厚的历史和文化内涵，更重要的是蕴含着那个时代的精神和时代价值。这些时代精神和时代价值以隐性的方式在人们的日常生活中发挥着重要作用。在研究和开发安徽文化的物质遗存形态时，不仅需要关注其传统的价值和历史的意义，更需要深入挖掘其在现代社会生活中的价值和意义。近年来，为了更好地满足游客的需求，黄山地区

加大了对黄山的挖掘和研究力度。通过深入挖掘黄山的历史渊源、艺术特色和人文价值，将其与现代科技相结合，创造出了一系列具有时代特色的旅游产品和文化活动。这些创新举措不仅丰富了游客的旅游体验，也为黄山的旅游发展注入了新的动力。

（二）推广方式相对简单，未能形成推广合力

目前，安徽的文化传播主要依赖于官方渠道和主流媒体。这些渠道和媒体在传播文化信息时，往往能够保证信息的准确性和权威性，因此在很大程度上保证了文化传播的效果。然而，这种过于依赖官方渠道和主流媒体的传播方式，可能限制文化信息的广泛传播，从而影响安徽文化的覆盖面。

在安徽文化标识推广过程中，对社会媒体和自媒体平台等新型传播渠道的利用尚不尽如人意。这不仅限制了文化信息的传播范围，也影响了安徽的文化影响力。

三 构建安徽文化标识体系的具体路径

目前，安徽省内外的文化标识较为分散和零散，缺乏整体性和可辨识度。在安徽省内，虽然存在一些知名的文化标识，如黄山、徽州文化、皖绣等，但由于各自发展的历史和地域差异，这些标识并未形成一个整体的文化形象。在安徽省外，人们对于安徽文化的认知缺乏全面和深入的了解，更多的认识还停留在一些旅游景点和地域文化层面，厘定安徽文化标识体系的基本内涵及推广路径，构建安徽文化标识体系迫在眉睫。

（一）构成安徽省文化标识体系的重要元素

文化标识体系的重要元素包括语言、宗教、价值观念、传统习俗、历史事件、民间艺术、建筑风格、服饰和美食等，这些元素共同构成了一个社会群体的文化特征，能够反映该群体的身份认同和文化传承。在研究某地文化

标识体系时，需要深入了解其每个元素的特点和在文化中的作用，了解每个元素在文化标识体系中所扮演的角色以及它们之间的相互关系，以便更好地理解该文化群体的特征和传承。

在构建安徽省文化标识体系过程中，需要对安徽省历史文化资源进行梳理。历史文化资源是以文化遗产活态传承为主，它是在人类社会发展过程中不断积累形成的，贯穿于人类物质和精神生产生活的整个过程。

首先，物质文化遗产方面，根据第三次全国文物普查，安徽省有 175 处全国重点文物保护单位，3 处世界文化遗产，915 处省级文物保护单位。安徽省有不可移动文物 25005 处，其中，革命文物 3318 处。

其次，非物质文化遗产包括传统工艺类、表演艺术类、传统医药等。据统计，截至 2023 年，安徽省有普查记录的非遗资源 10016 项，其中，国家级非遗代表性项目 99 项；国家级非遗代表性传承人 119 人[①]。安徽拥有国家级非遗生产性保护基地 3 个，省级非遗传承基地（所）87 个[②]。

再次，思想文化资源。安徽省是古籍资源大省，古籍量居全国第三，这些构成了多元化的文化结构体系，形成了丰富的思想文化资源。从春秋战国时期到近现代，江淮大地涌现了管子、老子、庄子、曹操、嵇康、朱熹、方以智、戴震等思想名家，有曹丕、曹植、李绅、杜荀鹤、梅尧臣、刘大櫆、方苞、姚鼐等著名文人，还有北宋名臣包拯、一代帝王朱元璋、洋务运动的领军者李鸿章、新文化运动领袖陈独秀和胡适等，汇聚了安徽卓越不凡的历史名人资源。

最后，红色文化资源。安徽省是红色文化资源大省，是人民军队的重要发源地之一，是淮海战役、渡江战役的主战场之一。从建党之初和大革命时期到土地革命战争时期、抗日战争时期以及解放战争时期，中国革命的燎原火种在安徽这片热土上薪火相传。安徽省相继建成"金寨

---

① 《深化文旅融合　彰显徽风皖韵　我省努力将旅游业培育成重要支柱产业》，安徽省人民政府官网，https：//www.ah.gov.cn/zwyw/jryw/564277571.html。
② 《"五项行动"推进非遗保护传承利用　全省国家级非遗达 99 项》，安徽省人民政府官网，https：//www.ah.gov.cn/zwyw/jryw/554033531.html。

红军广场""新四军军部旧址""渡江战役总前委旧址""淮海战役总前委旧址""独山革命旧址群""皖西烈士陵园"等红色文化遗址和爱国主义教育基地。

（二）构建安徽文化标识体系的理念与基本内涵

构建安徽文化标识体系的理念是指在安徽省范围内，通过构建一套具有鲜明地域特色和时代精神的文化标识体系，以弘扬安徽优秀传统文化，提升安徽文化软实力，推动安徽文化事业和文化产业发展。具体来说，建构安徽文化标识体系的理念包括以下几个方面：传承与创新并重、地域特色鲜明、时代精神突出、多元融合、产业支撑。

构建安徽文化标识体系的理念是在传承和发扬安徽优秀传统文化的基础上，结合时代发展和地域特色，构建一个具有鲜明特色和时代精神的安徽文化标识体系，为推动安徽文化事业和文化产业发展提供有力支撑。

1. 挖掘和整合地域文化资源，确定文化标识的主题和内涵

文化标识体系是一个地区或国家的文化特色、价值观和传统习俗的集合，它反映了一个地区的历史、地理、民族和社会背景。通过建立文化标识体系，可以更好地传承和弘扬地方文化，增强民族认同感和文化自信。确定安徽省文化标识体系的主题和内涵可以从以下几个方面进行。第一，深入挖掘安徽省的历史文化资源，确定具有代表性和影响力的文化元素；第二，充分考虑各民族的特色，尊重民族文化的多样性，促进民族团结和谐；第三，充分利用自然地理环境的优势，将自然景观与人文景观相结合，展示安徽省独特的地理风貌；第四，充分体现安徽省的社会发展现状，展示安徽人民的精神风貌和时代特征；第五，广泛征求包括专家学者、地方政府、民间组织在内的各方面意见，通过集思广益，确保文化标识体系的科学性和实用性；第六，以创造性转化、创新性发展为旨归，不断丰富和完善文化标识体系的内容，使之更加符合时代发展的需要。

2. 以"现代化美好安徽"建设为核心，实现历史文化资源的现代转化，构建安徽文化标识体系

在构建安徽文化标识体系过程中，不能仅仅满足于对历史遗存和传统文化资源的保护和传承，更应当注重挖掘其现代意蕴。这就需要我们从新的角度去理解和解读这些历史遗存和传统文化资源，发现它们与现代社会的联系，理解它们在现代社会中的价值和意义。尤其重要的是，要将"现代化美好安徽"这一构想融入文化标识体系的构建中。例如，徽文化的精神内涵包括对商业道德、社会理念、家庭伦理和社会责任的重视。这些精神内涵不仅构成了徽文化的鲜明特色，也为我们今天的生活提供了宝贵的精神资源。在这种情形下，通过挖掘传统徽文化的精神内涵，结合"现代化美好安徽"这一具体目标，可赋予徽文化现代意义和价值。

将文化资源、历史遗存与现代图景进行有机融合，以此来构建一个具有安徽特色的文化标识体系。这个体系不仅包含了安徽丰富的历史文化元素，也融入了现代的发展视角和创新思维，使得安徽的文化标识更加鲜明、独特。

3. 兼容并蓄，构建多元包容的文化标识体系

在构建安徽省文化标识体系时，要全面地、深入地研究和理解包括徽文化（新安江文化）、长江文化、淮河文化、大运河文化、红色文化在内的多元文化，了解它们的特点、价值以及它们在安徽省文化中的地位和作用。

首先，尊重和保护每一种文化形态的独特性。每种文化都有其独特的价值和意义，不能因为其他文化的存在而忽视或贬低任何一种文化。我们应该认识到每种文化都是独一无二的，它们在历史、传统和价值观等方面都有自己的特点和贡献。

其次，推动各种文化形态的交流和融合。通过文化交流和融合，可以促进文化的共享和发展。同时，文化融合也可以创造出新的文化形式和表达方式，使各种文化形态在交流中相互借鉴，共同进步。

再次，注重文化的创新性发展。在尊重和保护传统文化的同时，也要注重对传统文化的创新和发展。通过对传统文化的创新和发展，可以使传统文

化焕发新的活力，更好地传承和发展下去。

最后，加强文化教育和文化传播。通过教育和传播，让更多的人了解和认识安徽的多元文化。同时，文化传播可以通过各种渠道和方式将安徽的多元文化传递给更多的人，提高人们的文化素养和文化认同感。

在安徽省的文化标识体系构建过程中，应该摒弃地域性偏向，注重对各地区文化的平等对待和充分展示。通过加强研究和挖掘、举办文化活动以及加强地方政府的支持和引导等措施，促进文化标识体系的多元化发展，让更多人了解和欣赏到安徽省丰富多样的文化遗产。

（三）以"皖"为安徽文化标识体系的主轴，凝聚文化认同

鉴于安徽文化的多元化和复杂性，安徽文化标识体系的建构应当以"皖"为核心，将"皖"作为安徽文化的代表符号，并将之与其他具有代表性的安徽文化元素相结合，形成一个更加丰富多元的文化标识体系，不仅有助于传承和弘扬安徽的历史文化，还能够提升安徽的文化软实力，为安徽的发展注入新的活力和动力。

首先，将"皖"作为安徽文化的核心符号，将多元历史文化元素有机地结合在一起，形成一个具有鲜明地域特色的文化标识体系。

其次，将"皖"作为安徽文化的代表符号，也能够彰显出安徽的文化特色。无论是徽派建筑、徽剧、徽菜还是徽墨、徽砚等，都是安徽文化的瑰宝。通过将"皖"与其他具有代表性的安徽文化元素相结合，可以更好地展示安徽文化的独特之处，吸引更多人对安徽文化的关注和研究。

最后，将"皖"与其他具有代表性的安徽文化元素相结合，可以形成一个更加多元化、包容性强的文化标识体系，更好地展示安徽文化的多样性和独特魅力。

（四）以地域性为安徽文化标识体系的支干，彰显区域优秀文化基因

在安徽文化标识体系建构过程中，不仅要关注这个地区的共性文化特

征，同时也要兼顾各个区域之间的文化差异。因此，需要通过深入研究和分析，提炼出这个地区优秀的文化基因，以此来丰富安徽省文化标识体系资源宝库。通过这样的方式，可以更好地理解和传承这个地区的文化，同时也可以为我们的文化建设提供更多的素材和灵感。

安徽 16 市旅游宣传名片中包含"美好"的有 5 个、"山水"的有 4 个，这表明部分城市在旅游宣传上存在同质化问题，差异化不足。对于一些城市的历史文化、非物质文化、民俗风情等宣传，也未能鲜明地反映城市文化和城市精神，缺乏让人印象深刻的形象特点。因此，在建构安徽文化标识体系过程中，应以地域性作为安徽文化标识体系的支干，彰显区域优秀文化基因，具体做法包括以下几种。

第一，梳理文化资源，重视遗产保护。深入挖掘和整理安徽的历史文化、非物质文化遗产、民俗风情等文化资源，强化对文化遗产的保护，防止其被破坏或损毁；通过统计、分类、评估与定级，编制文化遗产资源保护利用名录，建立权威、统一、动态的文化公园文化遗产数据库。

第二，突出文化传承和合理利用。将地域文化融入现代生活和文化产品中，实现文化的活化传承；推动文旅产业与地方特色产业、城镇建设、现代农业、传统工业、体育健身等业态融合发展，发挥文化和旅游产业对城市更新、乡村振兴、产业转型的引领带动作用。

第三，深度理解和挖掘文化基因。要彰显区域优秀文化基因，首先需要对地方特色文化进行深入梳理和研究。以徽文化为例，它是安徽的文化标识之一，具有深厚的历史底蕴和丰富的文化内涵。徽文化资源包括精神层面、物质层面和制度层面。在精神层面，它包含了仁义礼智信忠孝等传统文化价值观中的合理成分；在物质层面和制度层面，它则体现了徽州地区独特的历史和文化传统。在此基础上，可以准确把握徽文化的特色，并对其进行创新性的传承和发展。例如，以社会主义核心价值观为导向，赋予徽文化新的时代内涵；赋予徽商"义利兼顾"和"以义为利"两种价值观新的时代内涵，并在此基础上塑造当代商业文化价值观。

（五）丰富安徽文化标识体系的推广路径

丰富安徽文化标识体系的推广路径需要从加强组织领导和政策保障、深入挖掘和利用文化资源、提炼文化标识以及推动文化创新等多个方面入手。

1.加强文化标识体系构建的组织领导和政策保障，完善相关制度和政策

为了构建一个完整且有影响力的安徽文化标识体系，必须在多个方面加强工作。

首先，要加强党对文化和旅游工作的全面领导，强化组织实施和领导力度。加强党对文化和旅游工作的全面领导，要确保党的领导层对文化和旅游工作有深入的理解和全面的把握，为文化和旅游工作提供正确的指导和强有力的支持。同时，通过各种方式，如培训、研讨会、政策制定等，提高党的领导层的文化和旅游工作能力，确保党的领导层能够有效地协调和整合文化和旅游资源，以便更有效地推进文化和旅游工作。

其次，必须致力于加强和完善与文化标识体系构建相关的政策法规。政策法规是确保文化标识体系构建能够顺利进行的重要工具，它能够为文化发展提供强大的制度保障。要根据安徽省的实际情况，制定出一套完善的、符合安徽文化特色的政策法规，以此来规范和引导文化标识体系的构建工作。

最后，为确保构建安徽文化标识体系相关目标任务的落实，需要采取一系列措施来健全实施机制和完善配套政策，具体包括：建立一个有效的工作机制，明确责任分工和工作流程，确保各项任务能够有序推进；加强对文化标识体系的研究和宣传，提高社会对安徽文化的认知度和认同感；制定一系列的配套政策，包括财政支持、人才培养等方面的政策，为文化标识体系的构建提供有力的保障。

2.推动文化标识体系构建与旅游业、文化产业、城市规划等领域的融合发展，实现互利共赢

推动安徽省文化标识体系构建与旅游业、文化产业、城市规划等领域的融合发展，将有助于展示安徽独特的地域文化魅力，提升安徽在全国乃至全球的知名度和美誉度，同时也为安徽的经济社会发展注入新的活力和动力。

首先，将文化标识体系融入旅游业，丰富旅游产品供给，提升旅游体验，增强安徽旅游的吸引力和竞争力。文化标识体系是一个地方文化的集中体现，通过将文化标识体系与旅游活动相结合，可以为游客提供更加深入的文化体验，即在旅游景点、线路规划、旅游服务等方面，充分挖掘和利用安徽丰富的文化资源，为游客提供更加多样化、个性化的旅游选择，从而吸引更多游客前来安徽旅游，促进旅游业的发展。在当今社会，旅游业已经成为重要的经济增长点，而文化标识体系作为地方特色和文化传承的重要载体，对于旅游业的发展具有重要的意义。

其次，将文化标识体系与文化产业相结合，推动文化创意产业发展，打造一批有影响力的文化品牌，提高文化产业的核心竞争力。鼓励和支持文化创意企业开发以安徽文化为主题的产品和服务，如文化衍生品、文化旅游项目等，同时加强文化创意产业的人才培养和技术创新，提升产业的整体实力。

再次，将文化标识体系融入城市规划，可提升城市品质和文化品位，塑造独特的城市形象。这意味着在城市规划和建设过程中，充分考虑安徽的文化特色和历史底蕴，将文化元素融入城市空间布局、建筑设计、公共设施等方面，使城市成为一个富有文化底蕴和艺术氛围的生活空间。

最后，通过推动各领域的融合发展，实现资源共享、优势互补，促进经济社会全面发展。这需要各级政府、企业和社会各界共同努力，加强政策引导和支持，推动文化、旅游、产业等领域的深度融合，形成产业链条完整、协同效应明显的产业发展新格局。

3.利用新媒体优势，全新包装安徽地域文化，实现线上宣传与线下推广的互动，打造安徽文化品牌新形象

利用新媒体的优势，对安徽的地域文化进行全新的包装和推广。通过线上的宣传和线下的推广活动，可以实现两者之间的互动，从而更好地推广安徽的文化。这样的方式不仅可以让更多的人了解和接触安徽的文化，还可以打造出一个全新的安徽文化品牌形象。其一，创新传播方式。利用新媒体平台，如微博、微信、抖音等，进行安徽地域文化的传播。其二，打造文化

IP。将安徽地域文化中的元素，如徽派建筑、徽剧、徽菜等，进行创新设计，打造具有安徽特色的文化 IP。其三，线上线下互动。通过线上活动吸引关注，然后引导用户参与线下活动，如文化体验、旅游等，实现线上线下的互动。其四，跨界合作。与其他领域进行跨界合作，如与旅游、教育、科技等领域的合作，以扩大安徽地域文化的影响力。其五，创新传播方式。除了传统的文字和图片，还可以尝试使用 H5、直播、VR 等新媒体技术，提供更丰富的用户体验。其六，建立传播效果评价机制。通过用户反馈、数据分析等方式，对安徽地域文化的传播效果进行评价，以便进行调整和优化。

总的来说，利用新媒体优势，全新包装安徽地域文化，实现线上宣传与线下推广的互动，打造安徽文化品牌新形象，需要创新思维和实践探索，以期在新媒体时代下更好地传承和发展安徽的地域文化。

权威报告・连续出版・独家资源

皮书数据库
ANNUAL REPORT(YEARBOOK)
DATABASE

分析解读当下中国发展变迁的高端智库平台

所获荣誉

- 2022年，入选技术赋能"新闻+"推荐案例
- 2020年，入选全国新闻出版深度融合发展创新案例
- 2019年，入选国家新闻出版署数字出版精品遴选推荐计划
- 2016年，入选"十三五"国家重点电子出版物出版规划骨干工程
- 2013年，荣获"中国出版政府奖・网络出版物奖"提名奖

皮书数据库

"社科数托邦"
微信公众号

成为用户

登录网址www.pishu.com.cn访问皮书数据库网站或下载皮书数据库APP，通过手机号码验证或邮箱验证即可成为皮书数据库用户。

用户福利

- 已注册用户购书后可免费获赠100元皮书数据库充值卡。刮开充值卡涂层获取充值密码，登录并进入"会员中心"—"在线充值"—"充值卡充值"，充值成功即可购买和查看数据库内容。
- 用户福利最终解释权归社会科学文献出版社所有。

数据库服务热线：010-59367265
数据库服务QQ：2475522410
数据库服务邮箱：database@ssap.cn
图书销售热线：010-59367070/7028
图书服务QQ：1265056568
图书服务邮箱：duzhe@ssap.cn

社会科学文献出版社 皮书系列
SOCIAL SCIENCES ACADEMIC PRESS (CHINA)
卡号：682936222641
密码：

基本子库
SUB DATABASE

中国社会发展数据库（下设 12 个专题子库）

紧扣人口、政治、外交、法律、教育、医疗卫生、资源环境等 12 个社会发展领域的前沿和热点，全面整合专业著作、智库报告、学术资讯、调研数据等类型资源，帮助用户追踪中国社会发展动态、研究社会发展战略与政策、了解社会热点问题、分析社会发展趋势。

中国经济发展数据库（下设 12 专题子库）

内容涵盖宏观经济、产业经济、工业经济、农业经济、财政金融、房地产经济、城市经济、商业贸易等 12 个重点经济领域，为把握经济运行态势、洞察经济发展规律、研判经济发展趋势、进行经济调控决策提供参考和依据。

中国行业发展数据库（下设 17 个专题子库）

以中国国民经济行业分类为依据，覆盖金融业、旅游业、交通运输业、能源矿产业、制造业等 100 多个行业，跟踪分析国民经济相关行业市场运行状况和政策导向，汇集行业发展前沿资讯，为投资、从业及各种经济决策提供理论支撑和实践指导。

中国区域发展数据库（下设 4 个专题子库）

对中国特定区域内的经济、社会、文化等领域现状与发展情况进行深度分析和预测，涉及省级行政区、城市群、城市、农村等不同维度，研究层级至县及县以下行政区，为学者研究地方经济社会宏观态势、经验模式、发展案例提供支撑，为地方政府决策提供参考。

中国文化传媒数据库（下设 18 个专题子库）

内容覆盖文化产业、新闻传播、电影娱乐、文学艺术、群众文化、图书情报等 18 个重点研究领域，聚焦文化传媒领域发展前沿、热点话题、行业实践，服务用户的教学科研、文化投资、企业规划等需要。

世界经济与国际关系数据库（下设 6 个专题子库）

整合世界经济、国际政治、世界文化与科技、全球性问题、国际组织与国际法、区域研究 6 大领域研究成果，对世界经济形势、国际形势进行连续性深度分析，对年度热点问题进行专题解读，为研判全球发展趋势提供事实和数据支持。

法律声明

"皮书系列"（含蓝皮书、绿皮书、黄皮书）之品牌由社会科学文献出版社最早使用并持续至今，现已被中国图书行业所熟知。"皮书系列"的相关商标已在国家商标管理部门商标局注册，包括但不限于LOGO（▨）、皮书、Pishu、经济蓝皮书、社会蓝皮书等。"皮书系列"图书的注册商标专用权及封面设计、版式设计的著作权均为社会科学文献出版社所有。未经社会科学文献出版社书面授权许可，任何使用与"皮书系列"图书注册商标、封面设计、版式设计相同或者近似的文字、图形或其组合的行为均系侵权行为。

经作者授权，本书的专有出版权及信息网络传播权等为社会科学文献出版社享有。未经社会科学文献出版社书面授权许可，任何就本书内容的复制、发行或以数字形式进行网络传播的行为均系侵权行为。

社会科学文献出版社将通过法律途径追究上述侵权行为的法律责任，维护自身合法权益。

欢迎社会各界人士对侵犯社会科学文献出版社上述权利的侵权行为进行举报。电话：010-59367121，电子邮箱：fawubu@ssap.cn。

社会科学文献出版社